金融审判前沿

FINANCIAL TRIALS

VOL.2

第2辑

赵红 主编

上海金融法院文库

法律出版社
LAW PRESS·CHINA

上海国际金融中心建设视域下金融司法的国际化（代序）

金融是现代经济的核心，是国家重要的核心竞争力，金融法治是金融市场规范发展的重要支柱。随着上海进入建设具有更强全球资源配置能力的国际金融中心新发展阶段，加快金融司法的国际化步伐，打造具有国际竞争力的金融法治尤为重要。

一、营造国际一流金融司法环境的重要意义

在当今世界百年未有之大变局的时代背景下，在日益复杂多变的国际环境中，习近平总书记指出要协调推进国内治理和国际治理，统筹推进国内法治与涉外法治，要强化法治思维，综合运用立法、执法、司法等法治方式，有效应对挑战，防范风险。

法治是核心竞争力。国际金融中心的确立要与一国经济实力和国际地位相匹配。这就要求掌握法律博弈的主动权和法理制高点，积极参与国际规则制定，善于在国际规则制定中清晰表达中国立场，发出更多中国声音、注入更多中国元素，努力在全球治理中抢占先机，赢得主动。通过营造国际一流金融司法环境，以更具国际影响力的金融司法服务保障上海国际金融中心建设，助力上海在全球资源配置中发挥更高效能。

历史文化、人才法律、营商环境等是影响国际金融中心建设的重要因素。良好的法治环境是营商环境的关键所在，更是国际金融中心建设的必需。除需具

备适应国际金融中心地位完备的法律制度体系,还需高效专业的金融司法。现代金融市场规模巨大,交易复杂,创新日新月异,金融纠纷频发,要充分发挥金融司法的规范引领和价值导向作用,通过公正、高效、便捷、权威的金融司法化解各类金融纠纷,平等保护中外当事人合法权益,规范金融市场的行为和秩序,增强上海国际金融中心的法治吸引力,为上海国际金融中心建设营造良好的法治化营商环境。

二、营造国际一流金融司法环境的内在要求

上海国际金融中心肩负着服务实体经济转型升级,服务我国参与国际竞争的重要历史使命。纵观全球国际金融中心的形成和演变,从服务实体经济、对外开放、可持续发展、国际竞争力四个维度,上海已基本具备国际金融中心的四大特征。营造国际一流金融司法环境要契合上海国际金融中心建设的四个维度,将其内化为金融司法国际化的努力方向。

(一)服务实体经济,鼓励金融创新

金融须服务实体经济,金融创新是实体经济发展的有力引领。目前,我国加快构建以国内大循环为主体,国内国际双循环相互促进的新发展格局,推动"一带一路"倡议深入发展,金融对外开放、改革创新的步伐日益加快。随着市场发展和需求的变化,金融创新使交易结构日趋复杂,新类型金融纠纷层出不穷,与跨境投融资、跨境担保、跨境支付结算、跨境金融服务密切相关的金融民商事纠纷将不断涌现。这些对金融司法提出了更高要求。金融司法应充分尊重市场主体意思自治,对既符合立法精神又符合金融发展客观规律的交易行为,及时予以确认和维护,依法妥善审理涉及新技术、新产业、新业态、新商业模式的金融纠纷,充分保障市场交易主体的合法权益,不断提升金融交易的便捷程度,激发金融创新活力,为实体经济提供更多金融支持。

(二)保障市场开放,防范金融风险

金融市场发展具有相当的公共性,金融市场参与主体的多样化催生了金融

体系中的多元利益诉求。① 在金融领域,由点及面是金融活动的特征之一,个案风险处置不当易引发系统风险。从国家安全的角度看,安全、高效的金融市场对国民经济的健康稳定发展至关重要。上海作为国际金融中心,既是境内外金融资本和交易的汇聚地,又面临着金融风险集聚的考验。因此,要高度警惕境外金融市场风险向境内传导,筑牢境内外金融风险隔离墙,加强金融司法与金融监管的协同合作,把握金融对外开放的政策导向,推进金融风险的源头治理。金融司法要充分运用大数据分析技术,提升数据采集和分析能力,研判跨境金融纠纷态势,研究前瞻性法律适用问题,为防范预警金融风险提供司法支持。

(三)规范金融交易行为,促进金融市场可持续发展

金融消费者、投资者是金融市场发展的基石,理性、健康的金融消费、投资群体是金融体系良性循环的关键。上海国际金融中心的能级再提升,需要既活跃又稳定的金融市场支撑,吸引更多投资者并为投资者的合法权益提供高效专业的司法保障,是国际金融中心发展的关键。在法律制度中充分保护产权、尊重合同自由、提高合同执行效率、有效约束政府干预行为,才可以发展出良性的金融制度,促进金融发展和经济增长。② 在金融业扩大对外开放、外资金融机构和境外投资者更深入地进入中国金融市场的背景下,需要力行更佳法治,规范金融交易行为,维护金融市场秩序,营造诚信市场环境,促进金融市场可持续发展。

(四)有效接轨国际规则,提升国际竞争力

随着上海国际金融中心建设向更高能级推进,聚焦发挥浦东高水平改革开放引领作用,探索发展人民币离岸交易、跨境贸易结算和海外融资服务,金融案件纠纷在诉讼主体、法律适用、判决执行等方面越来越多地呈现跨境化特点。这些发展变化需要我国的金融市场运行、监管、纠纷解决机制等更加深度地与国际接轨。一方面,要立足国情,进一步增强金融司法服务保障国家更高水平对外开放和经济社会发展的主动性、自觉性、创造性,充分利用现有制度空间,特别是浦

① 参见冯果:《资本市场为谁而存在?关于我国资本市场功能定位的反思》,载《公民与法》2013 年第 6 期。

② See R. La Porta, etal., *Legal Determinants of External Finance*, 52(3) The Journal of Finance 1131 (1997).

东及其临港新片区的制度政策红利,推动实验性金融法治机制建设,积极回应金融创新的司法需求。另一方面,在以更加开放的心态,广泛吸收借鉴域外有益司法经验和法治文明成果的同时,也要更加积极地参与国际规则制定,提升国际法治话语权,推动全球治理规则变革。

三、金融司法国际化的现实路径

法治是现代国家治理的基本特征和根本保障。金融司法的国际化路径必须立足中国法治实践,努力创新金融审判机制,提升金融审判服务效能,服务上海国际金融中心建设大局。

(一)加强符合国际金融中心发展特点的金融司法供给

积极行使司法管辖权,提升中国金融司法国际认可度。针对涉外金融交易合同多约定争议由外国机构管辖的情况,推行涉外金融合同的“争议解决”示范条款,支持涉外金融交易主体选择我国法院管辖。针对涉“一带一路”倡议、沪深港通、沪伦通和境外红筹企业境内上市等情形下可能出现的跨境诉讼,鼓励当事人协议选择中国法院管辖。加强对离岸人民币交易、海外融资交易等跨境金融纠纷的司法管辖权,为浦东大胆试、大胆闯、自主改提供优质金融法治保障。

着力金融司法智能化,科技助力诉讼程序高效便捷。深度融合人工智能、区块链、大数据等现代科学技术,进一步升级集“智审”“智源”“智管”平台和“智慧法庭”四位一体的金融智慧法院系统。充分运用智助立案系统、证券虚假陈述案件智能辅助办案系统、远程庭审系统、智能传译系统、代表人诉讼电子平台、中小投资者保护智慧舱、大宗股票司法协助执行机制等智能司法科技的最新成果,完善无纸化诉讼服务、电子化诉讼执行的系统集成,提供立案、调解、审判、执行“一站式”在线诉讼服务。

(二)完善满足国际金融中心发展需求的涉外案件审理机制

对标国际一流涉外金融审判实践,完善涉外金融案件审理规则。参考借鉴域外国际金融中心法院相关规则,制定涉外金融审判指南,规范涉外金融案件审判程序,进一步完善涉外案件识别机制,完善域外送达、证据远程认证、调查取证、远程庭审,规范涉外金融案件审理,提高涉外金融案件审理水平,满足上海国际金融中心发展的司法需求。

理顺域外法查明制度,高效查明、全面精准适用域外法。积极参考借鉴相关域外经验,与专业化域外法查明中心展开合作,避免适法不准确问题。同时,进一步完善域外法查明的国际司法协作机制,与域外国家机关、机构、专业组织等进行国际协作,规范查明机制,提高查明质量。在查明和适用域外法的过程中,法官还应充分考虑国际规则和国际惯例,结合我国的实践情况,做出符合国际交易习惯的裁判。

建立专家支持工作机制,提升金融审判专业水准。金融纠纷的专业程度较高,需利用专业知识准确理解复杂的金融交易结构,解释其所涉及的域外法律与国际规则惯例,厘清交易所涉法律关系性质。通过邀请精通金融法律、具有丰富实务经验和较高国际声誉的专家组建专家咨询委员会,就涉外金融案件所涉及的国际条约、国际规则惯例、域外法律的查明和适用等专门性法律问题及金融业务焦点问题提供咨询意见,加强对案件审理的专业支持。

(三)培养体现国际金融中心发展水平的金融审判人才

人才是核心竞争力。中国金融市场的开放和国际化是趋势所向,建设一支知识能力专业化、审判思维现代化、司法视野国际化的高层次复合型金融审判人才队伍,对服务和保障更高水平的对外开放,服务上海国际金融中心建设至关重要。

创新金融审判人才培养机制。通过与国内外一流院校开展合作培养专门人才,提供更多渠道和途径选派优秀法官出国境参与访问访学和短期交流培训。在高素质人才培养、金融法律咨询、金融风险防范专题研究等领域开展全方位合作,构建丰富多元的应用型审判业务培训机制和综合素养养成机制,推动形成金融审判人才培养的国际化格局,夯实中国金融司法审判的人才基础,强化金融审判的智力支持。

(四)树立契合国际金融中心发展定位的司法声誉和司法话语权

金融法治作为营商环境的重要组成部分,司法声誉与金融市场信用密切相关。金融司法的国际声誉与司法话语权是国际金融中心竞争力的重要体现。放眼全球,越来越多的国家建立了国际化专业审判机构,不仅在组织结构、审判制度、诉讼机制等方面有所突破创新,还形成了以审理发布重大国际案件为核心、以组织参加国际交流合作为辅助的一系列宣传措施,以此来增强其国际影响力和竞争力。

金融司法对金融交易规则的态度,是司法话语权的最直接表现形式。通过妥善审理具有规则创设意义、影响国际金融市场走向的案件,适用当事人约定适用的法律、国际条约、国际规则依法审理涉外金融案件,作出有影响力、高质量的裁判,为金融市场主体提供稳定裁判预期,提升中国金融司法的国际话语权。通过金融类案裁判指南,总结审判规律,统一裁判标准,构建"具有中国特色的金融审判判例"体系,积极发挥金融案例的示范功能。借鉴国际金融司法最新实践,探索建立"金融市场案例测试机制",通过对市场具有前瞻性、重要性的法律问题而可能引发的纠纷,进行案例测试,明确权利义务,规范市场创新。加强与国内、国际相关法律信息平台合作,积极向国际社会推介典型案例,发布裁判文书英译文本,形成解决金融纠纷的"中国标准""上海规则",通过金融典型案件,在国际舞台上唱响中国金融司法好声音。

随着上海国际金融中心建设进入新的发展阶段,金融司法国际化也面临着新的机遇和挑战。在加快建设中国特色社会主义法治体系、建设社会主义法治国家的时代背景下,在新发展阶段和新发展格局中,金融司法要着力优化国际一流的法治化营商环境,更好发挥法治的引领和保障作用,为上海国际金融中心能级提升保驾护航。

赵红*

2021年8月

---

* 上海金融法院党组书记、院长。

目　录

前沿探讨

他山之石

典型案例

会议综述

专题:法治化营商环境建设中的金融司法

世行评估语境下司法保障营商环境建设的重难点问题研究

——以上海法院证券群体诉讼制度改革对“执行合同”“保护中小投资者”指标的提升为重点[①]

上海金融法院课题组

一、我国“执行合同”“保护中小投资者”指标得分情况

从2020年世界银行营商环境报告(以下简称世行报告)来看,我国“执行合同”指标得分80.9分,排名列全球第5,为10个指标中排名最靠前且连续5年保持世界前10名的指标(见图1)。同时,我国“保护中小投资者”指标也有大幅改

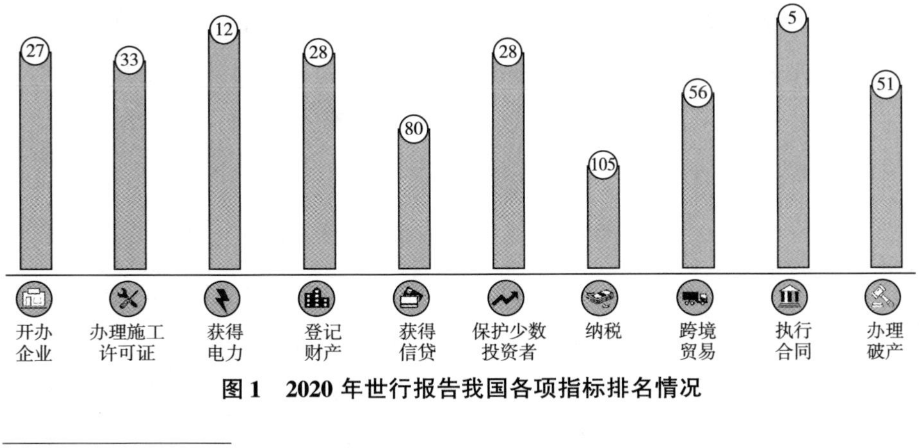

图1 2020年世行报告我国各项指标排名情况

---

① 本课题由上海金融法院党组成员、副院长林晓镍主持,课题组成员有单素华、沈竹莺、朱颖琦、黄佩蕾。本课题节选自上海法院2020年度重点调研课题优秀奖“世行评估语境下司法保障营商环境建设的重点难点问题研究”。

善,在全球排名较2018年的119位、2019年的36位提升至第28位,高于亚太地区平均排名第99位和经合组织高收入经济体平均排名第46位。

(一)"执行合同"指标得分情况

"执行合同"指标衡量法院解决商业纠纷所花费的时间、费用和司法程序质量指数,集中体现了一个国家或地区司法制度和法院工作的质效水平,侧面反映了投资者在经济体中的"司法体验",也被称为法院竞争力指标。总体来看,2020年报告我国"执行合同"指标得分80.9分,排名为全球第5,较2019年的得分79分、排名第6提升了1个名次。细分指标对比来看,2019年的执行合同指标79分总分项下,时间耗费496.3天,成本为16.2%,司法程序质量指数为15.5;2020年时间耗费496天,成本为16.2%,司法程序质量指数为16.5,较2019年增加1分。

由于自2015年以来,世界银行(以下简称世行)评估要求是人口超过1亿的经济体,报告需要覆盖规模最大和第二大商业城市的数据,因此,中国的数据结果由京沪两地相应数据加权平均得出,其中上海权重55%,北京45%。具体到上海来看(见表1),"执行合同"指标下设时间指标(从申请立案至案件执行完毕)、成本指标(包含律师费、诉讼费及强制执行费用)、司法程序质量指数3个二级指标。其中,上海在执行合同中时间指标为485天,具体分为立案和送达阶段35天、审理和判决阶段210天、执行判决阶段240天;成本指标为15.1%,其中律师费用占比7.6%、诉讼费占比5%、执行费用占比2.5%;司法程序质量指数中,法院组织和诉讼程序得5分、案件管理得5.5分、法院自动化得3分、替代性纠纷解决机制得3分,总计16.5分。比较2019年数据来看,2020年主要是在案件管理这一指标上增加了1.5分。

表1 世行"执行合同"指标上海得分情况

时间(天数)		成本(占索赔价值百分比)		司法程序质量指数(0~18分)	
立案和送达	35	律师费用	7.6	法院组织和诉讼程序(-1~5分)	5.0
审理和判决	210	诉讼费	5.0	案件管理(0~6分)	5.5
执行判决	240	执行费用	2.5	法院自动化(0~4分)	3.0
—	—	—	—	替代性纠纷解决机制(0~3分)	3.0
合计	485	合计	15.1	合计	16.5

从对失分点的分析来看,司法程序质量指数中的案件管理(0~6分)和法院自动化(0~4分)是我国的主要失分点,上海法院在前一项获5.5分,后一项获3分。

第一个失分点案件管理指标测评六个方面,其中"休庭/延期审理"一项中包括三个问题,即是否有任何法律规范可以被允许的休庭或诉讼延期的最大次数,法律是否将休庭限定在意外和异常的情况下,以及这些规则是否在超过50%的案件中得到了遵守。如果所有三个条件都得到满足,获1分;如果仅满足了三个条件中的两个条件,获0.5分;如果只满足了其中的一个条件或者一个条件也未满足,获0分。在本项答案中,由于在超过50%的案件都尊重这一规则的问题中作了否定回答,上海法院该项扣0.5分。

2019年3月,最高人民法院对标世行评价标准,发布了《关于修改〈最高人民法院关于严格规范民商事案件延长审限和延期开庭问题的规定〉的决定》,就严格规范民商事案件延期开庭的事由、最大次数等作出新的规定。该司法解释新增内容主要包括两个方面:一是严格限制延期开庭审理的事由。案件除存在我国《民事诉讼法》第146条前3项规定的情形,以及因不可抗力或者意外事件导致庭审无法正常进行的情形外,不得延期开庭审理。二是严格限制延期开庭审理次数。适用普通程序审理民商事案件,延期开庭审理次数不得超过两次(最多开3次庭);适用简易程序以及小额速裁程序审理民商事案件,延期开庭审理次数不得超过一次(最多开2次庭)。在世行评估中,世行认为修订后的司法解释已经符合其评价标准,但上海、北京两地的律师反映,截至2019年5月,上述规则还没有在超过50%的案件得到执行。因此,在这项指标上仅得其中的0.5分,未得满分(1分)。需要特别指出的是,世行对该指标的考察,主要是根据调查问卷和访谈对象的感受度来进行打分。因此,该失分点原因主要在于,实践中未严格按照上述司法解释的规定控制延期开庭的次数和事由,有必要进一步加强审判管理落实司法解释相关要求。

第二个失分点是法院自动化指标中的一项问题,即能否通过管辖法院内的一个专用平台(不是电子邮件或传真)以电子的方式提交最初的诉状。如果有这样的平台可供使用,且不需要进行任何纸质版形式的跟进,则获1分,否则为0分。"无纸化立案"是衡量全球各经济体司法工作现代化水平的重要指标。据世行反馈,在我国司法实践中,网上立案完成后,当事人仍然被要求提交纸质诉状材料。上述做法与世行评价标准存在差异,所以2019年上海法院在该项指标上仍未得分。近年来,上海法院大力推进网上立案工作,为当事人通过网络渠道参讼办事提供有效便利。上海市高级人民法院发布《关于网上立案、电子送达、电子归档的若干规定》,明确规定当事人通过网上立案平台提交电子诉状材料,在后续环节中无须重复提交纸质版本。在严格落实无纸化立案的情况下,该项有望在2021年得分。

此外,从"时间"和"成本"两项指标来看,对比亚太地区、经合组织高收入经济体及单项细分指标最佳表现的数据,上海法院虽然在"执行合同"指标方面整体位居全球前列,其中的司法程序质量指数位列全球城市第一(最优参照为满分18分,目前尚未有经济体达到),但"成本"指标和"时间"指标均与最佳表现经济体存在较大差距,其中"时间"指标明显落后(485天),虽稍优于亚太平均水平,但在排名前十的经济体中耗时最长,与全球最佳经济体(新加坡,120天)相比差距明显(见表2)。

表2 上海"执行合同"得分与其他经济体对比情况

指标	上海	东亚及太平洋地区	经合组织高收入经济体	最佳表现(地区)
时间(天数)	485	581.1	582.4	120(新加坡)
成本(占索赔价值百分比)	15.1	47.2	21.5	0.1(不丹)
司法程序质量指数(0~18分)	16.5	8.1	11.7	无

(二)"保护中小投资者"指标得分情况

"保护中小投资者"指标主要衡量中小股东在关联交易和公司治理中的权利保障程度,下设信息披露程度、公司透明度指数、董事责任程度、股权权利指数、诉讼便利度、所有权和管理控制指数等6个子指标。评估报告中"保护中小投资者"共计38个问题,满分100分,我国得分72分,与2019年得分相比增加12分。增加的12分,主要体现在以下几个方面:一是经过反复沟通,世行最终认可了司法解释的法律效力,并认可了《最高人民法院关于适用〈中华人民共和国公司法〉若干问题的规定(五)》(以下简称《公司法司法解释五》)的相关规定,即股东可以要求实施关联交易的董事赔偿其造成的损失;二是世行认可了《上海证券交易所股票上市规则》修改的相关内容,即子公司禁止收购母公司股份;三是世行认可了《公司法司法解释五》《上市公司章程指引》《上海证券交易所股票上市规则》中有关股东可以无理由撤销董事会成员的规定。

对比上海与亚太地区、经合组织高收入经济体及单项细分指标最佳表现的数据来看，上海在董事责任指数、股东诉讼便利指数两项落后明显，低于亚太地区及经合组织高收入经济体平均水平，整体来看与最佳表现也有较大差距（见表3）。

表3 上海"保护中小投资者"得分与其他经济体对比情况

指标	上海	东亚及太平洋地区	经合组织高收入经济体	最佳表现
披露程度指数（0～10分）	10.0	5.9	6.5	10（13个经济体）
董事责任指数（0～10分）	4.0	5.2	5.3	10（3个经济体）
股东诉讼便利指数（0～10分）	5.0	6.7	7.3	10（吉布提）
股东权利指数（0～6分）	5.0	2.0	4.7	6（19个经济体）
所有权及控制指数（0～7分）	6.0	2.4	4.5	7（9个经济体）
公司透明度指数（0～7分）	6.0	2.6	5.7	7（13个经济体）

2020年评估报告中上海的失分点主要在以下三个方面：一是董事责任方面失6分。这主要在于，世行认为，根据我国法律，股东无法对其他董事追究责任；股东成功索赔后，实施关联交易的董事不需要偿还该交易的利润，并且不会取消董事资格；股东成功索赔后，法院不能判定该关联交易无效。其中，关于其他董事的责任，我国《公司法》第147条规定，董事、监事、高级管理人员应当遵守法律、行政法规和公司章程，对公司负有忠实义务和勤勉义务。事实上，公司以高于市场价值10%的价格买入卖方的车辆，投赞成票的董事将可能被认定为违背了勤勉义务，应可以追究投赞成票的董事的责任，我国在该项问答上应得分。关于股东在诉讼中胜诉后可以获得的救济，由于在审议关联交易时，有关联关系的董事或股东应回避，世行据此认为其不应被追究责任，也不会被取消任职责任。对此，建议修改公司法及相关市场禁入处罚、任职资格的规定。关于关联交易的无效和可撤销，世行认为，根据我国《公司法》的规定，主张交易无效或可撤销必须是决议内容违反法律、行政法规的规定或召集程序、表决方式上违反相关规定，因此在关联交易履行了相应披露和审批手续的情况下，无法否决交易效力。但是，根据我国《合同法》的规定，交易价格高于市场价格，股东可以主张合同显失公平而请求撤销，因此该项问答应得分。

二是股东诉讼便利方面失5分。这主要在于，世行认为，根据我国的法律，原告不能从被告和证人处获得相关证据材料和有关法律文件；原告从被告那里获得相关文件时需要具体指出每一个文件;原告只有获胜才可以向公司追讨法律费用。我国《民事诉讼法》举证规则为“谁主张,谁举证”,当事人因客观原因不能自行收集的证据或者法院审理案件需要的证据,法院应当调查收集,但并不一定会满足当事人的申请。若当事人申请法院调查,申请书必须是足够具体的,法院才会要求相关单位或个人提供。如果股东胜诉,根据《最高人民法院关于适用〈中华人民共和国公司法〉若干问题的规定(四)》(以下简称《公司法司法解释四》)的规定,公司应当承担股东因参加诉讼支付的合理费用。就该项指标失分点而言,由于举证规则是民事诉讼中的基本规则,可修改空间相对不大。

三是股东治理方面失 3 分,具体在股东权利指数、所有权管理与控制指数、公司透明度指数三项子指标下均有失分。这主要在于,世行认为根据我国的法律,上市公司股东不具有新股优先购买权;CEO 可以兼任董事长;股东无法提前 21 日收到股东大会通知。首先,根据我国《公司法》第 34 条规定,有限责任公司新增资本时,股东有权优先按照实缴的出资比例认缴出资。但是,全体股东约定不按照出资比例分取红利或者不按照出资比例优先认缴出资的除外。股份有限公司未作规定。这主要是因为与有限责任公司具有的“人合性”特征相比,股份有限公司具有更强的“资合性”,为了增强股份的流动性,股份有限公司的股东一般没有新股优先认购权。据此,在新股优先购买权这一点上,我国失 1 分。关于董事长兼任的问题,世行认为董事会作为管理层有监督职责,如果允许首席执行官兼任会弱化其功能,不利于保护投资者权益,但我国在这方面并无强制性规定,建议在《公司法》中予以完善。关于股东大会的通知,根据《公司法》第 102 条的规定,召开股东大会会议,应当将会议召开的时间、地点和审议的事项于会议召开 20 日前通知各股东。该规定与世行要求的 21 天仅差 1 天,故有失分。①

(三)世行指标评估方法论评析

从“执行合同”“保护中小投资者”两项指标评估方法论来看,世行通常会假设一个案例,在此基础上设计多个具体问题并形成标准化的调查问卷,通过受访者对问题的答案来计算得分。这一模式的优势在于,能够形成一个相对客观的

① 参见罗培新:《世行营商环境评估之“保护少数投资者”指标解析——兼论我国公司法的修订》,载《清华法学》2019 年第 1 期。

量化标准,使各个经济体的数据具有可比性。但劣势在于,调查问卷的题目数量有限,仅一个案例的假设无法全面涵盖营商环境的各方面,如“执行合同”仅涉及小额买卖合同纠纷,“保护中小投资者”案例仅涉及上市公司关联交易,而实际上法院工作还有多个方面,侵害中小投资者的行为也有非常多的种类。因此,评估范围上存在一定的局限性。此外,在具体问题设计上的灵活性也有不足。例如,依据世行“公司透明度指数”的标准股东大会应在 21 天前通知,但依据我国《公司法》的规定,在 20 天前通知即可,仅 1 天的差别对保护中小投资者权益的影响并不大。因此,研究世行指标评估的方法论,不仅要从调查问卷上的每个细节问题着手,还应当关注指数设计背后的逻辑,聚焦优化营商环境的深层次问题,从而提升营商环境整体质量。

具体而言,“执行合同”指数主要涉及的是纠纷解决的时间、成本,这是企业家开办企业最为关注的问题,即在当地发生纠纷时是否可以从诉讼中获得高效的救济。除了时间和成本的硬性指标外,司法程序的设计也很重要,因此司法程序质量指数用以评估法院的自动化、案件管理以及繁简分流、诉调对接等诉讼流程,目的是提高诉讼便利化程度,同时进一步提高审判效率、降低诉讼成本。因此,只要是符合这一方向的诉讼制度改革,即符合世行对“执行合同”的评估方法论。关于“保护中小投资者”指标的评估,从其 2 个二级指标、6 个三级指标的设计来看,一组指标用以衡量在利益冲突的情况下中小股东受到的保护,另一组指标衡量在公司治理结构中股东的权利。因此,该指标关注的是中小股东的权利保护和公司内部治理规范程度。从我国当前实践来看,中小投资者是我国证券市场的重要参与者,人数众多、交易频繁且交易量大,在市场主体占比达 95% 以上。但在案件审理中发现,中小投资者在诉讼维权时普遍面临专业知识不够强、资金实力较弱、诉讼周期长、维权成本高的困境。同时,资本市场财务造假、信息披露违规等侵害投资者权益的现象屡禁不止,也与上市公司治理结构不完善、违法成本过低有关系。因此,在诉讼制度改革过程中,需要重点关注如何降低投资者维权成本、切实提高诉讼便利程度,同时要补强民事赔偿责任对违法违规者的威慑力,提升上市公司质量。

二、上海法院证券群体诉讼制度改革实践

对标失分点来看,“执行合同”指标的主要问题在于案件审理的时间长、成本

高、电子化立案和案件延期管理。在“保护中小投资者”指标中,虽然世行在案例假设中已明确关联交易已履行相关信息披露义务、不存在欺诈行为,即不涉及证券欺诈纠纷的处理,但从该项指标的失分点来看,我国主要问题在于董事责任的追究不足、诉讼便利程度不够和公司内部治理不规范,这在证券欺诈导致的群体性纠纷中也有体现。因此,证券群体诉讼制度的改革符合世行上述指标的方法论,能够成为上海法院为营商环境提供司法保障的重要得分点,下文对标世行指标逐一分析。

(一)证券群体性纠纷的诉讼解决

群体性证券侵权纠纷属于因单一事件引发的群体性纠纷,涉及众多中小投资者,对纠纷解决的时效性、诉讼成本的可承受性都有较高要求。以往民事诉讼“一案一立”“一案一审”“一案一结”的立案、审理和结案方式明显不能适应此类案件的司法实践需求。

从世界范围来看,各国及地区对证券群体性纠纷的诉讼解决大多规定了群体诉讼制度,如以美国为代表的集团诉讼制度、以德国为代表的示范诉讼制度以及团体诉讼制度等。其中,集团诉讼制度通过明示退出、默示授权的代表机制,将当事人拟制为一个集团,使判决效力及于每一个集团成员;示范诉讼制度中,州法院将群体性诉讼中的共通事实或法律问题提炼出来作为示范诉讼移交给上级法院,并经由另行选定示范诉讼原告,让上级法院得以在一种新的两造诉讼框架内,以中间程序的方式对共通性问题统一审理,再以该示范诉讼结果作为所有个案审理的基础,从而避免司法资源的重复投入;团体诉讼制度通过赋予某些团体以诉讼主体资格,使其可以代表团体成员提起、参加诉讼,从而化零为整地将群体诉讼变为团体统一提起的单独诉讼。因此,针对群体性纠纷单独构建群体诉讼制度,本意就是提高审理效率、降低诉讼成本。

在我国,代表人诉讼是法定的群体性诉讼制度,它以共同诉讼和诉讼代理为理论基础,代表人参加诉讼活动所产生的结果归于其所代表的全体当事人,具体可分为人数确定的代表人诉讼和人数不确定的代表人诉讼。我国《证券法》在2019年修订后,针对代表人诉讼在证券纠纷中的适用作出了新的规定,在人数不确定的代表人诉讼中参照集团诉讼制度、团体诉讼制度的经验,赋予投资者保护机构法定诉讼代表人的独立地位,新增了以“退出制”为基础的集体诉讼制度,进一步丰富了代表人诉讼类型。最高人民法院在2020年7月31日出台了《关于证券纠纷代表人诉讼若干问题的规定》(以下简称《代表人诉讼司法解释》)(代表人诉讼基本流程见图2)。

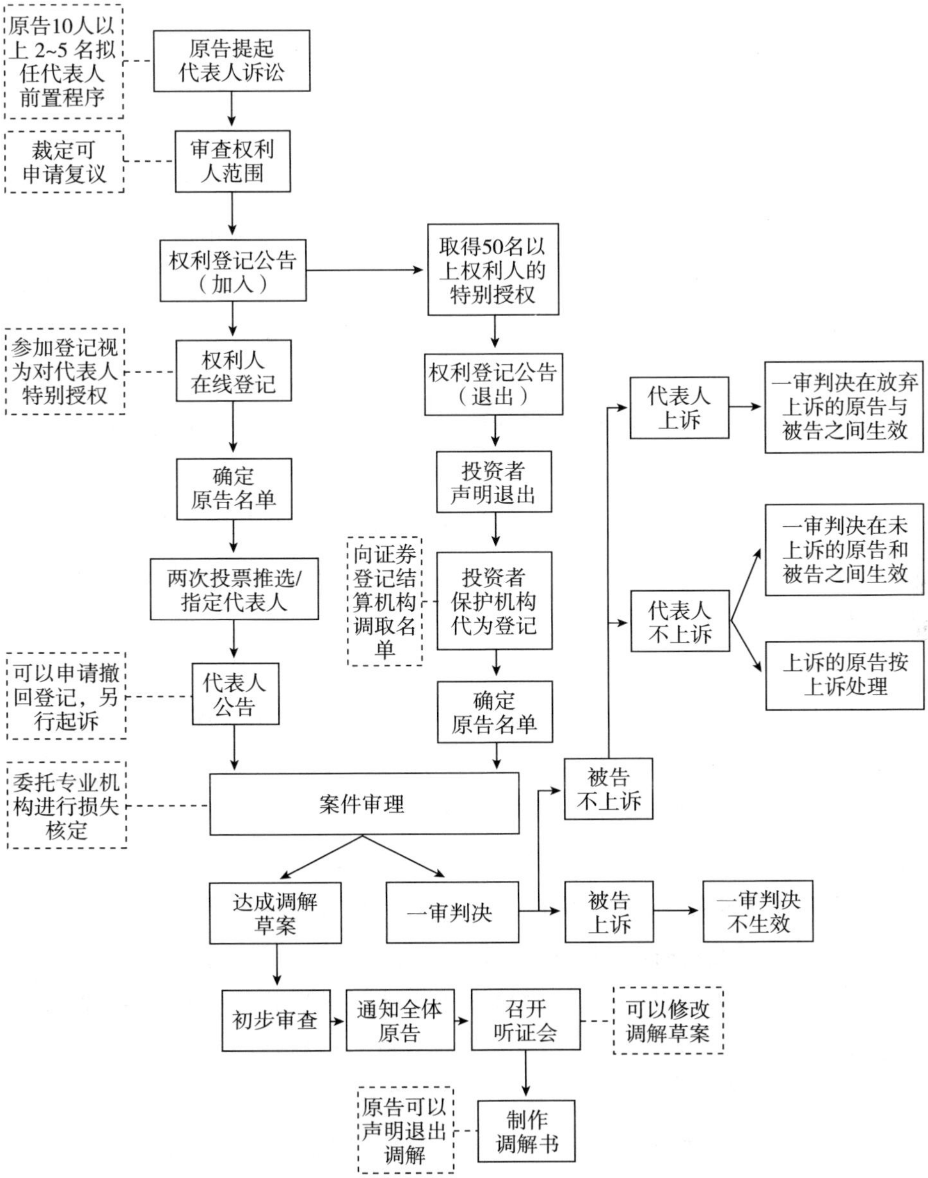

图2　代表人诉讼基本流程

1. 普通代表人诉讼程序

关于以“加入制”为基础的普通代表人诉讼程序,可从以下几个方面进行梳理。

(1)代表人诉讼的立案

《代表人诉讼司法解释》在立案上采当事人启动的方式,即只有在当事人起诉时已推选出代表人的,法院才可以按照代表人诉讼进行登记立案。民事诉讼以解决纷争为己任,程序设计以保障诉讼当事人的程序权利为宗旨,既然代表人诉讼系为促进纠纷一次性解决而设,则其程序设计自然应符合民事诉讼之根本规律,以当事人进行主义为其基本要求。因此,允许经当事人申请而启动代表人诉讼,是赋予当事人程序选择权,使其有权使用简便、快捷的程序或避免使用无实益的程序。但当事人提出申请后,法院应当对申请是否符合代表人诉讼的启动要件进行审查,如推选的人数是否符合要求、是否具有证券侵权的初步证据等。值得注意的是,司法解释取消了原证券欺诈纠纷受理中一直存在的前置程序。即便没有相关行政处罚决定或者刑事裁判文书,原告提交有关被告自认材料、证券交易所等给予的纪律处分或者采取的自律管理措施等初步证据证明存在证券侵权事实也可。即扩大了前置程序的范围,弱化了其“程序属性”而强化了“证据属性”。

(2)代表人诉讼的权利登记

权利登记是在起诉时人数不确定的代表人诉讼特有的程序,目的是确定原告范围。《代表人诉讼司法解释》第6条规定,在发出权利登记公告前,法院应当先行审查确定权利人登记范围。此处“权利人范围”是指因在某一时间段进行了证券交易受到损害而可以向法院进行权利登记的投资者,该时间段的确定取决于如虚假陈述实施日、揭露日等关键时点的确定。为避免权利人范围的“翻烧饼”和“程序空转”,权利人范围的确定还设置了异议和复议程序。

在登记方式上,权利登记可以依托电子信息平台进行,如上海金融法院建立了专门的代表人诉讼在线平台,投资者通过在线身份核验后即可登录该平台进行登记。投资者只需要简单登记原告基本信息及诉请金额即可完成权利登记,无须缴纳诉讼费,参加诉讼成本大大降低。但是,实践中另外一个问题是社会维权律师的阻力。近年来,在证券纠纷领域已经形成了以律师维权为主的格局。证券市场一旦发生侵权行为被行政处罚,律师即立即积极介入、广泛征集被侵权的投资者代为诉讼。因此,在启动代表人诉讼之前,往往已经形成众多律师各自拉拢一批投资者,单独作战的格局。启动代表人诉讼后,一旦律师已经征集到的投资者没有被选为代表人,则该律师将被完全排除在诉讼外,等同于将已有的案源拱手让给代表人所委托的律师。因此,律师不仅在权利登记阶段比较消极,而且在提起代表人诉讼阶段,由于无法掌握其他律师手上案源的信息,也多处于观望态度。

(3)代表人的确定

根据《民事诉讼法》及其司法解释的规定,诉讼代表人的产生方式包括当事人推选产生、法院提出人选与当事人协商及法院指定等,但上述规定比较原则,对有效推选的标准、协商的方式、代表人的选定条件等问题缺乏细致规定。司法实践中代表人诉讼长期被搁置,一个重要原因是代表人推选难。特别是在证券侵权纠纷中,由于涉及的当事人众多、分布的区域十分广泛、相互之间的联系不紧密,要达成一致意见推选出代表人在客观上存在困难,甚至是难以实现的。对此,《代表人诉讼司法解释》在这方面进行了探索性的尝试。

首先,细化了代表人推选和法院指定的衔接流程。先在自愿担任代表人的原告中组织推选;推选不出代表人的,在得票前 5 名的范围内即时组织第二次推选,缩小推选范围;仍不能有效推选的,由法院指定。其次,明确了代表人的选定标准。代表人按照得票数排名确定,为保证代表人的充分代表性,每位代表人的得票数应当不少于参与投票人数的 50%。最后,规定了代表人的条件。明确代表人要有自愿代表的意愿,并具有诉讼能力和相应的诉讼知识、占据一定的利益诉求份额等,确保选任的代表人能够充分、公正地表达当事人的诉讼主张。此外,如果投资者保护机构自身以投资者身份提起诉讼,或者以支持诉讼方式参与案件审理的,法院也可以指定该机构或者其支持的当事人作为代表人。实践中可能存在的问题是,代表人条件审查程序如何进行以及是否允许代表人提出异议。

(4)代表人的权限

严格来说,普通代表人诉讼中的代表人属于当事人和诉讼代理人身份的统一,本质上并没有超越共同诉讼。《民事诉讼法》第 54 条规定:“代表人的诉讼行为对其所代表的当事人发生效力,但代表人变更、放弃诉讼请求或者承认对方当事人的诉讼请求,进行和解,必须经被代表的当事人同意。”即代表人与其他当事人的关系属于典型的一般代理关系,并没有超越诉讼代理的界限。当事人推选代表人后本身并不退出诉讼,仍然属于案件的当事人,并对涉及权利处分的事项拥有“一票否决权”,因此,便不可避免地会产生诉讼效率低下、诉讼时间拖延的问题。对此,《代表人诉讼司法解释》借鉴诉讼契约理论,采取了统一特别授权模式。即投资者参加权利登记即视为对代表人预先的特别授权,不同意特别授权的可以另行起诉。当事人若对推选出的代表人不满意,也可以在一定时限内申请撤回权利登记。如此一来,对选定了代表人且未退出诉讼的当事人而言,本身就意味着对代表人相当程度的信任,在诉讼过程中没有必要再要求当事人一一确认代表人的实体处分行为。

此外,考虑到代表人诉讼效力的刚性扩张,对代表人的特别授权也不意味着放任不管,司法权应当履行对诉讼活动的监督管理职能。具体包括对代表人选任资格的审查、对调解协议的审查,以及对代表人变更或者放弃诉讼请求、承认对方当事人诉讼请求、决定撤诉等重要诉讼事项的审查等。再者,若代表人与被告达成调解协议的,不同意的当事人仍有一次退出机会,该调解协议对其不生效力。

(5)代表人诉讼的上诉

证券侵权纠纷属于非必要的共同诉讼,各当事人之间的权利义务关系并不同一,应当充分保障各当事人自主选择权,既不能剥夺当事人提出上诉的权利,也应当尊重当事人退出上诉的意愿。因此,一审判决后,被告不上诉的,分情形予以处理:代表人上诉的,一审判决在明确表示不上诉的原告与被告之间生效;代表人不上诉的,除明确表示上诉的原告外,一审判决在其他原告与被告之间生效。

(6)代表人诉讼的效力扩张

我国《民事诉讼法》第54条第4款规定:“未参加登记的权利人在诉讼时效期间提起诉讼的,适用该判决、裁定。”《最高人民法院关于适用〈中华人民共和国民事诉讼法〉的解释》(以下简称《民事诉讼法解释》)第80条进一步明确:“未参加登记的权利人提起诉讼,人民法院认定其请求成立的,裁定适用人民法院已作出的判决、裁定。”由此可见,一方面,法律不禁止未参加登记的第三人单独提起诉讼,即判决效力不是直接扩张;另一方面,若其提起诉讼的,法院不另行审理,查明情况后直接适用之前已作出的判决,即判决效力存在一定程度扩张。

至于扩张的正当性基础，学理上有社会公益维护说、诉讼担当说、诉讼经济说等不同观点。有人认为，代表人诉讼本身就是一并救济纠纷所涉及的所有主体的诉讼，由于这个诉讼救济的不仅仅是私权，而且是对社会公益的维护，对法的秩序稳定有重大影响，所以代表人诉讼判决的影响就不限于参加登记的人，判决的效力可以间接及于在公告期间内不申报权利、未向法院登记的人。① 还有人认为，该情形属于法律规定的诉讼担当，登记的权利人担当了未登记的权利人，因此其所获判决的效力及于后者。② 并且，若判决的效力不能扩张适用，势必导致相关利害关系人针对同一纷争不断重复起诉与审理，浪费司法资源。但是，上述理论并没有厘清这种间接扩张的实质是什么。可以想象，实践中会出现种种问题——如果后诉的诉讼请求与代表人诉讼判决不一致如何处理？如果代表人诉讼判决对多数人的一方不利，后诉当事人不愿接受该判决效力且提出了新的证据，是否必须受该判决的约束？

根据《民事诉讼法》相关规定，代表人诉讼判决效力的扩张，是针对在公告期内未进行权利登记、在诉讼时效期间内向法院起诉的人所使用的，即将代表人诉讼判决效力间接地扩张及于有关的利害关系人。其方式是法院作出裁定适用代表人诉讼的判决。理论上，在诉讼时效内后诉的当事人，符合完整的起诉要件，提起的诉讼是一个独立而完整的诉讼，法院需要对实体权利义务关系作出审查。可能的情况是，代表人诉讼程序顺利进行且代表人诉讼判决对多数原告一方有利。但一方面，代表人诉讼判决中所承认和保护的权利未必与后诉的当事人所要求保护的权利在范围和程度上完全一致。这一点在大规模的损害赔偿之诉中是必然存在的，每一个投资者的具体交易情况不同，受损害的事实当然不同。另一方面，虽然代表人诉讼判决为被告设定了某种实体义务或责任，但被告可能会认为后诉的原告实际上并不享有相对应的权利，如涉及投资者是否符合索赔资格的问题。换言之，在后续诉讼中，无论是原告还是被告，都有可能对已作出裁决的直接适用提出异议，这本身也是当事人的权利。因此，后诉的当事人对已作出的裁决，只能是部分适用，无法全部适用，毕竟损害赔偿必然存在个性问题。从扩张的范围来看，代表人诉讼效力的扩张只能是共通性的事实认定或法律适

---

① 参见肖建华：《群体诉讼与我国代表人诉讼的比较研究》，载《比较法学》1999 年第 2 期。

② 参见李德飞：《我国诉讼担当制度中既判力主观范围的扩张》，载《司法改革论评》2009 年第 1 期。

用结论,至于个性化的诉讼请求,则不在扩张范围之内。①

代表人诉讼判决效力间接扩张的实质在于,法院必然在代表人诉讼的判决中对一些带有共通性的问题进行了判断,包括事实认定和法律适用意见。对于后来提起诉讼的当事人而言,最有意义的就是这些具有共通性的事实认定和法律适用结论。在这个范围内,规定代表人诉讼判决效力的扩张是合理的,也与我国现行司法解释中的免证事由规则相一致,法院没有必要就已经证明的事实和争论过的法律适用意见重复审查。至于后诉的当事人的具体诉讼请求和必要证据资料,则属于个性问题,无法在原判决中找到答案,必须具体案件具体裁判。也就是说,后诉的当事人对于原判决,只能是部分适用,无法全部适用。此外,对于共通性的事实认定和法律适用意见,未参加诉讼的后续当事人不一定是赞同态度,也有可能提出异议,并希望通过新的诉讼提出救济。这本身也是当事人的权利,不能因为法院已经有了意见而拒绝审理。如果该部分当事人所主张的事实和理由与代表人诉讼所认定的一致,可以直接援引代表人诉讼判决关于共通性事实和法律意见。但是,法院也可以后诉原告的诉讼请求没有法律依据,或者没有足够证据支持为由,判决其败诉。因此,判决效力的扩张只针对认可代表人诉讼判决并希望援引该判决的当事人。

深究之,在代表人诉讼中,虽然全部共同利害关系人在起诉时尚未确定,但参加授权的人数是确定的,即所有向法院登记的权利人。代表人也正是代表这一部分人进行诉讼,诉讼结果也只在这个范围内直接发生效力。未参加登记的权利人与代表人之间并无授权与被授权的关系,其起诉到法院后,与之前的代表人诉讼只构成普通共同诉讼关系。与其说出于确保适法统一、维护社会公益、节约诉讼成本,或者说经公告而不登记的则视为对代表人择定的默示同意等,倒不如说是因案件本身的共通性、当事人之间的利益的一致性才构成了判决效力间接扩张的基础,而且扩张的范围也只限于共通性问题。因此,《代表人诉讼司法解释》第29条明确规定了效力扩张的条件,即符合权利人范围但未参加登记的投资者提起诉讼,且主张的事实和理由与代表人诉讼生效判决、裁定所认定的案件基本事实和法律适用相同的,法院审查具体诉讼请求后,裁定适用已经生效的判决、裁定。

---

① 参见汤维建等:《群体性纠纷诉讼解决机制论》,北京大学出版社2008年版,第287页。

2. 特别代表人诉讼程序

2019 年《证券法》第 95 条第 3 款是当时修订的突出亮点之一，也称为“中国版”的证券集体诉讼制度。分析来看，该制度在我国代表人诉讼制度的基础上，融合借鉴了集团诉讼制度和团体诉讼制度。具体而言，一是在原告范围的确定上采用了退出制，将未明示退出的投资者均视为默示授权投资者保护机构作为代表人代为诉讼。其优势在于，积少成多的赔偿数额将大幅提高证券违法违规行为成本，同时免去了普通代表人诉讼中推选、协商代表人等环节，大大提升了诉讼制度的效率。二是参照团体诉讼制度经验，通过法律直接赋予投资者保护机构诉讼资格，突破了传统民事诉讼的直接利害关系原则，确定了投资者保护机构可以依据法律规定基于当事人的委托而取得代表人的法律地位。作为公益机构而言的投资者保护机构之诉讼地位得以独立，诉讼权利范围和自主权大大提升。并且，由投资者保护机构根据证券登记结算机构的交易记录代为登记权利，省却了投资者在诉讼中的举证负担。因此，关于特别代表人诉讼具体程序，可以从以下几个角度进行分析。

(1)“明示退出制”的特殊安排

从比较法的角度来看，集团诉讼制度即以“退出制”作为投资者参加诉讼的方式。其优势体现在，它能让那些通过其他方式无法提起的请求得以提起，通过其他方式不会被追诉的违法者受到追诉，可广泛集中投资者进行共同诉讼，从而形成可与侵权人相抗衡的力量。但这也意味着，受害人不必亲自参加诉讼，甚至不需要亲自提起诉讼，只要他没有从集团诉讼中申请退出，就必须受到诉讼结果的约束，这与传统民事诉讼“不告不理”的诉讼制度存在较大冲突。因此，成立集团诉讼本身需满足先决条件：一是人数的众多性，即集团成员人数众多，合并当事人存在实际困难；二是利益的共同性，即所有成员存在共同的法律问题或事实问题；三是请求或抗辩的典型性，即集团诉讼代表人提出的请求或抗辩为集团其他成员的请求或抗辩的典型；四是代表的充分性，即代表人能够公正且充分地维护全体集团成员的利益。此外，必须以严格的通知程序和集团代表人的充分性审查来确保“退出制”判决扩张的正当性，一方面，强调通知集团成员的适当程序，要求对集团成员发出“最可行的通知”，并经过“合理的努力”对所有成员进行个别通知；另一方面，则强调法院对诉讼代表人充分性、典型性的审查。

总的来说，单看“加入制”或“退出制”，只是诉讼法上集合大量单独诉讼的程序技术,是用以确定“集团”成员范围的方式,并非集团诉讼制度的语境下独有。但相比起“加入制”代表人诉讼中投资者有选任代表人的权利且只有参加诉讼的投资者才受判决约束的情况,“退出制”诉讼之所以能在效率上取得优势,在于明示退出暗含着默示授权,即允许任何人不经明确授权就可以代表所有集团成员提起诉讼,并可以作出实体处分(包括和解),判决的效力可以向未参加诉讼的人扩张。因此,该诉讼本身的程序必须非常严格,才能消除因对那些缺席的、不知情的集团成员利益保护不够周全而所引发的对判决本身公正性的质疑。在我国“退出制”诉讼制度的司法实践中,有必要参照其他国家或地区经验严格落实通知程序,如从登记结算机构获取在特定时间段内交易的投资者名单,实现精准通知。至于对代表人的审查,因在证券集体诉讼制度设计中,投资者保护机构为当然的诉讼代表人,不存在再由投资者另行选任代表人的情况。显然相较于从投资者中选出代表人,投资者保护机构显然在诉讼能力、专业知识等方面更胜一筹,且其作为国家设立的代表全体投资者利益的公益机构,也不存在普通代表人诉讼中常见的利益冲突问题。故在代表人的充分性、典型性问题上,应无争议。

(2)投资者保护机构的诉讼地位

从比较法的角度来看,我国特别代表人诉讼程序的设计并没有完全参照集团诉讼制度的经验。集团诉讼是典型的由律师主导的诉讼模型,其特色在于律师与委托人之间的胜诉酬金制,再加上退出制可有效集合小额损害投资者的请求以扩大损害赔偿基数,架构出以律师的利润动机为运转中心的证券诉讼模型,即真正与诉讼的提起和成功利益攸关并且推动诉讼进程的不是首席原告,而是首席律师。但是,我国特别代表人诉讼制度参照了团体诉讼制度的经验,选择由投资者保护机构来主导诉讼。

团体诉讼制度是当多数人利益受侵犯时而设置的一种特别的司法救济程序,发源于德国,在许多欧盟国家也有适用,是指赋予某些团体诉讼主体资格和团体诉权,使其可以代表团体成员提起、参加诉讼,独立享有和承担诉讼上的权利义务,并可以独立作出实体处分的制度。比较而言,无论是我国的普通代表人诉讼制度,还是集团诉讼制度,代表人的诉讼实施权,一方面,源于其自己就是群体的一分子;另一方面,源于其他成员的明示或默示的授权,因此代表人当事人适格基础是当事人身份(实体法上的请求权)和代理人身份的结合,如我国《民事诉讼法解释》第77条规定,法院可在起诉的当事人中指定代表人。申言之,代表人本身是案件的当事人,他与其他成员一样,都是案件的利害关系人,与诉讼标的有直接的关联,他不仅以群体代表人的名义,还以自己的名义进行诉讼。但是在团体诉讼制度中,团体本身不具有直接利害关系,也不是从当事人中产生,其成为正当当事人的理论基础是实体法的明确规定和授权。我国《证券法》修订时明确规定投资者保护机构可以通过征集授权来获得代表人的诉讼地位,采用的即这种模式。该诉讼制度在一定程度上避免了群体诉讼制度所存在的利益冲突问题,其优势在于将多数人分别提起的多个诉讼变为由团体统一提起的单一诉讼,诉讼实质仍然是一对一结构的诉讼,便于法院以"两造诉讼"的方式进行审理,从而提高诉讼效率。

团体诉讼制度虽然赋予了投资者保护机构独立的原告诉讼地位,但在法理上是以类似"债权让与"的方式实现的。即投资者仅授予诉讼实施权予保护机构,相关请求权主体仍为投资者本人,且诉讼实施权的授予与撤回均任由投资者本人自行决定,故在本质上亦属"任意的诉讼担当"。团体判决的主观范围,仅及于授予诉讼实施权的投资者,就同一事件受损害的其余投资者,并不受团体诉讼判决效力拘束。事实上,因投资者保护机构能够征集的诉权有限,该诉讼并无法一次性地解决相关纠纷。并且,该诉讼模式在定位上也与"登记加入制"的普通代表人诉讼相重合,无非是将诉讼过程中代表人推选的协商成本转移至诉前的投资者征集过程中,对群体诉讼的整体效率并无太大的提升。因此,我国特别代表人诉讼程序综合了集团诉讼制度和团体诉讼制度的思路,也可以说是在赋予投资者保护机构独立诉讼地位的基础上,探索一种概括性的"退出制"授权方案。

单从诉讼主导力量的对比上观察,投资者保护机构主导比律师主导更符合我国当前的司法需求。律师主导模型虽在调动市场的积极性上更胜一筹,但作为基础的胜诉酬金制也导致了滥诉和恶意操纵诉讼。具体而言,律师本能地在律师费与时间成本之间求得最大利益,与受害人的利益并不一致,考虑到案件的持续进行会显著增加时间成本但对提高律师费作用有限时,案件由律师促使提前和解的概率大大提高,最后除去律师费再赔偿到各受害人的部分则少之又少,可以说是追求威慑目标的同时放任了赔偿目标的弱化。比较而言,团体诉讼制度是威慑与赔偿目标并重,政策优势明显,集团诉讼制度中普遍存在的律师与原告集团的利益冲突,在投资者保护机构作为代表人的诉讼中并不存在。同时,由投资者保护机构选择案件在诉讼预期不明朗的情况下显然也更有优势,因为律师是否提起诉讼的关键在于评估案件胜败概率及与之相关的报酬成本,对小额、败诉风险大的案件往往缺乏动力,而投资者保护机构由于有足够的政府资源支持,可以更自如地决定诉讼目标。再者,我国尚缺乏主动利用律师主张权利的文化,投资者更偏好寻求政府机关的帮助。因此,进一步探索投资者保护机构在证券诉讼中的作用,更有现实意义。

(3)特别代表人诉讼与普通代表人诉讼的衔接

我国《证券法》所规定的"退出制"诉讼制度仍建立在我国代表人诉讼制度的框架内,故需遵循普通代表人诉讼的基本程序,包括立案、调解与上诉等,甚至在程序的启动上也以普通代表人诉讼的转换为前提。在实践中,争议主要集中于《证券法》第95条第2款与第3款之间的关系,即关于特别代表人诉讼的启动方式,存在"递进说""并行说"两种不同观点。《代表人诉讼司法解释》采纳了第一种观点,即投资者保护机构参加代表人诉讼的前提是法院已经依据《民事诉讼法》第54条第1款的规定按照普通代表人诉讼程序发布了权利登记公告。理由是从《证券法》第95条的文义看,第3款适用的是"参加"而非"提起",即投资者保护机构是在已有投资者提起普通代表人诉讼的情形下参加诉讼。

因此,投资者保护机构作为代表人有两个前提:一是法院决定采用普通代表人诉讼程序审理案件,发出权利登记公告,通知投资者在一定期间内向法院登记;二是投资者保护机构受50名以上投资者委托作为代表人参加诉讼。由于特别代表人诉讼案件实行专属管辖,实践中可能导致的问题是在管辖权移转的过程中,且不论两地法院对权利登记范围可能存在不同意见,单就法院需发布两次权利登记公告而言,即一次是普通代表人诉讼程序的权利登记公告,另一次是转换为特别代表人诉讼程序之后通知投资者申请退出的权利登记公告,就已经导致了部分程序的空转。但总的而言,特别代表人诉讼程序省去了代表人推选的过程,较普通代表人诉讼而言诉讼程序更简单、投资者维权成本更低。

(二)证券群体性纠纷的非诉解决

应当说,在纠纷解决的终极目的上,群体诉讼与其他非诉纠纷解决机制并无优劣之分。正式的诉讼救济不可能解决社会所有纠纷,仅依靠简化诉讼程序也不足以克服诉讼的所有弊端和问题。相比群体诉讼而言,替代性纠纷解决机制

(Alternative Dispute Resolution, ADR)存在成本低、效率高、解决方案易于为当事人接受并主动执行等优势,应成为解决群体性纠纷的重要手段之一。对标世行"执行合同"方法论来看,替代性纠纷解决机制也是评估司法程序质量指数的重要部分。示范判决机制是目前为止在现有法律框架内较为经济、高效的证券群体性纠纷解决方式。该机制的核心是利用典型案件既判力的示范效应为投资者提供稳定的诉讼预期,加大对群体性纠纷中其他类案的调解力度。

1. 示范判决机制的具体规定

从具体规则来看,示范判决机制包括三个阶段。首先,示范案件的选定。示范案件应是群体性证券纠纷中在事实争点和法律争点方面具有代表性的案件。也就是说,示范案件应该最大限度地涵盖群体性纠纷中具有共性的事实问题和法律问题,通过示范案件的判决,明确争议问题的裁判规则。另外,通过示范案件的选定,将因同一侵权行为引发的群体性证券纠纷划分为示范案件与平行案件。其中,平行案件是指与示范案件具有共通的事实争点和法律争点的案件。示范案件可以依当事人的申请或法院依职权来选定,示范案件选定后,应告知平行案件诉讼当事人,确保当事人的知情权和异议权。

其次,示范案件的审理。鉴于示范案件的裁判原则对平行案件具有一定的法律约束力,为充分保障当事人的诉讼权利,需要特别针对示范案件审理过程中当事人诉讼主张的明确、法官释明权的行使、法官见解的公开、当事人法庭辩论权利的保障以及裁判文书的制作等方面作出规定。示范案件除了要解决案件本身当事人之间的争议外,还应着重审查案件所反映出的该群体性纠纷中具有共性的事实争议和法律争议。如证券虚假陈述责任纠纷案件中关于虚假陈述行为揭露日的确定、损失计算方法、损失与虚假陈述行为之间因果关系的认定等。

最后,示范判决的效力。为确保示范判决机制充分发挥效用,示范判决对平行案件应有一定的效力扩张。即在事实认定方面,除有相反证据推翻之外,对示范判决认定的共通的事实,平行案件的双方当事人均无须另行举证;在法律适用方面,对已由示范判决认定的共通的法律适用标准,平行案件的原告主张直接适用的,可予以支持。示范判决的效力扩张是示范判决机制最为核心的规则。效力扩张范围过大,容易有违背诉讼原理、侵犯当事人诉讼权利之嫌;效力扩张范围过小,则使示范判决失去意义。对此,上海金融法院相关规定设计中参照了《最高人民法院关于审理消费民事公益诉讼案件适用法律若干问题的解释》第

16条的规定,区分事实认定和法律适用标准。示范判决的事实认定对平行案件原、被告均具有免除举证的预决效力。其合理性在于,法院的裁判文书本身在性质上就属于公文书证,其作为证据的一种,具有较强的证明力,示范判决已确认事实的预决力与传统民事诉讼生效裁判已确认事实的预决力相同。示范判决认定的共通的法律适用标准的既判力采单向扩张模式,即平行案件的原告主张直接适用的,可予以支持;平行案件的被告主张直接适用,而原告有异议的,应当进行审理。其司法考量在于,示范案件与平行案件的被告相同,鉴于被告已经在示范案件的审理过程中就共通的法律争点发表过辩论意见,充分行使了诉讼权利,平行案件的原告援引示范判决的有利认定并不会损害被告的权益,此时既判力的扩张具有正当性基础。

2. 示范判决机制ADR的定位

示范判决机制在与ADR对接时具有独特的优势,原因在于示范判决会给纠纷当事人带来明确的诉讼结果预期,这对尚未参与诉讼的纠纷当事人与对方当事人达成和解会产生极大的推动作用,从而避免后续诉讼的发生。此外,由于示范判决是基于个案审理,即使是对已进入诉讼程序的平行案件当事人而言,也可以在参照示范判决的基础上选择以调解或和解撤诉的方式终结诉讼程序。

(1)示范判决的“试验性”

所谓“试验性”,是指对于平行案件当事人而言,经法院对示范案件的审理,平行案件中所共通的事实与法律问题也同时得以明确,示范判决的结果无疑是对其自身胜诉前景“试验性”的、直观的展示,就如同法院审理的是自己的案件一样。因此,示范诉讼的裁判结果除了成为其他相同事件在诉讼上的处理依据外,也能成为纠纷当事人于诉讼外解决其他相同事件之准据。

就这点而言,示范判决从结果导向上与早期中立评估制度有异曲同工之妙。起源于20世纪80年代美国的早期中立评估制度,被归类于建议型的替代性纠纷解决机制。即在案件审理之前,利用专家的专业知识,通过现有的证据帮助当事人对纠纷作出一定程度的评估,以使当事人认识到案件的价值、自身于案件中所处的局势并厘清合意以及争点等,让当事人纠正对案件认知的偏差,以正确决策未来的纠纷解决走向。[①] 简言之,即通过中立第三方为当事人提供接近于裁判的

① 参见江和平、黄琪:《民商事纠纷中立评估机制的中国发展之路》,载《法律适用》2015年第7期。

法律意见,促使当事人权衡利弊后选择以和解解决纠纷。[①] 但与早期中立评估制度所不同的是,示范判决并非对个案分别作出预估,而是基于该类案件在事实或法律上的共通性而起到类似的效果。

例如,在虚假陈述民事赔偿案件中,如果示范判决确定被告应承担侵权责任,则对众多原告而言,只要是在规定的时期内买入、卖出该股票的,总是能获得赔偿。当事人完全可以参照示范判决的内容,找到各方都能满意的解决问题的方案,达成调解或和解。就原告而言,相比后续漫长的诉讼程序,调解或和解可以较快地拿到赔偿款。就被告而言,也省却了重复诉累、降低诉讼费用并可在一定程度上通过与原告协商互相让步来降低赔偿款。此外,如果已起诉的当事人经由示范判决可确定自己的交易损失不在可索赔范围内,如已在虚假陈述揭露日之前卖出全部股票,也可以及时撤诉以避免败诉风险。就法院而言,在共通性的事实和法律问题得到解决后,法院将其他个性化争议转交 ADR 解决,如果当事人达成一致,就减少了正式庭审的时间和成本。从许多国家的司法实践来看,一旦有了这种判决,当事人通常会在双方律师的帮助下根据法官阐述过的一般原则在法院外解决其他案件。

(2)平行案件当事人的程序自主权

相比集体诉讼制度等其他群体诉讼制度而言,由于示范判决是基于单独诉讼,当事人程序选择权的自主余地更大。因为无论是集团诉讼制度还是代表人诉讼制度,都是将所有纠纷合一解决。但是,示范案件与平行案件一样,都是单独、独立的诉讼事件,示范判决对平行案件而言只就其对于共通性问题的裁决部分具有"判例效",且是否发生效力还须法院的审查。因此,平行案件当事人所进行的仍是一个相对独立的诉讼程序,可以根据自己的情况自主选择程序的终结方式。若继续诉讼的,可以援引示范判决中关于共通性事实和法律问题的裁决;也可以根据示范判决的结果,就具体的赔偿金额等个性问题接受调解或和解等。对于那些不符合索赔资格的投资者,未提起诉讼的不再起诉,已进入诉讼程序的可以撤诉。但可以预见,在经过示范判决的分流后,仅是筛掉不符合索赔资格的投资者这一项,进入后续诉讼程序的案件数量也将大大降低。

---

① 参见周晨:《浅析美国早期中立评估机制(ENE)在中国诉前调解中的构建》,载《法制与社会》2011 年第 25 期。

(三)证券群体性纠纷解决机制的多元化

所谓群体性纠纷的多元化解,是指我国对群体性纠纷的解决,应当在诉讼规则上兼容并蓄地设计多种程序机制,既有现代型的群体诉讼,又有与非诉解决机制的有效衔接。在司法实践中,理想目标是法院结合案件的类型和具体情况,在尊重当事人程序选择权的前提下决定具体适用的纠纷解决机制,并且可以在各种机制之间实现灵活转换。在《证券法》修订之后,我国证券群体性纠纷的多元化解机制体系已具雏形,在诉讼解决机制中有"加入制"的普通代表人诉讼程序、"退出制"的特别代表人诉讼程序,在非诉解决机制中有示范判决机制,能够为投资者提供多种纠纷解决路径。

在实践中,比较各种具体纠纷解决机制的适用范围,必须结合案件的特点才能判断。首先,如果当事人互相之间没有意见分歧,普通代表人诉讼无疑是很有效率的群体诉讼机制。因为这种机制几乎把所有能节省的成本都省了下来,进入诉讼后,代表人的行为可以代表大多数当事人,法院判决也不需要一一宣判,用一个诉讼的成本就能解决多数当事人的案件,诉讼开支将大幅度下降。其次,如果当事人之间分歧较大的,或者存在"集体行动困境"无人愿意担任代表人的,则大量时间和精力要消耗在多数当事人内部的谈判、妥协和达成共识上。在这种情况下,有两种选择路径:要么,构建"默示授权""申明退出"的机制,在一定程度上牺牲部分当事人的程序保障为代价以降低成员之间达成一致的协商成本,即选择特别代表人诉讼。作为代表人诉讼在证券领域应用的新形式,它在维护投资者权益和集中司法资源等方面,有着"加入制"诉讼所难以比拟的优势,能够补足民事诉讼的威慑力,大大提高违法违规成本。要么,若特别代表人诉讼因各种原因无法启动的,那么通过示范判决机制首先解决共性问题,再一一解决个性问题则是提高诉讼效率的首选。示范判决能够给当事人带来稳定的诉讼预期,从而引导当事人通过调解解决纠纷,也能节约大量的司法资源。

综上,基于证券群体性纠纷类型本身情况的多样性,群体纠纷解决机制也实现多元化。普通代表人诉讼作为我国立法专门设立的群体诉讼制度,应用足、用好该制度资源,完善公告通知、权利登记、推选代表人等程序,将其效率优势发挥到实处。再者,优化示范判决机制,探索经济激励机制,促进示范判决与平行案件多元化解的衔接,促进证券纠纷多元化解纠纷取得实效。另外,特别代表人诉讼属于新兴模式,具备一定公益性质,应当作为群体诉讼制度的补充进行深入探索,为投资者合法权益构建多层次、全方位的保护。

金融司法服务保障民营企业健康发展研究

——以民营企业融资纠纷案件为视角[①]

上海金融法院课题组

改革开放40多年来,我国民营经济经历了从小到大、从弱到强,不断发展壮大的过程,已经成为推动我国经济发展不可或缺的力量,在创业就业、技术创新、国家税收等方面发挥重要作用。我国在保护和促进民营企业发展的问题上睿智地选择了法治之路,取得了显著成效。2018年11月1日,习近平总书记在民营企业座谈会上的讲话,指出支持民营企业是党中央的一贯方针,要不断为民营经济营造更好发展环境,帮助民营经济解决发展中的困难,支持民营企业改革发展。

2018年8月20日,为健全完善金融审判体系,营造良好金融法治环境,上海金融法院揭牌成立。上海金融法院的设立,对完善金融法治环境,防范重大金融风险,保障金融活动依法运行具有重要意义。民营企业因盈利能力不强、担保能力不足等原因导致融资违约风险居高不下,涉民营企业融资纠纷案件已成为上海金融法院审判工作的重要组成部分。本文以上海金融法院2018年8月至2019年10月间审结的涉民营企业融资纠纷案件为样本,梳理归纳民营企业融资案件特征要素,剖析民营企业融资难、融资贵的基本原因,并提出妥善审理此类案件的基本原则。

---

① 本课题由上海金融法院党组成员、副院长肖凯主持,课题组成员有沈竹莺、张文婷、童蕾、瞿峥、金琪睿。本课题节选自中共上海市委全面依法治市委员会办公室2019年度全面依法治市调研课题优秀调研成果(一等奖)"金融司法服务保障民营企业健康发展研究"。

一、涉民营企业融资纠纷案件概况

(一)涉民营企业融资纠纷案件占比大

2018年8月至2019年10月,上海金融法院审结以民营企业为被告的一审案件257件、涉民营企业的二审融资纠纷案件154件,合计411件,标的金额超349亿元,占该院同期审结金融案件的38.15%,标的金额占37.12%。

在涉民营企业融资纠纷案件中,融资金额小于100万元的83件,占比20.19%;100万元至500万元的37件,占比9%;500万元至1000万元的21件,占比5.11%;1000万元至5000万元的33件,占比8.03%;5000万元至1亿元的106件,占比25.79%;1亿元至2亿元的85件,占比20.68%;大于2亿元的46件,占比11.19%。总体而言,融资金额在1000万元以上的案件数为大多数,占比为65.69%,具体如图1所示。

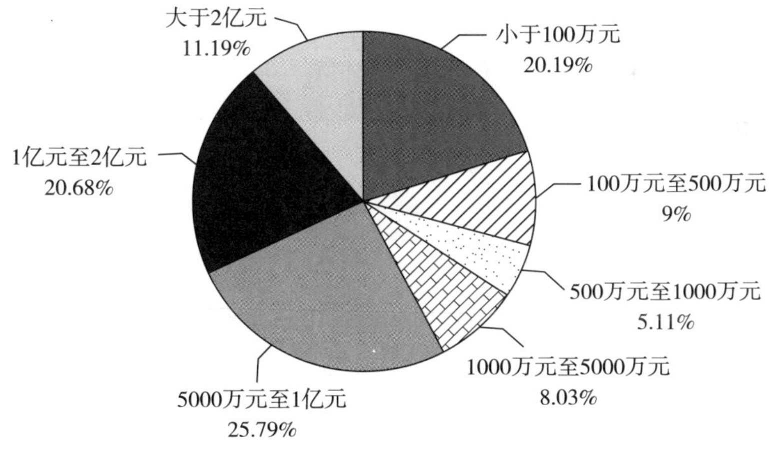

图1　涉民营企业融资案件标的情况

(二)涉民营企业融资案件类型集中

金融危机以来,市场风险和调控政策等不确定因素增加,民营企业面临资金流动性不足、经营困境等问题,引发一系列矛盾纠纷,案件数量逐步递增。

其案由主要集中在以下几类:金融借款案件共142件,主要表现为以银行及其他金融机构要求民营企业偿还贷款并承担违约责任;融资租赁案件共81件,主要表现为融资租赁公司要求合同加速到期或解除合同、收回租赁物,要求民营企业支付租金并承担违约责任;公司债券交易纠纷共 34 件,主要表现为债券持有人或资产管理计划管理人以民营企业为被告,要求其支付债券本金并承担违约责任;质押式证券回购案件共 15 件,主要为券商或其管理的集合资产管理计划要求上市民营企业股东进行回购并实现质押股票优先受偿权;票据案件共 15 件,主要为持票人因行使票据权利遭拒而向背书或出票民营企业追索支付票据款项;信用证案件共 14 件,主要为银行要求民营企业偿付信用证金额。[①] 具体如图 2 所示。

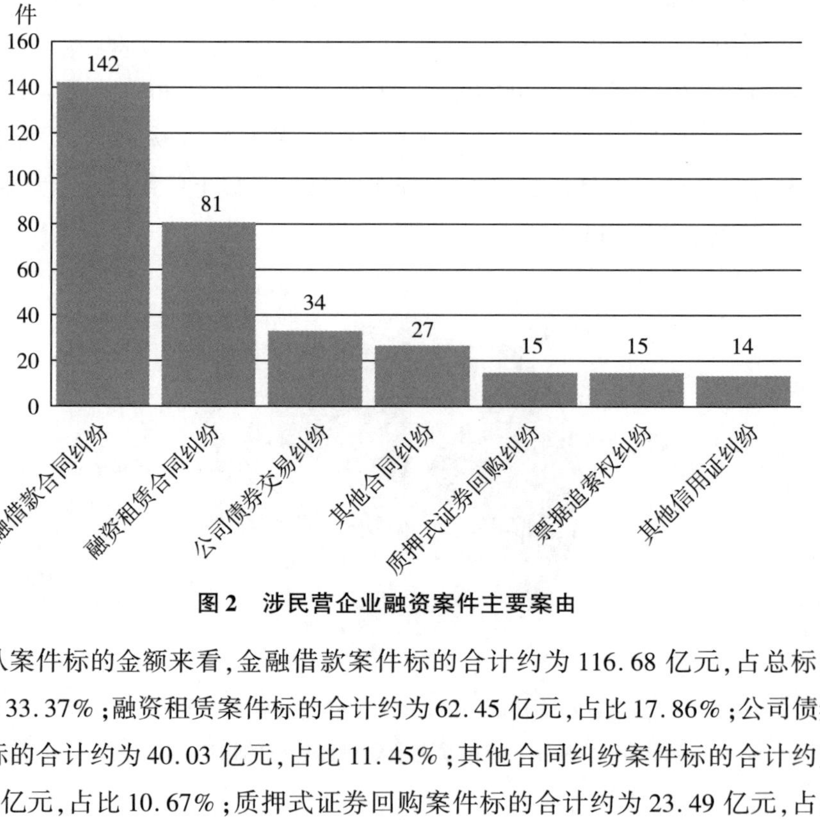

图 2 涉民营企业融资案件主要案由

从案件标的金额来看,金融借款案件标的合计约为 116.68 亿元,占总标的额[②]的 33.37%;融资租赁案件标的合计约为 62.45 亿元,占比 17.86%;公司债券案件标的合计约为 40.03 亿元,占比 11.45%;其他合同纠纷案件标的合计约为 37.31 亿元,占比 10.67%;质押式证券回购案件标的合计约为 23.49 亿元,占比 6.72%;票据案件标的合计约为 7.23 亿元,占比 2.07%;营业信托案件标的合计约为 3.39 亿元,占比 0.97%;其他案由案件标的合计约为 59.09 亿元,占比

① 经统计,411 件涉民营企业融资纠纷案件中共计 41 项案由,表中对于案件数少于 10 件的案由并未列出。

② 涉民营企业融资纠纷案件总标的约为 349 亿元。

16.90%。具体如图3所示。

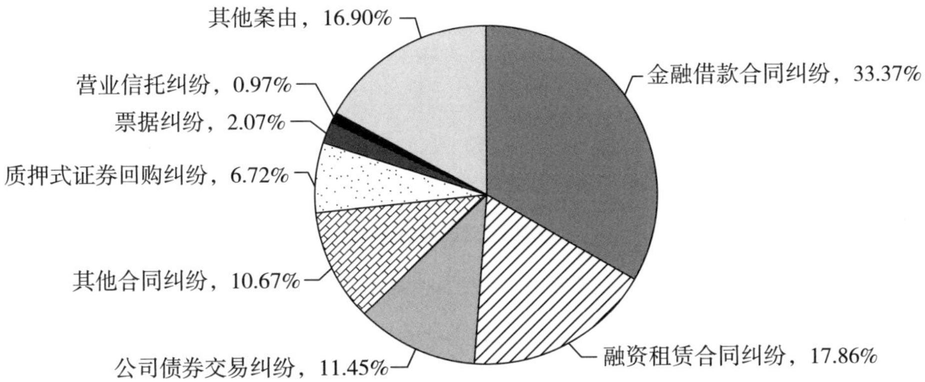

图3　涉民营企业融资案件主要案由标的金额占比

上述涉民营企业融资案件的案由及标的金额,在一定程度上反映了民营企业融资渠道的类型与比重。一方面,通过银行寻求信贷资金为最主要的融资渠道,该部分资金或为银行资金,或通过银行委托贷款的形式,实际资金来源为其他企业。另一方面,通过融资租赁(包括售后回租等)方式从融资租赁公司处取得流动资金亦系民营企业的主要融资方式之一。此外,民营企业通过对外发行公司债券作为信用债券是现有债券市场产品创新的主要方向。据统计,在上海金融法院受理的公司债券案件中,共计13家民营企业存在债券到期未能按期还本付息的违约情形。由于商业保理相对于银行保理更具灵活性和创新性,上海市浦东新区作为商务部批准开展试点区域之一,商业保理亦系民营企业偏好的融资渠道之一。

(三)涉民营企业融资案件审理难度大

在257件一审案件中,调解104件,判决68件,撤诉或按撤诉处理62件,移送其他法院或下级法院管辖13件,裁定终结7件,驳回起诉2件,不予受理1件。一审案件判决率高,且多涉及公告、管辖权异议等程序,审理周期长。154件二审案件中判决维持90件,改判11件,调解9件,撤回上诉或原审诉请、按撤诉处理36件,发回重审8件。二审案件特别是民间借贷案件中存在涉及刑民交叉的情况,给把握民间借贷法律关系内涵与外延带来了困难。① 具体如图4及图5所示。

---

① 参见张永亮、黄晓:《民间借贷立法规制研究综述》,载《法治研究》2013年第5期。

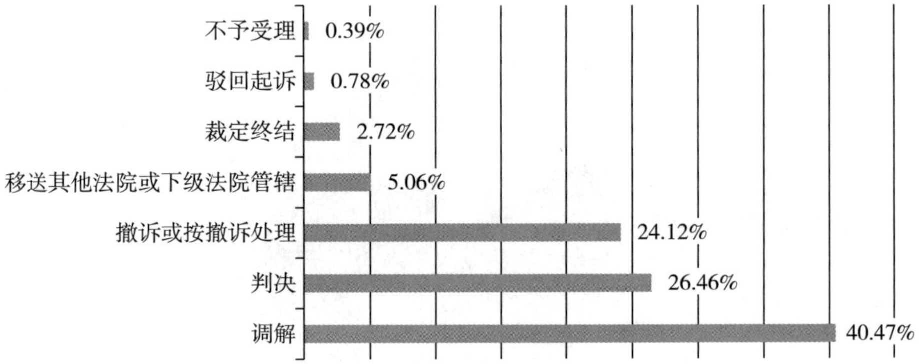

图4　涉民营企业融资一审案件审理结果占比

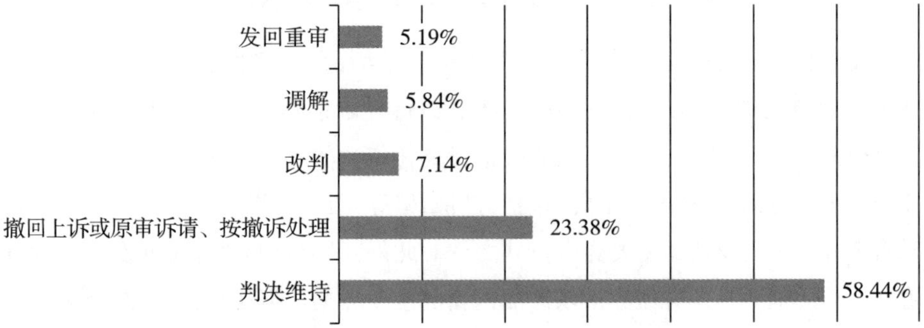

图5　涉民营企业融资二审案件审理结果占比

(四)民营企业融资成本高

根据涉民营企业融资纠纷案件的审理情况,可以看出民营企业的融资成本及违约代价较高。在金融借款中,期内利率一般采取中国人民银行贷款基准利率上浮30%~70%,一般在年利率10%以内,而逾期利率则为期内利率上浮30%~50%,同时,银行等金融机构会对民营企业的资信状况进行审核,并要求提供担保进行增信。在融资租赁中,相较于租赁物价值而言,融资人所支付全部租金,融资成本一般在18%~20%,此外融资人还需支付相当于1~2期租金的租赁服务费与保证金。同时,若融资人发生违约,则依据合同约定需支付到期和未到期租金外,还需支付以年利率24%计算的逾期利息或违约金。在民间借贷中,利息、逾期利息合计多以年利率24%计算,少数案件按年12%~18%计算。在公司债券案件中,债券发行人通常约定年利率为4.80%~8.00%,若违约,发行债券的民营企业还需按约承担违约金或赔偿资金占用损失,通常以年利率4.35% ~8.00%计算。在典当案件中,融资成本包括:综合费与利息,[①]其中动产质押典当的月综合费率不超过4.2%;房地产抵押的月综合费率不超过2.7%;财产权利质押的月综合费率不超过2.4%。总体而言,典当纠纷中民营企业融资成本大于年利率24%。

(五)资金需求方多为中小民营企业

作为融资需求方的民营企业行业分布具有一定特征,主要集中在第二、第三产业。涉及第一产业的公司仅5家;第二产业中房地产公司17家,建筑公司2家,金属制造公司3家,化工公司4家,能源、石油公司11家,汽车行业公司3家,重工、船舶公司5家,矿业公司5家,其他涉实业公司63家;第三产业中投资类公司56家,进出口或贸易公司55家,文化、旅游公司12家,智能科技、生物科技公司43家,网络信息类公司24家,其他服务业14家。第三产业公司共计204家,占比61.45%,且多属新兴行业和处于创业发展期的成长性企业,该类型企业普遍存在企业规模不大,注册资本不高,但资金需求大的情况。具体如图6所示。

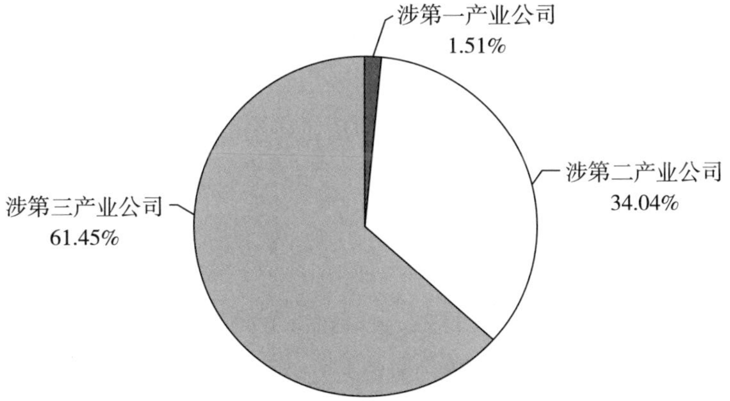

图6 民营企业行业分布占比

---

① 根据《典当管理办法》规定:典当当金利率,按中国人民银行公布的银行机构6个月期法定贷款利率及典当期限折算后执行。典当当金利息不得预扣。动产质押典当的月综合费率不得超过当金的4.2%;房地产抵押典当的月综合费率不得超过当金的2.7%;财产权利质押典当的月综合费率不得超过当金的2.4%。

二、民营企业融资困境的原因分析

(一)营商环境方面的原因

1. 融资渠道不畅、资金短缺是长期以来困扰民营企业发展的突出问题。[①] 民营企业特别是中小企业,一直都很难获得银行贷款,虽然各地政府先后出台了一系列帮扶措施,但受制于各种主客观因素,银行"惜贷"现象仍然突出,中小企业融资难的问题并没有得到根本性改善。不少中小民营企业将缓解资金压力的目光转向资金成本较高的民间借贷市场。民间借贷的市场规模日益扩大,进一步加重了实体经济的负担,大量中小企业不堪重负,法律纠纷也随之增多。[②] 如何利用司法手段优化融资环境,切实解决融资难问题成为民营企业尤其是中小型民营企业的迫切需求。

2. 现有法律体系不完备和相关制度缺失在一定程度上制约了民企发展。金融领域内高层级的立法数量少,无论是金融体制的改革、金融市场的进入退出、金融业务活动的开展,还是违法责任追究和金融司法实践等,都仍未完全确立法律权威。[③] 金融准入退出、金融调控监管、金融审判的安定性、可预测性、规范性还有待加强。我国目前仍处于社会主义市场经济法律体系的完善阶段,不可避免会出现制度"真空",加上在经济变革时期,许多政策包括宏观经济政策、货币政策以及促进民营企业对内对外投资的政策也呈现相对的不稳定性和非连续性,这些均增大了民营企业对政策环境和法律环境的不确定性预期,从而影响企业的投资环境和经营行为。

(二)民营企业自身的原因

1. 缺乏现代化管理和长远规划。一是受到家族式企业管理理念影响,以血缘关系为纽带的用人制度造成财产家企不分,资金不能合理使用;[④]二是容易急

---

① 参见江苏省高级人民法院民二庭:《国际金融危机对我国商事审判工作的影响及应对》,载《人民司法》2009年第13期。

② 参见孙晓光:《破解民间借贷难题　司法应有所作为》,载《人民司法》2011年第23期。

③ 参见浙江省温州市中级人民法院课题组:《金融改革司法保障工作的现状分析及思考》,载《法律适用》2014年第1期。

④ 参见王晓初:《吉林省民营企业融资难的法律思考》,载《行政与法》2013年第5期。

功近利，盲目扩张规模，导致配套管理制度和风险防控体系跟不上发展速度，企业深层次的矛盾日益暴露，当市场经济格局或者宏观形势发生变化时容易陷入困境。

2. 缺乏健全的法律风险防控体系。一是合同签订前端风控较弱，缺乏磋商谈判专业能力，对合同中存在的风险点无法事先察觉和预防；二是担保风险防控意识较弱，出于人情关系而盲目担保或随意担保现象较多，缺乏相应反担保措施和事中监督、事后补救等措施。①

三、涉民营企业融资纠纷案件审理原则

（一）平等保护原则，公平对待“公”“私”权益

商事主体是市场经济的主要参加者，是经济发展的重要推动者。打造一个公平正义的营商环境，平等保护国有民营、内资外资、本地外地等各类商主体的合法权益，是实现经济稳定发展必不可少的前提。人民法院应平等对待市场经济中各类主体，不因其主体性质而影响案件的立案受理、裁判结果、诉讼效率等，通过建立健全诉讼保障机制、提高审判执行质效，确保诉讼纠纷得以有效化解，使所有商事主体都切实感受到法院公正高效的司法作风。

（二）平衡兼顾原则，有效衔接司法监督与行政监管

金融行业是时刻面临多种风险的行业，从一定意义上讲就是经营和管理风险的行业。行政监管部门在强化和完善金融行业交易环节，防范和化解金融风险，避免系统性、全面性金融风险的发生等领域具有不可替代的作用。人民法院在审理民营企业融资纠纷案件时，需处理好法院司法裁判与金融监管部门行政监管之间的关系，既坚持司法判断的独立性与中立性，又兼顾国家对民营企业行业发展的总体导向和部署，引导金融行业与民营企业依法合规经营，实现事前行政监管与事后司法监督的良性互动，在依法保障民营企业合法权利的同时兼顾行业监管目的的实现。

---

① 参见郑永建、蔡小博：《破解小微企业涉诉困境的司法路径》，载《人民司法》2015 年第 17 期。

(三)区别对待原则,推动民企行业优胜劣汰

民营企业的经营情况各异,差别较大。人民法院在保全、调解和执行各阶段须针对企业自身状况加以区分。特别是在采取财产保全措施时,一方面,应先对主债务人财产或抵押物采取保全措施,在主债务人的财产或抵押物能够足额清偿时,除非发现担保人恶意转移财产,对担保人的财产原则上不予保全;另一方面,应合理选择财产保全的标的物,对正常经营的民营企业的基本账户和主要生产资料等原则上不采取保全措施,不影响企业的日常生产,以避免因财产保全不当造成民营企业债务链风险进一步蔓延扩大。同时,对前景较好、重点扶持、无逃债恶意的民营企业,人民法院在诉讼过程中需强化债权人、债务人与担保人等当事人间的调解工作,慎用制裁措施,减轻对民营企业的经营影响。

(四)意思自治原则,审慎否定合同效力

人民法院应坚持尊重民营企业主体内部的公司章程以及对外签署的合同约定,保护和鼓励民营企业通过正当、合法的交易手段和交易途径获取经济利益。在司法实践中,坚持“法不禁止即允许”原则,允许民企在法律未明确禁止的范围内对传统民事合同加以创新,不因超过经营范围、违反行政管理规定或欠缺相关审批手续而轻易否定合同效力。其理由在于,商法对交易自由和交易效益的高度关注要求商事主体在签订合同时应保持比普通民事主体更高的理性和注意,要对交易风险有充分的预期,尊重当事人的约定即尊重当事人利益追求、维护交易安全与效率、保障金融商事纠纷快速处理的基本要求。

(五)能动司法原则,①为民企争端解决减负

在金融商事审判工作中,人民法院需秉持能动司法原则,着力强化审判延伸服务,注重金融改革创新的风险防范。一是建立健全专家陪审员和专家辅助制度,经公开程序遴选行业专家,于专业性强、类型新颖、社会影响大的金融案件中

---

① 能动司法是运用政策考量、利益衡平等司法理念履行司法审判职能的服务型司法;是回应社会需求,参与社会治理的主动型司法;是未雨绸缪、提前应对,纠纷解决的高效型司法。金融商事审判工作应坚持能动司法理念,认真分析市场经济发展中遇到的问题,着力提供更加便捷有效的司法服务。

发挥专业咨询论证及前瞻性调研等作用,对民营企业健康发展建言献策。二是开展司法建议风险预警工作,打通与行政监管部门、行业协会之间的沟通途径,注重“金融审判白皮书”、司法建议、司法统计分析与“金融审判案例”等审判延伸工作,并对可能引发金融风险的突出问题,帮忙查堵漏洞、防范风险。三是整合构建金融商事案件多元化纠纷解决机制,充分吸纳、借助、发挥高校、行业协会及行政监管部门的力量,强调联合调解、委托调解及诉调对接工作,不断提升多元化纠纷解决机制的公信力与权威性。针对民营企业存在“诉讼贵、诉讼难”“案子打得起,拖不起”等顾虑,应降低民营企业寻求司法救济的门槛,通过多元化纠纷解决机制为其提供更高效低耗的争端解决方案,增加民营企业的司法获得感。

四、民营企业融资纠纷中主要法律问题研究

(一)对赌协议法律问题

1.“对赌协议”的含义、功能及种类

实践中俗称的“对赌协议”,又称估值调整协议(Valuation Adjustment Mechanism,VAM),是指投资方与融资方在达成股权性融资协议时,为解决交易双方对目标公司未来发展的不确定性、信息不对称以及代理成本而设计的包含了股权回购、金钱补偿等对未来目标公司的估值进行调整的协议。对赌协议作为创业投资领域的一项金融创新,在高科技、创业型及传统型企业中均有运用。其功能主要在于:当投资方和融资方对企业的未来估值无法达成确定的一致性意见时,交易双方将这一不确定性予以搁置,留待约定的期限经过,初始的不确定性消失后,再根据目标公司的业绩指标、是否成功上市等因素,在双方之间进行重新结算。① 如果运用得当,通过对赌协议的结构性安排,交易双方达成股权交易的可能性将大大增加,并形成“双赢”局面:对于融资方,可以在不出让企业控股权的情况下,以较为简便的方式融得大额资金,只要在协议约定的范围内达成对赌目标,就能达到低成本融资和快速扩张的目的。而对于投资方,一方面,可以激励目标公司达成发展目标,实现获利退出;另一方面,也可以控制和降低

① 参见彭冰:《对赌协议:未来不确定性的合同解决》,载《中国社会科学报》2012年11月28日,A07版。

投资风险,维护自身利益。

根据估值调整的方式,可将对赌条款分为三类:(1)现金补偿型:针对股权估值困难,双方约定以特定时间后目标公司实现的业绩目标作为标准,或者对超额投入的投资者给予现金补偿,或者要求投入不足的投资者增加出资。(2)股权回购型:通常发生于目标公司未能成功实现IPO上市的情形下,约定投资人有权要求回购义务人以一定价格回购其所持有的全部或部分股份。(3)其他类型:如采取分期融资、控制权分配、创始人薪酬安排、棘轮条款、领售权、回购优先股等一系列特殊设计,调整投资者和融资者之间的权利义务。①

根据订立"对赌协议"的主体,亦可将对赌协议分为三类:(1)投资方与目标公司的股东或者实际控制人"对赌";(2)投资方与目标公司"对赌";(3)投资方与目标公司的股东以及目标公司"对赌"。

2. 司法裁判对"对赌协议"效力的认定

对于投资方与目标公司的股东或者实际控制人之间订立的"对赌协议"效力,司法实践并无争议,裁判的立场也始终如一——如无其他无效事由,应认定有效并支持实际履行。

但对于投资方与目标公司订立的"对赌协议"是否有效以及能否实际履行,实践中争议较大。司法实践对此问题的认识也经历了逐步深入、细化的过程。在2012年由最高人民法院再审的"海富案"②中,海富公司对世恒公司进行投资,双方签订对赌协议,同时设置了"业绩目标"条款和"股权回购"条款。前者约定,如一年后世恒公司的实际净利润低于3000万元,则海富公司有权从世恒公司处获得现金补偿,并约定了计算公式。后者约定,当世恒公司未实现上市目标时,须回购海富持有的股份。后因世恒公司未达成业绩目标,海富公司起诉要求世恒公司依对赌协议支付现金补偿款。最高人民法院经审理认为,世恒公司与海富公司的"业绩目标"对赌约定使海富公司的投资可以取得相对固定的收益,该收益脱离了世恒公司的经营业绩,损害了公司利益和公司债权人利益,应为无效。该判决作出后,由于裁判理由较为凝练、原则,一度导致实务界普遍产生了

① 参见燕志雄:《不完全合同、控制权与企业融资》,经济科学出版社2012年版,第210~219页。

② 苏州工业园区海富投资有限公司与甘肃世恒有色资源再利用有限公司、香港迪亚有限公司、陆某公司增资纠纷案,参见最高人民法院(2012)民提字第11号判决书。

“只能与股东对赌,不能与公司对赌”的误读。

但事实上,投资者与公司对赌并不必然损害债权人利益。从公司法的角度看,无论是对初始出资的现金补偿,还是退出时的股份回购,都意味着目标公司对股东(投资者)无对价地支付了财产。[①] 鉴于投资人的出资通常会被计入股本或公积金,后者的增减情况无疑会对公司债权人的利益产生影响,因此,当目标公司向投资人无对价支付财产时,就需要接受“资本维持原则”的检验。从这一角度分析,“海富案”中,可以将向投资人支付的对赌现金补偿款视为公司法中规定的向股东进行定向利润分配。假设目标公司虽未完成对赌业绩目标,但整体经营状况良好,利润充足,向投资人支付补偿款不会违反资本维持原则,就不会对债权人或公司本身的利益构成损害。至于股权回购型对赌,则可以由目标公司通过履行法定的减资程序后进行回购。二者均不必然导致对赌协议的无效。

正因如此,在最近由江苏省高级人民法院再审审结的“华工案”[②]中,法院对于投资人与目标公司间进行的股权回购式对赌协议效力作出了更为精细化的有效认定。该案中,华工公司以 2200 万元现金对扬州锻压机床公司进行增资,其中 200 万元为注册资本,2000 万元计入资本公积金。双方约定:如扬州锻压机床公司未能在 2014 年年底前成功上市,即应以现金形式回购华工公司的全部股份及资本公积金,回购价格为初始投资额加年化 8% 的固定收益。后因华工公司未能如期上市,双方成讼。江苏省高级人民法院认为:有限责任公司在履行法定减资程序后回购本公司股份,不违反资本维持原则,也不损害公司股东及债权人利益,法律亦未禁止公司回购股东对资本公积金享有的份额;8% 的固定收益并未高于同期企业融资成本,根据扬州锻压机床公司的实际经营及历年分红情况,对赌股份回购款的支付不会导致其资产减损,也不会损害对其他债权人的清偿能力,故判决支持了华工公司的诉请。“华工案”从股份回购型对赌协议在法律上和事实上的履行可能性入手,树立了更为合理、明晰的裁判规则。

这一裁判观点也得到了最高人民法院的认可。在 2019 年 11 月 14 日发布的《全国法院民商事审判工作会议纪要》中,第 5 条即为“与目标公司‘对赌’”的规

---

① 参见刘燕:《对赌协议与公司法资本管制:美国实践及其启示》,载《环球法律评论》2016 年第 3 期。

② 江苏华工创业投资有限公司诉扬州锻压机床股份有限公司、潘某某等股权转让纠纷案,参见江苏省高级人民法院(2019)苏民再 62 号判决书。

定。该规定明确:(1)投资方与目标公司订立的“对赌协议”在不存在法定无效事由的情况下,目标公司仅以存在股权回购或者金钱补偿约定为由,主张“对赌协议”无效的,人民法院不予支持。(2)投资方请求目标公司回购股权的,人民法院应当依据《公司法》第35条关于“股东不得抽逃出资”或者第142条关于股份回购的强制性规定进行审查。经审查,目标公司未完成减资程序的,人民法院应当驳回其诉讼请求。(3)投资方请求目标公司承担金钱补偿义务的,人民法院应当依据《公司法》第35条关于“股东不得抽逃出资”和第166条关于利润分配的强制性规定进行审查。经审查,目标公司没有利润或者虽有利润但不足以补偿投资方的,人民法院应当驳回或者部分支持其诉讼请求。今后目标公司有利润时,投资方还可以依据该事实另行提起诉讼。以上规定同时适用了原合同法与公司法,既体现了鼓励投资方对实体企业特别是科技创新企业投资的原则,从而在一定程度上缓解企业融资难问题;又体现了贯彻资本维持和保护债权人合法权益的原则,较好平衡了投资方、公司债权人、公司之间的利益。

3. 融资方签订“对赌协议”的风险预防及控制

实践中,存在不少对赌协议成功运用的案例,如蒙牛与摩根士丹利的对赌;但也有惨痛的失败案例,如永乐、太子奶等民营企业与境外投资者的对赌,实际经营者因此失去了对公司的控制权。企业是否选择通过对赌协议的方式获得融资,关键在于正确评估对赌协议实现的可能性,完善风险预防及控制机制。具体做法包括:(1)在签订对赌协议前,正确评估本企业的经营状况、发展前景,以及整个行业的发展态势,设定合理的对赌筹码,防止因急于获得高估值融资而约定不切实际的业绩目标。(2)在公司资本维持原则的框架内设计对赌协议,[①]合理分配投融资双方的风险和收益。例如,在对赌协议中设置重复博弈结构,采用分期融资机制,将投资分成若干轮次,只有达至每一轮次特定的投资目标,才能触发下一轮次投资,以此实现投资风险的有效控制,并符合资本维持原则的要求。又如,在对赌目标中设置更多柔性条款,如财务绩效、赎回补偿、企业行为、股票发行等多重指标,让协议风险更加均衡可控。(3)对赌协议签订后,努力提高企业的经营管理和内部治理水平,防止重业绩轻治理、重发展轻规范等短视行为,

---

① 参见胡伟:《私募股权投资“对赌协议”的法律思考与展望——以我国“PE对赌第一案”为例》,载《南方金融》2013年第11期。

增强企业的抵御风险能力等。

(二)新型担保形式问题

担保制度既有确保债权实现的动能,也有促成资金高效运用的功能。随着经济的快速发展,传统担保方式已无法满足民营企业日益旺盛的融资需求。实践中涌现的诸多新型担保方式,受到在增信方面有急迫需求的民营企业的欢迎。另外,新型担保的法律性质和效力问题一直以来都存在较大争议,尤其是当前的强监管环境下,企业融资过程中的新型担保方式越来越多地在诉讼中经受司法裁判的检验,若不加以厘清,对资本融通进行规范,将会进一步加大民营企业融资的风险。本文择取审判实践中较为常见的几种新型担保形式进行分析。

1. 让与担保交易

所谓让与担保,是指债务人或者第三人为担保债务人的债务,将担保标的物的所有权等权利转移于债权人,而使债权人在不超过担保目的范围内获得债权实现的保障,于债务清偿后,担保标的物应返还于债务人或第三人;当债务不履行时,债权人得就该标的物受偿的非典型担保方式。① 通过让与担保,凡具有交易价值的财产(如动产、不动产、债权、有价证券、集合动产、集合债权等)均可作为标的物来担保主债权之履行,使实践中一些无法设定典型担保物权的财产发挥其担保功能。② 让与担保交易在实践中一直广泛存在,但理论界对让与担保的效力纷争不止。有部分学者认为让与担保有违物权法定原则,若需要在物权法定之外予以缓和,需要保持一种谨慎、谦抑的态度。③ 为了回应资本市场中存在的融资需求,拓宽民营企业融资渠道,最高人民法院在《最高人民法院关于审理民间借贷案件适用法律若干问题的规定》《关于进一步加强金融审判工作的若干意见》《全国法院民商事审判工作会议纪要》等一系列文件中对让与担保的效力问题进行了梳理,树立了以下几个原则,为此类案件的审理厘清了思路:首先,确认让与担保合同的效力。根据物债二分原则,区分判断让与担保的物权效力与债权效力。根据债法项下尊重当事人意思自治的考量,在不具有原《合同法》第

---

① 参见双辽天益房地产开发有限公司与周某某等民间借贷纠纷案,最高人民法院(2017)最高法民再335号判决书。

② 参见王闯:《关于让与担保的司法态度及实务问题之解决》,载《人民司法》2014年第16期。

③ 参见董学立:《也论"后让与担保"——与杨立新教授商榷》,载《中国法学》2014年第3期。

52条合同无效情形时,认可当事人之间所签订的让与担保合同的效力。其次,重申流押、流质条款无效。原《物权法》第211条、第186条以及原《担保法》第40条、第66条明确规定禁止流押、流质,这是防止债权人利用其在债权到期前的优势地位而榨取不当利益,防止债务人因不谨慎或陷入困境而被推入不公平的投机给付。[①] 同理,若让与担保中有类似流押、流质的约定,应认定该部分约定无效,但该部分的无效并不影响合同其他部分的效力认定,原《合同法》第56条明确规定:"合同部分无效,不影响其他部分效力的,其他部分仍然有效。"在保护当事人意思自治的同时,尊重禁止流押、流质条款的强制性规定,保护债权到期前债务人的合法利益。最后,认可具有物权公示外观的让与担保效力。对完成权利变动公示的让与担保,因其具有物权变动的外观具有对世效力,物权出让方(担保方)的债权人不会对此具有出让外观的财产实现其债权抱有期待。因此,具有物权公示外观的让与担保即使通过优先受偿的方式实现,在有助于保护债权人利益的同时,也不会损害物权出让方(担保方)的债权人的权益,更充分遵循了双方当事人的意思自治。

2. 保兑仓业务

保兑仓业务作为一种新类型融资担保方式,其基本交易模式是,由生产厂家(卖方)、经销商(买方)和银行签订《保兑仓三方合作协议》进行合作,经销商作为买方向银行缴存一定的保证金,银行为经销商向生产厂家购买货物提供授信支持如开立银行承兑汇票,并根据经销商提前还款或补存提货保证金的情况开具提货通知书,通知生产厂家发货,生产厂家凭提货通知书方可向经销商发货。买方销售货物后,将货款缴存为保证金。在该业务模式下,当经销商违约时,生产厂家承担授信敞口部分的连带保证责任、货物调剂销售责任或差额退款责任等。保兑仓三方协议合同约定的生产厂家承担的货物调剂销售或差额退款责任虽不属于原《物权法》《担保法》等规定的担保形式,但具有担保功能。例如,货物调剂销售,是指经销商在授信到期日或到期前约定天数内,未足额备付所欠银行款项,银行通知生产厂家进行货物调剂销售,生产厂家将经销商未提取的货物以经销商欠银行款项的金额进行调剂销售,调剂销售的款项直接划付至银行指

---

① 参见庄加园:《"买卖型担保"与流押条款的效力——〈民间借贷规定〉第24条的解读》,载《清华法学》2016年第3期。

定账户的行为。某些银行为保障自身利益,也会约定卖方要将货物交由其指定的当事人监管,并设定质押,在该种情形下还会涉及监管协议以及流动质押等问题。对于这种商业模式下当事人的种种约定,目前司法的态度是,只要不违反法律、行政法规的效力性强制性规定,均应认定为有效。必须指出的是,保兑仓交易以买卖双方有真实交易为前提,如因欠缺该真实交易背景而导致被认定为借款的,卖方仍应承担担保责任。

除了上文提到两种,实践中还有各种各样的新型担保方式。应当认识到,商事主体为追求资本效率,存在突破既有规则的动机。其创设的新型商业模式有的突破现有规则,有的游走在规则的边缘,亟须予以厘清。因此,对已进入诉讼领域的此类纠纷,司法机关应当发挥其功能,通过司法裁判确立规则,从而为市场主体预估风险提供指引。笔者认为,对于新型担保方式,司法裁判应区分以下情形确定审判原则,即保护新型担保方式的创新,对当事人订立的具有担保功能的合同,不存在法定无效情形的,应当认定有效。即便合同约定的权利关系不属于原物权法规定的典型担保类型,对其担保功能也应通过判决予以肯定;对于规避监管政策套利的担保,应当审查所规避的监管政策的制定目的和出台程序等综合予以认定,而非泛化适用社会公共利益原则,坚持认定合同效力的法定原则,避免出现认定合同效力依据的政策化;对于以通谋虚伪的意思表示隐藏真实意思表示的情形,则应首先探究当事人的真实意思,对其法律行为定性后再依据前述原则确认其效力。

(三)民间借贷利率问题

1. 民间借贷利率的法律规制现状

经梳理,新中国成立以来我国规制民间借贷利率的规范性文件主要有:1952年11月27日《最高人民法院关于城市借贷超过几分为高利贷的解答》中指出,关于城市借贷利率以多少为宜的问题,根据目前国家银行放款利率以及市场物价情况,私人借贷利率一般不应超过3分,相当于当时银行放款最高利息的3倍。1964年中共中央转发《关于城乡高利贷活动情况和取缔办法的报告》中指出,一切借贷活动,月息超过1分5厘,视为高利贷;月息不超过1分5厘的,视为正常的借贷。当时银行贷款最高月息为0.72%,该关于民间借贷利息上限的规定相当于银行贷款最高利息的2倍多。1984年8月30日《最高人民法院关于贯彻执行民事政策法律若干问题的意见》规定,双方约定不计利息的借贷关系,按双方约定处理,如债务人故意长期拖欠,债权人要求补偿利息的,处理时可参照国家银行借贷利率计算利息。有息借贷,其利率可以适当高于国家银行贷款利率。但对于乘人之危、牟取暴利的借贷关系,不予保护。1988年4月2日施行的《最高人民法院关于贯彻执行〈中华人民共和国民法通则〉若干问题的意见(试行)》第122条规定,公民之间的生产经营性借贷的利率,可以适当高于生活性借贷利率。如因利率发生纠纷,应本着保护合法借贷关系,考虑当地实际情况,有利于生产和稳定经济秩序的原则处理。但对民间利率未划定统一标准。1991年8月13日施行的《最高人民法院关于人民法院审理借贷案件的若干意见》第6条规定,民间借贷的利率不得超过银行同类贷款利率的4倍。2001年4月4日施行的《中国人民银行办公厅关于高利贷认定标准问题的函》规定,借贷利率高于法律允许的金融机构同期、同档次贷款利率(不含浮动)3倍的为高利借贷行为。2001年4月26日施行的《中国人民银行办公厅关于以高利贷形式向社会不特定对象出借资金行为法律性质问题的批复》再次调整高利贷的认定标准为银行同类贷款利率的4倍。2015年8月《最高人民法院关于审理民间借贷案件适用法律若干问题的规定》废除了上述4倍利率的规定,其第26条规定,借贷双方约定的利率未超过年利率24%,出借人请求借款人按照约定的利率支付利息的,人民法院应予支持。借贷双方约定的利率超过年利率36%,超过部分的利息约定无效。借款人请求出借人返还已支付的超过年利率36%部分的利息的,人民法院应予支持。该司法解释构建了现行民间借贷利率"两线三区"的规制架构,即尚未支付的利息不得高于24%,已经支付的利息可以高于24%但不得高于36%,高于36%的利率约定无效。

从上述规定的内容可知,首先,我国对于民间借贷利率虽不乏规制,但规制的效力层级总体较低,目前仅有一部司法解释对民间借贷利率标准作了明确规定。其次,从历年规定的利率标准来看,对民间利率采用"一刀切"的方式是普遍做法,虽然《最高人民法院关于贯彻执行〈中华人民共和国民法通则〉若干问题的意见(试行)》曾经试图区分经营性和生活性两类借贷,但并未明确利率标准,亦未被后续规范性文件沿用。最后,民间借贷利率标准由相对固定变成绝对固定,即从原来以银行同期贷款利率为参照上浮固定倍数到固定24%和36%的"两线三区"。

2. 司法解释关于民间借贷利率上限规定的高低之争

近年来,学界和实务界围绕“两线三区”的民间借贷利率标准是否过高,产生了激烈的争论。主张该民间借贷利率尚属合理的观点认为,首先,现行司法解释出台时,银行一年期贷款利率大致为6%,4倍则在年利率24%左右,基本保持了原来司法解释设定的标准。① 其次,我国古代长期存在民间借贷月利2~3分的传统,因此年利率24%和36%具有历史渊源。② 最后,对比其他金融发达国家和地区的民间借贷利率,我国现行司法解释规定的利率相对居中。③

主张该民间借贷利率过高的观点则认为,司法解释规定的民间借贷利率对实务操作有很强引导作用,出借人期望获得法定上限利率,而借款方对资金的迫切需求和在谈判上的非优势地位,也迫使其不得不接受高利息,如此造成民间借贷利率整体提高。一方面,从我国目前的经济情况来看,几乎没有一个中小型民营企业可以支撑30%左右的利率成本。④ 另一方面,高额利息引诱了大量的民间资本转入投机,导致“民间借贷高利率—居民储蓄降低—银行惜贷—更多中小企业被迫接受民间借款高利息—民间借款需求增加—进一步推高借款利息”不断循环,造成实体经济空心化的局面。⑤

笔者认为,要讨论现行司法解释所规定民间借贷利率是否过高,应先明确两个前提:一是司法解释规范民间借贷是在立法缺位的情况下不得已而为之。利率规制并不属于法律适用范畴,应由法律或行政法规加以明确。由于民间借贷利率管制的立法在过去相当长的时间内没有出台,实践中大量民间借贷纠纷案件又急需处理,最高人民法院通过司法解释的形式对民间借贷利率作一个过渡性的明确,以解燃眉之急,思路无疑正确。⑥ 二是民间借贷利率的法定上限并不等同于民间利率的实际水平。民间借贷利率是一种内生的定价机制,其产生和

---

① 参见周天:《民间借贷利率那些事儿!》,载微信公众号“法语峰言”2017年4月12日,https://mp.weixin.qq.com/s/G_AG_MsRzwelgyGix_f054A。

② 参见雷彦强:《中国古代民间借贷利率研究》,郑州大学2017年硕士学位论文,第30页、第41页。

③ 参见杜万华主编:《最高人民法院民间借贷司法解释理解与适用》,人民法院出版社2015年版,第462~463页。

④ 参见张国炎:《民间借贷利率标准评析》,载《上海法治报》2016年6月1日,B05版。

⑤ 参见肖华东:《对民间借贷利率民法调整价值取向的思考》,南昌大学2017年硕士学位论文,第19页。

⑥ 参见周天:《民间借贷利率那些事儿!》,载微信公众号“法语峰言”2017年4月12日,https://mp.weixin.qq.com/s/G_AG_MsRzwelgyGix_f054A。

运行具有内在规律,受众多社会因素影响。首先,如果将民间借贷看作以金钱为特定标的物的商品交换,金钱的价格即利率,由市场供求关系决定,那么国家的货币政策和信贷政策是影响民间借贷利率的主要因素。如果银根紧缩,整个市场对民间借贷的需求量增加,民间借贷利率随之上升,反之则下降,两者实际上是此消彼长的关系。① 其次,民间借贷作为一种金融投资,利率还与风险紧密相关。例如,科创型企业在创业初期面临的失败风险较高,往往只有较高的利率才能吸引出借人,而由于科创企业一旦创业成功可以获得超额回报,借款人亦往往愿意承诺较高利率。而且,没有担保的民间借贷由于风险较高,出资人往往要求较高利率。最后,民间借贷有时还带有非市场经济的特点,受亲缘、地域、文化等人文因素的影响,如亲友间一时借款往往不收利息。综上,笔者认为,民间借贷利率应先交由民间借贷市场机制形成,只有当市场固有缺陷导致利率机制失灵时,国家方应对民间借贷利率加以规制,以恢复市场机制运行。当民间借贷市场机制尚未建立,尚未发挥市场科学定价功能时,期望通过限定民间借贷利率上限以恢复市场运行的目的无异于缘木求鱼,南辕北辙。② 即造成如下异化现象:司法解释规定的民间借贷利率上限在制度供给不足的背景下变成民间借贷的基准利率。正确的方法应是构建符合我国经济发展现状的民间借贷市场运行机制,产生合理的民间借贷利率机制,让民间借贷利率的法律规制复位到禁止超高利率和极端利率的功能。

3. 完善民间借贷利率管理的建议

(1)完善民间借贷利率规制的法律供给

一是应当在法律、行政法规层面规定民间借贷利率的上限标准,且按照借贷用途、期限、频率、担保等情况,制定差异化的民间借贷利率标准体系。生活消费性借贷因对资金需求具有刚性,用于解决用资人生活中的困难,相对于具有投机性质的生产经营性借贷,利率应当严格限制,强调对于借款人弱势地位的保护,维持其基本生活。③ 短期借贷由于用资急迫,借款人愿意用较高的利率获得救急

① 参见龙帆:《我国民间借贷利率规制的法律问题研究》,西南政法大学2015年硕士学位论文,第8页。

② 参见肖月:《我国民间融资利率法律规制的反思与重构》,载《江淮论坛》2019年第1期。

③ 参见张丽:《民间借贷利息上限法律规制研究》,华东政法大学2012年硕士学位论文,第32页。

资金，由于回报期短，出资人亦面临短期内另寻投资机会的成本，利率可以高于中长期借贷。无担保借贷的风险相对较大，利率可以高于设有担保的借贷。企业间、自然人间偶发的借贷并不属于经营活动，出借人与借款人之间通常具备高度信息对称与狭小的人际圈交易特性，属于典型的民间自发行为，借贷利率多为双方意思自由协商确定，一般而言风险可控，无须法律过多干预。而由专业中介机构主导的民间借贷则属于经营活动，关涉民间借贷市场机制运行秩序，应对其利率水平加以约束。

二是严厉打击高利贷违法违规行为，建立刑事、行政、民事全方位责任体系。目前，对民间高利贷的法律规制仅见于民事司法解释，刑事责任和行政责任存在缺位。为了保障金融业务的特许制度，民间金融的管制重点在于防范民间未经许可擅自设立金融机构、未经许可擅自从事金融业务等行为，形成了散见于法律、行政法规以及部门规章等相关规定之中的行政加刑事责任制度，但法律一直没有明确规定民间高利贷行为的法律责任。① 现行《刑法》并无明文规定高利贷可入罪，虽然其第 175 条规定了高利转贷罪，但该罪的重心主要在于套取金融机构贷款及将其转贷他人以达到非法牟利之目的，而并不在乎利息的高低。最高人民法院、最高人民检察院、公安部和司法部于 2019 年 7 月 23 日联合发布的《关于办理非法放贷刑事案件若干问题的意见》，首次将超过年利率 36% 作为认定非法放贷行为"情节严重"的情形，但仍未将高利贷单独作为非法放贷行为加以惩处。而在中国人民银行颁布的《人民币利率管理规定》中仅规定了对存在利率违规行为的金融机构，依照有关法律法规给予相应处罚，而未涉及对民间融资机构或自然人的违规行为是否可给予处罚。

(2)加快民间借贷市场化培育，降低实际民间借贷利率水平

一是降低对中小民营企业金融贷款的门槛，打破中小民营企业在正规金融市场中的融资"瓶颈"。二是鼓励民间资本有序进入民间借贷市场，扩大民间借贷资金供应量。三是加强对民间借贷中介机构和平台的监管，从持牌限制、利息限制和合规限制等多个层面加强管理，规范经营秩序，净化市场环境。四是完善民间借贷征信、担保、清收等配套制度。

---

① 参见岳彩申、车云霞：《论民间借贷利率的分层规制》，载王卫国主编：《金融法学家》第 7 辑，中国政法大学出版社 2015 年版，第 75 页。

综上所述,涉民营企业融资纠纷案件审理中法院应积极贯彻以下原则:平等保护以公平对待"公""私"权益;平衡兼顾以有效衔接司法监督与行政监管;区别对待以推动民企行业优胜劣汰;尊重意思自治,审慎否定合同效力;坚持能动司法,为民企争端解决减负。对于对赌协议这一金融创新,2019年11月发布的《全国法院民商事审判工作会议纪要》中已对相关问题加以明确,既体现了鼓励投资方对实体企业特别是科创企业投资的原则,在一定程度上缓解企业融资难问题;又体现了贯彻资本维持和保护债权人合法权益的原则,较好平衡了投资方、公司债权人、公司之间的利益。对于新型担保形式,法院应通过司法裁判确立规则,从而为市场主体预估风险提供指引,保护新型担保方式的创新,对不存在法定无效情形的,应当认定有效。对于规避监管政策套利的担保,应审查所规避的监管政策制定目的和出台程序等综合予以认定,避免出现认定合同效力依据的政策化;对于以通谋虚伪的意思表示隐藏真实意思表示的情形,则应首先探究当事人的真实意思,对其法律行为定性后再依据前述原则确认其效力。对于民间借贷,《最高人民法院关于审理民间借贷案件适用法律若干问题的规定》构建了现行民间借贷利率"两线三区"的规制架构,该架构在制度供给不足的背景下变成了基准利率。正确的方法应是构建符合我国经济发展现状的民间借贷市场运行机制,完善民间借贷利率规制的法律供给,同时加快民间借贷市场化培育,降低实际民间借贷利率水平,让民间借贷利率的法律规制复位到禁止超高利率和极端利率的功能。

上海自贸区临港新片区机制创新的金融司法保障研究①

浙江大学课题组

引言:以临港新片区为依托打造金融司法"高地"

从中国上海自由贸易试验区临港新片区(以下简称临港新片区)规划和建设的过程来看,特殊的政治定位决定了其在新时代的深化改革进程中的重大意义。对于现代法治国家来说,制度改革离不开司法的有力保障。事实上,为落实中央关于设立临港新片区的重大战略部署,充分发挥司法职能作用,推动临港新片区建设,最高人民法院和上海市高级人民法院先后发布了司法文件。

临港新片区建设的一项核心任务就在于全方位探索强化金融市场对外开放和金融监管制度改革的制度路径。在此背景下,金融市场的开放与变革将对司法环境将会提出更高、更精细化的要求,进而形成对各级法院的外在压力和动力。临港新片区的成立以及相应的改革措施出台与落地将催生各种金融纠纷的新问题,争议案件的国际化程度也将会加强,自贸区在监管制度规则方面的宽松化趋势将直接影响金融司法活动过程中的法律适用,而法院如何对待金融创新带来的风险,怎么样用司法的手段平衡金融创新与金融风险防控这两大目标,也一定会成为今后临港新片区司法实践的重要看点。

而在理论层面,临港新片区的挂牌及其相应的金融司法实践都将会对我国

---

① 本课题由浙江大学光华法学院研究员、博士研究生导师黄韬教授主持,课题组成员有俞铃倩、李有、张大为、毛天棋。本课题节选自上海金融法院2020年度优秀课题"上海自贸区新片区机制创新的金融司法保障研究"。

的金融司法理论问题研究提供直接的现实素材。既往的司法制度运行表明,中国法院对于金融市场而言,并不是如经典教科书所描绘出的那一个单纯地适用法律以解决争议的国家机构,而是扮演了一个能动的国家公共政策制定者和实施者的角色。①

本文期待通过对临港新片区各类现实的金融司法问题的研究来整体性提升中国金融司法理论问题研究的深度、广度以及现实针对性,为今后临港新片区的金融司法环境打造提供坚实的学术与理论根基。

本文的一个基本定位是:考虑到位于临港的新片区处于当下我国金融市场改革与开放的最前沿,可谓金融市场的“高地”,相应地,在临港新片区的金融司法环境打造方面也有必要定位于打造中国乃至世界性的金融司法“高地”,一方面充分满足临港新片区在金融领域进一步拓展改革与开放措施的司法需求;另一方面也力求在司法改革的大背景下,释放最大限度的制度红利,以一系列的金融司法制度创新来为全国乃至世界范围内的金融交易活动提供有效的司法支持,树立金融司法改革与制度创新的“临港样板”。

具体而言,课题组认为应当从四个方面来打造依托临港新片区的这一金融司法“高地”,分别是“专业”金融司法、“中性”金融司法、“高效”金融司法以及“国际化”的金融司法。

关于“专业”金融司法目标的实现,课题组将着重讨论在新片区设立专业金融审判组织的可行性和必要性、拓展既有的金融争议案件司法管辖范围以及相应的司法人员保障三个方面的问题。

关于“中性”金融司法的定位,课题组认为尽管金融政策会呈现时而宽松、时而紧缩的周期性规律,但出于维护一个高度司法公信力和司法稳定性的制度环境,金融司法政策有必要在长期内保持“中性”的立场和姿态。基于这一目标,课题组将讨论临港新片区金融司法组织在各层级的实体金融法律适用方面的问题以及在金融法律规则创制方面能够实现的能动价值。

“高效”金融司法则强调的是在金融案件处理的程序规则适用方面要力争高效和灵活,结合金融商事案件的特殊属性来改革现有的程序法律规则;充分发挥

① 参见黄韬:《公共政策法院:中国金融法制变迁的司法维度》,法律出版社2003年版,第79~91页。

非诉讼纠纷解决机制(Alternative Dispute Resolution,ADR)在金融争议方面的积极作用,强调金融司法在这一方面的协同功能;前瞻性地引入互联网、人工智能、区块链等各类新兴技术,提升金融司法程序的效能属性。

"国际化"金融司法环境是打造基于临港新片区的金融司法"高地"的必然要求,本文将围绕着临港新片区金融司法机制在人员国际化(涉外案件法官的遴选、国际化的行政支持团队打造等)、法律适用的国际化(外国法和国际惯例的适用空间)、司法程序的国际化(外籍专家陪审员和外籍专家证人的参与、双语的工作环境、国际咨询专家团队等)三个方面展开推进"国际化"金融司法环境的可行路径及相关问题。

一、"专业"金融司法

(一)在临港新片区设立专业金融审判组织的必要性

当前,我国金融市场正处于"新兴+转轨"的阶段,大量金融纠纷案件反映出涉诉金额高、诉讼保全多、涉案主体杂、案件执行难等特性,由此人们对司法审判的专业性提出了更高的要求。作为全国首家金融法院,上海金融法院打开了中国通往世界的"金融司法之窗"。正所谓百尺竿头、更进一步,在既有成果的基础上,持续推动金融审判组织的专业化建设应该是效果与效率兼并的最佳渠道。因此,课题组设想通过结合临港新片区独特的地理位置和发展优势,以上海金融法院派出法庭的形式来实现临港新片区的金融司法专业化,并从派出法庭的管辖权制度、司法人员配置及其保障两个方面最大限度塑造司法政策的实质内容。

(二)管辖制度的创新

1. 级别管辖规则

目前,上海金融法院一审级别管辖标准为5000万元以上,从实践来看,金融案件标的额大小与司法适用的借鉴意义两者并不存在绝对的正相关关系。鉴于上级法院有权审理下级法院管辖的一审民事案件,临港新片区派出法庭作为中级人民法院派出法庭,课题组设想其可以提审基层法院管辖的涉及金融创新、法律适用空白或专属管辖,诉讼标的额在5000万元以下的一审金融民商事案件和涉金融行政案件。

2. 地域管辖规则

美国纽约州法院关于其管辖权有一定扩张的规定,即当被告的住所不在法院所在的州,但和该州有某种最低限度的联系,而且所提权利要求的产生又和这种联系有关时,就该项权利而言,该州对于该被告有属人管辖权。① 英国《民事诉讼规则》(Civil Procedure Rules,CPR)第63A部分明确了三个聆讯清单列入标准②:一是案件标的额超过5000万英镑或等值;二是该案件需要金融市场的特定专业知识;三是该案件提出了对金融市场具有普遍重要性的问题。此外,有些案件类型并不完全符合三条标准的字面意思,但如果需要金融市场专业知识或具有普遍市场重要性的问题,也可能被转入聆讯清单。

允许临港新片区派出法庭跨行政区划管辖金融民商事案件是塑造临港新片区金融司法高地国际形象的重要一步。课题组认为,涉及以金融市场基础设施为被告或者第三人的金融行政案件,无论案件当事人的属地,派出法庭都应当有权受理。

3. 集中管辖规则

证券纠纷代表人诉讼一般由发行人或上市公司所在地中级人民法院管辖,但这种制度往往会放大我国司法地方保护主义以及部分中级人民法院就证券虚假陈述责任纠纷涉及的系统风险性认定、损失计算等方面存在技术“短板”的弊端。作为证券市场集中管辖的里程碑,《最高人民法院关于为设立科创板并试点注册制改革提供司法保障的若干意见》(以下简称《若干意见》)将科创板上市企业的证券发行纠纷、证券上市合同纠纷和证券欺诈责任纠纷等第一审民商事案件归由上海金融法院试点集中管辖。

在《若干意见》的基础上,我们设想证券市场因虚假陈述引发的集体诉讼案件,投资人有权直接向临港新片区派出法庭提起诉讼或由上级人民法院指定管辖。此外,对于涉及人民币结算,或是涉及国内有经营实体的离岸公司的股权纠纷,或是金融交易的某一流程与中国相挂钩的金融民商事案件,无论离岸与否,临港新片区派出法庭也应当有权集中管辖。

---

① 参见王秀梅:《普遍管辖权的司法适用——以美国为例》,载《政法论丛》2020年第3期。

② 参见王涛:《英国商事法院的司法实践》,载《人民法院报》2017年12月8日,第8版。

4. 协议管辖

迪拜第16号法律修正案规定①:以协议管辖为基础,迪拜国际金融中心(Dubai International Financial Centre,DIFC)法院受理无迪拜国际金融中心元素的案件。新加坡国际商事法庭(Singapore International Commercial Court,SICC)采取了"去本国化的反向联系"②做法,即只要案件属于"国际和商事"性质的纠纷,且当事人签订书面管辖协议,就满足法院的受理条件。其中,"国际"认定标准为"任何一方在新加坡没有营业场所,或者争端事项最密切联系所在地位于营业场所所在国之外,或者争议双方当事人一致声称争端事项与多个国家有关"。

课题组认为,允许当事人选择与案件没有实际联系的法院也不会对我国司法主权造成损害,反而在某种程度上体现了当事人的信任和认可。因此,在打造临港新片区派出法庭的过程中,我们要逐步淡化和弃用我国《民事诉讼法》第34条的"实际联系原则",并适当扩大对"国际商事性"的界定。对于国内金融民商事案件,当事人约定由临港新片区派出法庭管辖的,可以允许突破级别管辖和专属管辖的限制,同时借鉴普通法系国家的"不方便法院"原则以减轻临港新片区派出法庭的诉累,避免管辖权冲突和相互冲突判决的产生等。

综上,课题组设想新片区派出法庭的管辖范围将扩大到:

(1)涉及金融创新或涉及法律适用空白或涉及专属管辖的,诉讼标的额在5000万元以下的第一审金融民商事案件、涉金融行政案件;

(2)需要金融市场特定专业知识或具有普遍市场重要性问题或可能涉及重大公共利益的非上海市辖区内的第一审金融民商事案件、涉金融行政案件;

(3)证券市场因虚假陈述引发的集体诉讼案件;

(4)无论离岸与否,凡涉及人民币结算,或涉及国内有经营实体的公司股权纠纷,或金融交易的某一流程与中国相挂钩的金融民商事案件;

(5)当事人同意的国际金融民商事案件,其中"国际"的界定为当事人任何一方在中国没有营业场所,或者履行商事关系主要义务的地点在国外,或者双方当事人明确同意争议标的与一个以上国家有关;

(6)当事人同意的国内金融民商事案件;

---

① 参见丁冬:《金融审判竞争视野下的司法供给——迪拜国际金融中心法院建设的启示》,载《理论与实践》2019年第7期。

② 卜璐:《"一带一路"背景下我国国际商事法庭的运行》,载《求是学刊》2018年第5期。

(7)适用“不方便法院”原则的案件除外。

(三)司法人员配置及其保障

1. 法官

新加坡国际商事法庭和迪拜国际金融中心法院都吸纳来自不同国家、不同法域的法官参与诉讼。但是,我国法官必须具有中国国籍且需要通过法律职业考试,在现行法律制度无法及时作出重大突破的情况下,课题组设想可从以下几个方面进行改革:

(1)从上海各级人民法院遴选一部分专业法官。

(2)由各个省高级人民法院分别推荐数名专业法官,列举法官轮流制清单,以个案特聘或常驻两种形式轮流审理案件。

(3)构建针对我国港、澳特别行政区具有中华人民共和国国籍的聘用制法官。

(4)选任特邀型法官。采取聘用制或交流挂职的方式选任知名法学家、大学教授、资深律师等非法官身份的专业人士,或采取组织选派或挂职锻炼的方式选任全国各省中级人民法院以上的法官助理,或返聘已经离职的法官。

(5)完善法官助理、书记员的配备。依靠省级统筹协调在编法官助理总数,扩大聘用制法官助理、书记员的数量。此外,还可以从法学院在校生中招录优秀者,担任一定时间的实习法官助理或实习书记员以从事辅助性工作。

2. 人民陪审员

临港新片区派出法庭可以在深圳前海合作区人民法院选任港籍陪审员的基础上,先行尝试遴选外籍法官、精英人士担任陪审员。另外,《若干意见》第15条为派出法庭从金融监管单位、公司以及企业中遴选专家人士担任陪审员提供了一定的法律基础。

因此,课题组设想新片区派出法庭的陪审员主要来源于以下3种渠道:

(1)选任外籍法官、律师或金融精英担任人民陪审员。

(2)在全国范围内,包括金融机构、公司、研究所等,选任具有特定金融知识或熟悉金融纠纷裁判规则的专业人士担任陪审员。

(3)选任大学教授、资深律师或从事过金融监管工作的人员担任陪审员。

3. 专家委员会

目前,国际商事专家委员会主要由来自中国、美国、英国、澳大利亚、瑞士、荷兰等国家的法学专家、知名学者、资深法官、资深律师组成,结构明显过于单一。我们可以在全球范围内扩大选任的标准,包括但不限于金融业界、金融监管机构内具有金融知识的专业人士加入专家委员会。

4. 法庭之友

“法庭之友”不仅可以在起诉与上诉阶段向法院提交友书状,甚至可以对当事人的质询当庭作出口头答辩。① “法庭之友”与专家委员最大的区别在于,当“法庭之友”以当事人的朋友身份参与庭审时,可以不保持中立。② “法庭之友”能够提供不为法院知悉的事实材料和法律意见,满足司法民意表达日益增长的需求。

因此,我们可以在全球范围内遴选权威或主流的专家、金融机构、金融行业协会、居委会、新闻媒体等担任“法庭之友”,通过应法院邀请或主动要求的方式参加庭审,参与形式包括向法院提交意见书和口头答辩等。

5. 司法人员职业保障机制

保障司法人员的有效配置,不仅仅在于增加人数,更重要的是关注他们的职业保障。具体而言:

(1)扩充编制。一方面,增加法官、司法辅助人员编制;另一方面,采取聘用制手段扩大司法辅助人员的队伍。

(2)经济保障。提高司法人员(尤其是聘用制司法人员)的薪酬和退休金水平,针对特邀型法官可采取薪资与律师齐平的手段。

(3)职务保障。继续实施科层式激励机制,对审判效果好、办案效率高的法官提高“职位”和“级别”,适当降低现行法官晋升条件。

(4)履职保障。加大对司法人员尤其是法官的人身安全保障,建立对审判案件的风险评估预警机制,预防和消除可能发生妨碍和报复司法人员依法履职的行为。

① 参见王彪:《美式法庭之友制度及启示》,载《合作经济与科技》2018 年第 3 期。

② 新加坡管理大学钱德拉(Chandra)教授区分了“法庭之友”的两种翻译,一是”friend of the court”;即“法院的朋友”,一般是中立的,与案件最后的处理结果没有任何利益关系,其参与诉讼的目的在于公共利益,提供不为法院知晓的专门性知识,以帮助法院作出公正的裁决。二是”friend to the court”;即“当事人的朋友”,是当事人找专家出具专业意见书呈交给法庭以便获得在诉讼上的优势,无须保持中立。

二、"中性"金融司法

(一)既往金融司法的周期性更替及其欠缺

我国传统金融司法一定程度上带有上述周期性交替的规律,具体表现为在"鼓励金融创新"和"强调严监管"这两类金融领域公共政策间的摇摆。例如,2015年前,法院对待各种金融创新式的新型合同往往更具谦抑性、尽量尊重意思自治和契约自由。但2015年后,不少司法文件都释放出严格审查金融创新,在具体标准上与行政监管部门靠拢的信号。如果金融司法在法律、行政法规不变的背景下对某种政策目标具有周期偏好,就可能带来周期性的"类案不同判",无法为市场提供稳定预期。

对临港新片区的金融司法而言,在不同公共政策目标间的周期性交替可能会造成更大困境。一方面,入驻临港新片区的企业通常对片区法治环境和营商环境抱有更高期待。从前期调研来看,许多境外企业最顾虑的就是我国政法体制下司法能否保持中立和稳定。司法裁判公正甚至成为上海对比新加坡与我国香港特别行政区等地能否具有比较优势的关键因素。另一方面,临港新片区内的许多金融试点实质上是对现行规则的突破,理论上对金融创新应当抱有更大的包容度。未来,很有可能出现全国性金融政策尚未作出明确规定的金融创新交易,此时司法需要厘清各类规则的效力位阶,合理认定合同效力与当事人的权利义务。

笔者认为,应当构建一个"中性"的司法体系,把"依法裁判"作为司法的唯一准则。这是因为,任何一种政策目标都应该是依法裁判后的"附带产物",而非直接目的。只有在国际层面上树立了司法权威,才能真正为临港新片区带来更好的营商环境。具体地,笔者建议,从"类案判例库"建设、赋予临港新片区金融司法一定的变通权等方面切入,为临港新片区建设提供有力保障。

(二)探索构建临港新片区金融司法的"类案判例库"

理论上,一般认为普通法系的判例制度相比大陆法系的成文法制度更有利于回应和促进金融市场的发展。[①] 实践中，临港新片区作为国家金融创新和金融开放的“试验田”，在规则供给的来源上相较其他领域和地域更为丰富。除了金融监管层面的规范性文件之外，司法维度目前主要通过两种方式补充临港新片区规则供给：一是成文法模式的司法政策，二是发布与自贸区相关的典型案例。但是，前期调研发现，司法政策具有与行政规范性文件同样的问题——原则性过强，可操作性较弱。以“涉中国（上海）自由贸易试验区案件审判指引”为关键词在裁判文书网检索，只检索到一则由上海市浦东新区人民法院审理的案件。

典型案例模式反而可以对当事人权利义务的划分及其适用情境做更加具象化的描述，更有助于协调不同主体的利益，形成可预期的规则体系。在我国现行的涉自贸区的典型案例体系中，上海、广东、四川等地都曾发布与自贸区金融、商事等领域相关的司法典型案例。经过梳理，上海市于 2014 ~ 2019 年共发布 15 个金融领域典型案例，其中 2014 ~ 2018 年的典型案例由浦东新区人民法院自贸区法庭发布并在互联网公开，[②]2019 年的典型案例由第一中级人民法院和浦东区人民法院共同发布。

笔者发现，目前发布的案例主要具备以下几个特征：第一，大致在 2018 年后，法院发布典型案例时会同时阐述案例的法律意义（如关于某条规则的适用标准等）和政策意义（如尊重国际惯例等），具体包括“基本案情”“裁判结果”“典型意义”三个部分。第二，典型案例所涉及的政策意义非常广泛，包括尊重当事人意思自治、尊重国际惯例、保护金融消费者、维护金融市场安全、维护金融市场交易效率等，没有单独的政策效果可以单独涵盖自贸区金融司法的全部目标。第三，典型案例所确立的法律意义实际上与自贸区本身的联系并不紧密。例如，涉及格式条款解释、公司人格混同认定等情景的案例对发生在自贸区外的类似纠纷同样具有参考价值。第四，虽然上海相关法院每年都发布 10 个左右的典型案例，但涉及金融领域的案件绝对数量不大，如果再细分到银行、保险、证券等领域，就更少了。因此，至少目前为止，很难说典型案例已经为自贸区的金融司法

---

① 例如，LLSV 的研究证明了普通法传统的国家拥有更为发达的资本市场。See Rafael La Porta, Florencio Lopez-de-Silanes, Andrei Shleifer and Robert W. Vishny, “Law and Finance”, *Journal of Political Economy*, Vol. 106, No. 6 (1998), p. 1113 – 1155..

② 参见中国（上海）自由贸易试验区法庭网审判聚焦之典型案例栏目，载中国（上海）自由贸易试验区法庭网 2020 年 7 月 26 日，http://www.ftzcourt.gov.cn/zmqweb/focus/index。

提供了“充足”的规则供给。

基于上述分析,现有的典型案例制度与其说是对自贸区特定的法律问题进行指引,不如说是通过少数精选案例进行政策价值的宣誓。但政策价值是不恒定的,在个案中更会存在多个相冲突的政策价值。一个“中性”的司法体系要避免让不同的政策价值随着市场环境和监管政策的变化波动。除此之外,目前典型案例的体系性构建尚不充分,而随着临港新片区金融环境的发展,未来势必会有更多争议出现。因此,我们建议在现行的典型案例制度上作进一步优化,探索在临港新片区构建“类案判例库”和强制类案检索机制。

1. 更加注重发挥案例的规则指引而非政策指引作用

可探索将法院系统发布的年度案件审判白皮书(包括年度典型案例)与可能构建的“类案判例库”区分开来,前者主要进行审判理念总结、政策效果宣传和呼应,后者则在事实上发挥裁判指引功能,为市场主体的行为提供稳定预期。

2. 增加“类案判例库”的发布频率和素材来源

目前,典型案例的发布将“金融”作为单独大类呈现,相对笼统。未来可探索增加“类判例库”更新的频率,并用规则汇编的方式进行体系化编排。如按照银行、证券、保险的体例呈现,或围绕实体法裁判依据、基础法律关系等要素进行编排,最终搭建一个完整、具体、可操作性强的“类案判例库”。

3. 保障案例制度的灵活性和实效性

“类案判例库”并非照搬普通法的判例制度,而是为我国金融创新与开放创建“试验田”。因此,随着金融市场的急剧变化,这个案例库当然需要进行动态调整,这也是案例制度优于成文法之处。当然,动态调整必须遵循一定的程序。

4. 探索实施强制类案检索报告制度

2020年7月27日,最高人民法院发布了《关于统一法律适用加强类案检索的指导意见(试行)》,对类案检索制度的开展提出具体要求。我们认为,类案强制检索报告制度特别适用于金融类案件。一方面,金融类案件相对更加程式化,相比具有复杂“人情世故”的传统类民事案件,更易提取关键要素。另一方面,新型金融类案件在法律适用上更易出现分歧,因为法院对系统性金融风险、金融市场公共利益的界定标准往往是因时因地而异的。因此,有必要在临港新片区对类案强制检索报告制度加以推广。具体地,临港新片区金融司法特有的“类案判例库”可与最高人民法院发布的指导性案例同时属于“应当参照”的类型。同时,进一步细化“类案”的判断标准,如统一案件相关要素发生在临港新片区这一“地理要件”对构成类案的作用,统一类案交易模式在交易手段、金额等方面的特征。

(三)厘清临港新片区金融司法的规则效力位阶

我国自贸区建设面临的一大问题,在于如何处理好自上而下的法律位阶与自下而上的制度探索间的关系,即一种立法上的两难——要么付出过高的立法改革成本,要么损及既有的法治和程序框架。① 前期调研和现有实践都说明,能否在中央层面争取到优惠政策,在很大程度上决定了自贸区的金融开放和金融创新能够达到一个怎样的高度。笔者认为,在司法层面,一个可能的路线是赋予临港新片区金融司法对中央司法政策一定的变通权和对金融监管政策的“特殊解释权”,在客观上补充规则供给,树立司法权威。

1. 对适用外国法和国际惯例开放更大的包容度

调研发现,不少外资企业顾虑到我国《涉外民事关系法律适用法》第 4 条对“强制性规定”和第 5 条对“公共利益”界定的不清晰而对在中国境内诉讼持不信任的态度。因此,我们建议金融法院通过典型案例的形式传递将此处“公共利益”和“强制性规定”进行限缩解释、审慎适用的司法态度,促使境外经营者安心投资。

2. 赋予临港新片区法律适用对司法政策一定的变通权

笔者建议,可以赋予临港新片区对全国性司法文件适用的变通权,并辅以一定的程序限制。例如,对于未经最高人民法院审委会讨论通过的司法文件,临港新片区可以具备较强的变通权;对于经审委会讨论通过的“准司法解释”,可经上海金融法院批准,予以变通适用;对于严格意义上的司法解释,则需在上海金融法院批准后经上海市高级人民法院备案方可变通适用。

3. 赋予临港新片区司法对金融监管政策的“特殊解释权”

目前,自贸区的很多规定都以规章的形式出现,原则性较强,难以直接给市场主体提供稳定预期。因此,有必要在个案中赋予临港新片区金融司法对此类规章一定的解释权,与“类案判例库”同步推进,对个案中具备复制推广条件的解

① 参见黄韬:《自贸区试验与国际金融中心建设的法制变革需求》,载《上海交通大学学报(哲学社会科学版)》2014 年第 3 期。

释方法通过判例的形式确定下来,增加司法判决的可预期性。

三、“高效”金融司法

(一)创建高效便利的庭审程序

临港新片区的金融司法环境打造的目标是中国乃至世界性的金融司法“高地”,这不仅要求通过实体判决鼓励金融创新,防控金融风险,还要求快速解决投资者之间的金融争议,降低当事人的诉讼成本。因此,临港派出法庭要对庭审程序作出一定的变革,从提高庭审效率、降低诉讼成本、提高判决可预期性和可执行度等方面着手,鼓励当事人通过该派出法庭解决金融纠纷。

1. 推进金融案件繁简分流

临港派出法庭管辖权的扩大有助于提高其司法地位,但同时也会涌入大量的案件,带来较大的办案压力。法庭可以推进立案环节案件的甄别分流,确保简单案件由速裁团队及时审理,系列性、群体性或关联性案件由同一审判组织集中时间审理。而对于证据事实争议不大的金融案件,可以在庭前会议就证据内容达成一致意见,直接围绕诉讼请求进行庭审,不受法庭调查、法庭辩论等庭审程序限制,提高案件纠纷的解决效率。

2. 提高判决结果的可预测性

提高判决结果的可预测性,可以促使当事人选择合适的争议解决方式。除定期颁布指导案例外,法院还可以建立电子案例库和智能诉讼风险提示系统,使当事人合理预估判决结果。对于既有判决较少或者缺乏的国内外新型金融纠纷,当事人可以向法院申请第三方中立评估。第三方中立评估是深圳前海合作区人民法院所创造,即中立第三方根据涉港案件情况,参考香港特别行政区裁判文书的格式作出专业评估报告,从中立和专业角度明确案件适用的香港特别行政区法律和所需要的证据及可能的判决结果。上海金融法院可以邀请部分金融机构或者法律机构,在得到当事人同意的前提下,对当事人的诉讼请求、证据的证明力、法理上的依据等内容作出评估,为当事人提供参考。

3. 加强诉前保全的审查和执行

在上海金融法院的执行案件中,财产保全案件数量最多,占比最大。而保全案件事关当事人胜诉权益兑现,往往最能体现公平正义“获得感”。与其他法院不同,上海金融法院的保全案件具有明显的“金”字特征:财产价值大、分布地域广、财产线索多,绝大多数案件需要进行多轮保全。在和部分企业代表人的座谈会中,有企业表示,实践中诉前保全存在时间长、难度大的问题,造成了胜诉后的执行困境。因而,临港派出法庭要从诉前保全的审查和便利程度着手,确保胜诉人债权的实现。

我国《民事诉讼法》规定,在情况紧急的情形下可以进行诉前保全,但是什么是紧急情况,司法解释中没有明确说明。《上海市高级人民法院关于财产保全工作的规定》相关条文规定可以看出,申请诉前保全需要提供被保全财产信息。如果申请人无法提供,就有可能被驳回申请。而法院方面由于保全申请多、团队人数少、财产信息查询困难,影响了保全的审查和执行效率。因此,法院应当在审查必要性的前提下,提高诉讼保全的便利程度。一方面,成立诉讼保全中心,加强和中国人民银行、中国证券监督管理委员等金融监管部门及其他职能部门的信息共享和数据交换。另一方面,依当事人的申请,为查询被申请人的财产信息提供便利。通过上述方式,进行保全的集约化办理,让金融消费者的权益实现更加便捷高效。

4. 对部分证据规则进行灵活处理

(1)证据规则可以比照参考外国法的做法和经验

我国《涉外民事关系法律适用法》第 3 条规定,“当事人依照法律规定可以明示选择涉外民事关系适用的法律”。这里适用的法律是指实体法律,而不是程序法律,因此当事人的证据种类、证据形式、举证质证仍需按照我国民事诉讼法的有关规定。《新加坡国际商事法庭实务指引》规定,新加坡国际商事法庭不受新加坡证据规则的约束,除非新加坡国际商事法庭根据《新加坡法院规则》第 110 号命令决定适用该规则,这也意味着当事人可以选择适用外国的证据规则。为防止当事人因为中外证据规则的不同而拒绝选择上海金融法院,在双方当事人同意的情况下,可以适用外国的证据规则,从而吸引普通法系的外国当事人。

(2)对域外证据豁免公证认证

在通常情况下,当事人所搜集的域外证据是为了维护个人的私人利益,不具有公益性质,同时当事人对此书证本身并无异议,让当事人及国家机关耗费大量的人力物力在公证认证程序上,增加了当事人及国家的负担。因此,可以由当事人自行选择是否办理公证认证,对域外证据采信与否取决于证据的质证和认证情况。

(3)对英文证据材料可以不提供中文翻译件

实践中,大量英文证据材料的翻译工作费时费力。在双方当事人都同意的情况下,对英文证据材料可以不提供中文翻译件,有助于进一步降低诉讼成本,简化诉讼程序。对起诉状、答辩状、授权委托书等诉讼过程中的文书可以做同样的要求。

5. 加强裁判文书的说理

裁判文书中载明少数意见,对于推动细致说理,提升审判质量,提高司法公信力有着积极的影响。在写作形式上,应将少数意见内化为裁判文书说理的有机组成部分,阐明多数意见与少数意见的分歧,通过挖掘两者差异的理据来增强裁判文书的说理性,[①]使裁判文书的少数意见与上文所述的"类案判例库"制度相结合,明确判决的裁判标准,增强当事人对裁判结果的可预期性。

6. 拓宽司法判决的承认和执行路径

在《2018年国际仲裁调查》中,64%的受访者表示裁决的可执行性是国际仲裁最有价值的特征,在可选10个特征里排名第一。[②] 因而,上海金融法院要吸取仲裁的优势特点,着重提高司法判决的可执行性。由于目前我国签署的民商事司法协助条约数量和《选择法院协议公约》缔约国数量有限,上海金融法院需要通过其他方式,拓宽其司法判决在域外承认和执行的可能性。

(1)签署双边和多边备忘录

当前,迪拜国际金融中心法院与10多个国家的法院签订了双边司法合作备忘录,新加坡国际商事法庭也与多地的法院签署备忘录,内容包括外国法理解与适用、判决承认与执行等方面。[③] 在国内方面,迪拜国际金融中心法院和上海市高级人民法院签署了《上海市高级人民法院与迪拜国际金融中心法院关于加强交流与合作的谅解备忘录》,新加坡最高法院和我国最高人民法院签署了《中华

---

① 参见邵新、姜源:《司法责任制全面落实背景下裁判文书少数意见公开的再思考》,载《法律适用》2019年第11期。

② See 2018 International Arbiration, *The Evolution of International Arbiration*, http://www.whitecase.com/sites/whitecase/files/files/download/publication/2018 – international-arbiration-survey.pdf, last visited Dec. 9, 2018.

③ See Sundaresh Menon, *International Commercial Courts: Towards a Transnational System of Dispute Resolution*, in Opening Lecture for the DIFC Courts Lecture Series 2015, p. 45, footnote 148.

人民共和国最高人民法院和新加坡共和国最高法院关于承认与执行商事案件金钱判决的指导备忘录》。而上海金融法院成立近两年来,还没有与外国法院签署过类似的备忘录,这在一定程度上增加了法院判决在域外的执行难度。

(2)采取推定互惠的司法态度

我国《民事诉讼法》第281条规定了互惠原则,但没有对互惠原则的条件和标准作出明确解释。实践中对其把握较为严格,曾以不存在互惠关系为由拒绝承认和执行来自多国法院的判决。而采取推定互惠的司法态度有利于我国与更多国家建立判决承认和执行方面的互惠,从而为我国法院判决在国外的承认和执行铺平道路。

(3)将法院判决转化为仲裁裁决

《承认和执行外国仲裁裁决的公约》的缔约国已经达到了168个,仲裁裁决在域外得到承认和执行的可能性远远高于法院判决。据此,迪拜国际金融中心法院创造性地提出将法院判决转化为仲裁裁决,增强其跨境可执行性。金融案件必然涉及大量的款项支付判决,因而在法院判决在域外的承认和执行遇到困难时,法院可以根据当事人的请求,将法院判决转化为仲裁判决,增强判决的可执行性。

(二)构建"一站式"纠纷解决平台

随着受理案件的增加,上海金融法院应当积极探索诉讼之外的其他纠纷解决方式。2016年6月28日最高人民法院发布《关于人民法院进一步深化多元化纠纷解决机制改革的意见》,指明了调解和仲裁在多元化纠纷解决机制中的重大作用。因而,临港派出法庭要着重构建调解、仲裁、诉讼"一站式"金融纠纷解决平台,鼓励符合条件的国内外知名仲裁机构和调解机构以及其他专业化机构入驻,满足当事人的多元纠纷解决需求。法院在受理案件后,经当事人同意,可以委托上述仲裁机构和调解机构进行纠纷解决。在平台构建过程中,需要对以下潜在争议进行规定。

1. 明确境外仲裁机构的法律地位

我国《仲裁法》对仲裁裁决国籍的认定采用机构标准,即以仲裁机构国籍判断仲裁裁决国籍。而《纽约公约》则采用领域标准,即以仲裁地作为判定标准。在境外仲裁机构对涉外业务作出仲裁时,上海金融法院可以适用《纽约公约》的规定,将其认定为国内仲裁裁决,并在当事人的请求下行使撤销的审查权。

2. 支持当事人通过金融法院提交保全及对仲裁协议的撤销、执行

在现行法律规定下,当事人申请保全和对仲裁协议的撤销、执行需要到被申请人所在地或者财产所在地进行申请,大大增加了诉讼成本。最高人民法院国际商事法庭在这方面已经做出了有益的探索,上海金融法院可以从中借鉴成熟的经验,允许当事人直接向金融法院提出上述申请,打造真正的"一站式"纠纷解决机构。

3. 支持对调解协议进行司法确认

为鼓励当事人通过调解解决纠纷,提高调解协议的执行效力,当事人通过上海金融法院所委托的国内外调解机构达成调解协议的,法院可以依照法律规定制作调解书;当事人要求发给判决书的,可以依照协议的内容制作判决书。在流程方面,可以参照联合国国际贸易法委员会制定的《国际商事调解和调解所产生的国际和解协议示范法》。[①] 此外,2018 年 12 月审议并通过的《新加坡调解公约》直接赋予调解达成的国际商事和解协议强制执行力,并对缔约国施加了执行调解达成的国际商事和解协议的义务。上海金融法院在委托调解时,应当告知当事人是否适用《新加坡调解公约》,从而减少当事人进行司法确认的环节,增加调解协议在域外得到承认和执行的可能性。

4. 加大金融消费者保护力度

由于金融机构与金融消费者之间存在明显的不对称问题,因此要有效解决金融消费纠纷,就不得不进行一些制度上的补救。对于金融机构之间或金融机构与其他平等主体之间的金融纠纷,应适用传统纠纷解决机制的理念、原则和基本规定;而对于金融机构与金融消费者之间的金融纠纷,则应设置不对称的成本分担,使消费者负担的成本要低于金融机构。此外,应使金融机构承担更严格的约束义务,即金融机构不能主动提请通过调解和仲裁解决纠纷,申诉人只能是金融消费者;只要消费者提出调解或者仲裁的申请,金融机构必须配合参与等。

(三)强化信息技术对金融司法的支持

在信息技术、区块链技术和人工智能技术高速发展的今天,将其运用到法院

---

① Uncitral, Report of Working Group Ⅱ (Dispute Settlement) on the work of its sixty-seventh session (A/CN. 9/929) (R).

工作中，不仅能提高法院的工作效率，为当事人诉讼提供便利，还能提高司法的透明度，树立统一的裁判标准。派出法庭可以借鉴其他法院信息化建设的成功经验，将信息技术运用至法院工作的各个方面，推进法院的信息化建设。

具体可以从以下几方面着手：(1)运用区块链技术，建立法院、仲裁机构、调解机构三位一体的智能化纠纷解决平台，为当事人提供中立评估、纠纷分流和登记等服务。(2)开发在线平台，提供在线诉讼、在线仲裁、在线调解等服务；通过录像回放等技术手段，探索线上不同步开庭的方式。(3)建设法律查询大数据平台，包括金融案例库，金融法律法规库等。同时与各高校和研究机构相配合，构建统一的域外法查明模块，为当事人提供便捷的外国法查明途径。(4)运用人工技能技术，开发智能语音转换系统、文书自动生成系统、电子送达系统等智能辅助软件。(5)加强和金融监管部门及其他职能部门的信息共享和数据交换，开设网上申请财产保全功能。

四、"国际化"的金融司法

临港新片区作为未来的金融司法新高地，需要更多国际化的元素。为了吸引更多的外资企业和金融机构，基于国际商事法庭的成功经验，我们从司法工作人员、实体法律、程序法律三个方面，对现阶段的国际金融司法环境提出中观层面的一些司法建议供参考。

(一)司法工作人员国际化

1. 法官遴选标准

(1)专业性要求

法官成员需要精通国际法并熟练掌握本国法，特别在涉及金融投资贸易这些法律方面具有较多的专业知识。现阶段上海金融法院的法官队伍中的学历基本都在硕博层面，大多拥有海外留学经历，在满足学历要求之外，还可以要求对国内外金融产品、金融法相关的运作制度以及国际惯例有的内容有一定的认知度，或要求持有会计、金融等相关执业证书。

(2)多元性要求

国际化的临港新片区面对的诉讼主体可能来自不同法系、不同国家、不同地区,要求法官的能力更加多元化,遴选过程中需要考虑小语种的丰富性、不同法系了解程度之间的均衡性,以及对不同国家的金融法律有明确的术业专攻,多元的人才筛选必不可少。

(3)长期性要求

一个国际化的金融法院所适用的人才需要在司法审判、金融知识、外语沟通三方面的专精,而上海金融法院不一定有足够的资源招聘到此类人才。那么,可以对现有的法官进行金融知识的培训,也可以在具备金融专业知识的人才中挑选具有法律素养的人加入法院的审判工作,这类人虽可能难以快速成为核心审判人员,但可以成为专家辅助团队,在侧面推动案件的审理和判决。而法官的培训与遴选,本身就是一个长期的过程,系统的学习必不可少。同时,需要考虑人才的稳定性和地域性问题,因此,对法官的选择提出了更高要求。

2. 国际化的行政支持团队

在打造金融法院国际化环境的过程中,法院需要一支具有国际化意识的行政支持团队,包括但不限于检察官、法官、书记员、法官助理,法警等其他从事司法警务、行政管理、后勤服务、纪律监督的行政人员。这一团队需要有和外籍诉讼主体交流的能力,同时可以处理外语文书,尊重诉讼主体所在国家文化,合理学习和运用国际条约、国际惯例的能力。

国际行政支持团队的具体打造方式:第一,增加同类法院的交流机会,迪拜国际金融中心法院、英国金融市场与服务法庭、开曼群岛大法院金融服务法庭都是值得学习的平台。第二,将国际化案件的参与数量和质量适度纳入个人考核体系,将国际化学习运用到实处。第三,及时获得外籍诉讼主体的反馈,从使用者的角度了解自身国际化水平并提出相关整改方案,用国际化的行政支持方式来保证外籍主体的诉讼权利。

3. 国际化的咨询团队

咨询团队的意义为了引导境外投资者、金融公司在临港新片区的投资,在信息层面为投资增加信心。其主要提供的咨询服务包括但不限于诉讼流程的介绍、诉讼方式的选择、适用法律的选择、诉讼团队的使用、国内外法律冲突比较、金融制度规则介绍、金融产品实质性分析等,在实体法律和程序法律上对境外投资者开放多渠道的咨询方式。

(二)实体法律适用的国际化色彩

1. 国际惯例适用

我国首次对“国际惯例”的使用是在原《民法通则》中:只有当没有法律法规或国际条约时,才能适用国际惯例,位阶较低。现阶段的《民法典》未对国际惯例进行规定,只有类似于“交易习惯”的表述,如第510条规定:合同生效后,当事人就质量、价款或者报酬、履行地点等内容没有约定或者约定不明确的,可以协议补充;不能达成补充协议的,按照合同相关条款或者交易习惯确定。此处的“交易习惯”可以扩大解释为国际惯例,是一个更加宽泛的概念。[①] 可见,我国《民法典》还是遵从了原《民法通则》对于国际惯例的使用顺序,将其作为一个补充性的条款。

在我国现行法律框架下,法院适用国际惯例理论上有以下三个途径[②]:其一,我国法律尚未允许当事人选择非国家法作为合同准据法,临港新片区可以考虑放开这一政策的使用,当事人可选择使用国际惯例或外国法进行约定;其二,国际商事惯例因适用国际条约而适用,典型的例子是《联合国国际货物销售合同公约》,中国在加入时对某些条款作了保留,临港新片区考虑在援引条约时可以在不影响公序良俗的情况下全部适用;其三,在当事人未明示选择适用国际商事惯例时,而使用中国法律和外国公约时会出现冲突,则可以由法官根据其合同条款及双方履行事实进行相应调整,给予一定的自由裁量权。

2. 设立涉外金融法律专门服务中心

涉外金融法律专门服务中心的宗旨适用于基于法官一个准确的法律适用条件,其职能包括法律查明、法律研究和法律翻译等,用于提供国际商事活动中适用的无法查明或缺乏权威的法律服务。在开展具体的法律查明、法律研究和法律翻译工作时,可以通过与学术机构或社会机构合作的方式来提高司法工作效率。

3. 金融司法国际交流与合作

2019年8月20日,中国法院金融审判国际交流(上海)基地正式揭牌,其目

① 参见陈立虎、陆璟怡:《关于中国民法典吸纳国际商事惯例的思考》,载《苏州大学学报(法学版)》2019年第1期。

② 参见吕威:《国际商事惯例在法院的适用研究》,武汉大学2018年硕士学位论文,第11页。

的是推动金融司法理论和金融审判实践的深度融合,促进境内外金融审判经验的广泛交流,同时提升我国金融司法的国际公信力和影响力,临港新片区作为一个崭新的开发区,有政策和地理双重优势,因此,可以考虑将金融审判国际交流基地的具体工作地址或活动开展地点选在临港新片区,以此形成产业集聚。这一基地可以充分发挥其独特的政策信息优势与人才交流便利,邀请国际上专业的商事法官对国内的法官进行培训与交流,可以利用交流平台,探索与时政相关的热点法律问题,开展"一带一路"相关金融案件探讨研习,研究国际商事法庭具有复刻意义的案例,进行对内和对外两个方向的学习;或是联合国家法官学院,对法官的涉外案件审判能力进行培训。

(三)程序规则的国际化色彩

1. 陪审员选择

适用于普通法体系的国家法院中,将外籍人员纳入裁判系统的案例并不少,我国香港特别行政区的21位非常任法官中,有20位法官有外国国籍;迪拜国际金融中心法院除了3名普通法官是阿联酋人外,其他都是外籍人员,且来自各个大洲;新加坡在2014年专门修宪,允许首席大法官指定外国人担任法官。由于审判理念的不同,我国内地对于法官的选择涉及最根本的本国司法主权,一般不会考虑使用外籍法官,因此在外籍陪审员的使用上可以在临港新片区作相关尝试。深圳前海合作区人民法院在2017年为了服务国家"一带一路"倡议和对外开放的发展战略,首创了港籍专家陪审制度,为外籍陪审员的引入提供了一定的事实基础。

我国《陪审员法》规定了陪审员必须是"公民",即需要具有中华人民共和国国籍,可以尝试使用经济特区特别立法权对此项条文进行调整修正,在审理临港新片区的金融纠纷案件时,适用独立的陪审员名单,包括具有处理国际金融案件经验的外籍人员,可以是国外退休法官、有丰富执业经验的学者、法学家等。

2. 专家证人范围

由于国际金融纠纷涉及的标的往往具有很强的专业性,涉外元素又给其增加了其复杂性,所以在选择专家证人时可以拥有更高的自由度。我国法律将其定义为"有专门知识的人",他们在经过法庭审核后可以出庭发表意见,虽然是当事人邀请,但是也必须站在一个中立客观的角度来评判争议纠纷中的具体事务,他们的专业意见仅仅作为裁判的参考,没有绝对的效力可言。同时,专家证人的身份和专业领域受到国内法庭的影响,仅有拥有丰富职业经验、学术资历过硬的人,且通过了法院的批准,才能作为专家证人出庭。[①] 而海外的专家证人所拥有的某些成就难以被国内的法院认可,但是他们确实有解释案件中某些证据的能力。因此,法院可以定制宽松的专家证人批准方案,某些职业人员——如金融产品设计员、券商执业的资深分析师等,也可以作为专家证人出庭,无须其拥有法律相关知识,只需要其用专业知识解释争议纠纷中的标的含义即可。

从法律设计的角度来看,可以放宽甚至直接取消批准制度,通过完善专家证人的事后监管制度来确保专家证人制度不被滥用,以此来辅佐相关专业性内容的判断,同时弥补鉴定意见可能存在的不足。

3. 双语工作制

面向诉讼主体都是外籍人员时,可以依法院职权或依当事人申请使用中文以外的语言作为在起诉、审判、执行等诉讼过程中的工作语言,迪拜国际金融中心法院使用的官方网站和审判过程统一使用的是英语而不是阿拉伯语;荷兰海牙国际法庭所承认的官方语言是英语和法语而非荷兰语。因此,可以考虑将其中一个法庭作为使用双语工作的法庭,并且将整体的诉讼流程都双语化,如果双方当事人同意,可以直接不使用中文,仅仅在最后呈现审判结果的判决书同时使用中文和英文给公众参考。

---

① 参见林津津:《民事诉讼专家辅助人制度实务探究》,浙江大学2017年硕士学位论文,第16页。

司 法 实 务

违反投资者适当性义务相关纠纷法律问题研究

——以全国各级人民法院243件裁判文书为基础的类案分析①

国家法官学院课题组

一、适当性义务概念、制度发展及我国当前立法状况

（一）概念

“适当性”（suitability）是指金融机构向投资者提供的产品或服务应当适合于投资者的需求与情况，即适当性要求金融机构在面对投资者进行交易时遵循一定的标准，并据此评价其所提供的产品、服务、作出的交易策略或采取的交易方式等是否符合投资者需求和情况。评价的具体标准包括投资者的目的与需求、金融知识、金融经验、财务状况、风险偏好与风险承受力（包括资本损失的风险）等；在复杂产品的销售中还包含其他附加标准，如投资者定期追加投资、提供额外抵押，以及理解复杂金融产品的能力等。评价标准视销售方式（直接执行交易指令、提供建议并销售、个人投资组合管理等）、产品的复杂性与风险程度（一般金融产品与复杂金融产品），以及投资者类型（零售投资者、机构投资者、专业投资者等）不同而有所不同。投资者适当性义务指金融机构应当基于上述标准承担起向投资者合理推荐、适当销售金融产品（服务）的义务，反之则可能导致承担法律责任的后果。

---

① 本课题由国家法官学院教授、金融司法研究中心主任王锐主持，课题组成员有厉莉、张凌云、王云鹏。本课题节选自上海金融法院2020年度课题优秀奖“违反投资者适当性义务相关纠纷法律问题研究”。

(二)制度发展比较研究

适当性义务本身发源于普通法系,虽然从语源考察其最初出现在美国证券自律组织规则之中,诞生于大萧条之后,[①]但其制度渊源远不止于此,而是可以追溯到普通法系历经数百年的合同默示担保责任演进历史中。[②] 尽管普通法作为该制度诞生的母体,但晚近以来这一制度开始与其他法系进行融合,范例之一就是欧盟通过 MiFID 与 MiFID Ⅱ[③]对于适当性义务的移植、继受与发展,并形成了不同于普通法的法定适当性义务规则,包括投资者分级与评估分类制度等,此后又经由欧盟一体化渠道反作用于普通法系的英国。

适当性义务制度引入我国总体较晚,21 世纪初才最早出现在我国监管机关颁布的文件之中。[④] 这一制度与我国法体系产生契合,以至于在短短十几年间,不但主要金融立法(或草案)基本都完成了法定义务设定,而且司法适用层面也形成了相对统一的政策与规则。总体而言,经历了中国本土化的适当性义务制度与美国制度存在以下两点主要不同:其一,美国法下该制度由自律规则向监管规则,再向法院裁判规则缓慢演进,近百年发展却仍未纳入立法之中,洛斯(Loss)教授就曾指出:(美国)国会拒绝在联邦法体系中为遭受不适当产品推荐之侵害的投资人提供救济,构成了难以想象的错误;[⑤]而在我国法体系中,该制度一经引入便得到立法机关、司法机关、监管机构、自律组织的共同认可,并已被写入主要金融业法。[⑥] 其二,美国制度的发展过于依赖市场与自律的力量,适当性义务规则散见于低位阶的多部自律规范与监管规则中,相近行为的规制大

---

① 美国证券交易商协会 NASD 最早在 1938 年的公平交易规则(Rules of Fair Practice)第 3 条第 2 款中规定了适当性义务。此后,该规则被写入 NASD Conduct Rule 2310,又名"对客户的推荐(适当性)"(Recommendations to Customers, suitability)。

② 参见王锐:《金融机构的适当性义务研究》,法律出版社 2017 年版,第 89 ~ 102 页。

③ 即 2004 年欧洲《金融工具市场指令》(Markets in Financial Instruments Directive, 2004/39/EC, MiFID)及其升级版本(Directive 2014/65/EU, MiFID Ⅱ)。

④ 如原银监会于 2005 年颁布的《商业银行个人理财业务管理暂行办法》、证监会于 2009 年颁布的《创业板市场投资者适当性管理暂行规定》(2020 年废止)等。

⑤ See Louis Loss, *The Assault on Securities Act Section* 12(2), 105 Harv. L. Rev. 908, 916 (1992).

⑥ 参见《证券投资基金法》《证券法》《商业银行法》等。

相径庭,[①]规则碎片化特征明显,制度功能难以得到充分发挥;而我国的适当性义务制度发展展示多方合力,规则基本统一,而且越来越多地在监管实践、司法实践中得到应用,成为规制金融市场不当销售行为的有效工具。适当性义务制度在中美的不同发展路径与功能发挥,恰恰是我国重视协同治理、整体治理、以人民为中心的治理制度向治理效能转化的鲜明例证。

(三)我国当前立法状况

适当性义务的形态在我国尚未最终确定,当前呈现一种从一般性抽象法定义务(先合同诚信义务)向具体法定义务转化的样态。2012 年修订的我国《证券投资基金法》增加第 99 条,明确要求"基金销售机构应当向投资人充分揭示投资风险,并根据投资人的风险承担能力销售不同风险等级的基金产品",系对适当性义务作出明示规定的第一部法律。但遗憾的是,违反该项适当性义务仅"承担行政责任",而不包括民事责任。

随着我国《证券法》的颁行,经由证券业机构销售的金融产品其卖方机构需履行法定适当性义务;不但如此,《证券法》第 88 条与《证券投资基金法》第 99 条不同,明确了违反义务者需承担民事赔偿责任,对于不具备证券默示诉权制度的我国而言,不啻是一项对投资者的大利好,也意味着人民法院得到了充分授权。不过新证券法虽然辐射多产品维度,拓展适当性义务覆盖范围,但由于分业监管格局的束缚,本已实现了"横向"(产品)突破的适当性义务制度却仍受制于"纵向"(主体限制为证券公司)的约束,呈现在适用对象层面的拓展与适用主体层面的束缚双重角力的现象,最终导致适当性义务只能作为证券公司从事金融产品销售或服务提供时的一般性义务,对于从事同类行为的其他金融机构,尤其是非证券业金融机构并不适用。机构监管威力仍在,功能监管理念不彰,又错失了证券法修订这样一个制度推陈出新的时间窗口,还是留有遗憾的。

《全国法院民商事审判工作会议纪要》(法〔2019〕254 号,以下简称《九民纪要》)的颁行在一定程度上弥补了前述缺陷。虽然从"横向"维度,该纪要条文仅将"高风险等级金融产品"与"为高风险等级投资活动提供服务"设定为适当性

---

① 如证券经纪商适用适当性义务规制、证券投资顾问适用信义义务规制,期货公司、部分保险公司,以及部分银行销售金融产品的行为又不受规制,同类行为不同规制的现象出现,引发监管规避,造成消费者混淆,不利于构建公平合理的市场环境。

义务发生作用的范围,但在《〈全国法院民商事审判工作会议纪要〉理解与适用》(以下简称《纪要理解与适用》)中,制定者试图作扩张解释,从而将《九民纪要》所载适当性义务适用范围拓展至"包括除存款外的所有具有本金损失可能的金融产品与服务",这一扩张性解释事实上已经超越了金融分业监管带来的规则分立现状;从"纵向"而言,银行、证券、保险系主体也皆被纳入规制。该纪要通过金融消费者保护专章所确立的以司法推动金融治理规则统一的正向范例,具有积极意义。但《九民纪要》位阶较低,尚未达到司法解释高度,只能供各级法院在实践中参照适用,且其若干规则设计仍存在可以细化优化的空间。

此外,我国《商业银行法》修订草案中也规定了适当性义务,其第73条名为"投资者适当性管理",要求:"商业银行应当充分了解和评估投资者的风险偏好与风险承受能力,向投资者充分提示风险,确保提供的产品和服务与投资者的风险承受能力相匹配。商业银行未评估投资者的风险承受能力,或者向投资者提供与其风险承受能力不相匹配的产品和服务,造成投资者损失的,应当承担赔偿责任"。我国《商业银行法》的修订正在推动适当性义务规则全面法定化的进程,适当性义务作为金融交易一般规则的基础性地位渐趋确立。

二、适当性义务类案研究方法与数据展示

(一)研究方法

本文以2020年8月13日为时间节点,以中国裁判文书网与Alpha案例库为检索基础,通过在"法院认为"部分检索"适当性+投资者"关键词,筛选出所有民事案由下共243件裁判文书。不区分案件权重,就拟定问题寻找大数据支持的主流裁判规则,并在此司法经验基础上开展更进一步的逻辑分析,即"先归纳、后演绎"。

(二)数据展示

如图1所示,可以看到当前条件下适当性义务纠纷案例数量的变化趋势。

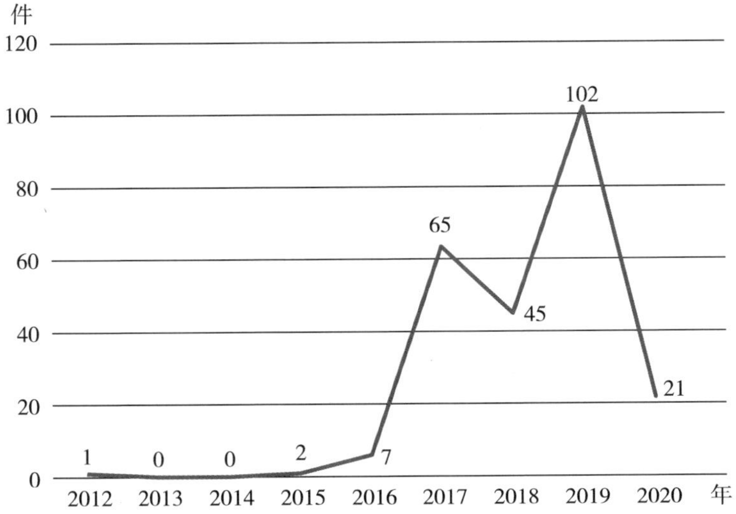

图 1　2011～2020 年案件数量

如图 2 所示,可以看到当前的案件审理程序分布状况。一审案件有 141 件,二审案件有 88 件,再审案件有 14 件。

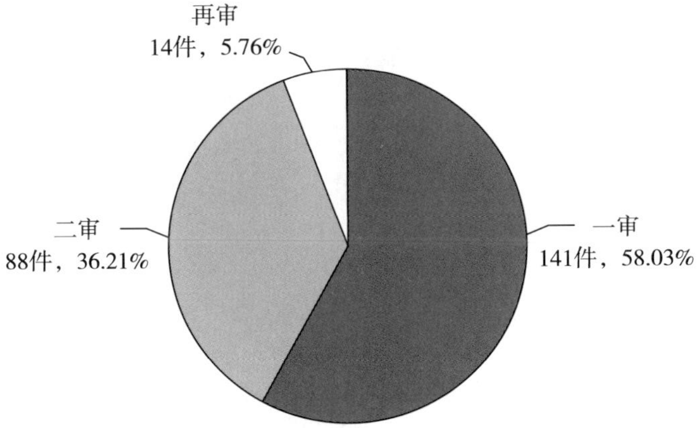

图 2　案件程序分布状况

如图 3 所示,通过对一审裁判结果的可视化分析可以看到,当前条件下全部/部分支持的有 83 件,占比为 58.86%;全部驳回的有 56 件,占比为 39.72%;其他的有 2 件,占比为 1.42%。

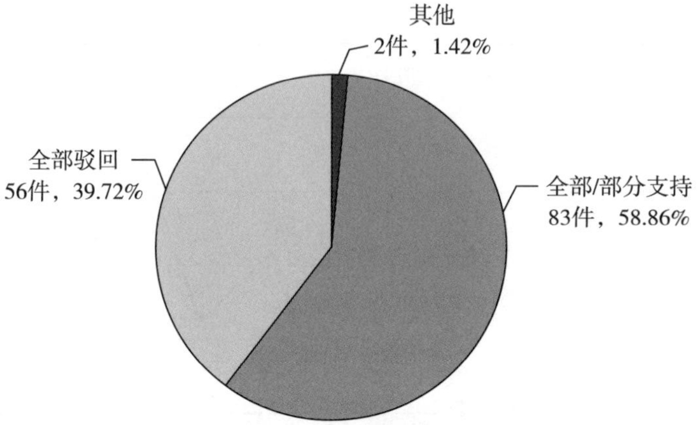

图3　一审裁判结果

如图4所示,通过对二审裁判结果的可视化分析可以看到,当前条件下维持原判的有55件,占比为62.50%;改判的有29件,占比为32.95%;其他的有4件,占比为4.55%。

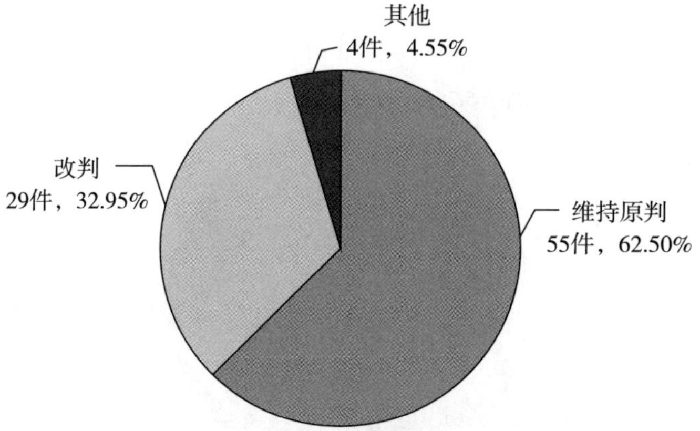

图4　二审裁判结果

如图5所示,通过对再审裁判结果的可视化分析可以看到,当前条件下维持原判的有11件,占比为78.57%;其他的有1件,占比为7.14%;提审/指令审理的有1件,占比为7.14%;改判的有1件,占比为7.14%。

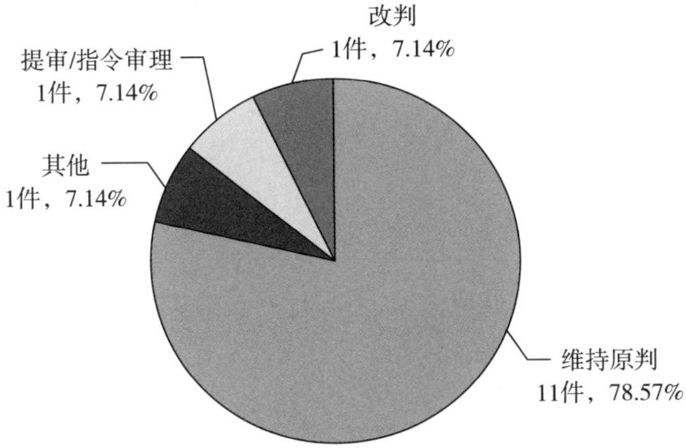

图 5　再审裁判结果

三、适当性义务纠纷审理若干要点问题

(一)案由选择

依据类案检索大数据报告，适当性义务纠纷案由选择总体情况如图 6 所示：

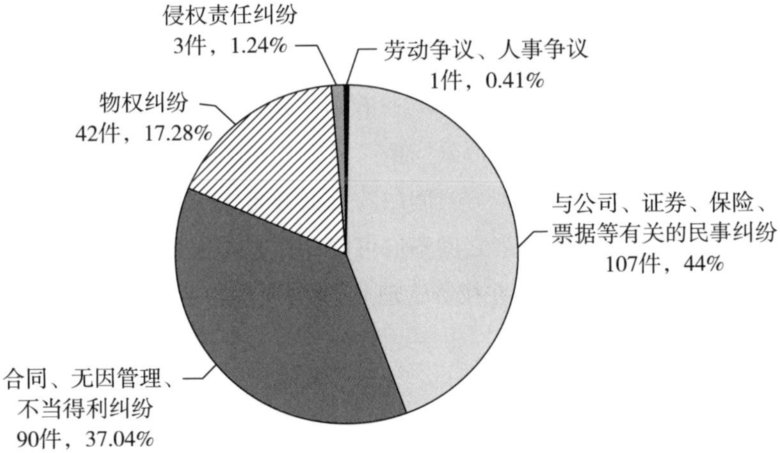

图 6　案件案由分布

如图 6 所示，此类案件中存在多种案由选择，选择最多的一级案由为“与公司、证券、保险、票据等有关的民事纠纷”，其下二级案由多至少依次为期货交易类纠纷、证券纠纷、与公司有关的纠纷；数量居次的一级案由为“合同、无因管理、

不当得利纠纷”,其下最多的案由为委托理财合同纠纷;排名第三的一级案由为“物权纠纷”,全部为财产损害赔偿纠纷;此外还有侵权责任纠纷、劳动争议纠纷。

1. 案由选择多样性的原因

投资者适当性纠纷案由选择呈现多样性,原因之一在于民事案由与诉在数量上并非一一对应关系,一方面,部分案件中可能存在数个主张或请求;另一方面,我国现行的《民事案件案由规定》在坚持以法律关系性质作为案由确定标准的同时,对少部分案由也依据请求权、形成权或者确认之诉、形成之诉的标准进行确定,也导致部分情况下民事案由与诉的数量不对等。

原因之二更为重要,由于适当性义务纠纷发生在金融产品销售或金融服务提供①过程中,而销售本身是一个复数概念,销售形态多样化导致法律关系呈现多元特征。例如,国际证监委员会组织(International Organization of Securities Commissions,IOSCO)持广义“销售”定义,认为“销售”(distribution)指中介机构所提供的一系列与出售有关的服务,包括营销(marketing)、出售(selling)、顾问(advising)、推荐(recommending)以及对授权账户和个人投资组合进行管理(managing discretionary accounts/individual portfolios)。在金融业整合立法的国家或地区,如欧盟、英国均接受这种广义“销售”概念。不言而喻,采广义概念的销售行为构成一个复杂的体系,实际上包含金融机构宣传推介产品的行为(营销)、金融机构代理投资者执行交易指令(出售)、金融机构为投资者提供投资顾问服务(顾问与推荐),以及金融机构对授权账户或个人投资组合进行管理(投资管理)等。在“营销”、“出售”与部分“推荐”业务中,卖方与投资者之间甚至并不存在合同关系,由此可以排除双方之间的约定义务与违约责任;而在部分推荐与咨询顾问业务中,卖方与投资者之间不但可能存在合同关系,还可能基于法定或约定负有其他(如信义)义务;在投资管理业务中,卖方与投资者之间的关系更为

① 为行文方便,以下将“金融产品销售与金融服务提供”统称为金融产品的“销售”。服务虽然具有个性化特征,但金融领域的服务提供仍然需要符合某些基本规则或标准(无论是法定的、约定俗成的,或行业通用的),在某种程度上近似于“标准化或部分标准化的产品”,将金融服务视为产品亦可以助力司法在时而有心无力的合同法与“意思自治”之外,为金融交易规制提供某种新思路与新工具。

复杂,可能呈现多种法律关系的复合体。① 由此,基于不同的交易模式与业态,卖方与投资者之间的法律关系不一而足,难以固化,这就为多元案由的选择提供了逻辑基础。

2. 应以进一步区分商事与民事案由为方向,尽可能采用交易类型案由

由类案检索大数据显示,适当性义务纠纷归入较多的一级案由为"公司、证券、保险、票据等有关的民事纠纷"与"合同、无因管理、不当得利纠纷"。虽然此两项一级案由在案由体系中距离较远,但传统上存在密切联系,其下级案由多同属传统的大民商案件领域,而其分立则是伴随商事纠纷数量不断增长、商事案件案由逐渐与传统民事案由分离的产物。

我国立法采民商合一体例,早期案由体系中亦不做民商之分。但以 2008 年《民事案件案由规定》颁行为分界,人民法院确立"与公司、证券、票据等有关的民事纠纷"为近似的商事纠纷一级案由,于体例上对民事与商事案件案由予以分割,其下诸多案由大多从其他一级案由下迁移而来,尤其是证券、保险、期货、信托等金融案件案由均移自原"合同纠纷"案由项下。然而,商事案件案由与民事案件案由的传统混置,下级案由迁移与其原属的上级案由(如"合同纠纷")保持原位,必然导致商事金融案件案由选择多样化、兼跨两大一级案由的现象。此外,从当前商事金融法律发展的角度观察,金融产品创新仍然广泛依赖于以合同作为基础法律工具,这也助推了金融案件案由向下(交易类型)可归入商事案由,向上可归入民事案由的现状。

然而,司法适用的精细化要求推动民、商案件案由渐趋分离是不争的趋势,从类型化角度分析,当前适当性义务纠纷案件仍主要出现在证券期货、股权转让等领域。实践中,为便利当事人明晰案件争点、有效举证质证,同时便利审理法官把握案件焦点、准确适用法律,应当尽可能选择准确、简明、统一的案由。由于

① 值得指出的是,并非所有国家都采用广义销售概念,最典型的即为美国,传统上适当性义务多发生在证券经纪商提供的开户、推荐服务之中,受美国全国证券交易商协会(National Association of Securities Dealers, NASD)、纽约证券交易所(New York Stock Exchange, NYSE)及美国金融业监管局(Financial Industry Regulatory Authority, FINRA)等证券自律组织规则约束,总体上属于美国《1933 年证券法》与《1934 年证券交易法》体系之下;而投资顾问业务则由《1940 年投资顾问法》所规制,受信义义务约束。然而,证券展业中大量主体同时持有经纪商与投资顾问牌照,由于证券销售中不同的销售者也适用不同的义务规则,现实中两类主体身份接近、业务混同,常使投资者发生混淆,不利于投资者保护。2008 年国际金融危机之后对美式金融分业监管的反思已然开始。此外,我国《证券法》也明显未采用这种在证券业内分门别类立法的倾向。

案由制度本身具有辅助法院内部分工与管理统计的功能,未来应以进一步区分商事与民事案由为宜。同时,鉴于案由与法律关系密切相关,其精确性要求又高于人民法院内部分工的精确性要求,故此应当尽可能选择商事领域的交易类型案由(如证券交易纠纷、期货合同纠纷、融资融券交易、股权转让纠纷等),以助力裁判者厘清交易结构与法律关系。

3. 金融委托理财合同纠纷案由的适用范围

《纪要理解与适用》认为,在审理因销售金融产品而引发的民商事案件时,可以考虑适用金融委托理财合同纠纷民事案由。此处“可以”构成一种具有包容性的表述。实践中,适当性义务纠纷涉及交易形态不一,存在多种案由适用的空间,也可能排除特定案由的适用。如在“营销”、“出售”与部分“推荐”业务中,销售者与投资者之间并不存在合同关系,很难界定为金融委托理财合同纠纷。[①] 而在代销机构(distributor)与金融产品提供者(product provider)之间通常存在显性代理关系(委托代理合同)的背景下,以委托或代理界定卖方机构与投资者之间关系既违背禁止双重代理的法原则,亦无视这种界定下明显的利益冲突,与我们所立足的法律体系并不兼容。[②] 值得指出的是,司法实践中试图在代销机构与投资者之间建立委托代理关系的种种努力,其意图在于使此后判定代销机构对投资者负有义务与责任的说理论述曲线平滑;然而,代销机构对未存在合同关系之投资者的责任渊源,在第三人于先合同阶段的缔约过失责任,即受有信赖的第三人应对相信其劝诱推荐的投资者负有合理推荐与适当销售义务,这一义务的存在并不依赖合同关系的存在,而是源于明确的法律规定或法无具体规定下的诚信义务要求。

由此,“金融委托理财合同纠纷”案由在营销、代销、部分推荐业务所引发的涉适当性纠纷中,并不适用;只有在投资顾问、资产管理与部分存在合同关系的推荐业务所引发的涉适当性纠纷中,才有其适用的空间,但其优先性仍应置于更为精确的交易类型案由之后。

(二)对仲裁条款与裁决的审查

部分适当性义务纠纷的当事人于事发前曾约定仲裁条款,甚至已经提请仲

① 参见(2012)沪一中民六(商)终字第164号判决。

② 参见(2016)豫民再544号判决。

裁裁决，此后又诉诸法院，则此时司法需对仲裁条款或仲裁裁决效力进行认定。除我国《民事诉讼法》与《仲裁法》外，最高人民法院2017年出台的《关于审理仲裁司法审查案件若干问题的规定》与2018年出台的《关于人民法院办理仲裁裁决执行案件若干问题的规定》，构成此类案件审理的主要依据。

1. 尊重仲裁条款效力，合理分配举证责任

有效的仲裁协议、仲裁条款是当事人提起仲裁、仲裁机构获得管辖权及仲裁裁决效力得以司法确认的前提，也是区分人民法院与仲裁机构主管权、排除司法管辖的基础。而最大限度尊重当事人意思自治以及充分保障司法对仲裁的尊重和支持，已成为仲裁协议效力认定及解释的基本方法。部分案件中投资者主张仲裁条款由金融机构单方起草的格式合同所规定，此时投资者仍需就其"不存在仲裁合意或仲裁协议或条款无效"的主张负担相应的举证责任。

以戈某某、湖北华中文化产权交易所有限公司合同纠纷①为例，投资者以其并非亲自开户为由主张不受华中文交所《协议转让规则》下仲裁条款的约束，华中文交所充分举证后，法院认定投资者在没有证据推翻对方证据证明力的情况下，对不存在仲裁合意、其不受仲裁条款约束的主张缺乏事实支撑。由此可见，审理法院在判断仲裁合意是否存在、是否支持仲裁条款效力时，需合理分配举证责任，在综合判定各方证据的基础上认定法院对案件是否具有管辖权。进一步而言，即使金融机构确有违反适当性义务的行为，但仲裁合意与有效仲裁条款的存在仍可排除司法管辖。

2. 法定撤裁事项外，仲裁庭就适当性义务履行的证据认定问题不属于司法审查范围

当事人申请撤销国内仲裁裁决案件，应依据我国《仲裁法》第58条与《民事诉讼法》第237条的规定，举证证明裁决满足法定撤裁情形。② 法律对撤销裁决事项予以法定化的原因在于，保障仲裁作为当事人之间通过一裁终局解决纷争的真实意思得到司法的切实保障，防止增加因财产权利长期处于不确定状态而

---

① 参见(2020)最高法民申1544号裁定。

② 依据我国《民事诉讼法》《仲裁法》规定，此等法定事项包括：(1)没有仲裁协议的；(2)裁决的事项不属于仲裁协议的范围或者仲裁委员会无权仲裁的；(3)仲裁庭的组成或者仲裁的程序违反法定程序的；(4)裁决所根据的证据是伪造的；(5)对方当事人隐瞒了足以影响公正裁决的证据的；(6)仲裁员在仲裁该案时有索贿受贿、徇私舞弊、枉法裁决行为的；此外裁决违背社会公共利益的。

带来的社会成本。

近年来,部分申请撤裁案件开始挑战仲裁庭的证据认定问题,如喆颢资产管理(上海)有限公司与骆某申请撤销仲裁裁决案,[①]喆颢公司主张在仲裁程序中投资者隐瞒其学历背景、投资经验、工作履历等,仲裁庭亦未对此进行考虑,故申请法院撤销裁决。这就给国内仲裁裁决司法审查提出了需面对的新类型问题。

传统上,涉外仲裁一直将证据问题排除在仲裁程序问题之外,进而将仲裁案件的证据采信、事实认定及责任判定界定为非仲裁的程序事项,认为其不属于人民法院司法审查的范围;与之不同,国内仲裁中仲裁庭可能在证据采纳问题上受到法院制约,主要存在两种情况:(1)裁决所根据的证据系伪造产物,(2)当事人隐瞒了足以影响公正裁决的证据。然而从立法表述和文义解释中,仍然可以观察到谨慎限定审查仲裁证据的倾向,如构成隐瞒足以影响公正裁决的证据应当具备两个要件:(1)证据足以影响公正裁决,是指该证据与双方争议的关键事实有直接关联,直接影响裁决结果;(2)证据由一方当事人持有,对方当事人不持有,亦无法从公开途径取得,持有证据的一方在仲裁庭或对方当事人的要求下没有提供。[②] 其他情况下仲裁庭对证据的认定不应属于司法审查范围。在前述案件中,尽管投资者的学历背景、投资经验、工作履历等因素对于判断交易适当性十分重要,但审理法院认为,喆颢公司并未在仲裁过程中要求投资者出示或者请求仲裁庭责令其提交相关证据,不能认为投资者“隐瞒”,不符合法定撤裁情形,驳回喆颢公司申请。

(三)适当性义务为法定义务

适当性义务为法定义务,其承担并不必然以金融机构与投资者之间存在合同关系为前提。依据《九民纪要》规定,适当性义务的承担主体应为卖方机构,包括金融产品销售者与产品发行人。在多数案例中,投资者选择的被告通常为金融产品销售者,具体包括基金管理公司、证券经纪公司、期货经纪公司、资产管理公司、商业银行等,以第三方业务发达的商业银行最为多见。此时,商业银行往往并非销售其自行开发的金融产品,而仅为代销他人产品的中介角色。在一些

① 参见(2020)京04民特53号裁定。

② 参见江苏省高级人民法院课题组:《江苏法院仲裁司法审查案件调研报告》,载《人民司法》2018年第19期。

案例中，为了最大限度捍卫自身利益，投资者可能会将金融产品发行人作为共同被告，如购买基金的投资者起诉基金管理人，购买理财产品的投资者起诉理财产品管理人或发行人等，或者要求销售者的股东承担补充责任。

1. 卖方机构与投资者之间是否存在合同关系，应视具体交易类型判断

传统观点认为，适当性义务是针对金融中介的规则，如美国证券法下承担适当性义务的是证券经纪人，国际清算银行（Bank for International Settlements，BIS）也认为适当性义务通常是中介（financial intermediary）的责任。但此后为了避免金融机构在直销与代销身份之间进行逆向选择，①监管者、立法者与司法机关开始认识到适当性义务规则也应适用于直销其发行产品的金融机构（发行人与销售者合二为一的情形），国际证监会组织、欧盟以及美国联邦法院部分判例亦支持这一做法。

当产品发行人委托代销机构向投资者销售产品时，此时存在三方主体，通常存在两个合同关系：代销机构受产品发行人委托，与产品发行人之间通常签署委托销售合同；在代销机构的推介促成下，投资者与产品发行人亦可能签署合同。但就销售者与投资者之间的关系而言，代销机构虽然需要承担适当性义务，但与投资者之间并不存在直接的合同关系（见图7）。

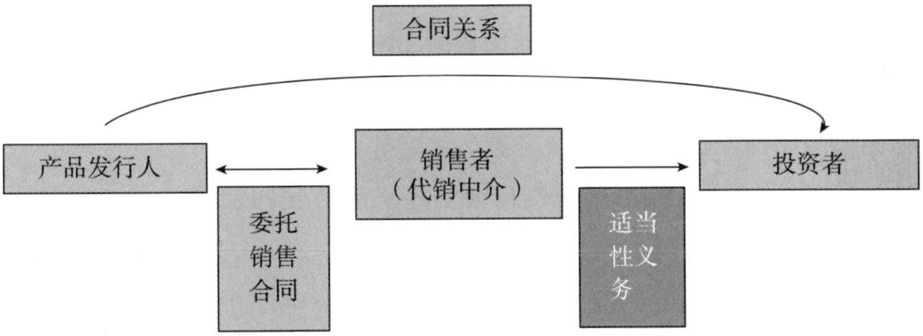

图7　金融产品销售流程（中介代销情形）

① 如选择直销方式，但主张自己系合同对手方，不应承担中介应承担的适当性义务，具体案例参见宝洁诉银行家信托公司案（P&G v. Bankers Trust Co.）一案中，原告宝洁公司以违反信义义务为由起诉作为利率互换协议交易对手方的被告。原告主张，双方之间签署了两笔协议，而在第二笔交易达成之前，第一笔交易业已发生亏损，被告却未告知原告这一情况，因此被告违反了对原告的信义义务。审理法官虽然没有支持买卖双方之间存在信义义务的这种观点，但随即笔锋一转，认为两者之间虽不存在信赖，但被告故意隐瞒第一笔交易亏损的信息构成了对于合同默示义务（implied contractual duty）的违反，因此也存在过错。而由于被告既是卖方（利率互换协议的起草方与合同一方），又是利率互换协议的销售者，在其主张选择卖方身份（而非销售者身份），进而主张自身在产品销售中免除对客户的责任时，法院并未支持其主张。

而当自行设计、管理金融产品,又自行销售(直销)的金融机构出现时,发行人与销售者身份合二为一,其与投资者之间存在合同关系,同时基于其销售者身份对投资者承担适当性义务(见图8)。

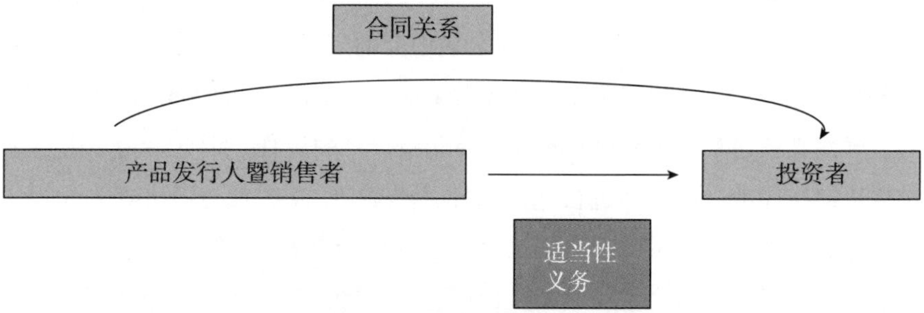

图8　金融产品销售流程(直销情形)

2. 适当性义务为法定义务,对金融机构课以该义务不以投资者与之建立合同关系为必需

从各国法制度演进观察,适当性义务在多数国家地区均经历了从道德义务转化为法律义务、从自律型规则转化为立法规则的进程,如次贷危机后欧盟在MiFID基础上升级立法为MiFID Ⅱ,继续贯彻适当性义务的法定化路线并扩大了适当性义务的保护范围;英国受欧盟影响,也确立起针对整体金融行业的适当性义务规则;①澳大利亚在借贷规制法律中明确了法定的适当性义务;日本、新加坡、韩国等国家都经历了适当性义务逐渐法定化的过程。②

我国适当性义务规则也呈现明显向法定义务转化的趋势,从早期以明示或

① 英国脱欧之后于金融领域的法律演变尚待观察。

② 立法较为滞后的反而是现代适当性义务制度的发源地美国,尽管次贷危机之后通过的美国《华尔街金融改革法》已经作出把适当性义务融入其他法定义务(信义义务)的立法授权,但迟迟未能见之于立法表达,仅在近10年之后象征性地以一条更新的监管规则(2019年美国证券交易委员会公布的最佳利益规则)予以回应,而监管规则在多大程度上能够转化为投资者诉权、能够得到遵循先例的普通法法院支持更是不得而知、不容乐观。对比同期中国立法、司法、监管机关协力推进该制度法定化及投资者保护进程的积极性与效率,见微知著。

默示方式出现在自律组织规则、监管规章或规范性文件之中,[①]到相继被吸纳进入《投资基金法》《证券公司监督管理条例》等法律与行政法规,进而以明确民事救济依据的方式被写入 2019 年《证券法》第 88 条,已经部分地完成了向法定适当性义务的转化。此外,我国司法政策采纳了适当性义务为先合同义务的法理学说,而先合同义务为法定义务,从而支持投资者在无须证明合同关系存在的前提下即可向卖方机构主张其违反适当性义务之损害赔偿。这一司法政策为我国分业监管格局下存在的大量无法适用《证券法》,但又极为相似的金融产品交易纠纷解决提供了路径。即在适当性义务尚未被界定为金融产品销售领域一般法定义务的当下,将其定位于基于诚信原则的先合同义务,从而将适当性义务与《民法典》第 500 条(原《合同法》第 42 条)第 3 项相结合,用以规制缔约谈判过程中卖方机构夸大宣传或误导投资者、有失诚信的不当推介行为。卖方机构承担适当性义务是因为金融交易格局的不平等性、金融产品的复杂性与专业性、投资者对金融机构的信赖、交易诚信等因素,而不在于双方的合同关系或约定。简言之,适当性义务本定位于法定义务,违反适当性义务应引发法定之债,[②]一方面承担违反义务之责任无须以当事人之间存在合同关系为前提,另一方面当事人也不能以合同约定排除该项义务。

(四)投资者可主张缔约过失请求权、侵权请求权或违约请求权

1. 缔约过失请求权

按照《纪要理解与适用》观点,金融机构违反适当性义务,应以缔约过失路径追究其责任,这一思路与适当性义务系先合同义务的属性密切相关,兼顾所涉双方之间的信赖关系,具有合理性。其中,在直销情形下卖方机构与投资者之间的缔约过失责任显而易见;而在代销情况下应基于何种法理主张从未进入合同关

---

① 如我国证监会颁行的《证券期货投资者适当性管理办法》《证券公司客户资产管理业务管理办法》《期货公司管理办法》《关于建立金融期货投资者适当性制度的规定》,以及中国金融期货交易所据此颁行的配套自律性文件、《金融期货投资者适当性制度管理办法》、《金融期货投资者适当性制度操作指引》等;原保监会颁行的《人身保险销售误导行为认定指引》;原银监会颁行的《关于规范商业银行代理销售业务的通知》《金融机构衍生产品交易业务管理暂行办法》《商业银行理财产品销售管理办法》《商业银行个人理财业务风险管理指引》《商业银行个人理财业务风险管理办法》《商业银行外部营销业务指导意见》等。

② 参见王锐:《金融机构适当性义务研究》,法律出版社 2017 年版,第四章第四节"应然的适当性义务:向法定义务的转化"。

系的双方之间存在缔约过失责任,值得仔细分析。

考察缔约过失责任学说发源地德国的法律演进可知,2002年德国新债法将缔约过失责任予以法定化并规定于《德国民法典》第331条第2项、第3项:在当事人进入契约协商阶段、缔约准备阶段,或者当事人之间有类似的接触行为时,一方当事人如违反了特定的行为义务即可发生缔约过失责任;并将从长期司法判例中累积抽象出"第三方缔约过失责任"写入立法,即如第三人高度信赖并因此影响了契约协商或者缔结则也可能发生缔约过失责任。要求第三方承担缔约过失责任之理由在于:这些人虽然并非契约当事人,与契约的缔结可能也无直接的利害关系,但其所做言论往往与契约的缔结具有密切关系,身处协商中的双方往往会依赖其中立的、客观的、独立的判断。例如,投资顾问对金融产品买卖的建议意见很可能会被交易方所接受。由此,以"第三方缔约过失责任"解释代销情形下卖方机构的适当性义务,较为妥帖,也可为我国《民法典》第500条第3项法条文所覆盖。更为重要的是,第三方缔约过失责任本就是由司法经验而上升至立法文本的制度,诚如黄立教授评价:《德国民法典》中的第三方缔约过失条款本身仍具有开放性,目的在于给实务与学界继续发展的机会。① 从这一角度观察,第三方缔约过失制度所展示出的包容性与可能性也与不断发展演变的金融市场之规制要求相契合。

2. 侵权请求权

法律适用是实践学科,大量涉适当性义务案件中,或当事人虽经释明但仍坚持选择侵权救济路径,或法院主动适用侵权责任法并取得较好裁判效果。依据类案检索大数据分析,在243件纳入统计的适当性义务纠纷中,名为"物权纠纷"案由项下,实际体现为侵权纠纷的财产损害赔偿类案件占比约17%,即17%的投资者主动选择以侵权作为请求权基础。此外,27.9%的案件中虽然当事人主张不同、案由不同,但最终审理法院判定卖方机构需承担侵权责任。总体而言,44.9%的案件是通过侵权路径追究卖方机构责任的。其中,尚无法统计法官支持侵权路径,但因事实证据或法律构成要素等存在瑕疵未能得到赔偿判决的案件。

从程序法角度观察,不同救济方式存在的基础在于先合同法定义务属性本

---

① 参见黄立:《德国新债法之研究》,台北,元照出版公司2009年版,第172页。

身,对先合同义务的违反可以援引《民法典》(原《合同法》)的明确法律规定,通过缔约过失责任提供救济。但是,随着全球债法的近代发展,原合同法不断膨胀并容纳了默示义务、法定义务等导致合同与侵权边缘趋向模糊,如果说对于约定义务的违反只会导致违约责任的话;违反法定的附随义务、先合同义务、后合同义务,任何时候都会导致侵权责任。[①] 其原因在于,首先,我国法律承认违约责任与侵权责任的竞合,《民法典》第 179 条第 3 款即规定:本条规定的承担民事责任的方式,可以单独适用,也可以合并适用;其次,《民法典》对侵权责任范围采取了极为宽泛的立法思路,如第 1164 条涵盖了一切"民事权益",由此也导致事实上缔约过失责任几乎可被侵权责任覆盖的现状,关于先合同阶段适当性义务违反的司法裁判将近半数采用侵权追责路径,就是典型的例证。从受害人享有的请求行为人承担责任的权利角度看,我们所采纳的责任竞合法理学说,应当符合受害人救济的目的,尊重当事人选择,便利当事人诉讼。如果同一个违反民事义务的行为,既符合违约行为的要件,又构成侵权行为时,受害人主张违约责任抑或侵权责任,都有法律依据,自然应该允许受害人选择,只是不能双重请求罢了。[②] 关于缔约过失责任与侵权责任,其实也可以做同样理解,除非法律对某种情况下只能产生一种责任作出明确的直接规定。故此,尽管《纪要理解与适用》对于缔约过失责任似乎更存青睐,但应允许保留侵权责任救济路径供当事人选择。

从实体法角度观察,对于不当销售的卖方机构是否应承担侵权责任问题,法律适用中有两种观点:一种观点认定卖方机构需承担侵权责任,即使其与投资者之间存在合同关系也不例外;另一种观点则否定卖方机构需承担侵权责任。早期案例中对侵权责任的质疑主要体现在"不当销售行为"与"投资者损失"之间是否存在因果关系上,近年来各级法院对于这一问题已颇多共识,如(2016)苏 01 民终 1563 号判决、(2019)京 02 民终 5844 号等判决中,审理法院都持有共同观点:投资者购买某一特殊产品或服务基于卖方机构的不当推介行为,若无此种不当推介行为则投资者不会购入争议产品,相应损失亦无从发生,故应认定因果关系的存在,并综合其他侵权构成要件共同判定卖方机构是否承担责任。

总之,寻找裁判依据固然是法官赋权的一部分,但更是其职责,审理中应支

① 参见叶名怡:《再谈违约与侵权的区分与竞合》,载《交大法学》2018 年第 1 期。

② 参见崔建远:《合同法》(第 2 版),北京大学出版社 2012 年版,第 349 ~ 350 页。

持同一诉请的多项请求权基础,不宜要求当事人必须"择一"选之。

3. 违约请求权

随着商业实践的发展,当金融机构开始广泛提供账户管理服务(资产管理服务)时,卖方机构违反适当性义务的典型行为表现为在提供账户管理服务过程中,违反客户投资策略、投资指令、投资比例等进行产品交易的行为。由于此时卖方机构与客户已经缔结了有效合同,则客户可以以违反合同约定或合同履行中的诚信义务为由对卖方机构主张基于合同的请求权。如当年的"宝万之争"中,时任证监会主席刘仕余曾质疑宝能名下投资理财产品是否满足了"投资者适当性规则",其被质疑的原因就是该批产品在理财合同履行过程中加杠杆买卖万科股票的行为是否符合理财合同委托人的投资目的、投资风险偏好以及风险承受能力,即合同履行过程中的适当性义务是否得到保障,此时适当性义务规则就应延伸适用于合同履行阶段,而对这一阶段适当性义务的违反也可引发违约责任。司法适用路径可以通过将适当性义务与《民法典》第509条(原《合同法》第60条)相结合,用以规制账户管理类合同履约过程中卖方机构不当行为。这种违反适当性义务的案件及主张在域外法或仲裁中已经出现,但投资者面临举证难度较大,选择起诉案件数量极少。

总之,法定适当性义务的定位、金融交易形态的多样性为当事人选择不同请求权提供了逻辑与实践基础。现阶段可以结合争议具体事实要求违反适当性义务的卖方机构负担缔约过失责任、违约责任或侵权责任。即对于违反适当性义务的卖方机构,客户可以提起基于缔约过失、违约或侵权的诉讼请求,其中缔约过失请求权与侵权请求权之间、违约请求权与侵权请求权之间或存在竞合。

(五)适当性义务的保护对象——对老年投资者适用特殊保护标准

从国外立法例观察,美国在次贷危机后设立消费者金融保护署(Consumer Financial Protection Bureau,CFPB),下设老年人金融保护办公室,专司向62岁以上的老人提供便利,开展消费者教育,保护其在金融计划选择中不会因不公待遇、欺诈或权利滥用而遭受侵害。日本将老年人设为高风险产品"谨慎招揽"客户,对老年人投资金额进行限制,对老年人销售产品要做特别审查,销售之后要常态化跟踪确认,不可劝诱老年人将准备用于晚年生活的积蓄进行投资交易等。[①] 除立法外,多国金融监管部门也一直将针对老年人的不当销售行为作为规范的重点。如英国金融管理局(Financial Service Authority,FSA)因巴克莱银行向大量依靠退休储蓄金生活的老人不当销售投资产品而对其做出超千万美元的罚款,并要求其赔偿投资者全部损失;[②]因保险公司对老年人使用高压策略及误导性信息不当销售保单而开出高额罚单等。[③]

老年人在金融交易中的特殊保护问题,在我国当下尤其值得关注。我国已经进入老龄化社会,养老很大程度上仍然依靠家庭积蓄,这就使老年人家庭财富的保障至关重要。目前,仅在原银监会于 2012 年颁行的《商业银行理财产品销售管理办法》中,粗线条地规定了对超过 65 岁(含)的客户进行风险承受能力评估时,应当充分考虑客户年龄、相关投资经验等因素,提出了老年人作为特殊客户的交易能力问题,但缺乏更为具体可操作的规定。司法实践中部分案件侧重考虑老年人占有大额资产,忽略其资产主要为存量、其对产品流动性要求较高且认知能力严重下降诸多因素,对老年投资者保护力度明显不足。由此,在个案审理中,必须以为老年投资者提供高标准适当性保护作为原则,切实衡量卖方机构是否考虑到老年投资者的交易目的与个体情况;同时,在法律允许的范围内对老年人的诉讼能力予以适度倾斜,对于违反适当性义务误导老年人的卖方机构课以较高赔偿金额,以彰显对老龄社会金融公平与诚信的保障。

(六)举证责任分配与抗辩事由

1. 投资者应就"销售—购买"事实与投资损失承担举证责任

自第八次全国法院民事商事审判工作会议以来,关于适当性义务纠纷案件的举证责任应在两造之间合理分配这一基本观点已经确立。依据《九民纪要》规定,投资者应举证证明"销售—购买"事实的存在,而无须就卖方机构是否"推荐/

---

① 参见王伟:《日本资本市场的投资者适当性制度》,载中国证券业协会编:《创新与发展:中国证券业 2012 年论文集》,中国财政经济出版社 2012 年版,第 1005 ~ 1010 页。

② See FSA Final Notice, Reference Number: 122702, Date: 27 June 2012, http://www.fsa.gov.uk/static/pubs/final/barclays-jun12.pdf,最后访问日期:2020 年 8 月 12 日。

③ See FCA Final Notice, Number: FRN 519508, Date: 24 October 2013, http://www.fca.org.uk/your-fca/documents/final-notices/2013/porta-verde,最后访问日期:2020 年 8 月 12 日。

劝诱”进行证明;这一做法与美国法显著不同。[①] 此外,投资者还应就自身存在损失承担举证责任。

2. 卖方机构对是否履行适当性义务承担举证责任

适当性义务纠纷案件一般仍应贯彻“谁主张,谁举证”的原则。但关于适当性义务是否得到履行的证明责任问题,曾经存在两种不同观点,其分歧在于对归责原则的选择。按照是否以过错为责任构成之必要条件,侵权责任的归责原则可划分为过错责任、过错推定责任与严格责任(无过错责任),过错责任适用“谁主张,谁举证”规则,过错推定及严格责任一般适用举证责任倒置规则,以体现归责原则与举证责任分配之间的对应关系,同时与我国侵权责任法的结构体系相呼应。缔约过失责任中关于过失或过错的判断大体相同。由此,基于过错推定下的举证责任倒置要求,卖方机构应举证证明其是否履行适当性义务,这一思路得以被《九民纪要》所接受:卖方机构不能提供其已经建立了金融产品(或者服务)的风险评估及相应管理制度,对金融消费者的风险认知、风险偏好和风险承受能力进行了测试,向金融消费者告知产品(或者服务)的收益和主要风险因素等相关证据的,应当承担举证不能的法律后果。

具体而言,举证责任倒置的主体为销售金融产品的卖方机构,举证责任倒置的对象通常包括过错和因果关系两个事实要件,虽然过错推定原则主要是针对过错的认定问题,而不应包含因果关系的推定,但由于过错推定原则的适用以因果关系的存在为前提,“在因果关系不确定的情形下,因果关系本身也需要通过推定予以认定”,因此,举证责任倒置的对象亦应当包括过错和因果关系。由此,卖方机构应对其销售产品或提供服务过程中不存在过错、其过错与投资者资产损失之间不存在因果关系承担举证责任。

3. 卖方机构可以“无推荐”为由抗辩,推荐与否是事实问题,需由法官结合个案案情判定

我国立法与司法政策不要求投资者举证证明卖方机构存在推荐劝诱行为,但相应地,允许卖方机构自证其不存在推荐劝诱行为,对投资者交易意愿没有影响,进而主张豁免责任。部分案件中金融机构确实也提出了此类抗辩主张。

---

① A recommendation to a customer's implies that the security recommended is consistent with the customer's investment objectives and thus is suitable. See Thomas Lee Hazen, *Treatise on the Law of Securities Regulation*, Vol. 4 (St. Paul, MN: Thomson/West, 2005), p. 404.

然而，主动推荐存在与否，是一个须经司法或监管裁判的事项，也是需要金融机构举证证明的事项。美国金融行业自律监管组织与美国证券监管机关在长期的执法实践中，一直拒绝对“推荐”行为进行概念界定。FINRA 认为：推荐存在与否是基于个案的事实与具体情况作出的判断；而在脱离个案具体事实的情况下为推荐进行定义，毫无必要，而且将会引发许多复杂问题。但是为了便于金融机构了解其行为准则，FINRA 提出了几项指导性原则，用于判断某种沟通行为（communication）是否应被视为为适当性义务规则所制约的推荐行为。例如，一次沟通的内容、上下文语境以及陈述都是适当性调查（review）的重要方面；当判断金融机构是否做出推荐时，更多应基于对客观情况而非主观陈述的判断。FINRA 曾反复阐述：当特定的沟通行为能够被合理地认定为构成推荐时，则金融机构不能仅通过否认自己作出推荐就规避适当性义务。而在判断是否存在推荐的诸多考量因素中，首先，某次沟通的内容、语境以及陈述方式是否能够被合理地认为构成一项建议，建议投资者对某一证券或某一投资策略采取行动或者避免采取行动；其次，越针对特定投资者或者投资者群体对某一证券或投资策略进行沟通，该沟通就越容易被认为构成推荐；再次，当一系列行为发生时，尽管个别行为不能被视为构成推荐，但整体仍可能构成推荐；最后，在判断推荐是否存在时，沟通是由个人发起还是由计算机软件发起的，对结果没有区别。

由此，从域外经验观察，推荐是否存在是由监管者与裁判者结合金融机构与投资者之间沟通的内容、背景、方式方法，乃至所作出的陈述等客观因素，综合判断的。卖方机构试图否定推荐的存在，进而否定其曾经对投资者的交易意志进行干预，需要举证证明；司法裁判中可以借鉴前述域外经验作为策略参考。

（七）对适当性义务履行与否的司法审查应以形式审查为主，与结果审查相结合

对适当性义务履行与否的司法审查一直存在形式审查与结果（实质）审查两种路径。从域外司法经验观察，英美法院多采取实质审查思路。在扎基诉瑞士信托案［Zaki v. Credit Suisse（UK）Ltd.］判决中，审理法院确定了如下标准，若金融机构推荐的金融商品对投资者而言在实质上适当的，那么金融机构是否履行了必要的程序来获取投资者的信息或者对投资者进行分类则无关责任的成立。若金融机构推荐的金融商品对投资者而言不适当，则需要对金融机构是否

采取了必要的措施以及合理的注意来获取投资者的信息及对投资者进行分类。①

《九民纪要》通过第 75 条确立了一种近似于形式审查的思路,如要求审查卖方机构是否已经建立了金融产品(或者服务)的风险评估及相应管理制度、是否已经进行风险测试,以及是否告知投资者相关情况等。但在投资者提出实质审查主张并作进一步举证的情况下,也应当予以支持。

总体而言,适当性义务主要包括:了解产品、了解客户、适当性评估/风险匹配、与记录保存若干项要求。② 其中,适当性评估/风险匹配已由法律法规、监管规范等明确规定为卖方机构应当履行的程序性要求,也是人民法院审查的重点。通常而言,司法对卖方机构履行适当性义务的审查应以其是否建立完备的风险评估与管理制度为首要环节,此时卖方机构承担举证责任。其后,司法应审查卖方机构是否履行了"了解产品"即对金融商品的属性评估、"了解客户"即客户的重要资料掌握与投资者风险承受能力评估,以及基于前两者的风险匹配或适当性评估程序。若金融机构未履行前述程序性义务,则可径行认定其缺乏合理的根据认为所销售金融商品对投资者而言构成适当,系对适当性义务的违反。

在金融机构履行了前述程序性义务后,若投资者仍坚持认为卖方机构销售的金融商品不适当,此时应当允许投资者主张并在其进一步举证的前提下由人民法院进行实质审查。允许实质审查的合理性并意义在于:首先,当前金融产品销售业务中虽然表面上建立了产品分类、投资者分类、风险配对的规则体系,但操作中常流于形式。现实中,投资者适当性问卷和风险评估问卷的内容大同小异,对具体产品的针对性不足,设计问题数量不多,答案又多具有主观性。其次,在当前行业实践中,为了便于操作,金融机构通常通过分值量化的问卷调查方式来评估投资者的风险承受能力。投资经验、财务状况和投资目标都与风险有关,但风险承受能力却无法建立量级对应的逻辑关联,因此通过分值量化的科学性值得被怀疑,风险承受能力评估结果能否反应投资者的真实情况存在极大的不确定性。③ 最后,投资者签署的问卷及风险确认声明往往夹杂在大量需阅读签字

---

① Zaki v. Credit Suisse(UK)Ltd. ,[2013]EWCA Civ 14.

② 参见王锐:《论金融机构的适当性义务——基于行为要件的分析》,载《北方法学》2014 年第 4 期。

③ 参见曹兴权、凌文君:《金融机构适当性义务的司法适用》,载《湖北社会科学》2019 年第 8 期。

的文件之中，很难引起必要的重视。如果过分依赖这种空洞的适当性问卷和风险评估问卷本身，则很可能使适当性义务的保护形同具文。

需要指出的是，在形式审查并无问题后，若投资者欲申请司法启动结果审查，此处举证证明责任在于投资者，其需要证明如卖方销售者本身并不了解产品、不具相应资质，适当性评估报告前后矛盾，或相应文件系他人代填等。在特殊情况下，在明显失却合理性的交易中，如向年事已高的老人流动性低、封闭期长的金融产品，向依靠遗属补助生活的人推荐高风险产品等，审理法官也可运用经验法则径行做结果审查。此时，关于卖方机构是否履行适当性义务的判断应结合双方证据、文件或影音资料存档以及经验法则等综合衡量。

（八）损失范围与赔偿范围的确定

1. 损失范围与赔偿范围不同，前者基于事实而认定

在事实视角下，损害是依托于“差额假设”所认定的自然事实，即以假设致损事由未发生受害人本应处于的财产总额状态，减去受害人现实的财产总额状态，得出的差额即为损害。[①] 这一损害观念并不决定损害在规范层面是否具备“可赔偿性”。通过相当因果关系、保护目的、可预见性等机制作规范化检验后，才形成规范视角下的具备“可赔偿性”的损害。[②]

2. 损失范围的确定

对于事实损害或称实际损失的范围界定，《九民纪要》认为应包括本金和利息。其中，本金损失的确定方法视案涉产品交易情况有所不同。（1）案涉产品已经赎回后，应以赎回本金与初始本金之间的差额计算本金损失范围。（2）案涉产品虽未赎回，但已转换为风险等级匹配的金融产品，转换时投资者所持有新资产净值与初始本金之间差额即为本金损失范围。值得注意的是，在产品转换过程中，卖方机构仍负有合理推荐、适当销售之义务，若卖方机构怠于履行前述义务，导致投资者换购入的金融产品仍为不适当产品，则此时不能以第一次转换成交价格为准计算本金损失。（3）投资者虽然未赎回或转换产品，但涉案产品期限届满后清算所得，也可作为计算本金损失的依据。如黄某某与中大期货有限公司

---

① 参见李承亮：《损害赔偿与民事责任》，载《法学研究》2009 年第 3 期。

② 参见王泽鉴：《损害赔偿》，北京大学出版社 2017 年版，第 114 页。

永康营业部、中大期货有限公司财产损害赔偿纠纷案①中,由于案涉基金未能按约进行清算分配,导致原告黄某某仅收到案涉基金的分红款70,739.76元与清算款14,044.71元,则其投入本金与此两项款项之和的差额,即可作为损失范围。

关于利息损失的标准与计算。司法实践中,对于违反适当性义务的卖方机构需承担利息损失这一观点争议不大,具体而言:应以初始本金为基数,按照中国人民银行同期同类存款利率计算,自购入产品之日起至售出或转换产品之日止。此后以本金损失为基数,按照中国人民银行同期活期存款利率计算,自损失发生之日(售出或转换次日)至实际给付之日止。此间需注意,若交易存续期间跨越不同基准利率期间,则可考虑以分期标准计算利率损失。

3.赔偿范围的确定

无论采取缔约过失进路抑或侵权进路请求救济,损害赔偿的前提均在与行为人的过错或过失。如前所述,对过错的判断首先在于对卖方机构履行义务的形式审查,卖方机构未能举证证明自身不存在过错即可判断过错存在;此后则可视当投资者进一步主张与举证情况考虑是否进行结果审查。

在适当性义务诉讼中,存在认定双方过错进而适用过失相抵原则的空间。但需要注意的是,部分裁判中仅以投资者从事金融商品交易活动应承担谨慎注意义务的简单逻辑作为过失相抵原则适用的理论依据,这种过错判定失之过简,更何况个人经验与知识占有程度不同,审理法官不能轻率地将自身带入投资者所作判断的情境之中。故此,过失相抵原则适用需有适度限制。在具体个案中,应该通过分析投资者的知识、投资经验、受教育程度等来评估投资者对金融交易的认知能力。若投资者具有丰富交易经验、以金融交易为业等,则可认为其拥有良好的认知能力且应该尽到更多的注意义务,此时可适用过失相抵原则。反之,则应排除过失相抵的适用,毕竟不知不为过错。实践中,如曾某某与平安银行股份有限公司沈阳三好街支行委托理财合同纠纷②中,审理法院即认为:三好街支行在推介案涉基金产品时,未能根据案涉基金产品的风险履行适当的告知说明义务,未能确保曾某某在充分了解投资标的及其风险的基础上,自主决定,具有重大过错。相较而言,曾某某疏于依照自身状况进行合理投资的过失较为轻微。

---

① 参见(2019)浙0784民初2945号判决书。

② 参见(2018)辽0102民初9075号判决书。

因此，为强化专业金融机构履行保护金融消费者权益的责任，提升金融消费者信心，维护国家金融安全和稳定，审理法院判定该案不适用过失相抵原则。

总之，在损失范围与赔偿范围的确定中，损失范围计算以实际损失为原则，赔偿范围计算需基于两造过错程度综合判断，过失相抵原则适用应有限制。

四、结　语

适当性义务制度引入我国仅 10 年有余，却与我国法律体系完美契合，较好地发挥了规制金融市场不当销售行为、维系市场公平公正的功能。其中，司法对于适当性义务制度发展作出了重要的贡献，《九民纪要》通过推动适当性义务向金融产品销售一般规则转变，为中小投资者保护提供了有力工具，弥补了我国分业监管格局下同类行为不同规制的现实缺陷，建构了以司法推动金融治理规则统一的正向范例。司法适用中不但需要发挥适当性义务制度的投资者保护功能，还要兼顾该制度在厘清金融交易主体权利义务边界方面的作用，警惕制度适用中的异化，防范其成为金融风险传导背景下投资者转嫁风险的手段。

涉私募基金纠纷的法律问题研究

——对赌协议的法律适用路径①

北京市隆安律师事务所上海分所课题组

一、对赌协议纠纷司法观点的现状与发展

(一)私募基金对赌协议纠纷的司法观点综述

私募基金对外投资过程中发生的纠纷,类型比较集中的是因对赌协议引发的纠纷。根据《全国法院民商事审判工作会议纪要》(以下简称《九民纪要》)的定义,对赌协议,又称估值调整协议,是指投资方与被投资方在达成股权性融资协议时,为解决交易双方对目标公司未来发展的不确定性、信息不对称以及代理成本而设计的包含了股权回购、金钱补偿等对未来目标公司的估值进行调整的协议。②

在私募基金对外投资过程中,引发纠纷的对赌协议主要可以分为两类,即附条件的股权回购协议,以及业绩补偿协议,通常是投资人在对企业进行股权投资时(股权投资的路径主要包括投资人受让被投资企业其他股东转让的股权,以及投资人向被投资企业增加注册资本两种方法),约定了在投资后的一定期限内被

---

① 本课题由北京市隆安律师事务所上海分所高级合伙人任立民主持,课题组成员有李睿、王志峰、叶锦、邵兴。本课题节选自上海金融法院2020年度课题优秀奖“涉私募基金纠纷的法律问题研究”。

② “对赌协议”这一概念在我国主要在三种情况下使用:私募基金在对外投资时的对赌、上市公司重大资产重组中的业绩补偿以及中国企业并购海外标的时或有对价(earnout)的安排。《九民纪要》中讨论的对赌,主要针对的是私募基金在对外投资时和被投资企业的股东、实际控制人和被投资企业之间发生的法律关系。参见刘燕:《“对赌协议”的裁判路径及政策选择——基于PE/VC与公司对赌场景的分析》,载《法学研究》2020年第2期。

投资企业应当达到的业绩目标,如约定在特定的时间内上市或在约定期限内企业净利润应当达到的金额,如果前述业绩目标未按时完成,则被投资企业的原股东或实际控制人/被投资企业就承担股权回购或者现金/股权补偿的义务。

因对赌协议引发的涉私募基金纠纷属于较早被理论界、实务界关注的涉私募基金纠纷的类型,有大量相关的研究成果和文献。

1."海富案"司法观点的影响

(1)对赌协议纠纷第一案:"海富案"

被称为"中国对赌第一案"的甘肃世恒有色资源再利用有限公司、香港迪亚有限公司与苏州工业园区海富投资有限公司、陆某增资纠纷案(以下简称"海富案")①经最高人民法院(以下简称最高院)于2012年11月审结后,针对私募股权投资中的对赌协议问题,最高院在判决书中提出了以下司法观点:

①投资人和被投资企业之间的业绩补偿协议无效。投资人和被投资企业之间的业绩补偿约定,因脱离了被投资企业的经营业绩,损害了公司利益和公司债权人利益,违反了我国《公司法》第20条和《中外合资经营企业法》第8条的规定,因此无效。投资人和被投资企业的控股股东之间的业绩补偿有效。

②由于该案的二审法院认为,业绩补偿条款违反了投资领域风险共担的原则,使投资人不论被投资企业经营业绩如何,均能取得约定收益而不承担任何风险。因此,名为投资、实为借贷,最高院否定了二审法院的此观点。

前述司法观点被业内归纳为"投资人和公司对赌无效,投资人和公司股东、实际控制人对赌有效",对此后的对赌协议纠纷的司法活动带来了重要影响,此后各级人民法院对对赌协议的司法审查几乎都在"海富案"中最高院确立的分析框架上展开。此案件部分确立了对赌协议的效力,使私募基金在对外投资中面对与被投资企业和控股股东、实际控制人之间信息不对称的风险时有了一定的保障,客观上也对私募基金行业起到巨大的推动作用,此后私募基金行业的蓬勃发展,和此案中确立的司法观点不无关系。

(2)对"海富案"中司法观点的评述

"海富案"中体现的司法观点摆脱了1990年11月最高人民法院《关于审理联营合同纠纷案件若干问题的解答》(以下简称《联营合同司法解释》)中陈旧的

---

① 参见(2012)民提字第11号民事判决书。

“投资领域共担风险原则”“保底条款无效”“明为投资实为借贷属于违法”等概念的束缚。这些概念产生于计划经济年代,彼时公司法和合伙企业法尚未制定,司法环境和今天相比存在巨大的差异。最高院通过再审程序将“海富案”一审、二审判决中适用前述概念的错误做法进行纠正,没有机械地照搬套用司法解释来处理新型的涉私募基金案件,认定部分对赌协议有效,显然有积极意义。① 但同时,“海富案”中体现的司法观点也招致了不少批评:

①有的观点认为,最高院通过公司法等法律中的强制性规定而否定当事人之间的合同效力,过度干预了契约自由,逾越了公司法管制介入契约自治的规范边界,没有体现司法机关在此问题上应有的谦抑克制的态度。②

②有的观点认为,以“效力”作为认定对赌协议的唯一标准,实际上是将合同自由与法律规制作为纠纷裁判的核心。事实上,对赌协议的违约责任是一种履行承担。司法实践中认定“无效”的对赌协议案件,其实质并非“无效”而是履行不能。③

③有的观点认为,“海富案”中最高院对赌协议效力认定的司法观点,是计划经济管制思维逻辑的体现,受此影响,投融资方只能通过调整对赌条款以适应前述裁判规则,客观上会使投资中的交易结构单一化,对金融创新造成扼杀。④

④有的观点认为,“海富案”中认定对赌协议无效时错误地援引了强制性规定,不应当援引《公司法》第20条和《中外合资经营企业法》第8条,而应当适用资本维持原则。⑤ 在“海富案”之后的诸多类案中大部分法院也持此观点,当法院参照“海富案”认定投资人和被投资企业的对赌协议无效时,不再适用《公司法》第20条,而适用资本维持原则。

⑤此外,将投资人和被投资企业之间的对赌协议认定为无效,也存在逻辑上的问题。如果将投资人和被投资企业之间的对赌协议一概认定为无效,当投资

---

① 参见季境:《“对赌协议”的认识误区修正与法律适用》,载《人民司法》2014年第10期。

② 参见潘林:《“对赌协议第一案”的法律经济学分析》,载《法制与社会发展》2014年第4期。

③ 参见秦涛、张旭东:《对赌协议裁判的理想进路:合同法与公司法的嵌入与并存》,载《学习与实践》2018年第2期。

④ 参见赵忠奎:《对赌协议效力认定路径的偏失与矫正》,载李昌麒、岳彩申主编:《经济法论坛》(第17卷),法律出版社2016年版,第119~129页。

⑤ 参见朱涛、李博雅:《“对赌协议第一案”中被遗忘的资本维持原则》,载《法人》2013年第10期。

人投资成功、被投资企业承诺的业绩完成或上市时，原股东或被投资企业是否可以据此司法观点来主张协议无效？这种理解显然会严重影响私募基金行业的交易安全。[①]

从以上观点可以发现，总的来说，对“海富案”的批评主要集中在司法机关通过适用强制性规定，对合同效力的否认以及对合同自由的限制。此后，在司法实践中不断发展出来新的对赌协议裁判规则，也是对这一法律适用路径的优化和矫正。

（二）后“海富案”时代的变化与发展

在“海富案”之后，对赌协议纠纷陆续涌现，面对多样化的对赌协议类型，裁判规则呈现更多元化的趋势，包括最高院在内的各级法院也在不断地对对赌协议纠纷中的裁判规则进行优化和发展。其中，比较有代表性的案例包括“瀚霖案”“硅谷天堂案”“华工案”。

1.“瀚霖案”

在同样是最高院审理的强某某与曹某某、山东瀚霖生物技术有限公司股权转让纠纷案（以下简称“瀚霖案”）[②]中，最高院对对赌协议的认定提出了新的裁判规则。在该案中，投资人在向被投资企业进行股权投资时，照例和被投资企业的股东进行对赌，要求被投资企业在未按期完成上市承诺的情况下，由被投资企业的股东承担回购投资人持有的被投资企业股权的义务，同时各方约定，由被投资企业对前述被投资企业股东的回购义务承担保证责任。该案一审、二审法院均适用了“海富案”的裁判规则，认定投资人和被投资企业股东之间的回购约定有效，但被投资企业的保证担保因严重损害了被投资企业其他股东和债权人的合法利益，因而被认定为无效。在再审阶段，最高院认为，投资人的投资款完全供被投资企业经营发展使用，有利于被投资企业提升持续盈利能力，有利于被投资企业的自身经营发展需要，并未损害公司及公司中小股东权益，因此认定了被投资企业的股权回购担保的效力。

此案中的被投资企业，虽然不像“海富案”中的被投资企业一样被投资人要求直接承担对赌义务，而是以担保的形式被牵连进入对赌协议，但最终仍被认定

① 参见最高人民法院民事审判第二庭编著：《〈全国法院民商事审判工作会议纪要〉理解与适用》，人民法院出版社2019年版，第116页。

② 参见(2016)最高法民再128号民事判决书。

为对赌协议的相对方,事实上参加了对赌。

2.“硅谷天堂案”

在山东省高级人民法院(以下简称山东高院)审理的天津硅谷天堂合盈股权投资基金合伙企业与曹某某、山东瀚霖生物技术有限公司合伙协议纠纷案(以下简称“硅谷天堂案”)中,[①]山东高院的司法观点部分突破了“海富案”中“投资人和公司对赌无效”的原则。此案中的投资人以增加注册资本的形式向被投资企业进行股权投资,并和被投资企业股东以及被投资企业之间约定了股权回购条款,一旦被投资企业预期利润未达标且未上市成功,则由被投资企业股东以及被投资企业履行回购义务,支付回购价款。与“海富案”一样,山东高院认为,投资人和被投资企业股东之间的约定合法有效,应当履行。但协议中关于被投资企业回购股份的条款因违反《公司法》强制性规定无效。但在案件处理结果上,山东高院却认为,被投资企业应当向投资人赔偿损失。此案件形成了两方面的突破:(1)“投资人和公司对赌无效”的原则在本案中被适用后,法院又适用了原《合同法》第58条的规定(无效合同有过错的一方应当赔偿对方因此所受到的损失),据此判令被投资企业向投资人承担一定的赔偿金额。(2)被投资企业的赔偿金额,以投资人在股权投资款(增资款)中注册资本以外的部分(资本公积金)为限。[②] 这似乎是在试图绕开公司法中资本维持原则的要求。

此案中,被投资企业与投资人的对赌协议虽被认定为无效,但和之前相关案例处理结果不同的是,被投资企业仍被要求基于无效合同中有过错一方的损害赔偿责任承担赔偿,可以说对赌协议对其也产生了一定的拘束力。

3.“华工案”

在江苏省高级人民法院(以下简称江苏高院)审理的江苏华工创业投资有限公司与扬州锻压机床股份有限公司、潘某某等请求公司收购股份纠纷案(以下简称“华工案”)中,[③]江苏高院对投资人和被投资企业之间的股权回购条款进行了司法审查,并确认了此回购条款的效力。此案也被视为对最高院“海富案”中确

---

① 参见(2014)鲁商初字第25号民事判决书。

② 在本案中,投资人对被投资企业以增加资本的方式进行股权投资,且在对被投资企业进行估值时进行了溢价估值,即并不是按被投资企业的注册资本来认定被投资企业的价值。因此在投资后,4900万元增资款只有700万元记入被投资企业的注册资本,剩余4200万元均计入被投资企业的资本公积。

③ 参见(2019)苏民再62号民事判决书。

立的“投资人和被投资企业对赌无效”原则的进一步突破。与大部分对赌协议一样，此案中的投资人以增加注册资本的形式向被投资企业进行股权投资，并和被投资企业股东以及被投资企业之间约定了股权回购条款，该案的一审、二审法院适用了“海富案”中最高院确立的司法观点，将投资人和被投资企业之间的股权回购条款认定为无效，但在再审程序中，江苏高院认为：“我国《公司法》并不禁止有限责任公司回购本公司股份，有限责任公司回购本公司股份不当然违反我国《公司法》的强制性规定。有限责任公司在履行法定程序后回购本公司股份，亦不会损害公司股东及债权人利益，亦不会构成对公司资本维持原则的违反。”由此认定股权回购有效。此外，江苏高院还根据《公司法》中公司股权回购的相关规定，审查了对赌协议具备法律上的履行性，最终判令被投资企业承诺股权回购义务。

“瀚霖案”“硅谷天堂案”“华工案”中体现的司法观点，均可以说在寻求对“海富案”中确立的裁判规则的突破。原因当然是因为在司法实践中，各级法院用“海富案”中确立的合同无效的分析路径对多样化的对赌协议进行普遍适用时遇到了障碍，此时“海富案”中的司法观点已亟须调整，《九民纪要》对此问题给出了新的解决方案。

二、对赌协议纠纷司法观点的实证研究

（一）《九民纪要》中的相关裁判规则

“海富案”中的司法观点诞生于2012年，当时我国仍处于“类案较少，民法学界和商法学界对此研究不多，我国开放性程度不高”的大背景，因此，人民法院在裁判此案件时持非常慎重的态度。[①] 如前文所述，在面对层出不穷的新型对赌协议纠纷时，“海富案”中确立的司法观点已无法适应我国迅猛发展的私募基金行业。基于此，《九民纪要》第5条关于对赌协议的效力及履行对对赌协议的效力认定等问题作出了新的规定。

1. 区分合同无效和合同履行障碍

最高院在《九民纪要》中关于“对赌协议的司法观点”与“海富案”相比，最主

---

① 参见最高人民法院民事审判第二庭编著：《〈全国法院民商事审判工作会议纪要〉理解与适用》，人民法院出版社2019年版，第115页。

要的变化,就是将“海富案”中确立的“投资人和被投资企业之间的对赌协议无效”的认识纠正过来,原则上认定其有效。[①] 此外,对于投资人要求履行对赌协议的诉讼请求,还应当审查是否可以强制履行,来判断其诉讼请求是否可以得到支持。如果原告基于对赌协议提起的诉讼请求不符合“股东不得抽逃出资”及股份回购的强制性规定,则法院在对赌协议有效的情况下,仍可能驳回原告的诉讼请求。

为何在对赌协议有效的情况下,法院仍可以驳回原告依据协议提起的诉讼请求?合同履行障碍制度是主要的理论依据。在合同履行障碍制度中,又存在多种导致合同履行障碍的情形,包括履行不能、不可抗力、情势变更、履行迟延、不完全履行、债权人迟延等情形,[②]这种观点延续了“华工案”中体现的裁判规则,即资本维持原则发生作用的方式已从对赌协议效力后移至对赌协议的履行环节。[③] 在合同履行障碍制度中,认为对赌协议纠纷应当适用履行不能制度的观点影响又是最大的。[④] 合同履行不能制度,源于原《合同法》第110条第1款,以及《民法典》第580条。根据此制度的相关规定,当合同内容存在“法律上或者事实上不能履行”的情形时,合同一方要求相对方履行合同义务的请求得不到支持。由于此制度的适用范围是“非金钱债务”,但在对赌协议的股权回购或业绩补偿约定中,投资人要求被投资企业履行的通常是支付业绩补偿款或股权回购款,属于金钱债务,而金钱债务原则上不应当存在履行不能的问题。因此,以合同履行不能来解释投资人的回购请求,仍存学理上的疑点。对此问题如何处理和解释,也有不同的意见。有的观点认为,对赌协议因受资本维持原则的限制而无法履行,并不能适用履行不能制度,而应当解释为“履行迟延”。[⑤] 还有观点认为,资本维持的有关规定确实可以成为对抗强制履行的法定理由,但借道于履行不能却是徒增论证成本,应当将资本维持的有关规定视为法定抗辩,且为一时性

① 参见最高人民法院民事审判第二庭编著:《〈全国法院民商事审判工作会议纪要〉理解与适用》,人民法院出版社2019年版,第115页。

② 参见韩世远:《合同法总论》(第4版),法律出版社2018年版,第474~567页。

③ 参见游冕:《对赌裁判的发展与思索:资本维持、履行标准与法定抗辩》,载天同律师事务所网,http://www.tiantonglaw.com/Content/2020/07-12/1013234452.html。

④ 参见《〈全国法院民商事审判工作会议纪要〉研讨会在中国人民大学成功举行》,载中国民商法律网2019年8月29日,https://civillaw.com.cn/gg/t/?id=35929。

⑤ 参见潘林:《重新认识“合同”与“公司”:基于“对赌协议”类案的中美比较研究》,载《中外法学》2017年第1期。

的抗辩,一旦抗辩事由消失,目标公司仍应履行债务。[①] 也有的观点将资本维持原则对履行的限制,视为履行不能制度本身的例外,《九民纪要》第5条所隐含的公司之现金补偿、股权回购等金钱债务,因违反资本维持原则而陷入履行不能,应指法律上(自始)一时不能。[②]

2. 是否可以强制履行的审查标准

当司法机关适用"投资人和被投资企业的对赌协议无效"这一原则处理案件时,无效的结论避免了对赌协议所隐含的操作性的具体问题,当司法机关对投资人和被投资企业之间的对赌协议认定为有效后,审查对赌协议是否可以履行就需要处理与公司财务运作相关的复杂的技术细节。[③] 根据《九民纪要》的规定,在继续审查原告根据对赌协议提起的诉讼请求是否可以强制履行时,应当根据以下情形处理。

(1)当投资人要求被投资企业履行股权回购约定的,人民法院应当依据《公司法》第35条关于"股东不得抽逃出资"或者第142条关于股份回购的强制性规定进行审查。

(2)当投资人要求被投资企业目标公司承担金钱补偿义务的,人民法院应当依据《公司法》第35条关于"股东不得抽逃出资"和第166条关于利润分配的强制性规定进行审查。

综上,可能会影响对赌协议是否可以强制履行的审查标准,包括了"股东不得抽逃出资""股份回购的强制性规定""利润分配的强制性规定"三个方面,均属于"资本维持原则"的子规范体系。事实上,这三个方面的标准分属不同的位阶。"股东不得抽逃资本"是"资本维持原则"最本原的含义,世界上大部分国家的公司法均包含此原则,即使是在美国特拉华州公司法中,这一原则也没有被废除。[④] 而作为"资本维持原则"的例外情况,利润分配制度和股权回购制度则允

---

① 参见游冕:《对赌裁判的发展与思索:资本维持、履行标准与法定抗辩》,载天同律师事务所网,http://www.tiantonglaw.com/Content/2020/07-12/1013234452.html。

② 参见贺剑:《对赌协议何以履行不能?——一个公司法与民法的交叉研究》,载《法学家》2021年第1期。

③ 参见刘燕:《"对赌协议"的裁判路径及政策选择——基于PE/VC与公司对赌场景的分析》,载《法学研究》2020年第2期。

④ 参见刘燕:《重构"禁止抽逃出资"规则的公司法理基础》,载《中国法学》2015年第4期。

许在特定情况下公司资产向股东的流动。[①] 由此可见,最高院确立的对赌协议是否可以强制履行的唯一标准,可以说就是"资本维持原则",以及股权回购、利润分配这两种"资本维持原则"的例外情形。

(二)"股东不得抽逃出资"的限制

当投资人要求被投资企业履行对赌义务时,通常已经完成了股权投资,成为被投资企业的股东,此时身为股东的投资人要求被投资企业向其支付股权回购款或业绩补偿款,都涉及公司财产向特定股东流出,客观上会使被投资企业的资金减少,因此会受到资本维持原则的规制。

1. 什么情况下需要考虑"股东不得抽逃出资"?

首先需要明确的是,股东与公司之间发生的交易并不都需要考虑是否会违背资本维持原则。股东和公司之间所有的交易中,只有资本性交易才会受到资本维持原则规制。那些公司因日常经营活动和股东之间发生的交易,如普通的买卖合同等,原则上无须考虑资本维持原则,而是受到关联交易等制度的约束,以规避利益冲突和交易风险。只有股东基于股权的权能而与公司进行的交易,包括增减资、股权回购、利润分配、清算时的财产分配等资本性交易,才要考虑是否存在"股东不得抽逃出资"的限制。[②] 在经典的对赌协议的安排下,被投资企业向投资人以现金方式进行业绩补偿或股权回购,或者基于股东的利润分配权利,或者基于股权回购的安排,均与股权的权能有关,仍属于资本性交易的范畴,因此确实都要考虑"股东不得抽逃出资"带来的影响。

此外,如果对赌协议约定的是由被投资企业回购股权,此时是否也要同时考虑"股东不得抽逃出资"的限制?被投资企业如果实施了回购股权的行为,必然要向投资人支付股权转让款,构成公司资产向股东的逆向流动,应该也有抽逃出资的嫌疑。但最高院在第96号指导案例(宋某某诉西安市大华餐饮有限公司股东资格确认纠纷案)中认为,"《公司法》所规定的抽逃出资专指公司股东抽逃其对于公司出资的行为,公司不能构成抽逃出资的主体",并据此认为,该案中股东

---

① 公司清算后的财产分配也是公司资产向股东的逆向流动,但公司清算发生在公司结算营业的情形下,事实上已无须适用资本维持原则。

② 参见刘燕:《"对赌协议"的裁判路径及政策选择——基于PE/VC与公司对赌场景的分析》,载《法学研究》2020年第2期。

和公司之间关于股权回购的约定有效。在该案中提到的股权回购也没有实施减少注册资本的程序，但最高院也未据此否认股权回购的效力，最高院的这一指导案例使股权回购与抽逃资本之间的关系更为复杂。我们认为，被投资企业回购股权，如果未按公司法的相关规定履行必备的程序，或不满足相关条件，则仍然有“抽逃资本”的嫌疑。从《九民纪要》的相关规定中可以看到最高院也持此观点。①

需要特别讨论的还有“瀚霖案”这种特殊情况下的对赌协议是否也会受到“股东不得抽逃出资”的规制。“瀚霖案”中的对赌协议，约定的是投资人在完成股权投资后，与被投资企业的股东对赌，在特定条件下，由被投资企业的股东回购投资人股权的安排，同时再由被投资企业就其股东的回购义务承担担保责任。在此交易安排下，被投资企业股东在履行对赌协议的约定时，事实上是在受让投资人的股权，实施的是股权转让这一民事交易行为，在此情形下被投资企业为被投资企业股东的债务提供担保，并不是基于该股东持有股权的任何权能，并不应当视作为资本性交易，不应当受到“股东不得抽逃出资”的规制，只要此担保符合关联担保的相关规定，原则上就应当认定其有效且应当被执行。②

2. 股东和公司之间的交易什么情况下构成“抽逃”？

关于股东和公司之间的交易什么情况下构成“抽逃”的问题，理论界、实务界均存在较大争议。《最高人民法院关于适用〈中华人民共和国公司法〉若干问题的规定(三)》第12条对何为“抽逃出资”进行了列举加兜底式的界定，但此规定不但没有为司法实践中如何识别抽逃出资提供标准，反而增加了公司法的理论困惑。③ 核心问题就在于怎么理解“出资”。最高院曾认为，“抽逃资本”侵犯的客体是公司的合法权益和我国的公司资本制度。但在解释公司资本时，将其和

---

① 《九民纪要》第5条规定，投资方请求目标公司回购股权的，人民法院应当依据《公司法》第35条关于股东不得抽逃出资或者第142条关于股份回购的强制性规定进行审查。经审查，目标公司未完成减资程序的，人民法院应当驳回其诉讼请求。此外，在最高人民法院民事审判第二庭编著的《〈全国法院民商事审判工作会议纪要〉理解与适用》一书中也认为，“公司回购股权花费自有资金，结果可能本息偿还股东出资，违反‘股东不得抽逃出资’原则”。

② 有的观点认为，此时被投资企业为股东的对赌提供担保，应当受到关联交易制度的规制。参见游冕：《对赌裁判的发展与思索：资本维持、履行标准与法定抗辩》，载天同律师事务所网，http://www.tiantonglaw.com/Content/2020/07-12/1013234452.html。

③ 参见樊云慧：《从“抽逃出资”到“侵占公司财产”：一个概念的厘清——以公司注册资本登记制度改革为切入点》，载《法商研究》2014年第1期。

公司资产区分开来,认为公司资产包括公司资本、公司对外负债、公司的资产收益和经营收益。公司资本仅是公司资产中的股东出资部分,是一个确定不变的财产数额。[①] 前述观点存在的理论问题在于,从法人财产权的角度来看,股东向公司完成出资后,公司就取得相关资本的所有权,股东相应地失去了出资的权利。此后,股东再不可能抽逃“出资”,抽逃的只能是公司资产。因此,有的观点认为,所谓的“抽逃出资”的概念应当以“侵占公司财产”的概念来概括。也有的观点认为,“抽逃出资”所需要达成的资本维持的目标,指的是维持公司的净资产(公司的总资产减去公司负债),而不是注册资本、实缴资本或公司总资产。[②]

就此问题,最高院在《九民纪要》中认为,当投资人要求被投资企业履行对赌协议的约定向其进行金钱补偿义务时,需要判断公司是否有利润,言下之意是投资人的诉讼请求在公司存在利润的情形下,可以视为不构成抽逃资本。[③] 这个观点已经和前述将“抽逃出资”理解为侵占公司财产的观点类似。此时考察公司是否有利润,事实上是在审查是否可以适用资本维持原则的例外情况之一——利润分配,而并不是认为利润不属于公司财产,可以不受资本维持原则的规制。[④]

另外一个相关问题是,资本公积金是否在资本维持原则的范畴内?在“硅谷天堂案”中,山东高院就支持了投资人要求被投资企业基于对赌协议赔偿损失的请求,并将被投资企业需要承担的赔偿义务限制在投资人投资时注册资本以外的资本公积金部分,从判决书的说理部分分析,似乎认为被投资企业以资本公积金部分承担对赌义务并不会损害债权人利益,不会违反资本维持原则这一强制性规定。这一司法观点有其比较法上的渊源。在美国的思特沃克案(ThoughtWorks)[⑤]中,案件的争议焦点之一即投资人根据赎回权条款要求被投资企业以

---

① 参见最高人民法院民事审判第二庭编著:《最高人民法院关于公司法解释(三)、清算纪要理解与适用》(注释版),人民法院出版社2011年版,第201页。

② 参见雷兴虎、薛波:《公司资本制度变革视野中的资本维持原则》,载《政法学刊》2015年第4期。

③ 当然此时要继续考虑是否适用利润分配的强制性规定。

④ 参见潘林:《重新认识“合同”与“公司”——基于“对赌协议”类案的中美比较研究》,载《中外法学》2017年第1期。

⑤ 2010年美国特拉华州法院就SV投资有限公司诉思特沃克公司案(SV Investment Partners, LLC v. Thought Works, Inc.)作出判决,此案被学界称为思特沃克案,是美国私募基金投资合同的赎回权条款首次遭遇司法检验,也是美国自20世纪40年代后再次审视法定资本制与优先股之间的关系。参见刘燕:《公司财务的法律规制——路径探寻》,北京大学出版社2021年版,第425页。

"合法可用之资金"赎回其全部优先股,投资人在此案中所主张的被投资企业应当用于赎回优先股权的"合法可用之资金"即等同于特拉华州公司法下的"溢余"(surplus),特拉华州公司法规定的"溢余",大致包括我国公司法中所有者权益下"资本公积""盈余公积""未分配利润"三部分。而特拉华州法院衡量公司的资本维持原则是否被违反,正是公司动用的资金是否超过"溢余"这一标准。[①]也就是说,如果公司财产在"溢余"的范围内向股东逆向流动,则不会被认为削弱公司资本。"硅谷天堂案"中体现的司法观点,似乎是受到了思特沃克案件的影响。但是,就域外的相关立法来看,大部分国家都规定资本公积金不得用于分配或返还,也就是"资本公积不得派发股利"的原则。[②] 但也有少部分地方有相反规定,如前文所述的特拉华州的公司法就仅要求公司维持股本,而不包括资本公积金。[③] 反观我国,根据《公司法》的规定,公积金可用于弥补亏损、扩大公司生产经营或者转增资本等用途,但资本公积金不得用于弥补亏损。从此规定来看,法律也并没有限制以资本公积金用于分配利润。现阶段,包括最高院在内的大部分观点都认为,在投资人向被投资企业溢价增资后,溢价部分形成的资本公积金仍属于资本,属于公司财产,也应当被纳入资本维持的范围内。

(三)资本维持原则的例外之一:股权回购[④]

当对赌协议约定,在条件满足时被投资企业应当回购投资人的股权/股份时,公司法中公司股权/股份回购的制度就会被触发。根据我国《公司法》的规定,有限公司和股份公司分设了不同的公司回购股权/股份的制度。我国《公司法》第 74 条规定了有限公司的异议股东回购请求制度。股份公司的股东回购,则是源于《公司法》第 142 条的"原则禁止、例外允许"的相关规定。

1. 股权回购的条件

对于有限公司的股东来说,除了《公司法》第 74 条规定的异议股东回购请求

---

① 参见刘燕:《对赌协议与公司法资本管制:美国实践及其启示》,载《环球法律评论》2016 年第 3 期。

② 参见刘燕:《新〈公司法〉的资本公积补亏禁令评析》,载《中国法学》2006 年第 6 期。

③ 参见刘燕:《"对赌协议"的裁判路径及政策选择——基于 PE/VC 与公司对赌场景的分析》,载《法学研究》2020 年第 2 期。

④ 为行文方便,除下文另有说明外,本部分的"股权回购"包括了有限责任公司的"股权回购"和股份有限公司的"股份回购"。

制度外,股东是否还可以以其他理由要求公司回购其股份?《公司法》并没有明确规定。在司法实践中,一般认为,有限责任公司的股东可以以《公司法》第74条以外的其他理由要求公司回购股权。如最高人民法院在《关于适用〈中华人民共和国公司法〉若干问题的规定(二)》第5条中就规定,在公司解散纠纷中,如果经当事人协商同意,可以以公司收购股东股份的方式使公司存续。最高院在第96号指导案例中认为,虽然该案不适用于《公司法》第74条的规定,但公司有权基于章程和股东的约定回购股东股权,这也说明有限责任公司在《公司法》第74条以外,通过与股东的约定来实施回购股东股权的安排存在法律上的空间。①

对于股份有限公司的股东来说,公司回购股东的股份原则上是被禁止的,除非满足《公司法》第142条所列举的几种情形。而在《公司法》第142条列举的情形中,能够适用于对赌协议中被投资企业回购股东股份的,也只有"减少公司注册资本"这一选项了。

根据《公司注册资本登记管理规定》第12条的规定,当股东根据《公司法》第74条行使异议股东回购请求权时,应当依法申请减少注册资本的变更登记。而如前文所述,股份公司回购股东股份,也只能援引《公司法》第142条中的"减少注册资本"这一事由。因此,有限责任公司和股份有限公司回购股东的股权/股份,均应当通过减少注册资本的方式进行。

2. 股权回购的程序要求

根据《九民纪要》的要求,公司在回购股权时,应当先完成减少注册资本的程序。因此,我们还需要讨论回购股权和减少注册资本之间的关系问题。从最高院在《九民纪要》中体现的司法观点来看,最高院将股份回购与公司减资相互关联,以减资完成作为回购股权的前提,有的观点认为,最高院此做法混淆了股份回购与公司减资的逻辑关系。减资可能只是股份回购的一种效果,公司购回股份后,并不一定需要实施减少注册资本的行为,也可能为了股权激励等目的将购回的股份对外转让,而"股份回购与公司减资的逻辑关系在于可以通过回购实现减资的公司资本结构调整,且两者并无必然联系"。②

---

① 参见牛欣欣:《有限责任公司非法定事由股份回购条款效力研究》,吉林大学2020年硕士学位论文,第15页。

② 潘林:《股份回购中资本规制的展开——基于董事会中心主义的考察》,载《法商研究》2020年第4期。

笔者认为,当法院在判断公司股权回购是否满足法定条件时,审查公司是否完成了减少注册资本这一前提条件,主要目的是希望公司在回购股权之前,通过我国《公司法》减资程序的相关严格要求,包括通知债权人与公告债权人、债权人有权要求提前偿债或提供担保等程序规定来实现对公司债权的保护,而并不能理解为只要股权回购,就一定要减少注册资本。

在"华工案"中,法院支持了投资人根据对赌协议的约定,要求被投资企业回购股权的要求。法院审查了回购股权的约定是否"具备履行可行性",但审查的方法仅是进行了法律分析,认为被投资后如果要减少注册资本,在法律上并不存在障碍,由此支持了原告(投资人)要求被投资企业回购其股权的诉讼请求。山东高院的此司法观点引起了较大争议。大部分观点都认为,对回购股权是否具备履行的可行性的审查,应当从法律上和事实上两个层面同时审查。在法律上,固然要审查是否存在履行股权回购的障碍,如根据我国《公司法》、公司章程的规定和对赌协议的约定,是否符合了股权回购的条件。此外在事实上,由于减少注册资本有诸多法定程序(如股东会通过决议、通知债权人和公告等),也应当考虑回购股权在事实上是否可以履行。鉴于此,最高院也认为,在被投资企业对赌失败时,必须先完成减资程序,才能考虑支持股权回购的诉讼请求。① 进一步的问题是,"完成减资程序"具体是指哪些程序?有的观点认为,只要公司股东会作出了减少注册资本的决议,即可视为完成了减资程序;也有的观点认为,需要公司减少注册资本的变更登记完成。② 最高院在《九民纪要》中的观点,似乎是认为只有完成了前述《公司法》第177条中的各项程序,才能视为"完成减资程序",包括:(1)编制资产负债表及财产清单;(2)公司自作出减少注册资本决议之日起10日内通知债权人,并于30日内在报纸上公告;(3)债权人自接到通知书之日起30日内,未接到通知书的自公告之日起45日内,有权要求公司清偿债务或者提供相应的担保。③ 在前述程序中,第(1)项和第(2)项属于公司需要完成的程序,而第(3)项属于公司债权人的救济措施,并不属于减资程序。另外,如果公司在

---

① 参见最高人民法院民事审判第二庭编著:《〈全国法院民商事审判工作会议纪要〉理解与适用》,人民法院出版社2019年版,第117~118页。

② 参见史程雅:《〈九民纪要〉背景下"对赌协议"履行机制的探讨——资本维持原则下合同自由与公司规制的新平衡》,吉林大学2020年硕士学位论文,第21页。

③ 参见最高人民法院民事审判第二庭编著:《〈全国法院民商事审判工作会议纪要〉理解与适用》,人民法院出版社2019年版,第117页。

实施了前述程序后,债权人对减资有异议时,是否有权否认减资的效力,或阻碍减资程序的完成?从《最高人民法院公报》2017 年第 11 期刊载的上海德力西集团有限公司诉江苏博恩世通高科有限公司、冯某、上海博恩世通光电股份有限公司买卖合同纠纷案,以及《最高人民法院公报》2018 年第 12 期刊载的江苏万丰光伏有限公司诉上海广力投资管理有限公司、丁某某等买卖合同纠纷案中,均可以发现债权人对于程序存在瑕疵的减资,救济措施是通过向减资股东索赔实现,而不是否认减资的效力。[①] 因此,我们认为,完成减资程序的标准应当是:(1)公司股东会作出减少注册资本决议;(2)编制资产负债表及财产清单;(3)公司自作出减少注册资本决议之日起 10 日内通知债权人,并于 30 日内在报纸上公告。

股权回购程序要求中的另一个问题是,法律对股权回购价格的规制。在对赌协议的安排中,投资人与被投资企业之间的对赌安排,通常是在被投资企业对赌失败时,应当以投资人当初投入的全部资金加上每年一定的固定回报之和作为回购价格,但股权回购的价格是否可以完全由对赌协议约定,还是也要遵守法律的强制性规定?对此法律并无明确规定。我国《公司法》第 74 条中规定了有限责任公司股东行使异议股东回购请求权时,应当主张"合理的价格"。在司法实践中,法院对于股权回购的价格也有不同的态度,有的法院完全根据当事人之间的约定而定,有的法院则会对股权回购价格进行审查,总的来说,大部分观点是以公司的净资产作为回购价格的计算依据,即以投资人持有的股权比例乘以公司的净资产作为回购价格。[②] 当约定的股权回购价格超过此价格时,法院则应当进行调整。我们认为,此做法主要考虑的因素仍然是公司支付的回购价格不得减损公司偿债能力,不得损害债权人利益的资本维持原则在发生作用。

(四)资本维持原则的例外之二:利润分配

根据《九民纪要》的规定,当投资人根据对赌协议的约定,要求被投资企业行使金钱业绩补偿义务时,还应当考察是否符合利润分配的强制性规定。此逻辑在于,如果被投资企业要根据对赌协议的约定向投资人支付金钱补偿时,只能从被投资

① 参见谢秋荣:《九民会纪要后对赌协议的效力和履行》,载微信公众号"高杉 LEGAL"2020 年 2 月 19 日,http://mp.weixin.qq.com/s/0MTFGsHWy-n5a6fmjJWa_Q。

② 参见潘林:《股份回购中资本规制的展开——基于董事会中心主义的考察》,载《法商研究》2020 年第 4 期。

企业的可分配利润中支付。最高院的此司法观点,是将资本维持原则的另一例外情形——利润分配制度所产生的公司利润作为金钱业绩补偿义务的资金来源。

最高院在《九民纪要》中体现的此司法观点,在之前的某对赌仲裁案件中已有适用。在该案中,因被投资企业未达到对赌协议约定的业绩水平,仲裁庭裁决公司向 PE 投资者支付按对赌条款计算的补偿款。此案和"海富案"发生于同一时期,被视为推翻了"海富案"确立的对赌协议的裁判规则。但此案的事实和"海富案"存在明显差异,当投资人要求被投资企业履行金钱业绩补偿义务时,被投资企业当年实现利润 1.5 亿元,大于对赌协议规定应支付给投资人的补偿款 0.99 亿元,因此,此案仲裁庭的裁判结果以及《九民纪要》的相关规定,本质上可以视为对投资人的定向利润分配。①

我国的利润分配制度也存在多项强制性规定,具体包括了《公司法》第 166 条规定中实质条件(公司在分配利润前应当缴纳税款、弥补亏损和提取公积金),以及《公司法》第 37 条(股东会有权审议利润分配方案)和第 46 条(董事会有权制订利润分配方案)的程序规定。因此,股东分配利润,应当具备两方面的条件,一方面是公司满足存在可分配利润的财务状况,另一方面是股东会作出了分配利润的决议。② 只有满足了这两方面的条件,被投资企业才有可能根据对赌协议的约定向投资人实施定向的利润分配。

当法院审查被投资企业股东会是否作出了分配利润的决议时,是否一定需要形式完备的股东会决议?笔者认为,此时就是否存在分配利润的决议,应当进行实质审查,而不应当对股东会决议的形式太过苛求。根据《公司法》第 37 条第 2 款的规定,"对前款所列事项股东以书面形式一致表示同意的,可以不召开股东会会议,直接作出决定,并由全体股东在决定文件上签名、盖章"。因此,只要全体股东对公司利润分配以书面的形式达成过一致意见,亦可认为存在利润分配的决议,股东可以依据该决议要求公司分配利润。③ 具体来说,如果在对赌协议签订过程中被投资企业的全体股东均知晓并签署了对赌协议,则对赌协议中约

---

① 参见刘燕:《对赌协议与公司法资本管制:美国实践及其启示》,载《环球法律评论》2016 年第 3 期。

② 参见最高人民法院民事审判第二庭编著:《最高人民法院公司法司法解释(四)理解与适用》,人民法院出版社 2017 年版,第 291 页。

③ 同上书,第 307 页。

定的在特定情形下由被投资企业向投资人进行业绩补偿这一事项,就应当视为全体股东早在对赌协议签署时已形成书面决议。此外,如果投资人在满足对赌条件后要求被投资企业支付现金补偿,被投资企业的股东会届时是否可以形成新的股东会决议,不同意进行利润分配?我们认为,只要届时投资人能够举证证明被投资企业存在利润,除非被投资企业能够证明经营情况发生了重大变化,否则被投资企业的股东不得再作出新的决议,拒绝利润分配。①

一般来说,公司是否分配利润,属于公司的商业判断和自治范畴,司法一般不予干预。因此,公司即使存在利润可供分配,但若公司股东会未就分配事项作出决议,则股东要求分配利润的诉讼请求也不会得到支持。《最高人民法院关于适用〈中华人民共和国公司法〉若干问题的规定(四)》第15条的但书规定了例外情况,即如果大股东违反法律规定滥用股东权利导致公司不分配利润,给其他股东造成损失的,此时即使股东会未作出分配利润的决议,股东要求分配利润的诉讼请求也可能得到支持。② 根据最高院的意见,以下情形可以视为"大股东违反法律规定滥用股东权利导致公司不分配利润,给其他股东造成损失":(1)给在公司任职的股东或者其指派的人发放与公司规模、营业业绩、同行业薪酬水平明显不符的过高薪酬,变相给该股东分配利润;(2)购买与经营不相关的服务或者财产供股东消费或者使用,变相分配利润;(3)为了不分配利润隐瞒或者转移公司利润;(4)滥用股东权利不分配利润的其他行为。

三、私募基金股权回购纠纷的裁判指引③

(一)股权回购纠纷类型

私募基金对赌协议纠纷中的股权回购纠纷,通常有如下几种类型:

---

① 就公司是否有权重新作出决议否定原利润分配方案的问题,最高人民法院认为,公司的确可以自由决定利润的分配和使用政策,但在公司作出利润分配决议而拒绝履行该决议且进入司法程序后,若允许公司在经营本身未发生重大变化的情况下重新作出不同的决议,并要求法院据此判决驳回原告股东的诉讼请求,将增加讼累,也损害司法程序的尊严。参见最高人民法院民事审判第二庭编著:《最高人民法院公司法司法解释(四)理解与适用》,人民法院出版社2017年版,第322页。

② 《最高人民法院关于适用〈中华人民共和国公司法〉若干问题的规定(四)》第15条规定:股东未提交载明具体分配方案的股东会或者股东大会决议,请求公司分配利润的,人民法院应当驳回其诉讼请求,但违反法律规定滥用股东权利导致公司不分配利润,给其他股东造成损失的除外。

③ 根据课题招标公告中的要求,本文第三、第四部分为课题组就类案起草的裁判指引建议。

1. 投资人向被投资企业进行股权投资,约定在条件满足时,由被投资企业的股东、实际控制人以约定的价格回购投资人的股权。当约定的条件被触发,投资人提起诉讼,要求被投资企业的股东、实际控制人履行回购义务。

2. 投资人向被投资企业进行股权投资,约定在条件满足时,由被投资企业的股东、实际控制人以约定的价格回购投资人的股权,同时,由被投资企业就被投资企业的股东、实际控制人的回购义务承担担保义务。当约定的条件被触发,投资人提起诉讼,要求被投资企业的股东、实际控制人履行回购义务,要求被投资企业履行担保义务。

3. 投资人向被投资企业进行股权投资,约定在条件满足时,由被投资企业以约定的价格回购投资人的股权。当约定的条件被触发,投资人提起诉讼,要求被投资企业履行回购义务。

4. 投资人向被投资企业进行股权投资,约定在条件满足时,由被投资企业的控股股东、实际控制人和被投资企业以约定的价格回购投资人的股权。当约定的条件被触发,投资人提起诉讼,要求被投资企业的控股股东、实际控制人和被投资企业履行回购义务。

(二)审理思路和裁判要点

1. 当投资人向被投资企业的股东、实际控制人约定,在满足一定条件下,由股东、实际控制人回购投资人持有的被投资企业股权,如无其他无效事由,一般应当认定约定有效。对投资人针对股东、实际控制人提起的要求回购其股权的诉讼请求,应予支持。

2. 当投资人向被投资企业约定,在满足一定条件下,由被投资企业回购投资人持有的被投资企业股权,如无其他无效事由,一般应当认定约定有效。但针对投资人要求被投资企业回购其股权的诉讼请求,应当继续审查被投资企业是否已完成了减少注册资本程序,并应当对被投资企业的减少注册资本程序的合法性进行实质审查。审查标准主要是被投资企业是否根据我国《公司法》的规定履行了减少注册资本的相关程序,包括:(1)公司作出减少注册资本决议;(2)编制资产负债表及财产清单;(3)公司自作出减少注册资本决议之日起10日内通知债权人,并于30日内在报纸上公告。若公司未完成减少注册资本程序,则应当以合同履行不能为由驳回投资人针对被投资企业的诉讼请求。

3. 股权回购纠纷中金钱债务的性质。在以股权回购实施的对赌协议中,投资人约定的通常都是通过股权回购条款,从被投资企业的股东、实际控制人或被投资企业处得到金钱偿付,但投资人所主张的各类金钱债务的性质有所不同。

(1)当投资人和被投资企业对赌,约定在特定条件下由被投资企业回购投资人股权时,被投资企业向投资人支付的款项是股权回购款,且此时的股权回购款不能完全由投资人和被投资企业的协议约定,还要受到法律规制,不应当超过投资人的股权比例乘以被投资企业净资产的价格。

(2)当投资人和被投资企业的股东、实际控制人对赌,约定在特定条件下由被投资企业股东、实际控制人回购投资人股权,此时被投资企业股东、实际控制人向投资人支付的款项性质是股权转让款,原则上应当根据对赌协议中约定的价格为准,法院不应当随意调整。

4. 股权回购方不是公司股东的情形。一般来说,当投资人和被投资企业的股东对赌时,如果被投资企业是一家有限责任公司,根据我国《公司法》第71条规定,由于投资人在股权投资后已经成为被投资企业的股东,因此被投资企业的股东和投资人自由地转让股权,无须征得其他股东的同意。但有的对赌协议,约定由被投资企业的实际控制人承担回购义务,此时该实际控制人往往并不是被投资企业的股东。法院在审查投资人的诉讼请求是否可以履行时,还应当审查投资人是否已根据《公司法》第71条及公司章程的规定,履行了相关程序。若因其他股东要求行使优先购买权或因不同意对外转让而购买拟转让股权,其购买权成立的,转让股东与第三人签订的股权转让合同应视为履行不能,法院应当驳回投资人的诉讼请求。①

四、私募基金业绩补偿纠纷的裁判指引

(一)业绩补偿纠纷类型

私募基金对赌协议纠纷中的业绩补偿纠纷,通常有如下几种类型:

① 根据上海市高级人民法院《关于审理涉及有限责任公司股东优先购买权案件若干问题的意见》第11条规定:其他股东要求行使优先购买权或因不同意对外转让而购买拟转让股权,其购买权成立的,转让股东与第三人签订的股权转让合同应视为履行不能,转让股东或第三人可以依据股权转让合同行使除继续履行合同以外的其他权利。

1. 投资人向被投资企业进行股权投资，约定被投资企业在承诺的业绩未实现时，由被投资企业的股东、实际控制人向投资人以现金或股权的方式支付业绩补偿。当约定的条件被触发，投资人提起诉讼，要求被投资企业的股东、实际控制人支付现金，或由被投资企业的股东、实际控制人向投资人转让一定数量的股权，以履行业绩补偿义务。

2. 投资人向被投资企业进行股权投资，约定被投资企业在承诺的业绩未实现时，由被投资企业向投资人以现金的方式支付业绩补偿。当约定的条件被触发，投资人提起诉讼，要求被投资企业的股东、实际控制人支付现金，履行业绩补偿义务。

3. 投资人向被投资企业进行股权投资，约定被投资企业在承诺的业绩未实现时，由被投资企业向投资人以定向增资的方式支付业绩补偿。当约定的条件被触发，投资人提起诉讼，要求被投资企业增资，履行业绩补偿义务。

（二）审理思路和裁判要点

1. 投资人向被投资企业进行股权投资，约定被投资企业在承诺的业绩未实现时，由被投资企业的股东、实际控制人向投资人支付现金补偿，或转让一定数量的被投资企业的股权，如无其他无效事由，一般应当认定前述约定有效。

2. 当投资人向被投资企业进行股权投资，约定被投资企业在承诺的业绩未实现时，由被投资企业向投资人以现金的方式支付现金补偿。如无其他无效事由，一般应当认定约定有效。但针对投资人要求被投资企业支付现金补偿的诉讼请求，应当审查被投资企业是否有可分配利润，以及被投资企业是否作出了分配利润的决议。若前述条件不同时具备，则原则上应当以合同履行不能为由驳回投资人的诉讼请求。

（1）法院在审查被投资企业是否存在可分配利润时，应当首先将举证责任分配给投资人（原告），目标公司如对此反驳，也应当承担相应的举证责任。

（2）如果投资人向被投资企业提起诉讼，要求被投资企业支付现金补偿，若在投资人起诉之前，被投资企业的全体股东，均以书面的方式确认过对赌协议中的业绩补偿内容的，则应当视为被投资企业股东会曾作出过书面决议，同意以定向利润分配的方式向投资人支付业绩补偿款。在投资人起诉后，被投资企业的经营情况没有重大变化，且被投资企业股东会重新作出新的股东会决议，拒绝分配利润的,法院不应当以此为由驳回投资人的诉讼请求。

(3)若原告无法举证证明被投资企业股东会曾作出过任何形式的利润分配决议,法院应当驳回原告要求被投资企业支付业绩补偿款的诉讼请求。但若被投资企业其他股东存在违反法律规定滥用股东权利导致公司不分配利润,给其他股东造成损失的情形除外。当被投资企业出现以下情形时,可以视为“存在违反法律规定滥用股东权利导致公司不分配利润,给其他股东造成损失的情形”:①给在公司任职的股东或者其指派的人发放与公司规模、营业业绩、同行业薪酬水平明显不符的过高薪酬,变相给该股东分配利润;②购买与经营不相关的服务或者财产供股东消费或者使用,变相分配利润;③为了不分配利润隐瞒或者转移公司利润;④滥用股东权利不分配利润的其他行为。

3. 当投资人向被投资企业进行股权投资,约定被投资企业在承诺的业绩未实现时,由被投资企业向投资人以定向增加注册资本的方式支付股权补偿。如无其他无效事由,一般应当认定约定有效。但针对投资人要求被投资企业支付股权补偿、增加注册资本的诉讼请求,原则上应当以合同履行不能为由驳回投资人的诉讼请求。①

4. 业绩补偿纠纷中各类债务的性质。

(1)当投资人和被投资企业的股东、实际控制人对赌,约定在特定条件下由被投资企业的股东、实际控制人向投资人以现金的方式支付金钱补偿,此时被投资企业股东、实际控制人向投资人支付的款项性质为合同义务,而不应当认定为违约金,②原则上应当根据对赌协议中约定的价格为准,法院不应当随意调整。

(2)当投资人和被投资企业的股东、实际控制人对赌,约定在特定条件下由被投资企业向投资人以现金的方式支付金钱补偿,此时被投资企业股东、实际控制人向投资人支付的款项性质为针对投资人(原告)的定向利润分配,除了要审

---

① 参见最高人民法院民事审判第二庭编著:《〈全国法院民商事审判工作会议纪要〉理解与适用》,人民法院出版社2019年版,第120页。

② 被投资企业股东、实际控制人依据对赌协议的约定向投资人支付的业绩补偿款的性质在司法实践中存在一定争议。有的法院认为此支付义务性质应为合同义务,而不属于违约条款,法院不应按照违约条款对业绩补偿进行调整[参见(2014)鄂武汉中民商初字第00304号民事判决书和(2019)京0105民初7071号民事判决书];也有的法院认为被投资企业的股东、实际控制人应当支付的业绩补偿金性质是违约金,应当依法进行调整。

查对赌协议中约定的价格条款外,还应当审查在案件审理过程中被投资企业客观上可用于利润分配的金额,法院应当在可用于利润分配的金额范围内支持投资人(原告)的诉讼请求。投资人(原告)未受偿的部分,还可以依据该事实另行提起诉讼。

涉金融合同保底条款的判定与效力①

上海金融法院课题组

引　言

最高人民法院于1990年11月12日颁布的《关于审理联营合同纠纷案件若干问题的解答》(以下简称《解答》)中,首次明确了联营合同中的保底条款无效。长期以来,司法实践和行政监管从维护金融秩序角度出发,对金融商事合同中的保底条款均给予否定性评价。1999年原《合同法》颁布施行后,关于合同效力的判断须严格依照法律、行政法规的规定。由于我国的金融立法总体相对原则化,最高人民法院曾尝试于2001年立项的有关委托理财案件法律适用的司法解释中对相关问题予以明确,但因理论、实务界对此均存在较大分歧而未能达成统一意见。司法实践中,法院主要还是比照行政规范文件作出裁判。此后一段时间,从鼓励金融创新发展的角度出发,监管层面对实践中各类保底行为较为宽容和克制;从意思自治的角度出发,司法裁判对各类合同中的保底条款也逐渐放松。2017年以来,为进一步防控金融风险,促进金融回归服务实体经济本源,金融监管力度持续加大,针对金融资产管理行业乱象,监管部门出台《关于规范金融机构资产管理业务的指导意见》(以下简称《资管新规》),严格禁止金融机构刚兑。在此背景下,司法裁判如何与金融行政监管形成有效衔接,对金融资管业务形成治理合力,是目前涉保底条款金融合同纠纷案件必须面对和解决的问题。

---

① 本课题由上海市高级人民法院金融审判庭副庭长沙洵主持,课题组成员有张文婷、阮申正。本课题节选自上海法院2020年度报批调研课题优秀奖"涉金融合同保底条款的判定与效力"。

一、保底条款的界定及分类

保底条款是投资协议中的一种特别约定，其以投资人的出资为前提，当合同履行届满或约定的情形出现，投资人可以根据条款约定取得最低回报。所谓“底”即最低回报，其本质上是一种对投资风险的限制，投资人在这个范围内是不承担风险的，故称“保底”。

以投资人享有的权利为标准，保底条款可分为“固定收益”和“保底分成”两类。在前一情形下，无论实际投资收益是否达到预期收益，投资者均只能主张约定的收益；在后一情形下，若实际投资收益超过预期收益，投资者除享有预期回报外，还可根据约定分享超额收益。实践中，根据投资者的风险偏好程度，保底条款主要有保证本息固定回报、保证本息最低回报和保证本金不受损失等约定形式。

以义务的承担者为标准，保底条款可分为“直接保底”“间接保底”“变相保底”三类。在直接保底情形下，若实际投资未达最低回报，投资人的预期收益直接由合同相对方予以兑现，具体兑现形式包括差额补足、流动性支持、权益回购等；在间接保底情形下，投资人的预期收益由合同外的第三方予以兑现，通常为合同相对方的关联方，如股东、实际控制人、关联企业等；变相保底情形则主要是指在集合投资中，通过投资协议的制度安排，设立不同等级的权益份额，由劣后级份额通过先行承担亏损、追投资金、份额回购等方式补偿优先级份额，将投资风险在不同的投资人之间重新分配，以确保部分投资人的预期收益得到保障。

根据上述不同的分类标准进行组合，实践中可以形成多种形态的保底条款，鉴于各类保底条款所实际构成的法律关系不同，司法实践中也应予区别对待。

二、民事裁判中的保底条款

（一）原《合同法》颁布前的保底条款

20 世纪 90 年代初，我国正处于计划经济向社会主义市场经济的转型初期，保底条款便进入了民事裁判的领域。由于民事主体间经济、财产关系相对单一，保底条款主要出现在企业联营类投资中，其类型多为联营体对联营方的直接保底,形式则主要是金钱补偿。在法律法规、行政规章尚不完善的背景下,最高人民法院1990年颁布的《解答》,对此类纠纷作出了原则性的规定,为此后涉保底条款合同的审理确立了基本的评判角度,也为最高人民法院后续相关审判意见的制定提供了基础思路。

1. 保底条款对合同性质的影响

《解答》认为,联营合同中的保底条款,通常是指联营一方虽向联营体投资,并参与共同经营,分享联营的盈利,但不承担联营的亏损责任,在联营体亏损时,仍要收回其出资和收取固定利润的条款;而企业法人、事业法人作为联营一方向联营体投资,但不参加共同经营,也不承担联营的风险责任,不论盈亏均按期收回本息,或者按期收取固定利润的,是名为联营,实为借贷。投资是一种具有较大不确定性的风险行为,而保底条款限制了投资风险,使投资方可以取得相对确定的收益,从投资方角度出发,具有一定的债权性质。故《解答》根据投资方的行为模式和承担的风险大小予以区分。首先,联营是一种企业间共同投资、共同经营的经济关系。如果一方出资并收取利润,但不参与经营,则该行为仅体现借贷的行为模式而不符合经营的行为模式。其次,因借贷而产生的债权一般具有确定性,即债权人除本息之外不存在其他可得收益,而因投资产生的权益则具有不确定性。在固定利润的保底条款中,投资方的权益完全确定,符合债权的特征;而在分享盈利的保底条款中,投资方的权益仍存在不确定性,尚具有一定的投资属性。

2. 保底条款的效力

(1)保底条款本身的效力

《解答》从公平原则、禁止权利滥用原则的角度出发对保底条款的效力进行评判。首先,保底条款不符合公平原则。公平原则源于原《民法通则》关于民事活动应当遵循自愿、公平、等价有偿、诚实信用原则的规定。保底条款使投资者可以收取固定的收益却不承担相应的风险,因此,保底条款不符合公平、等价有偿的外观表现;其次,保底条款与权利不得滥用原则相悖。禁止权利滥用原则源于原《民法通则》关于民事活动应当尊重社会公德,不得损害社会公共利益,破坏国家经济计划,扰乱社会经济秩序的规定。联营体对投资方进行保底,一旦联营体经营发生亏损或者盈利不足以支付投资方的预期收益,保底条款的履行将直接减损联营体的自有财产,并导致联营体偿债能力下降,从而损害其他投资人和联营体债权人的权益。基于上述理由,《解答》认为,保底条款违背了联营活动中应当遵循的共负盈亏、共担风险的原则,损害了其他联营方和联营体的债权人的合法权益,因此,应当确认无效。

(2)保底条款所在合同的效力

在保底条款无效情形下,《解答》认为,应根据合同的性质区分其效力。对于联营合同中的保底条款,《解答》规定,联营企业发生亏损的,联营一方依保底条款收取的固定利润,应当如数退出,用于补偿联营的亏损;如无亏损,或补偿后仍有剩余的,剩余部分可作为联营的盈余,由双方重新商定合理分配或按联营各方的投资比例重新分配。条款无效并不导致合同无效;对于被认定为名为联营,实为借贷的合同,《解答》认为,因违反了有关企业间不得拆借资金的规定,应当确认合同无效。除本金可以返还外,对出资方已经取得或者约定取得的利息应予收缴,对另一方则应处以相当于银行利息的罚款。

总体而言,这一时期的保底条款形式相对单一,以直接保底为主;同时,司法偏重实质公平,对经济活动的干预色彩较为浓厚,对保底条款以消极评价为主。

(二)原《合同法》实施期间的保底条款

随着金融业扩大开放和居民财富增长,灵活、高效的间接投资逐步取代直接投资成为投资的主要渠道;市场投资主体也从以单位为主变为个人与单位并存。因金融投资具有一定的专业性,不具有金融专业知识的部分投资者为实现财产增值,往往通过委托理财的方式,将财产交由相对专业的机构或个人代为从事投资活动,并通过约定保底条款给予自身财产的安全保障。因此,涉保底条款的合同争议在委托理财合同纠纷中产生较多。

原《合同法》实施后,最高人民法院和中国证券监督管理委员会(以下简称证监会)曾共同牵头就委托理财类案件司法解释开展论证,虽然由于相关问题存在一定分歧而未能达成统一意见,但最高人民法院总体仍倾向认为,含有固定收益保底条款的委托理财合同实为借贷合同,应根据合同主体的不同,对自然人间的合同按民间借贷处理,对非金融企、事业单位间的合同则按非法拆借处理。对于委托理财合同中的保底分成条款,最高人民法院从民商法基本原理、公平原则、法律禁止性规定和市场基本规律的角度出发予以否定评价:首先,保底条款违背代理人、受托人非因过错不承担损失赔偿责任的民商法制度原理;其次,保底条款违背公平原则;再次,我国《证券法》①及证监会规定已明确券商不得以任何方式对客户证券买卖收益或者赔偿证券买卖的损失作出承诺,同时,根据“举重明轻”的原则,对特殊主体的特别规定对一般民事主体亦具有借鉴和引导作用;最后,保底条款诱导非理性投资,违背了经济基本规律和资本市场规则,扭曲市场正常资源配置功能,放大市场风险,故应认定无效。对于保底条款无效的后果,其认为,保底条款属于委托理财合同的核心条款,保底条款无效将导致合同整体无效,受托人应返还委托资产本金及利息,因委托理财而获得的收益予以冲抵并扣除受托人的必要管理费用后归委托人,②但并未采用予以收缴的做法。由此可见,倾向意见虽然延续了《解答》注重实质公平的理念,但在原《合同法》实施后,也逐渐减少了民事案件司法权行使的行政化色彩。在较长一段时间内,审判实践多遵循了该意见。③

此后,随着原《合同法》鼓励交易、尊重私权和限制公权等立法理念的影响进一步扩大,部分法院的裁判尺度在倾向意见的基础上又发生了一定的变化。

一是区分保底条款与合同整体的效力。例如,在天津蓝天集团股份有限公司与安信信托投资股份有限公司委托理财合同纠纷案④中,天津市高级人民法院认为,在委托理财合同中,当事人双方约定的保底条款因有悖民法之公平原则、违反法律禁止性规定和市场基本规律,应认定无效,但委托理财合同不因保底条款的无效而随之全部无效。根据原《合同法》第56条规定,合同部分无效,不影响其他部分效力的,其他部分仍然有效。对于委托理财合同而言,其核心在于将资金交由专业的受托人进行管理,利用其投资经验实现自身收益的最大化。保底条款本质上是对于投资利益的进一步保障,而非合同不可分割或必须履行的部分,其无效不影响合同其他目的的实现,故合同的其他部分依然有效。⑤

二是扩大保底条款的有效认定。首先,限制公平原则的应用空间。根据原

① 参见1999年《证券法》第143条、第159条。

② 参见最高人民法院民二庭编:《民商事审判指导》2006年第1辑,人民法院出版社2006年版,第23~53页。

③ 参见(2006)民二终字第51号、(2006)民二终字第90号、(2007)沪高民二(商)再终字第4号、(2009)沪高民四(商)终字第40号等。

④ 参见(2007)津高民二终字第14号。

⑤ 主要依据在于:合同的效力不应通过事后判断,保底条款的约定不仅包括投资未达预期需履行保底义务的情形,也包括投资达到预期无须履行保底义务的情形。

《合同法》第54条规定,显失公平属于合同的可撤销事由,撤销权的行使应由当事人提出,此外,撤销权的成立还需同时具备利益悬殊的客观要件及意思表示瑕疵的主观要件。如果当事人之间主体地位平等,不存在欺诈或胁迫的情形,那么即使合同的约定利益悬殊,也是出于当事人的自愿选择,不应予以干涉。[①] 其次,限制法律规范的扩大解释。我国《证券法》等法律法规对金融机构的特别限制并非普适规则,2011年最高人民法院在《关于印发修改后的〈民事案件案由规定〉的通知》中将委托理财合同细分为金融委托理财合同和民间委托理财合同两个四级案由,也体现了上述理念,故对于金融机构以外的一般民事主体在委托理财合同中订立的保底条款被认定为有效。[②] 最后,2015年发布的《最高人民法院关于审理民间借贷案件适用法律若干问题的规定》(2020年已修订)规定,法人、其他组织之间为生产、经营需要订立的民间借贷合同,不违反法律禁止性规定的,属于有效,[③]对于被认定为实为借贷的合同,司法解释扩大了保底条款在其中的实质有效范围。

此外,交易结构的变化及条款内容的完善也使保底条款逐步合规化:一是改变保底责任的承担形式。例如,通过约定差额补足、受益权回购义务等,加强保底条款的补偿和交易色彩,减少其违约赔偿色彩,在形式上体现当事人间权利义务的平等。二是由适格主体承担保底责任。法律法规、行政规章主要针对特定主体直接保底作出限制,而约定由关联方或共同投资人对投资者进行保底的条款则未予限制,此类保底条款不违反相关规定。

原《合同法》颁布实施以来,司法对于保底条款经历了从普遍否定到逐步认可的变化:对于间接保底、变相保底条款以及证券公司等金融机构以外的一般市场主体所订立的直接保底条款,除有其他违反法律、法规规定的情形[④]外,多予以认可,意思自治逐步成为民商事审判遵循的原则。

---

① 参见隋彭生:《合同法要义》(第4版),中国人民大学出版社2003年版,第122页。

② 参见(2009)沪一中民三(商)终字第3号、(2009)永中法民二终字第99号、(2010)长中民二终字第0954号、(2012)海中法民二终字第229号等。

③ 参见《最高人民法院关于审理民间借贷案件适用法律若干问题的规定》(2015年)第11条。

④ 如场外配资、违反特许经营的情形等。

三、金融监管对保底条款的态度

(一)《资管新规》出台以前的监管态度

1. 规范的应然层面

(1)信托公司

我国信托行业发展的早期,信托公司业务定位不清晰,信托贷款业务与银行业务同质化竞争,由于信托公司资本及风险管理能力不足,多次引发行业风险。自1979年信托复业起,我国已对信托行业进行了多次规模较大的整顿。[①] 我国2001年施行的《信托法》虽然并未直接规定信托业务中不得承诺保底,但是从禁止变相开展银行业务及风险管控的角度出发,监管部门对信托业务保底一直持否定态度。中国人民银行于2001年发布的《信托投资公司管理办法》规定,信托投资公司不得办理存款业务,[②]经营信托业务亦不得承诺信托财产不受损失或者保证最低收益。[③] 此后,中国人民银行、银行业监督管理委员会(以下简称银监会,现已撤销)在《信托投资公司资金信托管理暂行办法》(已废止)、《信托公司集合资金信托计划管理办法》、《信托公司管理办法》等监管规定的制定与修改中均保留了信托业务不得承诺保底的规定。

(2)证券公司

1999年施行的《证券法》第143条规定,证券公司不得以任何方式对客户证券买卖的收益或者赔偿证券买卖的损失作出承诺;[④]第159条规定,证券投资咨询机构的从业人员不得与委托人约定分享证券投资收益或者分担证券投资损失。[⑤] 此后,证监会试点证券公司在经纪、自营、承销业务外开展资产管理业务。参照1999年施行的《证券法》的规定,2004年施行的《证券公司客户资产管理业务试行办法》(已废止)第41条规定,证券公司从事客户资产管理业务,不得向客户作出保证其资产本金不受损失或者取得最低收益的承诺,此后,该规定又被

① 参见闫威:《漫谈中国信托业整顿史》,载新浪财经网,http://finance.sina.com.cn/trust/xthydt/2019-08-12/doc-ihytcern0210665.shtml。

② 参见《信托投资公司管理办法》第9条。

③ 参见《信托投资公司管理办法》第32条。

④ 2019年修订为第135条。

⑤ 2019年修订为第161条。

2008 年施行的《证券公司监督管理条例》采纳。[①] 由此可见,证券机构在证券经纪业务、投资咨询业务及资产管理业务中的保底承诺均被监管所禁止。

(3)基金公司

2004 年施行的《证券投资基金法》第 20 条规定,基金管理人不得向基金份额持有人违规承诺收益或者承担损失;第 64 条规定,公开披露基金信息,不得违规承诺收益或者承担损失。就文字表述上而言,上述对保底承诺的限制均有"违规"的限定,即存在"合规"保底的情形。从实践来看,监管层确实未对保底条款采取绝对禁止的态度。在 2010 年发布的《关于保本基金的指导意见》(已废止)中,证监会还特别规定了保本型基金的保本保障机制,即通过符合条件的担保人与基金管理人共同对投资人承担连带责任或由基金管理人与符合条件的保本义务人签订风险买断合同实现基金保本清偿。[②] 截至 2019 年,获得证监会批复的保本基金数量已达上百只。但是对于货币市场基金与私募投资基金,证监会则分别在 2004 年施行的《货币市场基金管理暂行规定》(已废止)和 2014 年施行的《私募投资基金监督管理暂行办法》中明确不得承诺保底。[③]

(4)商业银行

2000 年起,国内部分银行开展了外币结构化存款业务,此后,投资于国债、央行票据等利率债品种的人民币理财产品逐渐出现,各家银行陆续推出各类理财产品并多以固定收益为卖点进行销售。对此,监管部门的态度经历了一定的转变。银监会在 2004 年下发的监管文件中认为,银行等金融机构代客理财业务不得承诺保底收益,更不能承诺固定收益,它只能有一个预期收益,而收益的风险当由投资者自负,并进一步要求各地派出机构督促辖区金融机构在营业场所的醒目位置张贴投资类金融产品的风险提示公告,[④]但是在 2005 年正式出台的《商业银行个人理财业务风险管理指引》(已废止)与《商业银行个人理财业务管理暂行办法》(已废止)中,银监会又规定,商业银行可以开发设计并销售保证收益的理财计划,只是对于高于同期储蓄存款利率的保证收益应附条件,条件可以是

---

① 参见《证券公司监督管理条例》(2008 年)第 46 条。

② 参见《关于保本基金的指导意见》第 1 条。

③ 参见《货币市场基金管理暂行规定》第 11 条、《私募投资基金监督管理暂行办法》第 15 条。

④ 参见朱莉:《金融监管部门:人民币理财承诺收益率属"违规"》,载中国新闻网,http://www.chinanews.com/news/2004/2004-12-01/26/511778.shtml。

对理财计划期限调整、币种转换等权利,也可以是对最终支付货币和工具的选择权利等。[1] 此后,银监会在《关于商业银行开展个人理财业务风险提示的通知》(已废止)与《商业银行理财产品销售管理办法》(已废止)等监管规定中强调了产品风险管控及销售中的风险告知,但均未禁止保本理财。

(5)保险公司

1999年,国务院批准保险公司通过购买证券投资基金间接进入证券市场,保险资金的投资范围不再限于我国《保险法》规定的银行存款、国债和金融债等项目,继平安保险推出首个投资连结型保险后,各大保险公司又陆续推出了万能保险、分红保险等具有投资性质的人身保险新型产品。其中,分红保险是指保险公司将该类保险资金运作后(不另设投资账户)的可分配盈余按一定比例向保单持有人进行分配的人寿保险产品;而投资连结型保险与万能保险的运作模式则均为人寿保险与另设投资账户的组合。保险业监督委员会(以下简称保监会,现已撤销)于2001年发布的《人身保险新型产品信息披露管理暂行办法》(已废止)中规定,投资连结保险应在产品说明书封面显著位置用黑体字打印:"投保人要承担该产品投资风险";[2]而万能险的阐述中,如果非保证的利率存在上限,(应)指出这一上限。[3] 可见,分红险与投资连结险业务中,保险公司一般不承诺保底,而万能险则允许保底收益。此后,股票、企业债、未上市股权、不动产等投资渠道对保险业陆续放开。2008年国际金融危机爆发后,监管部门虽然实施了系列严格管控风险的监管措施,却始终未禁止万能险中的保底约定。2011年,保监会还启动了介于传统年金保险和投资连结保险之间的变额年金保险试点,并于《变额年金保险管理暂行办法》中明确规定,变额年金保险可以提供最低保单利益保证。[4] 但是,在2004年制定的《保险资产管理公司管理暂行规定》中,保监会则规定,保险资产管理公司(上述保险投资账户的管理人)不得承诺受托管理的资金不受损失或者保证最低收益。[5]

---

① 参见《商业银行个人理财业务管理暂行办法》第24条、第25条。
② 参见《人身保险新型产品信息披露管理暂行办法》第8条。
③ 参见《人身保险新型产品信息披露管理暂行办法》第14条。
④ 参见《变额年金保险管理暂行办法》第1条。
⑤ 参见《保险资产管理公司暂行规定》第38条。

(6)期货公司

2012年,期货公司开始试点开展资产管理业务。《期货公司资产管理业务试点办法》(已废止)第18条规定,资产管理合同应当明确约定,由客户自行独立承担投资风险;期货公司不得向客户承诺或者担保委托资产的最低收益或者分担损失。此后颁布实施的《期货公司监督管理办法》(2014年版,2019年修订)第63条、第68条规定,期货公司及其从业人员在期货投资咨询业务和资产管理业务中不得向客户做出保证其资产本金不受损失或者取得最低收益的承诺。

2. 资产管理业务的现实层面

由于资产管理业务在各金融机构的泛化及监管标准的不统一,对于金融机构对外保底的实质监管并未取得监管机构的预期效果,实践中,还形成了资本市场"刚性兑付"的独特现象和"影子银行"的兴起。

就监管角度而言,至少信托公司、证券公司、期货公司的理财业务中不存在保底的空间,但由于资产管理业务在各金融机构的泛化及证券市场投资的准入限制陆续取消,理财业务的同质化竞争越发激烈,而监管方面禁止部分金融机构在开展理财业务时对客户作出保底承诺,导致其处于竞争的不利地位。故上述金融机构对管制始终存在较强的"离心力",实践中,以信托公司为代表的一些金融机构往往通过"抽屉协议"等形式私下向投资者承诺保底,或在产品到期未实现预期收益时,通过自有资金或寻求第三方进行垫付,形成了事实上的"刚性兑付",以此维护自身信誉。一方面,"刚性兑付"处于行政监管的灰色地带,行政监管缺乏法律层面的充足依据;另一方面,"刚性兑付"通过吸引投资加速了资金集聚,为市场上的需资方提供了银行信贷以外的融资方式,同时也减轻了违约情形下的社会维稳压力,且面临处罚压力较小,一些规范性文件甚至一定程度上默许金融机构进行刚性兑付。[①] 刚性兑付成为金融投资领域的普遍现象,甚至存在"刚兑条款"作为投资必备前提的情况。

刚性兑付(主要是保底条款)给监管套利留下了发展空间。从监管层面考虑,资管产品不属于金融机构的表内业务,在资金的运用上限制较少,同时,通过

---

① 如《关于加强信托公司房地产、证券业务监管有关问题的通知》(银监办发〔2008〕265号)第4条规定,对集合信托项目和银信合作信托项目,各银监局应在项目到期前两个月介入,督促信托公司做好兑付资金准备工作。对可能存在兑付风险的信托项目,应及时制定风险处置预案,并专项报告银监会。

约定收益又可以使其获取超额留存。故金融机构,一方面,通过资管产品的高收益变相揽存;另一方面,通过购买信托、基金的形式,将理财资金或表内资产指定投向信贷等高风险的非标资产,通过环环相扣的保底条款或刚性兑付在此过程中形成严密的利益保障,由此构成了监管体系之外的"影子银行"。

(二)《资管新规》颁布后的保底条款

刚性兑付使投资风险停留在金融机构,而"影子银行"的兑付链条又使局部风险向整个金融系统扩散。随着宏观经济环境的变化,上述风险在市场下行过程中逐渐显现。2017年起,国家加强了对金融风险的管控力度,全国金融工作会议将防控金融风险、服务实体经济作为核心议题。此后,中国人民银行、中国银行保险监督管理委员会(以下简称银保监会)、证监会、外汇管理局联合印发了《资管新规》,强调对金融机构"打破刚兑"及"穿透式监管"。对刚性兑付,《资管新规》结合具体商业模式予以识别和规范,除了传统以事前承诺为核心的界定方式,还结合实际损失承担标准,强调对"无保底条款之名,行保底条款之实"的径行兑付和隐性担保等情形的规制。① 对多层嵌套资产管理产品,《资管新规》强调要向上识别产品的最终投资者,向下识别产品的底层资产,并按照产品类型而不是机构类型实施监管,减少监管套利。②

《资管新规》实施以来,市场上销售的理财产品多开始实行公允价值估值净与值化管理,确立了"买者自负"的销售原则,刚性兑付的现象得到了有效规制。但是,《资管新规》下保本金融产品也并非全无空间:一是《关于保本基金的指导意见》《人身保险新型产品信息披露管理办法》《变额年金保险管理暂行办法》等行政规章尚属有效,保本基金、万能险、变额年金保险等理财产品仍属合规。二是《资管新规》对于理财产品的保底并非绝对限制。根据《资管新规》第3条规定,③银行保本理财产品显然不属于其规范范围。此外,创业投资基金、政府出资产业投资基金也不完全适用《资管新规》。三是以产品分级形式的变相保底仍存

① 参见《资管新规》第19条。

② 参见《资管新规》第27条。

③ 《资管新规》第3条规定,资产管理产品包括但不限于人民币或外币形式的银行非保本理财产品,资金信托,证券公司、证券公司子公司、基金管理公司、基金管理子公司、期货公司、期货公司子公司、保险资产管理机构、金融资产投资公司发行的资产管理产品等。依据金融管理部门颁布规则开展的资产证券化业务,依据人力资源社会保障部门颁布规则发行的养老金产品,不适用本意见。

有合理空间。根据《资管新规》第21条规定,公募产品和开放式私募产品不得进行份额分级。对此,证监会在实施细则中规定,开放式集合资产管理计划不得进行份额分级。封闭式集合资产管理计划可以根据风险收益特征对份额进行分级,[①]在封闭式集合私募产品中,仍可以由劣后级投资人对优先级投资人进行保底。由此可见,对于既有规范下的合规保本产品,《资管新规》更多是从总量控制、操作监管上予以规制,而非完全禁止。

四、涉保底条款合同司法裁判思路的演进

(一)裁判理念与金融监管精神逐步趋同

原《合同法》实施以来,司法裁判总体上与行政监管保持着一定的距离,但是,随着金融监管理念从鼓励创新为主转向风险防控为主,司法裁判思路也作了相应调整。2017年,最高人民法院出台了《关于进一步加强金融审判工作的若干意见》,提出"加强与金融监管机构的协调配合,推动完善金融法治体系","对以金融创新为名掩盖金融风险、规避金融监管、进行制度套利的金融违规行为,要以其实际构成的法律关系确定其效力和各方的权利义务"。2019年,《全国法院民商事审判工作会议纪要》(以下简称《九民纪要》)进一步明确了通过公序良俗管道,将行政规范引入民事司法体系,并借鉴"穿透式监管"思路,通过穿透式审查发现金融交易的隐藏目的。根据《九民纪要》精神,违反规章一般情况下不影响合同效力,但该规章的内容涉及金融安全、市场秩序、国家宏观政策等公序良俗的,应当认定合同无效;在事务管理信托纠纷案件中,对信托公司开展和参与的多层嵌套、通道业务、回购承诺等融资活动,要以其实际构成的法律关系确定其效力,并在此基础上依法确定各方的权利义务。

(二)涉资产管理案件基础法律关系认定

信托是我国金融资管业务的历史起源,但在分业监管的背景下,只有信托公司、基金公司等有资质从事信托业务的金融机构可以在资产管理业务中明确适用信托法律关系。长期以来,其他金融机构在开展资产管理业务、综合理财业务

① 参见《证券期货经营机构私募资产管理业务管理办法》第22条。

的过程中,常以“委托理财”“资产管理”为名但实际上套用信托结构进行产品设计,司法实践从现实的角度出发,也多基于委托代理法律关系进行审理。但上述表述终究是混业经营的包装工具,在《资管新规》下,为避免金融机构“行信托之实,否信托之名,逃信托之法”,监管重新回归“大信托格局”,统一以信托的方式规范资产管理业务;①由于委托代理关系难以完全涵盖金融资产管理业务中的各项特征,如管理人的独立操作权、对外以自身名义订立合同、受托财产的独立监管等,司法亦有将资产管理业务基础法律关系统一到信托关系的趋势。《九民纪要》将涉资产管理业务的法律适用问题统一置于“关于营业信托纠纷案件的审理”一章,并就金融合同中的保底条款特别指出,信托公司、商业银行等金融机构作为资产管理产品的受托人与受益人订立的含有保证本息固定回报、保证本金不受损失等保底或者刚兑条款的合同,人民法院应当认定该条款无效;对于保底或者刚兑条款不在资产管理产品中明确约定,而是以“抽屉协议”或者其他方式约定,不管形式如何,均应认定无效;受益人请求受托人对其损失承担与其过错相适应的赔偿责任的,人民法院依法予以支持。

(三)司法裁判思路与金融监管精神的差异

虽然《九民纪要》在总体上与监管保持一致,对保底或者刚兑进行了否定性评价,但也与《资管新规》存在一定的区别。首先,《九民纪要》仍立足于“订立条款”这一法律行为,而对于《资管新规》中规范的实际兑付等事实行为则未作评价。其次,《九民纪要》对于“间接保底”“变相保底”等行为采尊重当事人意思自治的态度,其认为,信托合同之外的当事人提供第三方差额补足、代为履行到期回购义务、流动性支持等类似承诺文件作为增信措施,内容符合法律关于保证的规定的,应认定当事人之间成立保证合同关系;内容不符合法律关于保证的规定的,依据承诺文件的具体内容确定相应的权利义务关系并确定相应民事责任。对于劣后级受益人对优先级受益人按约定以信托财产获得的利益为限承担差额补足义务的,《九民纪要》亦未持明确反对意见。

(四)司法监管化趋势下的论证困境

从司法裁判思路演变的历史脉络考察,虽然在裁判理念上发生了一定变化,

---

① 参见王涌:《资管业的基本法应当是〈信托法〉》,载《金融法苑》2018年第2期。

但是就委托理财(资产管理)合同中保底条款的效力评判而言,《九民纪要》总体上仍与既往思路保持一致,但随着金融混业经营改革及投资形式的多元化,还是存在一定的局限性。

1. 法律规范的角度

现行法律法规关于保底条款的规定主要见于《证券法》第135条、第161条第2款,《证券投资基金法》(2015年修订)第20条和《证券公司监督管理条例》(2014年修订)第46条第1款。首先,上述规定是否属于效力性强制规定尚存争议。根据《关于适用〈中华人民共和国合同法〉若干问题的解释(二)》第14条规定,只有违反效力性强制性规定的法律行为才属于无效。管理性规范和效力性规范虽无明确的区分标准,但通常可以从三方面进行判断:一是针对一方当事人还是针对双方当事人,二是针对行为本身还是针对行为手段、方式、时间、地点等外部条件,三是针对合同标的还是行为人从业资格。① 从法律条款的文义表述而言,限制主要是针对一方当事人作出,将其认定为效力性规定依据尚不充分。从体系解释的角度,亦无法佐证上述条款属于效力性规定,如《证券公司监督管理条例》第46条并列规定的(证券公司从事证券资产管理业务不得)接受一个客户的单笔委托资产价值,低于国务院证券监督管理机构规定的最低限额,(不得)使用客户资产进行不必要的证券交易等,②均属管理性规范。其次,类推解释的逻辑并不严密。虽然多数情况下类推解释可以得到正确的结论,但其并非法定的解释方法,《九民纪要》在主体上将证券公司、证券投资咨询机构、基金管理人等特定金融机构类推至其他金融机构,在业务性质上将证券经纪、证券咨询、基金投资类推至委托理财、资产管理等业务,缺乏上位法依据。最后,《九民纪要》采取概括性否定的意见过于严厉。以《证券投资基金法》为例,其并未对基金管理业务中的保底条款予以全面禁止,而是将判断权留给监管机构,《九民纪要》的观点扩大了法律对保底条款限制的幅度和范围,而且与金融监管规定也存在一定的矛盾。

2. 制度原理的角度

我国《信托法》第34条规定,受托人以信托财产为限向受益人承担支付信托

---

① 人民法院出版社法规编辑中心编:《解读最高人民法院司法指导性文件·民事卷》,人民法院出版社2019年版,第187页。

② 参见《证券公司监督管理条例》第46条第2款、第3款。

利益的义务。《九民纪要》认为,资管产品中的保底条款与上述规定不符,且违反了信托财产独立的原则,故应属无效。[①] 但是,信托是一种任意性较强的法律关系,按照合同自由原则,只要当事人的约定不违反法律的强制性规定和社会公共利益,就应当承认其效力。[②] 首先,从立法目的来看,我国《信托法》希望限定受托人的一般责任范围,如果受托人自愿在法定责任范围外承担更多的契约责任,司法没有干预的必要。如公司制度下,[③]公司对外负债应以公司财产清偿,但董、监、高作为管理人自愿向股东承担额外责任并不违反法律规定。其次,从程序上来看,保底条款的履行一般以受托财产的结(清)算为前提,在此情形下由保底方对相关权益予以差额补足或者整体受让不会导致财产上的混同,并进而影响信托财产的独立性。再次,从比较法的角度来看,信托法律关系对保底条款并非绝对排斥。例如,日本《信托业法》明确规定了信托公司可以在合同中订立保底条款的情形;[④]《贷款信托法》虽然没有规定信托公司负有签订保本合同的义务,但实践中信托公司多会在贷款信托中与投资者签订保底条款,只是需要根据法律规定设立特别保证金用以在发生亏损时赔付投资人。[⑤] 最后,在资产管理基础法律关系统一的背景下,银行理财、基金等合规保本产品的存在凸显了矛盾。《资管新规》可以通过行政监管权的行使划定监管对象及监管范围,将银行保本理财等产品排除在外,但在司法裁判及法律适用上这种区分的依据则尚不充分。

3. 公序良俗的角度

在公序良俗视野下,司法裁判否定保底条款效力的内在逻辑与金融监管精神基本保持一致:一是保底条款的存在破坏了金融秩序。保底条款错配了风险与收益以吸引投资人,无形中抬高了市场无风险收益率的水平,破坏了市场在资源配置中的作用,不利于实体经济的发展。二是保底条款的存在加大了金融系统性风险。保底条款将投资风险转移至金融机构,随着业务的持续开展而不断

---

① 参见最高人民法院民事审判第二庭编:《〈全国法院民商事审判工作会议纪要〉理解与使用》,人民法院出版社2019年版,第481~485页。

② 参见王利明:《合同法研究》(第1卷)(第3版),中国人民大学出版社2015年版,第17页。

③ 早期投资信托的基本形态就是公司型封闭式基金,故具有一定的相似性。参见刘燕:《资产管理的"名"与"实"》,载《金融法苑》2018年第2期。

④ 日本《信托业法》第9条规定,信托公司按命令所定,只对运用方法无特定的金钱信托,发生本金的损失或为大于项规定的红利时,可订立填补损失或补充红利的合同。

⑤ 参见朱大明:《论信托投资产品刚性兑付的法律规制》,载《法学》2019年第4期。

累积，一旦爆发可能引发挤兑效应，进而导致系统性风险。

第一层面上的公序体现了竞争法上的思维，即认为保底条款扰乱了市场竞争秩序。首先，作为一种经济行为，金融机构提供保底承诺的同时也体现出了其对于自身产品的风险管控能力，在不违反公平及诚实信用原则的前提下，提供更优质的服务并不必然构成扰乱市场竞争秩序；其次，市场收益率的水平主要由供需关系决定，理财产品的收益率高企，往往是因为资金需求方难以通过银行等渠道获得低成本资金，只能以较高成本从其他融资渠道获取资金，金融产品的收益率虽然会对市场产生一定反作用，但主要还是市场影响的结果而非原因；最后，从竞争法的规范对象来看，其主要针对经营者而非其交易对象，否定保底条款的效力则会影响双方的权利义务。

第二层面上的公序体现了风险管控的思维，在总体风险可控的情况下，允许金融机构提供保底理财产品则并非没有合理空间。首先，公共秩序是一个较为宽泛的概念，其对契约自由的限制应建立在实质损害而非抽象损害的基础上，《九民纪要》一改“海富案”[①]中“投资者与公司对赌无效”的裁判观点，不再认为投资方与目标公司订立的对赌协议必然涉及“股东抽逃出资”等违法情形，[②]一定程度上也体现了该理念；其次，无论是法律法规还是行政规章层面，风险的管控均是金融机构的义务而非投资者的义务，要求投资者承担金融机构违反自身义务的责任并无充分依据；最后，在民事审判中，司法应偏重于保护的公序而非指导的公序，[③]在法无明文规定的情形下，即使保底条款存在引发风险隐患，从保护善意投资者的角度出发，只要不存在恶意串通损害他人利益的情形，尚不宜直接认定保底条款无效。

4. 实质关系的角度

“名为实为”规则源于《解答》的规定，在法律尚不健全、市场以简单交易为主，且经济受到较高程度管制的特定时期，该规则有助于司法发挥主动干预的职能。但是，在市场准入逐渐放宽，交易日益活跃、复杂的时期，将“名为实为”泛化为金融领域普适的裁判规则是否适当则存在争议：一是增加了司法裁判结论的不确定性。一般而言，司法裁判观点是在长期实践探索中所逐步形成，具有体系

① 参见最高人民法院(2012)民提字第11号。

② 参见《九民纪要》第5条。

③ 参见吴庆宝：《民事裁判标准规范》，人民法院出版社2008年版，第51页。

化的内在逻辑,并具有稳定性及可预见性特点,而注重实质的裁判往往抛弃交易的外观,从而导致结论难以预料。现代金融交易具有交易对象不特定、高流转性、复杂性的特点,交易目的不仅体现在实质利益归属,而且体现在合同所希望达到的法律效果、确立的法律关系上,过于关注实质往往会导致市场秩序和权利义务的混乱。① 二是可能有损市场创新的动力。金融是资金融通的活动,如果忽视交易的形式、内容和方法,仅从最终目的来看,所有金融交易的目的都与借贷无异,市场将变得单一化。不可否认,在金融交易中,的确存在通过创新规避监管的动机,但许多现代创新法律制度正是对长期实践形成的交易习惯的总结,如信托制度、双层股权结构、有限合伙等,符合商事法律规范的来源构成。因此,在金融审判领域,只要不涉及违反法律或破坏社会基本秩序,如洗钱等,应限制"名为实为"规则的应用范围。此外,名实规则的适用还应受到双方通谋虚伪意思表示的条件限制,投资者单方的交易动机并不构成合同真实目的。从《九民纪要》并未认定资管产品中的保底条款为核心条款可见,其对约定保底条款构成"实为借贷"的观点亦持保留态度。

5. 法律效果的角度

就法律效果而言,否定金融机构保底条款的效力可能弊大于利。首先,鼓励不诚信的行为。原《民法总则》实施后,民事诉讼中国家追缴模式②已无相应依据,保底条款无效后的处理,一是全部风险由投资者自担,③二是参照《九民纪要》规定由各方分担损失。在投资结果未达预期情形下,无论按照何种处理方式,都将导致提出要约的金融机构因条款无效而获利,不仅不能抑制其提供保底条款的冲动,反而会助长不诚信行为的发生,这与《九民纪要》不使不诚信当事人获益的指导原则亦不相符。④ 其次,削弱投资者的保护。目前,我国尚未建立起完善的信义义务制度,在受托金融机构不当履行义务的情况下,投资者的举证与救济均存在诸多困难,保底条款作为一种"简化请求权"的策略,⑤更多是作为一种制衡信息不对称和代理风险的手段,如果认定保底条款无效,将使投资者的实

① 参见雷继平:《司法监管化对资管市场发展的影响》,载《金融法苑》2018年第2期。

② 参见原《民法通则》第61条。

③ 参见李永祥主编:《委托理财纠纷案件审判要旨》,人民法院出版社2005年版,第123~125页。

④ 参见《九民纪要》第32条。

⑤ 参见李忱:《资管产品刚性兑付的监管进路与思考》,载《金融法苑》2018年第2期。

际救济手段进一步受限。最后,有违民事司法平等保护的原则。实践中,司法并未否定自然人之间的民间委托理财关系中的保底承诺,对于金融机构与投资者订立的保底条款却认定为无效,对金融机构课以较重的义务本无可厚非,但此举并不符合市场主体的平等保护精神。

五、民事裁判的角色定位

不可否认,民事审判与性质行政监管之间并非绝对割裂,特别是在金融领域,由于涉及市场秩序与金融安全,民事司法过程中应当具备一定的经济法思维;但同时也需要注意到,民事审判的主要目的是实现个案正义,而非解决市场失灵,民事审判与金融监管在功能定位上存在共性也具有一定差异,只有明确各自的定位,协调互补不越位才能更好地发挥社会治理功能。

(一)司法裁判在规范资管领域上的局限性

与金融监管机构对于市场行为全面、主动、及时地介入相比,司法权的行使具有有限性、被动性、滞后性。以刚性兑付为例,首先,司法的审查视野只能聚焦于"承诺"这一法律行为,而对于事实行为或非争议行为,司法并无介入的依据,《九民纪要》在径行兑付等方面相对于《资管新规》的保留正体现了这种局限;其次,法院遵从"不告不理"的原则,只能针对原告的起诉来确定当事人,并根据当事人的诉请及所依据的事实、提供的证据来查明事实,司法的被动性决定了司法机关难以像监管机构一样上至最终投资者,下至底层资产,对整体交易进行穿透式监管,交易的全部面貌及背后目的恐无法完整呈现在法院面前,只能在当事人呈现的交易中尽力查明事实、平衡各方权利义务;最后,法律具有滞后性,金融领域,监管机构可以通过监测总体经济数据对系统性风险作出前瞻性调整,而司法审判只能根据现行法律作出判决,对于新型交易模式的能动发挥空间较为有限。

(二)司法在裁判理念与逻辑上的稳定性

金融监管需要根据迅速变化的经济形势,在监管手段上作出灵活的调整。例如,《资管新规》发布仅一年有余,由于新冠肺炎疫情对经济的冲击,监管部门对其设定的过渡期作出延长决定;与监管的相机性相比,司法追求内部的稳定与体系的兼容。一方面,金融市场既有短期交易,也有长期交易,交易的基础在于当下法律与监管的规定,如果司法审判的逻辑前后若差生巨大变化则不利于市场的稳定,对于交易主体亦不公平;另一方面,司法裁判除了定分止争,还具有一定的导向意义,其解决的不仅是当下的争议,对于相同或类似情形下的争议也具有指引作用。行政规章对监管对象及监管范围的划定属于行政职权的行使,而司法对于不同主体在法律适用上的区别对待则需要在合法性、合理性上予以充分论证。

(三)司法对市场交易行为的谦抑性

对于市场主体的交易行为,行政规制的手段具有多样性、层次性,而民事裁判中的规范手段则相对有限,对于合同纠纷,主要是通过合同效力的判定。民事裁判对宏观市场的调整难以达到监管机构的细致和精确,故在实现维护市场秩序的宏观目标时,特别是涉及行民交叉的规范领域,司法应保持一定的谦抑性。一是干预手段的谦抑。首先,对于合同无效的认定要谨慎。合同无效是对当事人意思自治的彻底否定,打破了当事人对自我财产的安排,导致当事人合同利益的落空,是私法领域最严厉的惩罚。大量、经常和不加控制地宣告合同无效,将使市场交易主体,特别是善意的合同相对人,丧失对于交易安全的信任,市场将缺乏活力。其次,对公序良俗条款的应用应持审慎态度。公序良俗条款在赋予司法灵活性的同时也为裁量权的滥用打开方便之门。故其适用须遵循穷尽法律规则,构成实质损害而非抽象损害,旨在实现个案正义等原则。二是干预范围的谦抑。首先,民事审判的价值干预是一种补充性干预。对市场主体而言,如果行政监管的手段足以达到规制效果,民事审判就无须通过效力认定等方式主动介入,只有在其他社会治理手段难以发挥效用时,司法作为实现公正的最后手段才予以介入。① 其次,司法裁判权的行使不应替代行政监管权。对于法律未明确规定的交易行为,司法的干预程度应限制在合理范围内,不宜制约行政裁量权的行使。金融机构对资管产品的过度担保确实会导致系统性风险,但通过宏观审慎监管,如事前的资金投向及规模控制、风险评估及准备,事中的指标监测、信息披露,事后的责任追究等手段,完全可以将总体风险掌握在可控范围内,这也是基

① 例如,悖俗的遗嘱、赠予等民事法律行为。

金、银行与保险领域保本资管计划的实际经验。在宏观经济面临较大不确定性风险时，监管机构可以较高强度限制某种交易，以在短时间内切断风险的传递，随着社会经济形势的变化，也可以进行调整以促进经济发展，[①]而司法一旦据此对某种交易模式作出全局性否定，则可能限制监管机构未来的调整空间。

结　语

正如黄奇帆指出，金融创新无非就是高收益、刚性兑付、嵌套、通道、资金池、错配六种工具，[②]任何金融交易都存在相应的风险。金融治理的核心不在于消灭金融机构的经营风险，而在于合理控制相应的风险，防止金融机构的信用中介功能被滥用。司法在此过程中固然有可以发挥的空间，但也要防范司法权的错位运行，对于尚存争议的市场现象，宜保持定力，谨慎否定。

---

① 如金融监管对于信托贷款的历次整顿。

② 参见黄奇帆：《炮轰外储后再谈金融：我说说这四个风险》，载《领导决策信息》2018 年第 6 期。

民法典背景下有追索权保理纠纷的司法裁判

孙　倩*　王　倩**

一、《民法典》新增保理合同的背景及意义

保理是供应链金融中应收账款融资的重要类型。可以说，中国保理市场的发展，是基于以应收账款市场为主的中小企业融资需求发展起来的。虽然我国最早于1987年才引入保理业务，①但发展极为迅猛，近几年已成为保理大国。据国际保理商联合会（Factors Chain International，FCI）统计，2019年，我国保理业务量总计超过4940亿欧元，占全球保理业务总量的16.9%。② 在我国《民法典》制定过程中，保理合同是否入典存在较大争议。最终，全国人民代表大会常务委员会统合各方意见，认为"为适应我国保理行业发展和优化营商环境的需要"，③有必要增加保理合同的规定。至此，保理合同作为一种全新的典型合同类型，首次在我国现行法层面予以规定。

保理合同入典提升了保理的立法层级，对于保理相关纠纷的司法裁判具有

---

* 法学硕士，上海金融法院综合审判一庭法官。

** 法学硕士，上海金融法院综合审判一庭法官助理。

① 1987年10月，中国银行与德国贴现和贷款公司签署了我国首笔国际保理总协议。

② 参见《FCI发布全球保理业务初步统计数据》，载中国服务贸易协会商业保理专业委员会网，http://www.cfec.org.cn/view.php?aid=2122，最后访问日期：2020年11月5日。

③ 参见全国人民代表大会常务委员会副委员长王晨2020年5月22日在第十三届全国人民代表大会第三次会议上所作的关于《中华人民共和国民法典（草案）》的说明，载中国人大网，http://www.npc.gov.cn/npc/c30834/202005/50c0b507ad32464aba87c2ea65bea00d.shtml，最后访问日期：2020年9月18日。

重要意义。在《民法典》出台之前,法律、行政法规层面均未对保理合同作出专门规定,最高位阶的规定是原银行业监督管理委员会制定的《商业银行保理业务管理暂行办法》以及商务部制定的《商业保理企业管理暂行办法(试行)》。法院在审理案件的过程中,只能根据合同法的一般原理,并参照上述暂行办法进行裁判。在法律空白的情况下,司法对于保理行业的规范也起到了重要作用,如天津市高级人民法院出台的《关于审理保理合同若干问题的审委会会议纪要》以及深圳市前海合作区人民法院出台的《保理合同纠纷案件裁判指引》在业内都产生了广泛影响。《民法典》第三编第十六章保理合同章的出台,进一步明确了保理合同的内涵和构成,并对司法实践中遇到的诸多难点问题作出了回应,包括虚构应收账款、转让通知、基础合同变更、有追索权保理、多次转让的冲突解决等。同时,《民法典》在第三编第六章修订完善了债权转让的一般规则,并规定保理合同章未规定的,适用债权转让的有关规定,首次为保理合同纠纷的裁判提供了明晰的法律适用依据。

二、裁判争议:有追索权保理的法律性质探究

保理合同是应收账款债权人将现有的或者将有的应收账款转让给保理人,保理人提供资金融通、应收账款管理或者催收、应收账款债务人付款担保等服务的合同。在保理行业的诸多业态中,无追索权保理与有追索权保理是其中最为重要的分类。《民法典》保理合同章共 9 个条文,其中有 2 条分别对无追索权保理与有追索权保理作出了规定。值得一提的是,有追索权保理并不是我国特有的保理类型,据 FCI《全球保理行业活跃度报告(2017)》调查,有追索权保理占据全球保理业务总量的 44%,远高于无追索权保理(占比 32%)。[①]

无追索权保理也称买断型保理,其性质属于"债权买卖",[②]是指保理人向应收账款债权人支付价款并受让应收账款后,有权就全部应收账款受偿,但无权向债权人主张返还保理融资款或回购应收账款的保理业务类型。在无追索权保理的法律结构下,保理人继受取得应收账款债权人的地位,其行权对象只能是债务

① 参见《全球保理行业活跃度报告(2017)》,载中国服务贸易协会商业保理专业委员会网 2018 年 11 月 1 日,http://www.cfec.org.cn/view.php? aid = 1899。

② 参见李宇:《民法典中债权让与和债权质押规范的统合》,载《法学研究》2019 年第 1 期。

人,履行利益也限于应收账款。若债务人履行不能,保理人无权要求应收账款债权人补足,债务人的信用风险由保理人自行承担。若债务人足额清偿,保理人也无须就多出保理融资款的部分返还给应收账款债权人。

有追索权保理是指保理人有权向应收账款债权人主张返还保理融资款或回购应收账款债权的保理业务类型。当前,在我国保理行业实践中,有追索权保理主要表现为两种形式:一种是反转让或回购,即债务人履行不能时,保理人有权将应收账款再次转回给应收账款债权人。例如,中国服务贸易协会商业保理专业委员会与上海商业保理同业公会发布的《国内商业保理合同(示范文本)(适用于有追索权保理业务)》载明:"12.1 发生下列情形之一时,保理商有权向卖方发送《应收账款反转让通知书》,将未受偿的已受让应收账款再次转让回给卖方:12.1.1 无论何等原因,在该应收账款到期日或宽限期届满日(如保理商已给予宽限期的),保理商未足额收回保理首付款的……"该示范文本在业内也得到广泛运用。另一种是为应收账款债权人设定归还保理融资款及相应利息的义务。例如,在中国建设银行上海第二支行与中厦公司、麟旺公司等合同纠纷案中,保理合同约定,如应收账款因任何原因不能按时收回时,保理人均有权向应收账款债权人追索,应收账款债权人应无条件按时足额偿还保理人支付的保理预付款及相应利息等费用。①

由此可见,有无追索权保理的主要差异在于,保理人除向债务人主张权利外,还能否向应收账款债权人追索。目前,我国审判实务中对于有追索权保理的法律性质尚未形成统一认识,尤其是保理人能否在向债务人请求支付应收账款的同时向应收账款债权人行使追索权,存在较大争议。"法院对于保理合同中应收账款转让行为性质的认定将导致对于责任顺位和责任关系判断的差异。"②从近几年司法裁判来看,主要形成了以下三种裁判路径。

(一)附担保条件的债权让与说

有裁判观点认为,有追索权保理可以解释为附担保条件的债权让与行为,保理合同中的主要权利义务关系为基础交易项下的应收账款转让,追索权的行使

① 参见上海市高级人民法院(2017)沪民终171号民事判决书。

② 关丽、丁俊峰、包晓丽:《保理合同纠纷中基础交易合同债务人拒绝付款的司法认定》,载《法律适用》2019年第23期。

相当于应收账款债权人对债务人付款行为的担保。①

该观点强调，无论是无追索权保理，还是有追索权保理，保理的核心权利义务关系均为债权让与，这是保理合同作为一种有名合同区别于他种典型合同的本质特征，有追索权保理只是在债权让与中附加了一个担保。在各地法院作出的判决中，具体如何认定应收账款债权人与债务人承担何种责任略有区别。例如，最高人民法院在中国工商银行股份有限公司乌鲁木齐钢城支行与中铁物资集团新疆有限公司等合同纠纷案中，认定追索权的制度设计相当于由债权人为债务人的清偿能力提供了担保，其功能与放弃先诉抗辩权的一般保证相当，最终判决应收账款债权人对债务人所承担的债务在保理融资款范围内承担回购责任。② 但在中国建设银行上海第二支行与中厦公司等合同纠纷案中，上海市高级人民法院认为，应收账款债权人承担的责任与债务人的还款责任系基于不同的发生原因而产生的同一内容的给付，债权人和债务人就该部分款项共同对保理人承担清偿责任，任何一方的清偿均导致债务消灭的法律后果，最终认定构成不真正连带责任。③

附担保条件的债权让与说统一了无追索权保理和有追索权保理的理论基础，在实践中得到许多法院认可，但未能解决有追索权保理中保理人的清算问题。按此学说，应收账款债权人是在融资款范围内承担担保责任，除非合同有明确约定，保理人有权拿到全部的应收账款，而无须向应收账款债权人返还。

（二）间接给付说

间接给付说与传统审判思维的区别在于，把融资关系作为保理合同中的主要权利义务关系，是先发生旧债，应收账款债权人为清偿旧债将应收账款转让给保理人，保理人对债务人的债权成为新债。此时，保理人应先行使新债债权，即先向债务人请求，债务人履行不能时，再向应收账款债权人追索。

最高人民法院在珠海华润银行与江西燃料公司等保理合同纠纷案中，创造

① 参见最高人民法院（2014）民二终字第271号民事判决书、上海市高级人民法院（2017）沪民终171号民事判决书。

② 参见最高人民法院（2014）民二终字第271号民事判决书。

③ 参见上海市高级人民法院（2017）沪民终171号民事判决书。

性地将间接给付理论应用至保理合同法律关系中。[①] 该判决认定,有追索权的保理业务所包含的债权转让合同的法律性质并非纯正的债权让与,而应认定为是具有担保债务履行功能的间接给付契约。间接给付理论下的有追索权保理包含担保功能和清偿功能,在担保功能方面,追索权的功能相当于应收账款债权人为债务人的债务清偿能力提供了担保,这一担保的功能与放弃先诉抗辩权的一般保证相当。和前述(2014)民二终字第 271 号案件不同的是,虽然都论述到"与放弃先诉抗辩权的一般保证相当",但由此得出的结论并不相同。最高人民法院在此次判决中明确指出,债务人应当就其所负债务承担第一顺位的清偿责任,对其不能清偿的部分,由应收账款债权人承担补充赔偿责任。遗憾的是,由于该案中保理人未同时起诉应收账款债权人和债务人,故在判决主文中未能体现出履行顺位。

间接给付,又称新债清偿、为清偿之给付,"因清偿债务而为异于原定给付之给付,因债权人就新给付之实行受满足,而使旧债务消灭"。[②] 该理论源于德国民法,是指双方当事人本来存在债权债务关系,为偿还旧债,债务人为债权人设定一个不同于原债本旨的新债,此时旧债不消灭,处于停止状态。债权人应先行使新债债权,如果新债履行,则新债旧债一同消灭。因转让新债的目的是为清偿旧债,故债权人受领的超过旧债部分,应予以返还。在新债无效、被撤销或实行无果时,债权人还可请求履行旧债。

虽然我国立法中并未采纳间接给付的概念,但在实践中,间接给付有着广泛的应用场景。例如,在买卖合同中,买方未以金钱方式支付货款,而是以票据作为支付手段,这就是典型地通过设定票据上的新债负担以偿还基础合同项下的货款。最高人民法院在内蒙古兴华房地产公司与通州建总集团建设工程施工合同纠纷案中,也首次在司法裁判中采纳了间接给付理论解决以物抵债问题。[③]

然而,将间接给付运用至保理合同纠纷中还存在诸多值得探讨的问题。在保理关系中,应收账款债权人取得融资款后并不需要立即还款,也就是说融资款未届清偿期而需要同步转让应收账款,在法理上难为妥当。而且,最高人民法院(2017)最高法民再 164 号民事判决在适用间接给付理论的同时,又沿用了"放弃

① 参见最高人民法院(2017)最高法民再 164 号民事判决书。
② 史尚宽:《债法总论》,中国政法大学出版社 2000 年版,第 819 页。
③ 参见最高人民法院(2016)最高法民终 484 号案件民事判决书。

先诉抗辩权的一般保证"这个观点,不免产生矛盾。因为在间接给付理论中,先有融资,再转让应收账款作为清偿方式;而在一般保证制度中,先有应收账款转让,再由应收账款债权人提供担保。另外值得思考的问题是,如何理解"放弃了先诉抗辩权的一般保证"。先诉抗辩权是指在主合同纠纷未经审判或者仲裁,并就债务人财产依法强制执行仍不能履行债务前,一般保证人对债权人可以拒绝承担保证责任。在司法实践中,出于避免当事人讼累的考虑,根据《最高人民法院关于适用〈中华人民共和国担保法〉若干问题的解释》第125条的规定,一般保证的债权人向债务人和保证人一并提起诉讼的,人民法院可以将债务人和保证人列为共同被告参加诉讼,但是应在判决书中明确在对债务人财产依法强制执行后仍不能履行债务时,由保证人承担保证责任。故该等诉讼程序上的安排与放弃先诉抗辩权并不相同。在放弃先诉抗辩权的情况下,一般保证和连带责任有何区别、补充责任如何承担有所不明。

而且,间接给付在如何判定新债实行无果上的理论争议也尚未解决。有学者认为,"如新债务届期不履行者,旧债务恢复作用,债权人仍得请求债务人并偿旧债务"。[①] 最高人民法院在内蒙古兴华房地产公司与通州建总集团建设工程施工合同纠纷案中也持同样观点,认为若新债务届期不履行,或者新债务虽未明确约定履行期,但债务人明确表示或者以自己的行为表明不履行新债务的,债权人即有权请求债务人履行旧债务。[②] 但也有学者认为,"债权人不仅有变价权,亦有变价义务,即应先就他种给付予以变价而受偿"。[③] 该种观点与一般保证的先诉抗辩权颇有共通之处。在诸多争议下,将间接给付理论运用至有追索权保理场景中还有待商榷。

(三)让与担保说

让与担保说亦把融资关系作为保理合同中的主要权利义务,但认为转让应收账款是为偿还融资款作担保,而不是为清偿。保理人此时有变价权,但没有变价义务。也就是说,保理人没有义务先行处置担保财产,可以向债务人请求偿还融资款,也可以请求应收账款债权人给付或者回购应收账款,但并不负有先行请

---

① 邱聪智:《债编通则》,中国人民大学出版社2004年版,第454页。

② 参见最高人民法院(2016)民终484号民事判决书。

③ 王千维:《论为清偿之给付》,载《政大法学评论》2011年第2期。

求应收账款债务人给付的义务。故应收账款债权人无权请求保理人先行变价或以保理人未先行变价为由抗辩。

多地法院在裁判中将有追索权保理的法律性质认定为债权让与担保。例如,在福燃煤炭运销有限公司、中国建设银行股份有限公司福州城南支行金融借款合同纠纷案中,福建省高级人民法院认为,有追索权保理中的债权让与实属债权让与担保,保理人向债务人请求给付应收账款受阻时,基础合同债权人负有偿还保理融资款本金并支付利息的责任,所以基础合同债权人对保理融资款负有最终偿还责任,其与保理人之间形成了资金借贷关系,保理人受让应收账款实际上起到担保作用。① 在中国银行福建省分行诉福州飞皇贸易有限公司等金融借款合同纠纷案中,福建省高级人民法院认为,应收账款转让的目的在于清偿主债务或担保主债务得到清偿,当保理银行因应收账款无法收回而要求卖方承担还款责任,在卖方未清偿保理融资款前,保理银行仍有权向买方收取应收账款用以偿还主债权,故有追索权保理的从法律关系为债权让与担保关系。②

让与担保,又称为担保之给付,“是指债务人或者第三人为担保债务的履行,将担保物的所有权移转予担保权人,债务清偿后,担保物应返还予债务人或第三人;债务不获清偿时,担保权人得就该担保物受偿的一种担保形式”。③ 虽然我国法律未明文规定让与担保制度,但《全国法院民商事审判工作会议纪要》第71条明确承认了让与担保的效力。在有追索权保理的场景中,让与担保理论将保理融资关系作为主要法律关系,应收账款转让是为担保融资款的实现,这里弥补了间接给付理论产生的逻辑问题,即转让应收账款的行为并非清偿融资款,而是用于担保。让与担保理论与间接给付理论最大的区别在于债务履行顺位不同。在让与担保理论下,保理人行使债权请求权并无顺位之分。同时,由于转让应收账款是用于担保,所以保理人对于超额回款负有法定的清算义务。

将有追索权保理的法律性质认定为让与担保亦有其局限性。由于我国仅承认清算型让与担保,不承认归属型让与担保,保理中的应收账款转让是否构成真正的债权转让不无疑问,而债权转让又是保理合同法律关系中必不可少的要素,那么是否还能称为保理呢?也有观点质疑让与担保理论架构下的保理并非实质

① 参见福建省高级人民法院(2016)闽民终579号民事判决书。

② 参见福建省福州市中级人民法院(2013)榕民初字第1287号民事判决书。

③ 高圣平:《动产让与担保的立法论》,载《中外法学》2017年第5期。

意义上的保理，应收账款债权人负担首要偿还责任，违背了保理合同当事人的真实意思和交易成立的基础。①

综上所述，以上三种司法裁判路径在保理合同主要权利义务的认定、保理人行使权利顺位以及清算义务等方面均有所不同，如表 1 所示。

表 1 裁判路径对比

裁判路径	附担保条件的债权让与	间接给付（为清偿之给付）	让与担保（为担保之给付）
主要权利义务	债权转让	借款	借款
保理人行使权利顺位	无	先向债务人主张	无
基础合同债权人责任范围	融资款本息	融资款本息	融资款本息
清算义务	无	有	有

三、《民法典》中有追索权保理的立法选择

我国《民法典》第 766 条规定："当事人约定有追索权保理的，保理人可以向应收账款债权人主张返还保理融资款本息或者回购应收账款债权，也可以向应收账款债务人主张应收账款债权。保理人向应收账款债务人主张应收账款债权，在扣除保理融资款本息和相关费用后有剩余的，剩余部分应当返还给应收账款债权人。"该条首次对有追索权保理人如何实现权利救济作出了法律规定。从文字表述来看，保理人和债权人之间约定回购应收账款或返还保理融资款本息，均可成立有效的追索权；而且，与《民法典》二审稿规定"保理人有权选择向应收账款债权人主张返还保理融资款本息或者回购应收账款债权，或者向应收账款债务人主张应收账款债权"不同的是，《民法典》最终使用了"可以""也可以"的表述，保理人并非只得择一行使权利，同时主张权利似乎不存在障碍。同时，该条文明确规定了保理人的清算义务，在追索权保理中，保理人无权再获取超出融

① 参见关丽、丁俊峰、包晓丽：《保理合同纠纷中基础交易合同债务人拒绝付款的司法认定》，载《法律适用》2019 年第 23 期。

资款本息的收益,显然,立法上未采纳前述观点一。

值得关注的是,全国人民代表大会法律工作委员会(以下简称全国人大法工委)和最高人民法院对于《民法典》中有追索权保理法律性质的认定,仍存在不同解读。全国人大法工委主编的《民法典释义》中明确写道:“在没有约定或约定不明时,由于在为担保的给付中,保理人仅有变价的权利而无变价的义务,对保理人的负担较轻,而无论是何种性质对债权人的最终权益均没有太大影响,因此,基于保理业务的通常实践,避免当事人通过约定排除法定规则的交易成本……故作出本条规定。”①即全国人大法工委认为,立法本意是将有追索权保理的性质定为让与担保。学者王千维曾专门比较为清偿之给付和为担保之给付,认为从债权人取得一项权利或物,进而就该权利或物之变价所生之利益实现债权而言,二者是相当的,故认定是间接给付还是让与担保,依当事人给付之意思而定,但约定不明时,应认定为让与担保,因为此时债权人仅有变价权,而没有变价义务,债权人负担较轻。② 多数学者也均主张本条规定实际上采纳了让与担保的法律构成。③

而在最高人民法院主编的《中华人民共和国民法典合同编理解与适用》中,最高人民法院仍坚持间接给付观点,认为虽然从实践效果来看,让与担保和间接给付的裁判路径在最终结果上并无实质不同,但其论证逻辑存在差异,并强调:“如果合同未作约定,应按间接给付的法理,判令应收账款债务人承担第一顺位的还款责任,应收账款债权人承担补充责任。”④

四、思考与展望

综上分析,对于有追索权保理的争议并未随着《民法典》的颁布而停息。从

① 黄薇主编:《中华人民共和国民法典合同编释义》,法律出版社2020年版,第613页。

② 参见王千维:《论为清偿之给付》,载《政大法学评论》2011年第2期。

③ 参见李宇:《保理合同立法论》,载《法学》2019年第12期;黄和新:《保理合同:混合合同的首个立法样本》,载《清华法学》2020年第3期;李志刚:《〈民法典〉保理合同章的三维视角:交易实践、规范要旨与审判实务》,载微信公众号“法律适用”2020年8月4日,https://mp.weixin.qq.com/s/uLUEOAD1iHwKsl2Hlv_FxQ。

④ 最高人民法院民法典贯彻实施工作领导小组主编:《中华人民共和国民法典合同编理解与适用》,人民法院出版社2020年版,第1785页。

立法本意上看,《民法典》第760条采纳让与担保说的意图还是比较清晰的,而立法本意也是司法裁判中进行法律条文解释时所考量的首要因素。但同时也要看到,在数十年保理合同纠纷的裁判发展中,司法始终在努力寻求保理行业秩序的规范,试图通过强调债务人为第一顺位责任人这一裁判规则,来引导保理人关注、审查基础交易,关注供应链本身。所以,该条立法是否存在司法解释明确权利顺位的空间,有待进一步思考和探索。

首先,值得考虑的是,在立法对保理人较为友好的情况下,司法是否应当对保理人的权利有所限制,以在个案中实现保理合同关系中各方利益的动态平衡。通观《民法典》保理合同章,和既往裁判规则相比,需注意以下几点:一是在保理合同成立上,保理人提供融资等一种服务即可构成保理;二是限定保理人只有在"明知"的情况下,通谋虚构应收账款才得对抗保理人;三是扩大应收账款转让通知的主体范围,保理人也可发送转让通知;四是基础交易合同的变更对保理人产生不利影响的,对其不发生效力;五是给予有追索权保理中保理人任意的请求权。可以说,整体上营造了有利于保理行业发展的法治环境。而上述几点因素叠加在一起,极容易使保理人忽视对基础交易的审查,滑向变相放贷的陷阱。因此,有必要通过司法上确立相应的裁判规则规范行业管理秩序。

其次,面对层出不穷的金融创新产品,传统民商法理论是否足以包容和解释,也是商事金融审判中始终面临的问题。如前所述,大陆法系的间接给付理论、让与担保理论均无法完美地解释保理合同中所涉的法律关系,是削足适履套入既有理论,还是改变理论以包容现代创新,抑或不再拘泥于传统民商法,因地制宜设定金融领域的特殊规则,不乏讨论余地。

最后,需要注意的是,合同法上的规范大多为任意性规范,当事人可以通过约定加以排除,在合同没有约定或约定不明时,方适用法律规定补充当事人的意思表示,《民法典》第766条也不例外。在有追索权保理中,如果当事人在合同中就保理人行使权利的顺序作出特别约定,那么有约从约,按照合同约定处理。

总而言之,我国《民法典》中对于保理合同的规定能够较大程度满足我国保理业发展的需要,但对于有追索权保理的法律性质界定及保理人求偿顺序的争议仍有探讨空间。司法实践中,应当厘清保理合同中的多层次法律关系,作出更符合当事人真实意思和保理业务的裁判,进而打造统一而开放的保理司法环境。

《九民纪要》视角下投资者适当性原则司法审判适用之思辨

杨　晖*

一、投资者适当性原则之金融监管起源考察

（一）适合交易原则的实践历程

适合交易原则起源于美国证券法的“挂牌理论”（shingle theory）。美国证券交易委员会（Securities and Exchange Commission，SEC）在20世纪30年代规定当证券交易商和经纪人挂牌营业时，应保持高度的职业水准，即向社会公开承诺他们所有雇员的行为都是公平的并且符合职业行为标准。该项原则后来被法院的判决认可，从而具有法律效力。在此规则基础上，SEC制定了规则10b－5反欺诈条款来规范证券交易中的欺诈行为。美国《1934年证券交易法》第15A条要求交易商和经纪人联盟应该制定规则保护投资公众免于欺诈和操纵的侵害。纽约证券交易所（New York Stock Exchange，NYSE）、美国全国证券交易商协会（National Association of Securities Dealers，NASD）、芝加哥期货交易所和市政证券规则制定理事会等都制定了相应的适合交易的证券经纪行业行为准则，以保护上市公司的非专业投资者免于受到无良的证券交易专家的影响。① NASD通过“会员告知”（Notice to Members）规定了构成推荐的情形，特别是当交易商使用任何方式引起消费者注意某种证券产品时，这项交易就构成推荐。NYSE则通

* 法学博士，上海金融法院申诉审查及审判监督庭法官助理。

① See Lewis D. Lowenfels, Alan R. Bromberg, *Suitability in Securities Transactions*, Business Lawyer, Vol. 54, No. 4（1999）, pp. 1557－1597.

过扩大"了解你的客户"义务的适用范围来发挥适合性规则的作用。NYSE 规则405(1)要求会员组织的职员应该努力了解该组织的每位客户、每个命令、持有或管理的每个现金或保证金账户的基本状况。最初的适合交易原则只是行业自律规则的一部分,《NASD 公平执业规则》(NASD Rules of Fair Practice)第三部分第二节第 2310 条中规定了适合性原则,NASD 的会员在向消费者推荐购买、出售或者交易证券产品时,应该有合理的理由确信推荐行为对该消费者而言是合适的。[①] 1963 年,为了应对证券市场愈演愈烈的滥用行为,更有效地保护投资者,SEC 认为 NASD 的适合交易原则比较具有代表性,建议 NASD 进一步明确适合交易原则并且严格执行。随后 NASD 明确了经纪人违反与客户公平交易义务的情形,适合交易原则经由社会自治组织的一种自律规则演变成为证券行业的道德和职业责任规则。[②] 1964 年美国证券交易法修订案赋予 SEC 监管 NASD 非会员经纪交易商的权力,制定规则以提升交易的公正和均衡,即《SEC 注册规则》(SEC-registered only rules ,SECO),其中包括的规则 240. 15b 10 - 3 明确了适合交易原则,成为规范证券行业的道德和职业责任规则。[③] 美国联邦第二巡回法院在 1978 年 Clark v. John Lamula Investors, Inc. 判决中认为,经纪人没有依据证券行业的标准公平对待消费者,做出了不合适的推荐行为,违反了适合交易原则,判决其违反了 SEC 规则 10b - 5 反欺诈条款。[④]

日本 1992 年《证券交易法》第 43 条规定,金融机构不得劝诱投资者购买与其知识、经验、财产状况并不适当的证券,以对投资者提供应有保护。2006 年《金融商品交易法》第 8 条进一步规定,金融商品销售业者必须致力于确保与金融商品销售有关的劝诱行为的适合性。我国香港证券及期货事务监察委员在《证券及期货事务监察委员会持牌人或注册人操守准则》[⑤]5. 2"认识你的客户:合理的

① See Conduct Rules. 2310. Recommendations to Customers (Suitability), available at http://www. sec. gov/pdf/nasd1/2000 ser. pdf, November 30, 2020.

② See Matthew J. Benson, *Online Investing and the Suitability Obligations of Brokers and Broker-Dealers*, 34 Suffolk U. L. Rev. 395(2001).

③ See Conduct Rules. 2310. Recommendations to Customers (Suitability), available at http://www. sec. gov/pdf/nasd1/2000 ser. pdf, November 30, 2020.

④ See Clark v. John Lamula Investors, Inc. 583 F. 2d 594 (2d Cir. 1978).

⑤ 我国香港证券及期货事务监察委员会(Securities and Futures Commission of Hong Kong, SFC)在 1994 年就制定了《证券及期货事务监察委员会持牌人或注册人操守准则》,后历经了数次修订,目前执行的是 2020 年 9 月修订后的第 21 版。

建议”部分规定,持牌人或注册人经考虑其所察觉的或经适当查证后理应察觉的关于该客户的资料后,持牌人或注册人在作出建议或招揽行为时,应确保其向该客户作出的建议或招揽行为,在所有情况下都是合理的。

(二)投资者适当性原则是适合交易原则的重要组成部分

适合交易原则表达了这样一个理念,即金融消费决定只能依据金融消费者的消费目标和需求来确定。金融消费者的财富能力和承受风险能力各有不同,金融产品只有与金融消费者的个人消费状况相匹配才能够达到适合交易的规范要求。最初的适合交易原则的主要内容是规范证券经纪人的推介行为。经纪人只能推销那些符合消费者的投资目标的证券产品,并要满足特定消费者的个性化需求。适合交易原则(suitability doctrine)具体规定了两个方面衡量标准:(1)销售的金融产品必须符合特定消费者的投资目标、特殊需求并与消费者的其他投资行为相协调;(2)推销产品的品质特征应适合金融消费者。从上述内涵看,适合交易原则主要是从金融产品和服务的提供者方面作出要求。该原则从投资者(金融消费者)角度可以理解为,投资者(金融消费者)的个人消费状况必须与其购买的金融产品和服务相匹配,即成为合格的投资者(金融消费者)。投资者适当性原则包含两方面要求:一是金融产品的质量合格,这是金融经营者所应承担的最基本的义务;二是特定投资者(金融消费者)的需求和财务状况合适推介的金融产品。

从适合交易原则的发展历程来看,该原则旨在改变金融经营者和金融消费者之间在信息、组织力、专业知识等方面的实质不平等。在现代金融消费活动中,金融消费者有权相信经纪人只有在考虑消费者的特定情况后,认为其推荐的交易对消费者而言是适合的,才会做出相应的推荐行为。这实际上是要求金融经营者在充分了解其交易对手——金融消费者的金融消费能力,包括财产状况、特殊投资目的与需求及其他投资行为的基础上才能做出相应的个性化的金融推荐行为。

二、司法审判适用投资者适当性原则之价值考量

(一)金融产品的嵌套结构隐含多重投资者适当性标准适用难题

金融产品的嵌套设计,是指为回避不同金融监管部门对投资者(金融消费

者)适当性的不同标准,金融经营者在设计其产品时多采用层层嵌套结构,将产品最低层资产和最终投资者(金融消费者)通过产品嵌套其他资管产品,从而使该金融产品从形式上符合不同监管部门的投资者适当性监管规定。目前,我国金融市场仍依据传统的机构监管划分出不同的产品范围:公墓基金、银行理财、信托计划、券商资管、基金专户、私募基金、期货资管等。其中,银行理财、信托计划、保险资管由中国银行保险监督管理委员会(以下简称银保监会)监管;券商资管、基金专户、期货资管和私募资管由中国证券监督管理委员会(以下简称证监会)监管。基本上银保监会与证监会在投资者适当性、登记备案系统、投资范围、是否区分公募和私募、托管、信息披露等规则方面都各自制定相应规则,标准有所不同。我国金融监管部门亦针对各自监管范围的金融产品制定了相应的投资者(金融消费者)适合交易原则,并侧重强调投资者(金融消费者)的标准化考量。但银保监会、证监会对投资者适当性的界定标准并不一致,且主要集中在对投资者(金融消费者)的金融资产数额的限制方面,这种多头监管政策造成的口径不一,隐含了其后的适用标准矛盾(参见文末附表:法律法规对于适当性原则的规定)。

从目前的银保监会、证监会的不同投资者适当性标准看,银行理财资金投资者门槛低,直接投资信托计划,无法满足信托计划投资者适当性要求。金融机构通过金融产品嵌套方式,即采取"银行理财+资管通道+信托计划"模式,在监管上实现"银保监转证监再转银保监",对投资者适当性原则"就低不就高"。一旦发生兑付危机,投资者(金融消费者)采用诉讼方式追讨损失将会面临诸多障碍,投资者适当性原则无所适从。2014 年 2 月中国银行业监督管理委员会(已撤销,以下简称银监会)制定的《关于 2014 年银行理财业务监管工作的指导意见》首次明确强调"解包还原"与"穿透原则",对于非标债权理财,要求穿透到底,并要求按照"实质重于形式"的原则,解包还原基础资产。2016 年 3 月银监会制定的《关于进一步加强信托公司风险监管工作的意见》规定,提高复杂信托产品的透明度。信托公司按"穿透"原则,向上识别信托产品最终投资者(金融消费者),不得突破投资者适当性的各项规定,防止风险蔓延;同时按"穿透"原则向下识别底层资产,资产最终投向应符合银保监会、证监会等各类监管规定和合同约定,将相关信息向投资者(金融消费者)充分披露。明确信托计划向上和向下穿透原则。2017 年 2 月,中国人民银行、中国保险监督管理委员会(已撤销)、银监会、证监会联合制定的《规范金融机构资产管理业务的指导意见(内审稿)》规定禁止资管产品多层欠套,只允许 FoF(Fund of Funds,基金中的基金)和委外(股票和债券)协议方式。[①] "去嵌套,强穿透"反映金融监管部门正在趋向注重实质审查适用投资者适当性原则,通过强化信息披露,完善全国统一的相应金融产品的信息登记系统,从源头减少金融系统性风险,维护金融市场稳定,维护投资者(金融消费者)权益。2020 年 3 月 1 日实施的《证券法》第 88 条也规定了证券公司的投资者适当性原则,并明确证券公司违反该项义务应承担相应的赔偿责任,从法律层面明确了金融产品提供者的投资者适当性义务。

在司法审判实践中,近期纠纷较多的基金子公司作为管理人的资管计划、私募股权投资基金、私募债权投资基金等案件中,投资者不适格成为原告诉请主张的主要理由之一。根据证监会 2016 年 12 月颁布的《基金管理公司子公司管理规定》,基金公司子公司的经营范围包含了特定客户资产管理业务,私募股权投资基金管理业务等,但不得投资于上市交易的股票、股指期货以及其他衍生品。但是私募股权基金管理公司可以通过设立特殊目的机构,或者作为管理人,设立合伙企业或公司形式的私募股权投资基金等方式投资于上市交易的股票、股指期货以及其他衍生品。从该规定的上述内容可以看出,私募作为投资非标资产的主导力量,必须要通过嵌套来完成资金在资本市场的重新配置。因此在金融产品创新的同时,产品结构化带来的内在矛盾显而易见。

(二)司法审判适用投资者适当性原则的现实意义

投资者适当性原则对金融消费者保护的实践意义在于,通过事前确定金融产品与目标投资者(金融消费者)适合与否、事中通过信息披露来不断告知金融消费者涉及该金融产品交易的有效信息、事后如果金融经营者违反了投资者适

---

① 委外,是指银行通过与其他金融机构签订委托投资协议,委托其对理财资金进行投资管理,该方式与"资管计划"下的"委托管理"本质区别在于没有资产管理产品作为载体。资产管理方式由资产管理产品发行机构承担实际资金管理责任。FoF 是指专门投资于其他证券投资基金的基金,FoF 并不直接投资股票或债券,其投资范围仅限于其他基金,通过持有其他证券投资基金而间接持有股票、债券等证券资产,是结合基金产品创新和销售渠道创新的基金新品种。

当性原则,则投资者(金融消费者)在合理信赖的基础上,可以违反该原则为由向法院提起民事诉讼,要求金融经营者赔偿损失。金融行政监管与法院司法审判是金融市场规范的前端与金融纠纷最终解决的两个层面,金融监管趋向穿透审查金融产品的嵌套设计,审查底层资产及最终投资者(金融消费者)是否符合相关投资者适当性原则,若司法审判层面不适用该原则,那么金融监管的穿透式审查就缺乏通过司法审判程序确认法律责任的保障。金融监管机构对金融经营者的处罚系对其行政责任的追究,不能替代司法审判确认的民事法律责任的承担。金融监管和司法审判对同一原则的适用尺度不统一,会导致投资者(金融消费者)维权通道受限,不利于规范金融经营者行为、维护金融市场稳定。从目前法院受理的相关案件看,案由多为委托理财合同纠纷,而从理财合同看,投资者(金融消费者)均符合信托计划的投资者适当性规定,但是信托产品大多为通道产品,其底层嵌套产品有可能为私募产品等,通过购买银行理财产品形式嵌套信托产品再嵌套私募产品。一方面,只有通过穿透式审查,才得以厘清投资者(金融消费者)与金融经营者(产品提供者、发行人、受托人、管理人等)实质的法律关系,明确当事人各方的法律责任;另一方面,若司法审判不穿透式审查是否符合投资者适当性原则,形式上金融产品涉及的法律关系掩盖该产品实质法律关系,那么投资者(金融消费者)的合法权益将无法得到司法保障,有违司法审判之公正原则。

三、司法审判适用投资者适当性原则之路径选择

金融监管对投资者适当性原则的适用侧重在金融产品和服务的标准化及信息披露方面实现。司法审判中适用投资者适当性原则要穿透嵌套法律关系,进行实质法律关系审查,帮助投资者(金融消费者)明确其诉讼请求的基础法律关系。

(一)司法审判逻辑与金融监管逻辑有所不同

金融监管的行政执法逻辑系围绕行为事实展开,考量金融经营者提供金融产品的过程是否符合相关监管规定,在进行穿透式审查过程中,以金融经营行为和金融产品为主线,通过解析产品结构来明晰资金流向,最终确定底

层资产及最终投资者(金融消费者),并以该产品的投资结构和资产配置情况来判断是否符合相应的投资者适当性原则标准。在这个穿透过程中,金融监管部门主要依赖该产品的主动信息披露及相关登记系统信息来进行事实认定。

司法审判的审理逻辑重点在于,在对金融产品进行穿透考察时,在突破形式产品结构、查明实质产品结构的基础上,确定投资者(金融消费者)与金融经营者(产品提供者、销售者、发行人、受托人、管理人)之间形成的多层法律关系及实质法律关系,进而判断合同效力,确定各方法律责任。而很多案件的实际情况则有可能更为复杂,投资者(金融消费者)在提出诉讼维权时,并不知晓其与金融经营者(产品提供者、发行人、销售者等)之间的实质法律关系,或者将几种法律关系混为一谈,其诉讼请求的请求权法律关系基础并不明晰,导致在案件审理过程中,诉请与案由协调、诉讼标的确定、举证责任分配等存在困难。

(二)司法审判穿透适用投资者适当性原则的现实路径考量

在大资管背景下,金融产品嵌套被限制在委外和FoF两种形式,但目前尚处于统一资管的过渡期,因此,司法审判仍然要面对大量嵌套产品纠纷的司法定性与处理。图1为司法审查适用"穿透原则"示例。

案例:2013年3月,A信托公司与B银行签订《代理推介合作协议》和《信托计划合作补充协议》。协议约定,A信托公司委托B银行零售渠道推介其发行《C集合资金信托计划》并提供相应配套服务。协议明确,应选择符合《信托公司集合资金信托计划管理办法》规定的投资者适当性进行风险适合性调查及推介,并按照A信托公司提供的信托计划相关文件向投资者(金融消费者)充分揭示产品风险。

信托财产仅限运用于投资在上海证券交易所、深圳证券交易所或中国金融期货交易所公开挂牌交易或已经公开发行并即将公开挂牌交易的所有投资产品、银行间投资品种、保管银行发行的银行理财产品以及中国证监会许可发行的基金在当前和未来可以投资的其他所有投资品种。投资者王某系退休人员,B银行的贵宾客户。2015年3月,王某至B银行电子网络认购了100万元《C集合资金信托计划》,在柜面签署了《B银行代销/推介产品交易业务申请表》《代为推

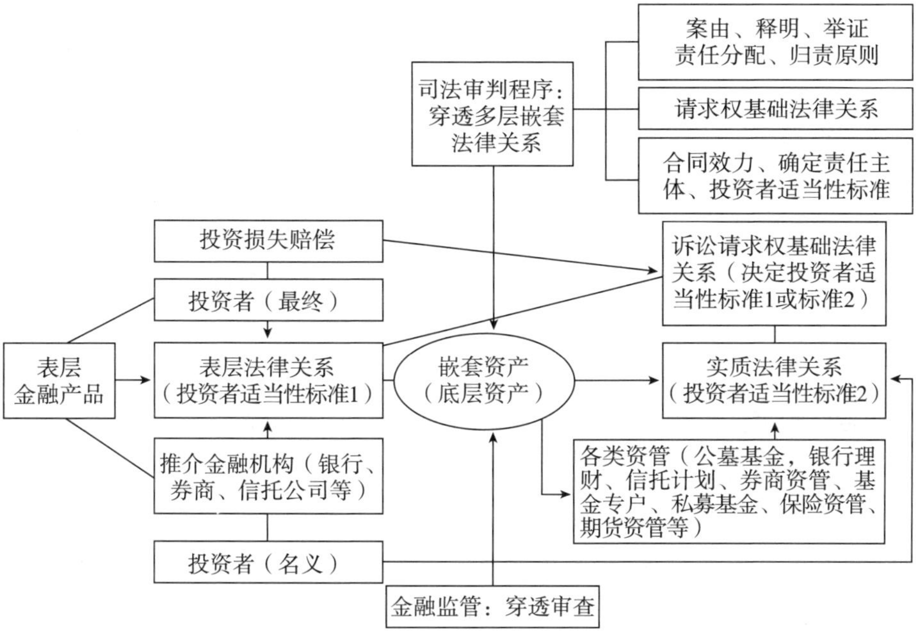

图1　司法审查适用“穿透原则”示例

介产品权责提示书》，并办理了划款认购手续，后王某投资损失 338, 878 元。王某诉请 B 银行承担损失赔偿责任，A 信托公司对此承担连带赔偿责任。王某陈述该信托计划实际投资私募基金产品，其并非私募基金产品的合格投资者，但 B 银行、A 信托公司均未披露该产品信息，王某也未举证证明《C 集合资金信托计划》实际嵌套了私募基金产品。一审法院认为，B 银行在推介该信托产品时未履行信托投资者适当性评估责任，未充分披露信托产品风险，未履行投资者适当性义务等，存在过错，应对王某投资损失承担 60% 责任。王某为完全民事行为能力自然人，对其投资损失也应有基本风险认知，故自行承担 40% 责任，驳回了其对 A 信托公司的诉请。二审调解结案。①

该案例是典型的银行推介信托计划产品纠纷，该产品又嵌套其他资管产品，在造成投资损失的情况下，投资者将推介银行与信托产品受托人、发行人（信托公司）一并起诉，要求其共同承担损失赔偿责任。该案一审案由为财产损害赔偿纠纷，二审案由为金融委托理财合同纠纷。从该案反映出，进行穿透式事实审查

① 参见上海市第二中级人民法院（2017）沪 02 民终 1760 号民事调解书。

以适用投资者适当性原则要处理好以下几个问题:

1. 协调立案案由与诉讼请求的基础法律关系

分析投资者(金融消费者)的诉讼请求,明确其请求权的基础法律关系。在案件审理中,受案由限制,只能审查案由所涉的基础法律关系。而在嵌套金融产品中,若投资者(金融消费者)仅以表层产品所涉法律关系起诉,却要求以底层产品所涉法律关系适用投资者适当性标准,可能导致案由与请求权基础法律关系的不一致,造成审理障碍。从本案投资者推介银行、信托公司的法律关系来看:首先,推介银行系受信托公司委托销售信托产品,而投资者在购买该信托产品时,推介银行也向其披露了信托公司为该产品的发行人、受托人,投资者认购了该信托产品,并与信托公司签订的信托产品认购合同,投资者与信托公司之间信托合同关系成立。其次,推介银行向投资者推介信托产品,系银行向投资者提供了个人理财服务,投资者与推介银行之间形成了理财顾问服务①合同,推介银行应该在提供理财顾问服务时履行投资者适当性义务,否则应该承担相应责任。显然信托公司与推介银行对投资者损失赔偿责任的法律关系基础不同。投资者在起诉时将推介银行作为第一被告,要求因其未履行投资者适当性义务,应承担损失赔偿责任,而信托公司就此损失承担连带赔偿责任。投资者诉请并未明确其请求权基础法律关系,该案案由从损害赔偿损失纠纷到金融委托理财合同纠纷,实际上是逐步明确其诉讼请求权法律关系基础的过程。

2. 释明应以请求权基础法律关系的确定为限

在嵌套金融产品案件审理中,应向投资者(金融消费者)充分释明其诉讼请求所涉的请求权基础法律关系的选择。正如上述案例所述,案由的变化实际是诉请之法律关系基础的变化,违约与侵权之诉请,投资者(金融消费者)有权选择。由于金融机构的信息披露不充分,投资者(金融消费者)实际很难知晓其购买的金融产品的底层资产性质以及投资者(金融消费者)与底层金融产品、表层金融产品的发行人(受托人、管理人)等之间的存在何种法律关系。法官在初步

---

① 2005年银监会制定的《商业银行个人理财业务管理暂行办法》(已失效)第8条规定,理财顾问服务,是指商业银行向客户提供的财务分析与规划、投资建议、个人投资产品推介等专业化服务;第37条规定,商业银行利用理财顾问服务向客户推介投资产品时,应了解客户的风险偏好、风险认知能力和承受能力,评估客户的财务状况,提供合适的投资产品由客户自主选择。

审查证据事实后，应充分向投资者（金融消费者）披露上述法律关系，由投资者（金融消费者）明确其诉讼请求权的基础法律关系，便于随后的案件事实审查和争点归结。在此阶段，有可能受现有证据事实的约束，法官也难以获得金融产品是否存在嵌套等信息，因此应向金融经营者释明其应向法庭充分披露该金融产品信息，若故意隐瞒产品嵌套信息，未尽金融监管法律法规规定之信息披露义务，其应承担相应法律责任。

3. 以产品穿透事实审查指导举证责任分配

投资者适格原则作为金融经营者的谨慎经营义务的一部分，是金融监管法规明确的金融经营者（金融产品发行人、受托人、销售者、管理人等）的合同义务，即在与投资者（金融消费者）建立金融产品（服务）合同之前，必须事先审查投资者（金融消费者）是否与产品相匹配，金融经营者由此掌握了金融产品服务的充分信息。因此，在司法审判中，对涉案金融产品是否涉及嵌套，产品的销售者、发行人均有能力、有义务向法院充分披露产品信息。虽然我国的民事诉讼证据规则要求“谁主张，谁举证”，但投资者适格原则系金融经营者的合同义务，亦是监管法律法规规定的义务，故在举证责任分配方面，应强调金融产品销售者、发行人、受托人、管理人等的举证责任，由其证明案涉金融产品的嵌套情况，否则应承担举证不能之不利后果。但现实中有可能因各类金融产品的信息登记系统尚不完备，给司法审判穿透式事实审查带来困难。

4. 违反投资者适当性原则并不必然导致合同无效

违反投资者适当性原则并非我国原《合同法》第 52 条规定的合同无效的情形。投资者（金融消费者）是否具有相应的风险识别、风险承受能力，并不属于民事法律行为主体能力资格条件范围。金融监管机构的投资者适格规定，显然也并不事关投资产品、服务合同效力。但就金融合同而言，投资者适格是在民事法律行为主体资格条件之外，保障金融产品合同得以符合金融监管秩序的特别要求。因此，若违反了投资者适格原则，将不适合的金融产品销售给不适合的投资者（金融消费者），投资者（金融消费者）投资与其风险承受能力不匹配的金融产品，客观上放大了投资风险，从实质上造成了该民事法律行为主体风险承担的不公平。因此，投资者不适格，与合同效力无涉。另外，若仅因投资者（金融消费者）并非购买金融产品的适格主体而否定合同效力，则不利于投资者（金融消费者）权益保护。因若合同无效，发生恢复原状之法律状态，根据原《合同法》第 58

条之规定,合同约定的履行收益均要高于合同财产原状返还之收益。而投资者(金融消费者)购买金融产品也正是为获得超期收益,若合同无效,则投资者(金融消费者)损失赔偿范围可能因此受限,从而降低了金融经营者的违规成本,不利于稳定金融市场交易秩序。

5. 依据请求权基础法律关系确定违反投资者适当性原则的责任主体

在嵌套金融产品中,金融产品的销售者、发行人、受托人、管理人均为履行投资者适当性原则的责任人,投资者(金融消费者)可以从中选择承担损失赔偿责任方。但因产品嵌套结构的原因,投资者(金融消费者)可能只同金融产品的销售者(推介银行等)签订金融服务合同(形成委托合同关系),与表层金融产品的发行人(受托人、管理人等)签订认购合同(如信托合同关系)。而投资者(金融消费者)并非金融产品嵌套的底层资管合同的当事人,而该底层资管合同可能因不同的资管产品性质而形成不同性质的法律关系,如证券基金、股权基金、财产权信托、收益权信托等。若投资者(金融消费者)要求穿透审查金融产品结构,主张适用底层资产资管合同的投资者适当性标准,存在以下方面障碍:一是突破合同的相对性,若投资者(金融消费者)并非底层资产资管合同的直接当事人,需要证明投资者(金融消费者)为最终投资者(金融消费者),但现实情况为投资者(金融消费者)并不掌握相关信息,无法证明;二是若依据投资者(金融消费者)请求权的基础法律关系确定承担损害赔偿责任主体,则投资者适当性标准难以穿透至底层资管合同的相应投资者适当性标准。因此,法官在向当事人释明时要明确其请求权基础法律关系的利害性及相关诉讼风险。

6. 适用过错推定原则确定违反投资者适当性原则的责任范围

从理论上看,对违反投资者适格原则的性质尚存在争议,其或者为先合同义务,或者是一种法定义务。实践中,投资者适格原则引发的纠纷,诉请理由大致可以划分为合同之诉与侵权之诉两类。从先合同义务角度看,若合同被认定无效或者被撤销,依据原《合同法》第42条追究缔约过失责任,均要求行为人具有主观上的过错;从侵权责任角度看,侵权人的过错也是必要条件。但是部分法律规定推定行为人有过错,行为人不能证明自己没有过错的,应当承担侵权责任。例如,最高人民法院发布的《关于审理证券市场因虚假陈述引发的民事赔偿案件的若干规定》第21条规定,发起人、发行人或者上市公司对其虚假陈述给投资人造成的损失承担民事赔偿责任。发行人、上市公司负有责任的董事、监事和经理等高级管理人员对前款的损失承担连带赔偿责任。但有证据证明无过错的,应予免责。从上述规定可以看出,在证券虚假陈述纠纷中,对违反信息披露的法定义务的责任人采用过错推定原则,这其实充分考量到了在金融投资、消费行为中,金融经营者与投资者(金融消费者)之间的信息力的不均衡。只有客观考量信息分配的实际不均衡,加重金融经营者方面的信息披露责任,才能达到公平分配金融投资、消费行为中的风险,通过过错推定原则加重金融经营者方的举证责任,达到实质公平。相比较而言,投资者适格原则亦是金融经营者与金融投资者(金融消费者)之间的信息不均衡状态的一种调整,金融经营者更主动、全面、有效地向投资者(金融消费者)披露金融产品、服务信息,将适格的产品、服务销售给投资者(金融消费者)。从这个角度看,若因为违反投资者适格原则而承担法律责任,过错推定原则比较能充分平衡纠纷双方的信息不均衡。尤其是在发生纠纷的情况下,金融经营者掌握了交易行为的全过程信息、记录,由其来承担举证责任,证明其遵守了投资者适格原则,在交易行为中没有过错,是比较可取的、公正的举证责任分配考量。

因此,金融经营者(产品发行人、销售者、受托人、管理人等)若违反了投资者适当性原则,即违反了相关金融监管法规,也违反了合同约定,适用过错推定原则,金融经营者则需证明己方无过错,或者证明投资者(金融消费者)有过错,对其证据证明力要求更为严格,更有利于促使掌握金融产品信息的金融经营者充分举证,有助于查明案件事实。另外,适用过错推定责任原则,因金融经营者对违反投资者(金融消费者)适当性原则所致投资者(金融消费者)损失的赔偿责任负有过错,则其承担损失赔偿的范围应与其过错相当,有助于司法审判确定责任范围。

在司法审判中穿透式审查适用投资者适当性原则,其法律逻辑必须要穿透层叠的法律关系,依此路径尚有诸多障碍需要克服。抽丝剥茧,从案由协调、请求权基础法律关系确定、充分释明、举证责任分配、责任主体确定、归责原则等方面入手,逐步厘清司法审理思路,协调金融监管政策。

附表:法律法规对于适当性原则的规定

银行业规定		
1	2005年《商业银行个人理财业务管理暂行办法》(已失效)	第三十七条 商业银行利用理财顾问服务向客户推介投资产品时,应了解客户的风险偏好、风险认知能力和承受能力,评估客户的财务状况,提供合适的投资产品由客户自主选择*(首次明确提出了适合交易原则)*
2	2006年《关于商业银行开展个人理财业务风险提示的通知》(已失效)	第二条 理财产品(计划)的设计应强调合理性。商业银行应按照审慎经营原则,设计符合整体经营策略的理财产品(计划)。应做好充分的市场调研工作,细分客户群,针对不同目标客户群体的特点,设计相应的理财产品(计划)。同时,理财产品(计划)的设计应尊重和保护金融消费者的权益,特别是知晓理财产品(计划)风险特征的权益
3	2006年《商业银行金融创新指引》	第十六条 商业银行开展金融创新活动,应做到"认识你的客户"。应明确目标客户群,充分了解客户的风险偏好、风险认知能力和承受能力,根据业务需要进行客户评估,针对不同目标客户群,提供不同的金融产品和服务。商业银行不得向客户提供与其真实需要和风险承受能力不相符合的产品和服务
4	2008年《关于进一步规范商业银行个人理财业务有关问题的通知》(已失效)	第一条 履行代客资产管理角色,健全产品设计管理机制。商业银行应本着符合客户利益和风险承受能力的原则……根据客户分层和目标客户群的需求,审慎、合规地开发设计理财产品
5	2009年修订《信托公司集合资金信托计划管理办法》	第六条 前条所称合格投资者,是指符合下列条件之一,能够识别、判断和承担信托计划相应风险的人:(一)投资一个信托计划的最低金额不少于100万元人民币的自然人、法人或者依法成立的其他组织;(二)个人或家庭金融资产总计在其认购时超过100万元人民币,且能提供相关财产证明的自然人;(三)个人收入在最近3年内每年收入超过20万元人民币或者夫妻双方合计收入在最近3年内每年收入超过30万元人民币,且能提供相关收入证明的自然人*(明确信托计划的投资者适当性标准)*

续表

6	2012 年《商业银行理财产品销售管理办法》(已失效)	第九条 商业银行销售理财产品,应当遵循风险匹配原则,禁止误导客户购买与其风险承受能力不相符合的理财产品。风险匹配原则是指商业银行只能向客户销售风险评级等于或低于其风险承受能力评级的理财产品
7	2016 年《商业银行理财业务监督管理办法》	第二十六条 商业银行销售理财产品,应当加强投资者适当性管理,向投资者充分披露信息和揭示风险,不得宣传或承诺保本保收益,不得误导投资者购买与其风险承受能力不相匹配的理财产品。商业银行理财产品宣传销售文本应当全面、如实、客观地反映理财产品的重要特性,充分披露理财产品类型、投资组合、估值方法、托管安排、风险和收费等重要信息,所使用的语言表述必须真实、准确和清晰。商业银行发行理财产品,不得宣传理财产品预期收益率,在理财产品宣传销售文本中只能登载该理财产品或者本行同类理财产品的过往平均业绩和最好、最差业绩,并以醒目文字提醒投资者"理财产品过往业绩不代表其未来表现,不等于理财产品实际收益,投资须谨慎"。 第二十七条 商业银行应当采用科学合理的方法,根据理财产品的投资组合、同类产品过往业绩和风险水平等因素,对拟销售的理财产品进行风险评级。理财产品风险评级结果应当以风险等级体现,由低到高至少包括一级至五级,并可以根据实际情况进一步细分。 第二十八条 商业银行应当对非机构投资者的风险承受能力进行评估,确定投资者风险承受能力等级,由低到高至少包括一级至五级,并可以根据实际情况进一步细分。商业银行不得在风险承受能力评估过程中误导投资者或者代为操作,确保风险承受能力评估结果的真实性和有效性
8	2018 年《关于规范金融机构资产管理业务的指导意见》	第五条 资产管理产品的投资者分为不特定社会公众和合格投资者两大类。合格投资者是指具备相应风险识别能力和风险承担能力,投资于单只资产管理产品不低于一定金额且符合下列条件的自然人和法人或者其他组织。(一)具有 2 年以上投资经历,且满足以下条件之一:家庭金融净资产不低于 300 万元,家庭金融资产不低于 500 万元,或者近 3 年本人年均收入不低于 40 万元。(二)最近 1 年末净资产不低于 1000 万元的法人单位。(三)金融管理部门视为合格投资者的其他情形。合格投资者投资于单只固定收益类产品的金额不低于 30 万元,投资于单只混合类产品的金额不低于 40 万元,投资于单只权益类产品、单只商品及金融衍生品类产品的金额不低于 100 万元。

续表

		第六条　金融机构发行和销售资产管理产品,应当坚持“了解产品”和“了解客户”的经营理念,加强投资者适当性管理,向投资者销售与其风险识别能力和风险承担能力相适应的资产管理产品。禁止欺诈或者误导投资者购买与其风险承担能力不匹配的资产管理产品。金融机构不得通过拆分资产管理产品的方式,向风险识别能力和风险承担能力低于产品风险等级的投资者销售资产管理产品(*该意见设定的过渡期为2020年*)
证券业规定		
1	2014年修订《证券公司监督管理条例》	第二十九条　证券公司从事证券资产管理业务、融资融券业务,销售证券类金融产品,应当按照规定程序,了解客户的身份、财产与收入状况、证券投资经验和风险偏好,并以书面和电子方式予以记载、保存。证券公司应当根据所了解的客户情况推荐适当的产品或者服务
2	2014年《私募投资基金监督管理暂行办法》	第十二条　私募基金的合格投资者是指具备相应风险识别能力和风险承担能力,投资于单只私募基金的金额不低于100万元且符合下列相关标准的单位和个人:(一)净资产不低于1000万元的单位;(二)金融资产不低于300万元或者最近三年个人年均收入不低于50万元的个人。 第十三条　下列投资者视为合格投资者:(一)社会保障基金、企业年金等养老基金,慈善基金等社会公益基金;(二)依法设立并在基金业协会备案的投资计划;(三)投资于所管理私募基金的私募基金管理人及其从业人员;(四)中国证监会规定的其他投资者。以合伙企业、契约等非法人形式,通过汇集多数投资者的资金直接或者间接投资于私募基金的,私募基金管理人或者私募基金销售机构应当穿透核查最终投资者是否为合格投资者,并合并计算投资者人数。但是,符合本条第(一)、(二)、(四)项规定的投资者投资私募基金的,不再穿透核查最终投资者是否为合格投资者和合并计算投资者人数(*明确私募基金的穿透式审查投资者适当性标准*)

续表

3	2014 年《私募股权众筹融资管理办法(试行)(征求意见稿)》	第十四条　私募股权众筹融资的投资者是指符合下列条件之一的单位或个人:(一)《私募投资基金监督管理暂行办法》规定的合格投资者;(二)投资单个融资项目的最低金额不低于 100 万元人民币的单位或个人;(三)社会保障基金、企业年金等养老基金,慈善基金等社会公益基金,以及依法设立并在中国证券投资基金业协会备案的投资计划;(四)净资产不低于 1000 万元人民币的单位;(五)金融资产不低于 300 万元人民币或最近三年个人年均收入不低于 50 万元人民币的个人。上述个人除能提供相关财产、收入证明外,还应当能辨识、判断和承担相应投资风险;(六)证券业协会规定的其他投资者
4	2015 年修订《证券投资基金法》	第八十七条　前款所称合格投资者,是指达到规定资产规模或者收入水平,并且具备相应的风险识别能力和风险承担能力、其基金份额认购金额不低于规定限额的单位和个人
5	2016 年《私募投资基金募集行为管理办法》	第二十八条　私募基金的合格投资者是指具备相应风险识别能力和风险承担能力,投资于单只私募基金的金额不低于 100 万元且符合下列相关标准的机构和个人:(一)净资产不低于 1000 万元的机构;(二)金融资产不低于 300 万元或者最近三年个人年均收入不低于 50 万元的个人
6	2017 年《证券期货投资者适当性管理办法》	第三条　向投资者销售证券期货产品或者提供证券期货服务的机构(以下简称经营机构)应当遵守法律、行政法规、本办法及其他有关规定,在销售产品或者提供服务的过程中,勤勉尽责,审慎履职,全面了解投资者情况,深入调查分析产品或者服务信息,科学有效评估,充分揭示风险,基于投资者的不同风险承受能力以及产品或者服务的不同风险等级等因素,提出明确的适当性匹配意见,将适当的产品或者服务销售或者提供给适合的投资者,并对违法违规行为承担法律责任。 第八条　符合下列条件之一的是专业投资者: (一)经有关金融监管部门批准设立的金融机构,包括证券公司、期货公司、基金管理公司及其子公司、商业银行、保险公司、信托公司、财务公司等;经行业协会备案或者登记的证券公司子公司、期货公司子公司、私募基金管理人。

续表

		(二)上述机构面向投资者发行的理财产品,包括但不限于证券公司资产管理产品、基金管理公司及其子公司产品、期货公司资产管理产品、银行理财产品、保险产品、信托产品、经行业协会备案的私募基金。 (三)社会保障基金、企业年金等养老基金,慈善基金等社会公益基金,合格境外机构投资者(QFII)、人民币合格境外机构投资者(RQFII)。 (四)同时符合下列条件的法人或者其他组织:1.最近1年末净资产不低于2000万元;2.最近1年末金融资产不低于1000万元;3.具有2年以上证券、基金、期货、黄金、外汇等投资经历。 (五)同时符合下列条件的自然人:1.金融资产不低于500万元,或者最近3年个人年均收入不低于50万元;2.具有2年以上证券、基金、期货、黄金、外汇等投资经历,或者具有2年以上金融产品设计、投资、风险管理及相关工作经历,或者属于本条第(一)项规定的专业投资者的高级管理人员、获得职业资格认证的从事金融相关业务的注册会计师和律师。前款所称金融资产,是指银行存款、股票、债券、基金份额、资产管理计划、银行理财产品、信托计划、保险产品、期货及其他衍生产品等
7	2017年修订《金融期货投资者适当性制度实施办法》	第二条　期货公司会员应当根据中国证券监督管理委员会(以下简称中国证监会)有关规定和本办法、中国期货业协会要求,评估投资者的产品认知水平和风险承受能力,选择适当的投资者审慎参与金融期货交易,严格执行金融期货投资者适当性制度(以下简称投资者适当性制度)各项要求,建立以了解客户和分类管理为核心的客户管理和服务制度
8	2020年修订《中华人民共和国证券法》	第八十八条　证券公司向投资者销售证券、提供服务时,应当按照规定充分了解投资者的基本情况、财产状况、金融资产状况、投资知识和经验、专业能力等相关信息;如实说明证券、服务的重要内容,充分揭示投资风险;销售、提供与投资者上述状况相匹配的证券、服务。投资者在购买证券或者接受服务时,应当按照证券公司明示的要求提供前款所列真实信息。拒绝提供或者未按照要求提供信息的,证券公司应当告知其后果,并按照规定拒绝向其销售证券、提供服务。证券公司违反第一款规定导致投资者损失的,应当承担相应的赔偿责任

执行程序中超标的查封问题的检视及应对

钟　明[*]　杨现正[**]　郑　岗[***]

一、超标的查封问题检视

民事查封的主要目的，在于维护债务人的财产现状，限制被查封物的处分，以保障经过审判程序或其他程序后确认的债权能够尽可能得到清偿。民事查封是对民事主体财产权的重大限制，对财产的查封限于诉讼或执行标的金额自是不言而喻，而司法实践中情况千变万化，查封的财产价值很难与申请标的金额完全对应，由此产生超标的查封的问题。超标的查封问题分为两种情况：一种是有限的超标的查封，即查封的财产价值虽然超出诉讼或执行的标的金额，但尚在合理限度范围之内，从法律规定和司法实践上均不否认其必要性。另一种是明显超标的查封，查封的财产价值明显超过申请标的金额，损害财产所有人的合法权益，属于不合理的查封，这也是大多数超标的查封异议发生的主要原因。

根据最高人民法院裁判文书公开网的数据，最近5年全国各级法院累计受理与超标的查封相关的异议案件4960件，呈现逐年递增的态势（见图1，数据截至2020年10月，下同）。

* 法律硕士，上海金融法院执行局局长、法官。

** 法律硕士，上海金融法院执行局法官。

*** 法律硕士，上海金融法院执行局法官助理。

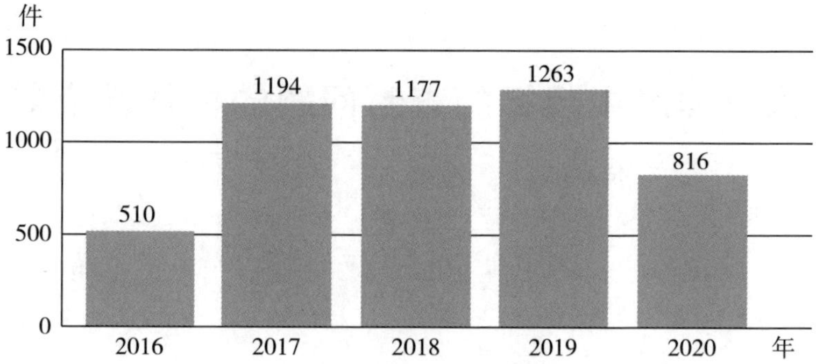

图1 近5年涉超标的查封异议案件数

从审级上看,最高人民法院受理22件,高级人民法院受理524件,中级人民法院受理2497件,基层法院2277件(见图2)。绝大多数超标的查封异议案件集中在中基层法院,这与四级法院受理的案件数量相匹配。

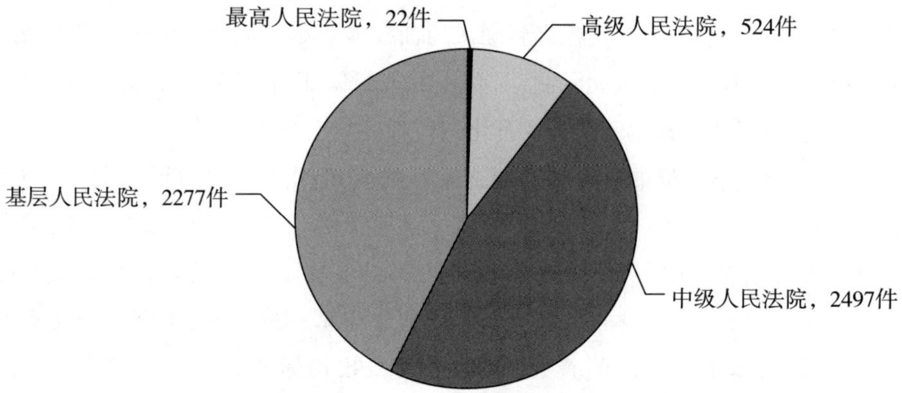

图2 近5年四级人民法院涉超标的查封异议案件数

在4960件执行异议审查案件中,涉及超标的查封不动产的案件3050件,占比61.5%;冻结股权案件513件,占比10.3%;查封动产案件489件,占比9.8%;其他财产的908件,占比18%(见图3)。

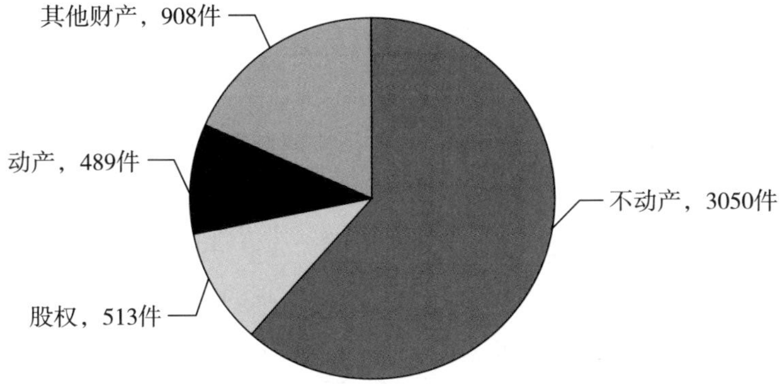

图3　近5年超标的查封异议案件涉及财产类型统计

经过审查,驳回异议或复议申请的3968件,占比80%,支持异议或复议申请的992件,占比20%。总体而言,涉超标的查封的异议较难获得支持。在驳回异议或复议申请的案件中,驳回理由中,认为标的物上存在抵押和担保的1842件,占比46.4%;认为债权数额还包括利息、违约金等案件640件,占比16.1%;认为标的物不可分的405件,占比10.2%;认为存在其他财产保全或查封的311件,占比7.8%;认为标的物未经评估等无法确定实际价值的290件,占比7.3%;以其他理由驳回的480件,占比12%(见图4)。

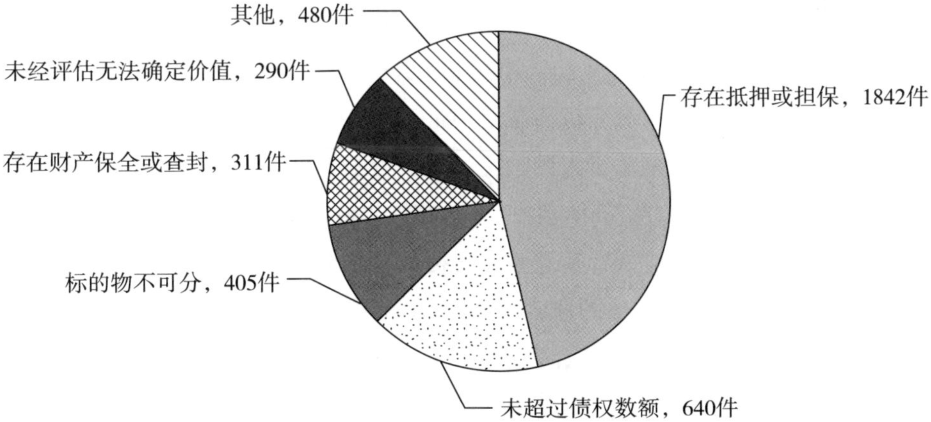

图4　涉超标的查封异议案件裁决驳回理由统计

二、超标的查封问题成因

超标的查封问题的存在,从本质上说,是法律制度设计与司法实践的现实之间无法完全精准匹配的具体表现。无论对当事人还是法院而言,根据申请标的金额查封是力求实现的理想状态。然而,由于社会经济环境的复杂性,要求所有民事案件都实现依申请标的金额查封是不可能实现的。其中,关键的因素在于,债权金额与财产价值均存在不确定性。这种不确定性既来自财产本身属性与特点各有不同,也来自判断财产价值的标准时刻都在发生变动。由于这种双重的不确定性,法院在实施财产查封时,很难做到司法查封应然与实然的精确匹配,超标的查封自然也就不可避免。

(一)对超标的查封的规定标准不够明确

从现行有效的查封相关法律法规及司法解释来看,超标的查封只要不要超过“明显”的程度,就是可以接受的,只是“明显”与否的界定标准不甚清晰,导致实践中出现大量的模糊地带。我国《民事诉讼法》第102条规定:“保全限于请求的范围,或者与本案有关的财物。”《最高人民法院关于人民法院办理财产保全案件若干问题的规定》第15条规定:“可供保全的土地、房屋等不动产的整体价值明显高于保全裁定载明金额的,人民法院应当对该不动产的相应价值部分采取查封、扣押、冻结措施,但该不动产在使用上不可分或者分割会严重减损其价值的除外。”《最高人民法院关于人民法院民事执行中查封、扣押、冻结财产的规定》第21条规定:“查封、扣押、冻结被执行人的财产,以其价额足以清偿法律文书确定的债权额及执行费用为限,不得明显超标的额查封、扣押、冻结。”上述规定只是从整体上对超标的查封作的概略性规范,很难直接适用。在具体实践中,判断查封是否超标的一般由法院结合个案情况进行分析判断。

(二)查封标的物市场价值难以准确判断

1. 查封标的市场价格随机波动较大

存在市场交易行为的财产价值具有波动性,一般而言,交易的频率越高,价值波动的幅度越大。以不动产为例,在查封时,价值尚未超出,其后楼市行情上涨,房价水涨船高,变为明显超出。而上市公司发行的股票因为市场交易行为频繁,价格振荡更为剧烈,判断的难度更大。因此,除了银行存款、大额存单、现金等有明确准确市场价值的财产外,很多财产的价值随着市场价格的波动而发生着快速的变化,其价格在市场主导下发生着随机的波动。在保全冻结此类财产时,选择不同的交易时点计算的价值金额有所不同,必然会导致被查封财产是否超标状态的变化。

2. 存在在先查封及设定抵押担保的财产

不动产、动产、证券等财产若存在在先查封,或已经设定案外人抵押等权利负担,而在先查封的债权人何时行使处置权,抵押权人何时最终行使抵押权,在法院采取查封措施时是难以明确判断的。对采取轮候查封以及劣后级受偿权的债权人而言,这些不确定因素对债权最终能实现多少有重大影响。因此,若相关财产已经被其他有权机关在先查封,或已经被其他抵押权人设定抵押担保,则对此类存在权利负担财产价值的计算必须扣除已经查封在先、已经设定抵押的债权金额后,就其余值作为判断本案查封是否超标的的依据。

3. 缺乏公允市场价格作参照

公允的市场价格是判断部分特定类型财产的重要参考依据,如上市公司发行的不限售流通股、有交易记录的有限公司股权等。如果没有同类财产的公允市场价格,则很难判断该类财产的价值,如珠宝玉器、限售流通股、无交易记录的有限公司股权、有特定用途的机器设备、高速公路收费权、采矿权等,这类财产除非经过专业评估,否则无法确定具体价值。

4. 标的物本身具有特殊属性

一般来说,不动产具有整体性,目前司法实践中,部分查封或者按比例查封的情况少见,操作上也存在很大难度,因而在查封时普遍遵循整体查封的原则,一旦申请保全或者执行的标的金额小于不动产的市场价值,不可避免地将出现超标的的问题。还有的财产由于具有特殊的商品属性,如生鲜食品,其价值随着时间、保存条件的变化会出现快速的贬损,保全时的价值很难准确判定。

(三)财产价值判断的时间经济成本较高

除了有公允市场价格作参考的财产外,很多财产的市场价值可以借助专业评估机构的评估来确定。然而,由于评估的耗时普遍较长且成本较高,在申请保全或法院依职权查封财产时,尤其是对于存在时间紧迫性的财产,委托专业评估机构先行评估再行查封,无论在时间成本还是经济成本上都不现实。法院在处理此类查封请求时,只能基于有无财产进行查封,而不是基于其价值多少进行查封。

(四)超标的查封的责任追究机制缺失

对保全申请人或执行申请人而言,无论是保全查封还是执行程序中的查封,均有超标的查封的倾向。为了最大限度保障债权的实现,当事人在申请查封时,会将债权本金、利息、罚息、违约金以及律师费、保全费等实现债权的费用全部计算在申请查封的金额之内,这些金额在申请查封时并不是最终确定的债权金额,实际最终确定的债权金额很可能少于申请查封的金额。同时,申请超标的查封的门槛很低,而追究超标的查封责任的门槛却很高。当事人认为超标的查封的,必须经过冗长的异议审查程序。经过异议审查后确定属于超标的查封的,最终结果往往只是解除超标的部分的查封,而缺乏对申请查封人的责任追究。若被保全人或被执行人要主张超标的查封的损失,将面临实际损失难以确定、举证困难等问题,很难通过诉讼程序追究申请人超标的查封的责任。

三、超标的查封问题的应对

(一)确定执行标的金额

判断查封是否超标的,要明确申请执行的标的金额,以此作为衡量查封财产价值是否超出的依据。最高人民法院在(2015)执复字第47号案件中认为,判定执行实施案件是否存在超标的查封情形,应当先行查明案件执行标的数额,再根据委托评估机构认定是否存在超标的查封情形。执行法院未确定执行标的数额或未委托评估确定查封财产价值均构成认定事实不清。在执行程序中,生效法律文书确定的金钱义务一般包括本金、利息、迟延履行期间加倍利息、违约金等。随着时间的推移,执行标的金额也在变化。因此,在判断是否构成超标的查封前,要先明确申请执行人向法院申请保全或执行的金额,计算标的金额时,要将主债权、利息、罚息、违约金以及其他为实现债权而支出的合理费用、执行费、可能产生的评估费、拍卖费等计算在内。最高人民法院在(2018)最高法执监202

号案件中认为，是否属于明显超标的查封，须在明确案件执行标的数额的基础上，通过对查封财产评估或参照市场价估价，并兼顾司法拍卖变现过程中的降价情况，以及被查封财产上是否存在担保物权及其他优先权等各种因素进行综合判断。

（二）判定财产价值

1. 法院依职权判定

对查封财产价值的判断，若查封财产的价值比较明晰或有市场公允价格可供参考，如大额存单、上市公司股票、有市场交易价格的基金等，可以由实施查封措施的法院法官依职权判断。对上市公司股票而言，根据《最高人民法院关于在执行工作中进一步强化善意文明执行理念的意见》（以下简称《意见》）第 7 条的规定，冻结上市公司股票的，应当以债权额为限计算出需要冻结的股票数量。在计算时，每股股票的价值以冻结前一交易日收盘价为基准，一般在不超过 20% 的幅度内确定，严格禁止超标的冻结上市公司股票。最高人民法院在（2019）最高法执复 61 号、62 号案件中认为，上市公司股票，其市场价格处于不断变化中，合理确定计算基准日是正确认定其价值的关键。就法理而言，评价查封、冻结行为是否构成超标的查封、冻结，应当以该行为作出时，被查封、冻结的标的物的价值来判断，而不宜以该标的物在事后某个时间点的价值来判断。结合司法实践中的一般做法以及《意见》的相关规定，对于冻结的上市公司股票的价值，一般应当以冻结前一交易日收盘价为基准，结合股票市场行情，合理认定。

对于具有全国性公开的交易市场的常规性动产，如机动车，也可以参考同类标的物的市场交易价格计算。目前，我国二手车交易市场发达，机动车价格相对透明，有众多二手车交易平台可以提供参考。对没有市场公允价格可以参照的特殊动产，如珠宝玉器、飞机船舶等，当事人难以提供资产评估价值，除非财产所有人或其他利害关系人提出可信赖的资产估值依据，否则一般不应认为超标的查封。若查封财产上存在其他案件的查封，或存在较高额的案外人抵押，对本案申请人而言，其债权的实现必须等待具有优先受偿权的其他债权人处置完毕后，才能就查封财产的余值进行受偿。但受多种因素影响，查封在先或享有抵押权的其他债权人何时申请执行、何时开始受偿、在何种范围内受偿，均存在不确定性。因此，对于此类存在权利负担的财产，一般不宜认定为超额查封。

2. 当事人自行委托

除基金、股票等具有公允市场价值的财产外,其他大部分财产的价值需要借助第三方评估机构确定。现有执行程序中已有完善的委托评估机制,但执行查封具有时效性,若设定司法委托评估作为开展执行查封的前置程序既无必要,也不合理。可以引入当事人自行委托评估机制,即申请人可自行委托有资质的评估机构对待查封财产进行评估,其评估结论可作为认定是否超标的查封的参考。若被执行人认为超标的查封,也可以自行委托评估机构出具相关的评估报告作为佐证。最高人民法院在(2015)执复字第12号民事裁定书中认为,关于查封标的物价值的判断,如果没有进行评估,可以参照相应的市场价格以及兼顾司法拍卖变现过程中的降价因素等综合认定,如果进行了评估,评估报告可以作为认定标的物价值的主要依据。同时,还要考虑拍卖变现过程中可能出现的流拍、降价因素。最高人民法院在(2017)最高法执复14号案件中进一步明确,对于诉讼财产保全裁定执行中,确定查封、冻结财产的价值数额问题,是否需双方共同委托或由人民法院指定的司法评估机构来进行评估,目前法律、司法解释并无明确规定。因此,当事人自行委托有资质的司法评估机构对案涉房产价格进行评估,并将评估意见用于佐证其主张,执行法院经审查予以采纳并认定超额查封的,并不违反法律规定。

在执行实践中,需要进行评估的财产主要是不动产、股权等。对于不动产而言,可以由申请人自行委托或者由法院委托具有评估资质的机构进行资产评估,根据评估价值确定财产查封的范围。因评估需要较长时间,对无法及时进行资产评估的财产,可参考相同或相似种类财产的市场公允价格判断。不动产可参考同一小区、商圈的同类不动产市场交易价格计算,但应参考财产的市场价格走势、权利限制以及变现成本等情况。如果是在建工程,要考虑工程欠款、工程未完工仍需后续建设资金、部分房产已实际出售等价值瑕疵,以及在建工程司法处置变现过程中可能需要对其整体拍卖、存在相关交易税费、确定拍卖保留价时可依法下浮一定比例等因素。

3. 法院向专业机构询价

为便利执行财产处置,最高人民法院在2018年发布了《最高人民法院关于人民法院确定财产处置参考价若干问题的规定》,确立了执行中的定向询价机制,现全国法院询价评估系统已投入使用。在办理财产查封时,可以积极利用这一系统,对难以迅速判断价值的财产进行询价,并将询价结果作为财产价值的参考。该系统操作便利,反馈相比委托评估而言更为便利,可优先作为确定查封财产价值的措施。

(三)建立标的物价值异议快速抗辩机制

目前,对超标的查封异议的处理,主要通过异议审查程序完成,当事人对异议结果不服的,还可提出复议等,耗时冗长。在司法资源紧缺的前体系下,可考虑建立标的物价值异议抗辩程序,在启动异议审查程序之前,先由当事人双方围绕查封财产的价值进行抗辩。具体而言,在查封措施完成后,若当事人提出超标的异议的,异议人应首先提出超标的查封的依据,包括超标的查封异议申请书、财产被查封的相关法律文书、被查封财产的市场价值依据等。实施查封行为的法院在收到上述文书后,作出查封裁定的法官应对异议材料作初步审查,若材料不全,应书面告知其限期补足,否则将视为撤回异议。随后,查封法院应将以上材料送达申请查封措施的当事人,由其就查封未超出标的金额进行质证和举证。经过双方相互举证和质证之后,由执行法官对是否属于超标的查封进行初步的判断,并将是否符合超标的查封的条件告知双方当事人。若异议申请人不接受初步审查得出的结论,实施查封的部门应将相关材料转交负责异议审查的部门,通过异议听证程序作进一步审查。通过建立异议快速抗辩机制,可有效减少执行裁判庭法官的办案压力,提高超标的查封异议的处理效率,节约司法资源,更符合善意执行理念。

(四)完善超标的查封的责任追究机制

在现有司法实践中,由于申请查封的门槛低,而追究超标的查封的民事责任又面临举证难、时间长、成本高的困境,导致超标的查封责任追究存在制度上的空缺。为此,要完善超标的查封的责任追究机制。具体而言,首先,建立超标的查封的责任告知程序。申请法院进行查封的一方当事人,在向法院提出查封申请后,查封法院应书面告知超标的查封的法律后果。进一步明确,在保全与执行程序中,对于依当事人申请导致的超标的查封,应由申请人承担相应的赔偿责任。其次,申请查封必须提供待查封财产市场价值的基本依据,包括评估报告、同类商品市场公开价格检索材料、被查封财产上存在在先查封、案外人抵押的证明材料等。最后,探索完善超标的查封的民事赔偿机制,积极引导异议人通过诉讼程序追究超标的查封人的民事损害赔偿责任。

四、结　语

强制执行的最主要特征是其司法强制性,法院凭借法律赋予的强制执行权,通过执行措施,促使或者强迫被执行人履行义务,从而实现当事人的胜诉权益。在传统的执行程序中,执行程序的价值是以结果为导向的,即通过司法强制手段,对被执行人及其财产施加法律的强制力,确保生效法律文书确定义务的兑现。以执行结果为导向的传统执行理念,侧重于强调民事执行维护公法秩序、维护申请执行人权益,忽视了对被执行人生存权、发展权等权益的关注与保护。

超标的查封并非简单的法律问题,而是涉及法律、经济因素的复杂问题。在当前宏观经济形势严峻的背景下,要充分考虑查封措施对民营企业日常经营的影响,尽量避免超标的查封。人民法院既要坚持依法执行、公正执行的理念,保护申请人的诉讼权利,尽可能确保查封的财产满足判决执行的需要,也要适当调整以结果为导向的传统执行理念,要注意从善意执行角度,充分考虑查封措施对财产所有人生活、经营发展的实际影响,综合分析查封案件双方当事人的诉求和利益,合理采取查封措施。对司法解释所规定的“明显超标的额”的限制,应当适当从宽掌握,综合考虑债权数额仍在持续增加,被查封的不动产上是否设有抵押权以及抵押金额高低,司法拍卖的不确定因素以及市场波动等情况,来判断是否超标的查封。

新司法政策下公司对外担保行为的效力认定

朱颖琦[*]　李瑶菲[**]

最高人民法院发布的《全国法院民商事审判工作会议纪要》对公司对外担保问题的裁判标准与尺度进行了调整和统一。公司对外担保行为须以公司意思机关的决议为基础。认定公司担保效力的落脚点在于审查相对人是否为“善意”。相对人的审查不仅是对决议材料的形式审查,还应具备一般技能和注意,进行简单的文义和逻辑审查。实践中,相对人能够证明已对担保行为的内部决议进行审查,且决议符合公司章程规定的,即便证明材料存在瑕疵、错漏,仍应当认定相对人系善意。

我国《公司法》第 16 条规定,公司向其他企业投资或者为他人提供担保,依照公司章程的规定,由董事会或者股东会、股东大会决议;公司章程对投资或者担保的总额及单项投资或者担保的数额有限额规定的,不得超过规定的限额。该条文对公司担保提出了内部决策要求,但并未明确规定公司违反该条的法律后果。这导致长期以来司法实践对违规担保行为的效力认定结果不统一,理论界对此问题也存在争议。

一、公司对外担保行为效力认定的争议及新的司法原则

《公司法》第 16 条第 1 款直接延伸出一个问题:如果公司的对外担保未经股

---

* 法学硕士,上海金融法院综合审判一庭副庭长。

** 法学硕士,上海金融法院综合审判一庭法官助理。

东大会或董事会的有效决策,对外担保的行为是否有效?有观点认为,《公司法》第 16 条是效力性强制规定,不符合该条规定的公司对外担保合同无效。[①] 也有观点认为,《公司法》第 16 条是管理性强制规定,违反该条款并不当然导致公司对外担保合同无效。[②] 还有观点认为,将《公司法》第 16 条的规定置于效力性规范还是管理性规范的框架下进行讨论的解释路径,均不足采。[③]

同时,由于对外担保并非仅是公司内部决策的问题,更涉及相对人的利益和交易安全,《公司法》第 16 条还进一步延伸出的问题是:接受对外担保行为的相对人是否应当对该担保行为有否通过公司内部决策进行审查,如果需要审查,那么应当审查到何种程度。司法实践对此问题也有不同的态度。早在 2006 年最高人民法院曾通过光彩集团公司借款担保案[④]中认可了符合公司章程且经公司股东会、董事会批准的公司担保行为的效力,同时在创智信息公司借款保证合同案[⑤]中确认了担保合同相对人应当负有形式审查义务。而 2011 年《最高人民法院公报》中的中建材集团进出口公司诉北京大地恒通经贸公司进出口代理合同纠纷案,却出现了认为公司担保合同相对人无须承担审查公司章程等材料的义务,从而无须对担保行为的内部程序进行审查的裁判思路。

2019 年 11 月最高人民法院《全国法院民商事审判工作会议纪要》(以下简称《最高法院会议纪要》)对公司对外担保问题的裁判尺度进行了统一,对多年来审判实践中公司担保行为的效力和效果归属上的摇摆不定的问题作了较为明确的指引,也对相对人善意及审查义务的标准作了较为具体的概括和说明。《最高法院会议纪要》的基本思路是:担保行为不是法定代表人所能单独决定的事项,而必须以公司股东(大)会、董事会等公司机关的决议作为授权的基础和来源。法定代表人未经授权擅自为他人提供担保的,构成越权代表,人民法院应当根据

① 参见华德波:《论〈公司法〉第 16 条的理解与适用以公司担保债权人的审查义务为中心》,载《法律适用》2011 年第 3 期;赵振士:《〈公司法〉第十六条作为强制性规范的效力研究》,载《天府新论》2011 年第 3 期。

② 参见黄龙:《违反公司法第十六条不当然导致合同无效》,载《人民法院报》2008 年 7 月 10 日。

③ 参见周伦军:《公司对外提供担保的合同效力判断规则》,载《法律适用》2014 年第 8 期。

④ 参见最高人民法院(2006)民二终字第 49 号民事判决书,中国进出口银行与光彩事业投资集团有限公司、四通集团公司借款担保合同纠纷上诉案。

⑤ 参见最高人民法院(2007)民二终字第 184 号民事判决书,中国光大银行深圳分行与创智信息科技股份有限公司、深圳智信投资有限公司、湖南创智集团有限公司借款保证合同纠纷上诉案。

《合同法》第50条关于法定代表人越权代表的规定,区分订立合同时债权人是否善意分别认定合同效力。在相对人是否善意的认定上,《最高法院会议纪要》给出了细化的标准,但实践中运用这些标准依然存在不明之处。

二、公司对外担保行为效力认定的法理分析

公司对外提供担保,属于公司自治的范围,法律并不禁止该行为。但对外担保是一种特殊的经营活动,它本质上是对公司财产的处分,对外担保并不一定会给公司带来利益,很多时候反而会损害公司股东利益。因此,法律规定对外担保必须要获得股东(大)会或董事会等意思机关的同意。这是为了解决公司内部的利益冲突。在一般情况下,股东利益与公司利益是一致的。公司盈利,意味着股东可以分享红利;公司亏损,意味着股东可能血本无归。但是,股东利益还可能与公司利益不一致。就大股东而言,其可能利用自己在公司中的控股地位,掏空公司而中饱私囊。此时,公司就成为大股东谋取私利的一种工具,大股东利用公司资产为其债务提供担保就可能是损害股东利益的一种方法。① 公司内部的利益冲突还表现在公司与经营者(包括董事、经理等高管人员)之间的关系,也就是代理成本的问题。公司董事是由股东(大)会选举产生的,理应为公司的最大利益服务。但是,董事在工作中会产生机会主义,会利用其在公司中的地位谋取个人利益。因而,公司担保在法律上需要审慎对待。

世界各国或地区的法律在公司对外担保的问题上都有相应的规范。例如,法国《商事公司法》第98条第4款规定,非从事金融事业的公司提供担保和保证的行为必须经过董事会的批准。②

我国《公司法》第16条也对公司对外担保的内部意思形成机制进行了规定,明确要求对外担保须经公司意思机关的决议。但是,未经过公司意思机关决议程序的担保行为是否绝对无效或直接无效?这涉及对《公司法》第16条条款性质的理解。我国原《合同法》第52条规定,违反法律、行政法规规定的强制性规定的合同无效。《最高人民法院关于适用〈中华人民共和国合同法〉若干问题的

---

① 参见梁上上:《公司担保合同的相对人审查义务》,载《法学》2013年第3期。

② 参见《法国商法典》,金邦贵译,中国法制出版社2000年版,第121页。

解释(二)》第14条规定,原《合同法》第52条规定中的“强制性规定”,是指效力性强制性规定。这意味着司法解释对原《合同法》的规定作了限制,明确限缩了合同因违反法律、行政法规的强制性规定而无效的情形。通说认为,强制性规定可以分为效力性规定与管理性规定。效力性规定着重于违反行为之法律行为价值,以否定其法律效力为目的;管理性规定着重于违反行为之事实行为价值,以禁止其行为为目的。① 违反管理性规定,虽然会产生一定的其他法律上的后果,但并不一定对合同效力产生影响。违反效力性规定则直接导致该合同无效。

笔者认为,《公司法》第16条在性质上属于管理性规定,并不是效力性规定,不能将违反《公司法》第16条的法律效果指向公司对外担保或投资行为的效力。理由如下:首先,该法条文义表述是:公司对外担保是由“章程规定,股东会或者股东大会决议”,言下之意公司是可以对外担保的。法条明确的是公司内部的意思形成过程和决策行为,并未明确规定公司违反上述规定不得对外提供担保,或者担保合同无效。其次,公司对外担保不仅涉及公司内部的利益冲突,更需要考量外部的交易安全。从商事外观主义的角度出发,如果一律认定未经意思机关决议的担保合同无效,无疑大大增加了交易中相对人的负担和风险,导致许多民事法律关系的不稳定。因此,违反《公司法》第16条并不必然导致公司对外担保合同无效。

公司对外担保效力的问题,实际上一直是公司内部利益与公司外部当事人利益的平衡问题。两者平衡的落脚点在于:相对人在接受公司担保时负有一定的审查义务。也就是说,评判公司对外担保行为的效力的法律依据并非《公司法》第16条,而应当是原《合同法》第50条,即法人或者其他组织的法定代表人、负责人超越权限订立的合同,除相对人知道或者应当知道其超越权限的以外,该代表行为有效。而在相对人“知道或者应当知道”公司负责人权限的问题上,《公司法》第16条是重要的评判依据。“法律一经公布即为明知”,对外担保的相对人应当知晓其受领的意思表示须经公司内部合法决策,因此,可以相对人审查决策文件的义务并不过分。从法理上也可以理解为,法律要求无须支付对价的接受方负担更高的注意义务。与市场经济和公司治理机制更为完善的发达国家和地区相比,我国公司为他人提供担保的现象十分普遍,公司董事、经理等高管人

① 参见史尚宽:《民法总论》,中国政法大学出版社2000年版,第330页。

员随意对外提供担保,损害公司中小股东的利益的情况比较多见。对我国而言,对公司担保的内部决策进行明确规定,并强化交易相对方的规范意识,有更重要的现实意义。

《最高法院会议纪要》也支持了上述观点。该纪要第17条载明,为防止法定代表人随意代表公司为他人提供担保给公司造成损失,损害中小股东利益,《公司法》第16条对法定代表人的代表权进行了限制。根据该条规定,担保行为不是法定代表人所能单独决定的事项,而必须以公司股东(大)会、董事会等公司机关的决议作为授权的基础和来源。法定代表人未经授权擅自为他人提供担保的,构成越权代表,人民法院应当根据原《合同法》第50条关于法定代表人越权代表的规定,区分订立合同时债权人是否善意分别认定合同效力:债权人善意的,合同有效;反之,合同无效。可见,最高人民法院在最新的裁判执法意见中也将认定公司担保有效性的落脚点放在了相对人的是否善意,即是否尽到合理的审查义务上。实践中,在审理相关案件时,如果被告并未提及公司担保有效性的抗辩,法院无须对此进行审查,原告也可不主动提交相关审查的依据。而当被告公司提出越权担保的抗辩理由时,原告应当进一步举证证明其在接受公司担保时履行了合理的审查义务。

三、公司对外担保中相对人审查义务的司法认定

(一)相对人审查的标准

经过多年的审判实践和对公司对外担保效力争议的论战,当前理论界和实务界,对于公司对外担保相对人承担必要的审查义务已基本达成共识。诉讼中,作为被告的担保人一旦提出公司对外担保未经内部授权的抗辩,作为原告的债权人就需要进一步举证证明自身在接受公司对外担保时已经尽到必要的审查义务。

1. 审判实践案例情况

原告甲银行与被告乙公司签订《综合授信合同》,由甲银行向乙公司提供综合授信额度为1.45亿元。丙公司与甲银行签订《最高额保证合同》,为甲银行与乙公司签订的《综合授信额度合同》下形成的债权提供担保。后甲银行与乙公司分别签订了借款金额为7500万元、3000万元、4000万元的《流动资金借款合同》,甲银行依约放款。乙公司出现多笔贷款本息逾期,甲银行根据合同约定,起

诉要求乙公司清偿所有贷款,丙公司承担连带保证责任。

审理中,乙公司认可相应债务。丙公司抗辩称,本案《最高额保证合同》的签署没有通过公司内部合法授权,甲银行没有尽到审慎核查义务,丙公司不应承担保证责任。针对丙公司的答辩,甲银行进一步提供“董事会决议(最高额担保)”及董事签字照片、董事会成员名单及签字样本、印章样本、公司章程等材料证明甲银行在接受丙公司的对外担保时,已对公司内部授权进行了审核。

证据显示,丙公司是一家外商合资企业,该公司章程载明:“董事会是合营公司的最高权力机构,讨论决定合营公司的一切重大问题。董事会由三名董事组成……董事会会议由董事长召集并主持;董事长不能履行职务或不履行职务时,由半数以上董事共同推举出一名董事召集和主持。董事会会议(包括临时会议)应当有三分之二以上的董事出席方能举行。下列事项需由出席董事会会议的董事一致通过决定:合营公司章程的修改方案;合营公司的中止、解散方案;合营公司注册资本的调整方案;合营公司的分立及与其他经济组织的合并方案;董事会认为需要由董事会一致通过的事项。对于其他事宜,由出席董事会会议的过半数董事同意后通过。”案涉时期,该公司董事会成员共有3位,分别是史某、张某、孙某,张某为董事长、法定代表人。甲银行派员至丙公司办理本案《最高额保证合同》的签署事宜。该公司两名董事史某、孙某出面当场签署“董事会决议”、董事会成员名单并制作了签字样本、印章样本,并由该公司工作人员在《最高额保证合同》上加盖公章和法定代表人张某的私章,各方拍照留证。“董事会决议”载明:“董事会同意授权张某作本公司代表,办理担保相关事宜。”该决议由该公司两名董事史某、孙某签字,并盖有公司公章。

丙公司提出上述材料存在多处错漏、瑕疵,具体是:第一,丙公司董事会成员有3名,但是董事会成员名单及签字样本却记载:“我公司董事共贰位,名单及签字样本如下:董事会成员孙某、史某”。第二,“董事会决议(最高额担保)”写明董事会授权董事长张某办理担保事宜,但事实上张某本人并未出面签署合同,《最高额保证合同》等书面文件上的公章及张某私章均非张某本人亲自加盖。第三,印章样本、《最高额保证合同》上加盖的印章并非丙公司当时使用的有效印章。丙公司是一家外商合资企业,据常理所知,外商合资企业的公章一般印有中英文标记,而上述文件上的公章是带有红色五角星的印章,没有外文,且与公司章程上的印章不符。原告甲银行作为专业机构,理应对该枚公章产生怀疑和警惕。综上,丙公司认为甲银行在审核公司对外担保材料时,未能审查出材料上的矛盾和瑕疵,甲银行未尽合理的形式审查义务,丙公司不应承担保证责任。

法院经审理认为,《公司法》第16条规定,公司向其他企业投资或者为他人提供担保,依照公司章程的规定,由董事会或者股东会、股东大会决议。银行在接受公司为他人提供的对外担保时,应当尽到必要的审查义务。本案中,原告甲银行派员至被告丙公司处,面见该公司两名董事,并留存"董事会决议"、公司章程等材料,应认为甲银行对公司担保进行了审查。丙公司提交甲银行的材料中虽然确实存在错漏和瑕疵,但这些问题尚不影响丙公司依据公司章程作出的内部有效决策,甲银行对此尽到了必要的审查义务。由此,法院判决丙公司应当承担保证责任。

2. 相对人审查义务的边界

上述案例反映出司法实践中对公司担保效力的审查,特别是对相对人善意的认定,存在纷繁复杂的情况。实践中的难点即在于如何认定相对人是否尽到了审查义务。在确定相对人审核义务时,应当采用恰当的中间尺度。如果相对人审核义务过重,则公司交易自由将受到限缩;如果相对人审核义务过轻,则会使受保护的公司财产遭受风险。相对人的审查义务标准有实质审查与形式审查之分。实质审查侧重相对人需要对公司章程、公司决议的真实性、合法性、有效性的审查;形式审查是指相对人仅对材料的形式要件进行审查,即审查材料是否齐全,是否符合法定形式。相对人的审查义务不应为实质审查,相对人作为公司之外的人,很难全程到场监控公司担保决议的形成过程,也不可能参与公司内部决策。要求相对人对董事会、股东会决议的真实性、有效性进行审查,不仅超出了相对人的固有审查能力,不能为原《合同法》第50条规定的"相对人知道或者应当知道其超越权限的以外"的文义所能涵盖,而且不适当地增加了公司担保的交易成本,损及交易效率,容易滋生担保人随意以相对人未尽审查义务而否定担保合同效力的道德风险。① 同时,相对人应当进行的也不完全是简单的审查。相对人不仅仅只是收取公司提交的公司章程、股东会或董事会决议等材料,还应对上述系列文件材料进行简单的文义和逻辑审查,即审查相应授权文件或决策文件表面上是否符合法律或公司章程对公司担保的内部决策要求。这意味着相对

① 参见高圣平:《公司担保中相对人的审查义务——基于最高人民法院裁判分歧的分析和展开》,载《政法论坛》2017年第5期。

人接受公司担保时应当具备一般技能和注意。

(二)认定相对人“善意”与否的考量因素

结合《最高法院会议纪要》的内容和审判实践中遇到的问题,在认定相对人“善意”还是“非善意”的问题上,还有以下方面需要讨论:

1. 相对人是否需要对文件签章真实性进行审查

在审判实践中,担保文件、决议文件上的公章、签字真实性经常被作为被告抗辩担保无效的理由。上述案例中,被告丙公司也提出担保合同、董事会决议上公章并非该公司真实印章的问题,丙公司还指出,该公司是一家中外合资公司,按照通常认识,外资企业公章应当带有公司英文名称,而相关文件上的公司印章不仅没有英文标识,还带有红色五角星,明显与外资企业印章不符,甲银行作为金融机构对此应有警觉。一般而言,对外担保各类文件上的签章真实性不应属于相对人审查的范围,因为实践中不少公司存在使用多枚印章的情况,相对人对于公司股东、董事的签章真实性也无从核验。要求相对人审查签章真实性无疑大大增加了交易成本,徒增法律关系的不确定性。《最高法院会议纪要》也指出,公司以机关决议系法定代表人伪造或者变造、决议程序违法、签章(名)不实、担保金额超过法定限额等事由抗辩债权人非善意的,人民法院一般不予支持。该案中丙公司所称甲银行未对明显不合常理的“公章”引起足够的怀疑和重视,这一观点不无道理。但是,签章不真实无法单独作为认定相对人未尽审查义务的事由。实践中,还应结合其他事实,综合考量。该案中,原告银行虽未对公章不合理提出质疑,但毕竟亲历公司办公现场和决策过程,审核了公司章程与董事会决议,从整体上讲,应认为原告银行尽到了审核义务。

2. 相对人是否需要对公司章程进行审查

相对人对公司章程进行审查实际上深入了对方公司的内部治理,直接关系到相对人审查义务的标准和程度,因此审不审章程一直是公司对外担保法律问题上争议最大的点。《最高法院会议纪要》在相对人在接受担保时是否要看担保人公司章程的问题上有些前后不一致。《最高法院会议纪要》中写道:“公司为公司股东或者实际控制人以外的人提供非关联担保,根据《公司法》第16条的规定,此时由公司章程规定是由董事会决议还是股东(大)会决议。无论章程是否对决议机关作出规定,也无论章程规定决议机关为董事会还是股东(大)会,根据

《民法总则》第61条第3款关于‘法人章程或者法人权力机构对法定代表人代表权的限制，不得对抗善意相对人’的规定，只要债权人能够证明其在订立担保合同时对董事会决议或者股东（大）会决议进行了审查，同意决议的人数及签字人员符合公司章程的规定，就应当认定其构成善意，但公司能够证明债权人明知公司章程对决议机关有明确规定的除外。”这里存在一些矛盾，即前一句表述“无论章程是否对决议机关作出规定，也无论章程规定决议机关为董事会还是股东（大）会……只要债权人能够证明其在订立担保合同时对董事会决议或者股东（大）会决议进行了审查”，这似乎是说相对人只要审查决议，无须审查公司章程，至于公司章程中规定决策机关是哪个在所不论，但第二句又要求相对人审查股东会或董事会的决议中表决的人数是否符合公司章程的规定，这说明章程还是要看的。那么，既然看了章程，相对人必然属于最后一句所表述的“明知”公司章程明确规定的情形，此时如果章程中有关于决策机关的明确规定，相对人必然无法仅审查任一机关的决议。实践中，有许多案例相对人可以举证证明审查了公司的董事会决议，该公司章程却规定对外担保的批准机关是股东会，在这种情况下究竟是否应当认定相对人善意，仍然存在争议。

在相对人是否要审查公司章程的问题上，应采一以贯之的裁判思路。如前文所述，相对人对公司担保的审查不完全是形式审查，还应对公司章程、决议文件等进行简单的文义和逻辑审查：审查相应授权文件或决策文件表面上是否符合法律或公司章程对公司担保的内部决策要求。根据这一思路，相对人对公司章程的审查就是必要的，审查的内容应包括：章程中关于对外担保的限制条件、决策要求、决策机关、决策程序以及决策机关的表决人数要求。通过这些审查，相对人可以知晓公司在对外担保问题上的内部要求，从而判断公司提供的决策文件是否符合这一要求。以上述案例举例，原告需向法庭举证在接受担保时获取了对方公司的章程，并通过审查章程，了解了如下事项：章程规定担保事项应当经公司的董事会决议通过；该公司董事会成员有3名，分别为史某、张某、孙某……董事会会议由董事长召集并主持；董事长不能履行职务或不履行职务时，由半数以上董事共同推举出一名董事召集和主持。董事会会议（包括临时会议）应当有2/3以上的董事出席方能举行。担保事项须经……2/3同意才能通过。原告甲银行获取的“董事会决议（最高额担保）”有两位董事的签名，无论从决策机关还是表决人数上均符合公司章程的规定，应当认为原告甲银行在接受担保是完成了审查义务,是善意的。由此可见,相对人对公司章程的审查是尽到必要注意义务的前提,否则如果仅要求获取对方公司的内部决议材料,等同于不审查,无法达到评判相对人善意与否的效果。

值得注意的是,《最高法院会议纪要》规定了不需要提供决议的几种情形,存在这些情形的,即便债权人知道或者应当知道没有公司机关决议,也应当认定担保合同符合公司的真实意思表示,合同有效:(1)公司是以为他人提供担保为主营业务的担保公司,或者是开展保函业务的银行或者非银行金融机构;(2)公司为其直接或者间接控制的公司开展经营活动向债权人提供担保;(3)公司与主债务人之间存在相互担保等商业合作关系;(4)担保合同系由单独或者共同持有公司2/3以上有表决权的股东签字同意。

3. 相对人是否要审查担保数额超限

在审判实践中,确有不少公司以担保数额超过公司章程的限额为由主张担保无效。他们的法律依据主要是《公司法》第16条,公司章程对投资或者担保的总额及单项投资或者担保的数额有限额规定的,不得超过规定的限额。《最高法院会议纪要》对此问题采否定的观点,该纪要认为,公司以担保金额超过法定限额等事由抗辩债权人非善意的,人民法院一般不予支持。结合实践中的案例,笔者认为,在担保数额超过限额的问题上,应当区分对待。问题的关键还是在于相对人是否审查过公司章程。如果公司章程中明确规定"本公司对外担保单笔不得超过2000万元",而相对人接受公司担保的金额是3000万元,那么相对人显属明知代理人超越了授权,不应认定为善意。因此,对于明显超出法定担保数额的对外担保,应认定相对人非善意为宜。而实践中还有如下案例:某上市公司章程规定,公司担保的决策机关是董事会,但公司对外担保数额已经超过公司净资产60%以上时,新增的任何一笔担保均须经股东大会同意。该上市公司在庭审中提供其上一年度年度报告举证证明当时公司对外担保总额已经超过60%,而系争担保仅通过董事会决策,未召开股东大会,不符合公司章程,应为无效。鉴于相对人无法直接通过公司章程直接知晓公司已有担保的数额,也无法直接获取公司净资产等其他数据,事实上这些数据也一直处于变动之中,公司之外的人无法明确作出判断,因此不应当将这类情形作为抗辩相对人非善意的事由。

4. 相对人审查时的瑕疵或错漏能否作为其非善意的理由

回到本文上述的案例,原告甲银行在审查丙公司担保决议时,对相关材料上的错漏并未及时发现，其中包括：丙公司董事会成员有3名，但是董事会成员名单及签字样本记载公司董事共2名，并缺少第三位董事的签字样本；公司章程上的公章与董事会决议上的公章不一致；决议上的公章不符合中外合资企业印章的特征；董事会决议写明董事会授权董事长张某办理担保事宜，但事实上张某本人并未出面签署合同。相对人的审核差错或失误不应是认定其"非善意"的直接理由，相对人的审查义务仅仅是表面的文义与逻辑审查，并非要求"找破绽，查缺漏"。只要相对人有证据证明审查了公司有权机关的符合表决人数的决议，就应当认为其尽到了审查义务。况且该案中，原告银行已亲历公司现场，见证了董事会有表决权的2/3以上董事的决议签字过程。按照章程规定，在2/3以上董事同意可以做出公司的一切决策，那么即便相对人有什么其他差错，也无法就此否定公司已然做出的真实意思表示。

四、结　　语

商事交易往往需兼顾公平与交易安全，表现在公司对外担保效力的问题上，就是公司内部利益与外部交易安全的平衡。但平衡的过程如果摇摆不定，会使交易当事人无所适从。因此，最重要的还是规则的统一和明确。在我国当前诸多公司高管滥用权力越权对外担保，损害中小股东的利益严重的背景下，法律苛以相对人审慎的审核义务也是应有之义，但前提依然是要按照统一的规则进行裁判，为相对人的行为作出指引。

前沿探讨

加密数字货币的定性困境与间接监管出路

许多奇* 肖 凯**

随着区块链技术新应用的开发和部署,这一技术的普及程度正在迅速提高。区块链技术的应用包括新的支付选项、资产和身份管理方式以及智能合同的使用等,而加密数字货币①似乎更是区块链技术应用彰显优势的领域,公司越来越多地利用首次货币发行(Initial Coin Offering,ICO)②进行众筹融资,创业企业也被允许通过发行加密数字货币寻找匹配的投资者。2018 年 1 月,全球加密货币市场总市值已经达到 8000 亿美元,加密数字货币市场开始腾飞,③截至 2020 年 2 月 8 日,种类高达 5096 种的加密数字货币在 20,445 个交易平台上进行交易,市值超过 2805 亿美元,全球每天交易金额超过 134 亿美元。按市值计,比特币目前

---

* 复旦大学法学院教授。

** 法学博士,上海金融法院党组成员、副院长。

① 欧洲中央银行将虚拟货币定义为不受监管的数字货币,由此,与受监管的电子货币和商业银行存款加以区分。这是现有最早出现的有关数字货币的定义。在此基础上,英格兰央行以分布式记账技术为标准,对数字货币进一步区分,指出应用分布式记账技术的数字货币为加密数字货币。参见李炳:《关于法定数字货币的研究共识与展望》,载《金融理论与实践》2018 年第 12 期。为表述方便,本文的加密数字货币、数字货币、虚拟货币等表述均特指加密数字货币。

② 加密数字货币和智能合约在 ICO 中汇集在一起。智能合约是一种计算机程序,它可以放置在区块链中,并在区块链的节点满足并验证某项协议的要求时,以自动提供货币服务的方式编程。ICO 是指首次发行通过众筹方式募集资金的新型加密数字货币,与首次公开发行(Initial Public Offerings,IPO)不同,首次公开发行使股份购买人获得了公司部分所有权,代币发行公司则使购买人获得了项目使用费的权益。*Initial Coin Offering*, Wikipedia, https://en. wikipedia. org/wiki/Initial_coin_offering, 最后访问日期:2020 年 3 月 20 日。

③ *Total Cryptocurrency Market Capitalization*(*Excluding Bitcoin*), Coin Market Cap, https://coinmarketcap. com/charts/, 最后访问日期:2020 年 3 月 20 日。

为最大的区块链网络,占到总市值的63.3%,具有绝对的垄断地位。[1] 其次是Ethereum、Ripple 和 Tether,各种竞争币的加入无疑丰富了加密数字货币的生态。[2] 虽然与传统金融市场相比,加密数字货币所占的市值不算庞大,但由于比特币与区块链密切相连,以太币与智能合约携手而行,无疑给予我们极大的想象空间。加密数字货币代表了一种发展趋势,具备实现廉价、快速和直接的国际资金转移等独特优势;但同时,加密数字货币也存在密码费率波动大、容易被网络不法分子滥用和匿名投资者难以确定等问题。且不同国家和地区在加密数字货币技术和应用上虽情况相似,但立法者、监管者和司法部门的应对措施仍存在很大差异。如何监管加密数字货币是当今国际社会普遍关注的问题,而首当其冲的问题是加密数字货币的法律性质判定问题,司法机关有关加密数字货币属性的判定能否成为实现有效监管的基础?在众多司法辖区的多种监管思路中我们应作何种选择?对这些问题的思考和深入研究对于实现对加密数字货币的有效监管大有裨益。

一、加密数字货币的产生与演变

马克思在《资本论》中曾说:"从商品到货币是一次惊险的跳跃。如果掉下去,那么摔碎的不仅是商品,而是商品的所有者。"在2008年世界金融危机大背景下,中本聪发布了比特币的白皮书,白皮书开篇即显示"比特币:一种点对点的电子现金系统"。比特币于2009年1月3日正式发行,完成了一次"惊险的跳跃",成为第一个去中心化的加密数字货币。比特币的底层技术是区块链,而区块链承载的就是信用,是一个无须第三方或金融机构担保的底层技术。于是加密数字货币被理解为不依靠法定货币机构发行,不受央行管控,依据全世界的计算机运算一组方程式开源代码,通过计算机的显卡、CPU大量的运算处理产生,并使用密码学的设计来确保货币流通各个环节安全性的货币。

比特币之后,加密数字货币的发展演变沿着两个方向前行:一个方向是以比

---

① *Major Cryptoassets by Percentage of Total Market Capitalization Bitcoin Dominance Chart*, Coin Market Cap, https://coinmarketcap.com/charts/,最后访问日期:2020年3月20日。

② 大部分加密数字货币都是以"去中心化"为特征,当然2020年还出现了少量"中心化"数字货币,代表币种就是Ripple。

特币为代表的私人数字货币,依托于互联网平台,具有匿名性、低成本、去中心化、跨区域、高扩散率以及高波动性的特征,总量不断创下新高。与此相对的另一方向则是法定数字货币的进路。私人加密数字货币的快速发展,促使中央银行严肃考虑其对支付体系、经济运行乃至金融稳定的冲击,①各国中央银行和货币联盟都着手研究中心化或者半中心化的法定数字货币。② 中国是最早积极研究和探索法定数字货币的国家。法定数字货币会对数字货币的整体市值和流通量发生重大影响,其基本权力(利)义务也会在中央银行、商业银行和社会公众之间重新分配。③ 虽然法定数字货币迄今尚未出台,但未来发展殊值期待。④

(一)加密数字货币产生的原因

加密数字货币的产生有其深层的根源:

1. 高效率跨国支付的需求

当前的全球跨境支付体系以运行缓慢而收费昂贵著称,跨国之间的支付摩擦和全球货币的缺乏,使加密数字货币在这方面的应用发挥了重要作用。如汇款业务中的加密数字货币,往往采用"轮毂—轮轴"(hub-and-spoke)的模式完成跨境支付业务。具体来说,用户在国内通过销售终端、在线接口等方式(轮轴),将本国的法定货币兑换为数字货币并储存在数字钱包中,然后通过数字货币的安全网络(轮毂)跨境传输到海外收款人的数字钱包,并以相同方式兑换为当地的法定货币。由于数字货币通常是基于分布式账本技术的代币,该技术能够确保交易具有可追溯性且不易篡改性。更为重要的是,根据世界银行的数据,其所支持的去中心化的交易模式使跨境支付效率得到极大提升,可从传统的 3~5 天

---

① 参见李炳:《关于法定数字货币的研究共识与展望》,载《金融理论与实践》2018 年第 12 期。

② 参见乔海曙、王鹏、谢姗姗:《法定数字货币:发行逻辑与替代效应》,载《南方金融》2018 年第 3 期。

③ 参见刘少军:《法定数字货币的法理与权义分配研究》,载《中国政法大学学报》2018 年第 3 期。

④ 据报道,2019 年 11 月,国际商业机器公司(International Business Machines Corporation,IBM)和国际货币金融机构(Official Monetary and Financial Institutions Forum,OMFIF)联合发布的最新调查报告显示,世界各地许多央行的决策者都在认真考虑开发和发行央行数字货币(Central Bank Digital Currency,CBDC),未来 5 年内可能会有面向消费者的 CBDC 推出。2019 年 12 月报道,法国央行将于 2020 年第一季度测试其数字货币,即"央行数字货币"。2020 年 2 月 6 日,美联储理事莱尔·布雷纳德(Lael Brainard)表示,美国央行正在研究发行数字货币的可行性。参见《美联储:正考虑发行央行数字货币》,载 TechWeb 网,http://www.techweb.com.cn/world/2020-02-06/2775894.shtml。

缩短到1天之内;同时交易费用也大幅下降,从传统系统的7.21%降至1%以下。[①] 可见,加密数字货币点对点的运行特征在跨境支付领域具有极大的应用潜力。

2. 独特的隐私保护和匿名交易的需要

现有支付体系中的现金、借记卡、信用卡等支付工具,电子资金转账或电汇(包括贷记转账和直接借记转账),在线支付平台、电子货币等提供了广泛的支付解决方案。但是,传统在线支付的保密性和安全性都在不同程度上受到限制。尽管预付卡(如代金卡)的存在会带来一定程度的隐私保护,但其隐私保护不可能像加密数字货币那样具有匿名性。以计算机算力和内存记忆为基础的设计,只要失去私钥,加密数字货币的信息便丢失,持有人在失去控制权的同时,保障了隐私权。[②] 诸如 Bolt 等新方案设计,即使第三方发现了支付安排,也不能从中作梗,而交易资金也是保密性的。[③] 加密数字货币可使无金融机构开户的人也能进行非现金支付,且速度快成本低,特别对银行业尚不发达的国家和地区尤其如此,从而有利于普惠金融。[④] 而且,相较于一些官方货币币值不够稳定的发展中国家而言,加密数字货币更容易实现价值的数字存储和匿名化交易,更为交易者所青睐。

3. 建立有利于发展中国家自主性跨境支付体系的需要

当前全球跨境支付体系以传统发达国家主导的环球同业银行金融电讯协会(Society for Worldwide Interbank Financial Telecommunication, SWIFT)和纽约清算所银行同业支付系统(Clearing House Interbank Payment System, CHIPS)为核心系统,发展中国家很难享有话语权,一旦被施加单边金融制裁,禁止使用SWIFT等跨境支付体系,毫无疑问将切断该国的国际资金往来,极大克减其金融主权。加密数字货币的出现将部分抵消或减少传统支付系统在金融制裁中的作

① 参见刘东民、宋爽:《法定数字货币与全球跨境支付》,载《中国金融》2017年第23期。

② See Max I. Raskin, *Realm of the Coin: Bitcoin and Civil Procedure*, 20 Fordham J. Corp. & Fin. L. 969 (2015).

③ See Matthew Green & Ian Miers, *Bolt: Anonymous Payment Channels for Decentralized Currencies*, Cryptology ePrint Archive, http://eprint.iacr.org/2016/701.pdf, 最后访问日期:2020年3月20日。

④ 参见蔡制宏:《数字货币发展状况、可能影响及监管进展》,载《金融发展评论》2015年第3期。

用,有利于保护被单边制裁的国家中普通公民和中小企业的利益。[①] 作为金融关键基础设施的传统支付体系,尽可能剔除政治“风险因素”,就能减少传统支付系统作为一种单方金融武器的作用。其实,即使在现行金融制裁机制下,也可规定小额支付例外规则,即允许主要满足民生需求的跨境小额支付,从而减轻金融制裁对被制裁国普通公民的影响。

(二)加密数字货币的三大类型与比较分析

1. 私人加密数字货币

加密数字货币是区块链最广为人知的应用,其中最富有争议者非比特币莫属。比特币发行曾被视为不负责任的政治行为体的异想天开,但它基于区块链技术,有助于解决数字货币应用中较为关键的双重支付问题,因而具有一定的可行性。根据比特币基金会解释,区块链是一个共享的公共分类账,所有已确认的比特币交易都包括在区块链中。这样,比特币钱包可以计算出其可支出余额,新的交易可以被证实是由消费者所有的比特币支出,它用密码学的方法保证了区块链的完整性和时间顺序。[②] 一般来讲,比特币不是证券,因为证券定义的关键因素之一是证券代表着对发行主体的某种权利。比特币没有发行主体,显然不属于证券。但在 ICO 项目中,项目主体发行的加密数字货币可能构成证券。[③] ICO 是企业或个人在网络上公布创业项目方案(白皮书),以自行定义的代币(Token)公开募集比特币或其他具有一定流通性的私人数字货币,进而换取资金支持创业项目的行为。由于缺乏监管约束、行业自律和透明度等原因,ICO 往往容易成为欺诈的“温床”,沦为规避监管的非法证券发行或非法集资渠道。[④] 从以往的金融市场交易来看,比特币这种完全非中心化的货币,虽然具有数据可靠性、使用便捷等技术特点,但同样存在发行成本相对较高、对现有货币体系冲击

---

① See Hossein Nabilou & André Prüm, *Central Banks and Regulation of Cryptocurrencies*, University of Luxembourg Library, https://orbilu. uni. lu/bitstream/10993/40128/1/Central%20banks%20and%20 regulation%20of%20cryptocurrencies. pdf,最后访问日期:2020 年 3 月 20 日。

② See William Mougayar, *The Blockchain is the New Google*, Techcrunch, https://techcrunch.com/2016/05/11/the-blockchain-is-the-new-google/,最后访问日期:2020 年 3 月 20 日。

③ 参见漆彤、卓峻帆:《加密货币的法律属性与监管框架——以比较研究为视角》,载《财经法学》2019 年第 4 期。

④ 参见李文红、蒋则沈:《分布式账户、区块链和数字货币的发展与监管研究》,载《金融监管研究》2018 年第 6 期。

较大等问题,很难带来长期的安全和稳定。① 如果与央行发行的法定加密数字货币相比较,私人加密数字货币在完全去中心化且缺乏币值锚定机制的情况下将会受到更大冲击。

2. 商业银行发行的数字货币

商业银行数字货币是商业银行发行,由中央银行许可或监管,并在可能的情况下享受存款保险资金保护的一种加密数字货币。此外,中央银行法定数字货币每天都被用作批发支付系统的最终结算资产,这意味着商业银行数字货币的价值和可兑换性正在接受每日测试,换言之,尽管商业银行数字货币被指定为私人发行的货币,但实际上是法定数字货币的延伸。然而,这种确保商业银行数字货币与中央银行法定数字货币可兑换的每日结算原则上并不适用于加密数字货币,因为大多数加密数字货币的目的并不是维持法定货币的面值。换句话说,商业银行数字货币的价值与中央银行法定数字货币挂钩,这是向商业银行提出的支付中央银行法定数字货币要求。正是在这个意义上,加密数字货币本质上与商业银行数字货币不同,尽管两者都是私人资金。如果商业银行不能对客户在商业银行数字货币中额外承担的交易对手风险进行补偿,商业银行将面临额外的交易对手风险,客户便没有在商业银行持有余额的理由。商业银行数字货币不会试图成为记账单位和独立的并行货币,不会与法定数字货币直接竞争,而只会与私人加密数字货币竞争。商业银行通过吸收客户存款,很可能高度依赖利率较高、资金稳定性较差的批发融资市场,加剧银行体系的期限错配问题和流动性问题。②

3. 法定数字货币

法定数字货币是由中央银行或在中央银行授权下,采用分布式记账技术发行的数字货币。③ 从本质上讲,法定加密数字货币为基础货币,其发行必须由国家信用支持来保证现代货币体系的稳定,其运行以央行保持对货币发行的控制权为必要前提。④ 最早的法定数字货币是由中国人民银行 2014 年提出的,据不

---

① 参见李炳:《关于法定数字货币的研究共识与展望》,载《金融理论与实践》2018 年第 12 期。

② See Committee on Payments and Market Infrastructures & Markets Committee, *Central Bank Digital Currencies*, Bank for International Settlements, CPMI Papers No. 174, Mar. 12, 2018, p. 16.

③ 参见李炳:《关于法定数字货币的研究共识与展望》,载《金融理论与实践》2018 年第 12 期。

④ 参见盛松成、蒋一乐:《央行数字货币才是真正货币》,载《中国金融》2016 年第 14 期。

完全统计,目前世界上有 70% 的中央银行开始研究中央银行法定数字货币。① 人们越来越清晰地认识到,完全的分布式账户和区块链技术至今还未能突破交易信任、清算效率和价值波动带来的诸多挑战,还或多或少会对金融稳定产生影响。② 也有经济学学者从建模比较的角度,阐明了完全私人发行的加密数字货币并不能实现最有效率的权力和责任分配,③毋庸置疑,这些私人加密数字货币的风险也反证了央行法定数字货币的合理性。首先,理论上,大规模采用私人加密数字货币可能会挑战一个民族国家的货币主权(货币政策的灵活性和独立性以及央行对货币供应的控制)。其次,法定数字货币的引入将使商业银行客户交易账户中的大部分余额移入中央银行的资产负债表中,从而控制流动性风险。最后,中央银行才有能力利用其现有信誉建立稳定的法定数字货币。但目前而言,发行法定数字货币也存在金融稳定以及法律调整的挑战。2018 年以来的一个趋势是,价格稳定对于有效的数字交换媒介日益重要,打造币值稳定的支付媒介成为市场创新的热点。目前,这些尝试大多局限于使用抵押品化技术,包括以法定货币或加密数字货币作抵押品的稳定币。

综上所述,从技术和经济角度来看,发行各类加密数字货币各有利弊,因为它们都在带来潜在好处的同时,带来了许多风险,其对比如表 1 所示:

表 1　三种数字货币比较

种类	私人数字货币	商业银行数字货币	法定数字货币
发行主体	私人主体	商业银行	中央银行
技术设计	非中心化 (包括少数中心化设计)	中心化	中心化
属性	不是任何机构的负债, 是持有者的资产	商业银行的负债, 持有者的资产	中央银行的负债, 持有者的资产
效率	较低	较高	较高
通货膨胀风险	无	有	有
价值波动风险	有	无	无

---

① See Christian Barontini & Henry Holden, *Proceeding with Caution-A Survey on Central Bank Digital Currency*, BIS Papers No. 101, 2019, p. 1 – 15.

② 参见李文红、蒋则沈:《分布式账户、区块链和数字货币的发展与监管研究》,载《金融监管研究》2018 年第 6 期。

③ Jesús Fernández-Villaverde& Daniel Sanches, *On the Economics of Digital Currencies*, Federal Reserve Bank of Philadelphia WP 18 – 07, Feb. 2018, p. 39.

从表1的对比可知,一方面,从发行主体来看,中央银行发行的法定数字货币公信力最强,它和商业银行数字货币一样,多采用中心化或者以中心化为主的双层或多层结构,以增强发行的效率;另一方面,商业银行发行的数字货币是盯准中央银行发行的法定数字货币的,从而保证了商业银行数字货币和中央银行法定数字货币的可兑换性,这与私人发行的加密数字货币性质迥异。比较而言,私人数字货币无通货膨胀风险,但存在币值大幅度波动风险,法定数字货币和商业银行数字货币则正相反。法定数字货币相对于其他加密数字货币的主要优势在于其稳定性。当然,这种稳定性存在地域限制,是以附属于特定国家央行为代价的。①

不仅如此,法定数字货币和其他加密数字货币之间的主要区别还在于中心化的程度。当然,私人数字货币也并非全是去中心化,不同的法定数字货币之间,也存在中心化程度的差异。对于基于账户的法定加密数字货币中,创建和结算的两个环节都是集中的,而对于基于价值的法定加密数字货币,只有货币的创建和销毁是集中的,交易结算是分散的。从这个意义上说,法定数字货币并不符合加密数字货币发明“去中心化”的最初愿景。实践中,某些欧洲的中央银行数字货币甚至不需要使用“去中心化”的区块链或分布式账本技术,如瑞典中央银行(Riksbank)的电子克朗(E-Krona)项目,②在这一点上,某些法定数字货币与比特币等去中心化的加密数字货币几无相似之处。

传统上,货币发行的权力是政府特权,法偿货币存在发行主体的排他性。就数字货币而言,不能仅仅视其为对发行货币传统技术无关紧要的技术升级,还必须考虑数字货币发行主体的权力配置问题。不仅如此,由于法定数字货币是可编程货币,性质不同于纸币和硬币等实体货币,意味着发行主体能够享有更广泛、更强大的权力,如对交易拥有更高的监控力和实施负利率。基于此,有学者认为,法定数字货币的发行权必须赋予中央银行,同时必须修改和完善现行《中国人民银行法》和《人民币管理条例》等法律文件,明确规定中央银行的法定数字

---

① Hossein Nabilou & André Prüm, *Central Banks and Regulation of Cryptocurrencies*, University of Luxembourg Library, https://orbilu.uni.lu/bitstream/10993/40128/1/Central%20banks%20and%20regulation%20of%20cryptocurrencies.pdf,最后访问日期:2020年3月20日。

② Sveriges Riksbank, *The Riksbank's E-Krona Project Report* 2, https://www.riksbank.se/globalassets/media/rapporter/e-krona/2018/the-riksbanks-e-krona-project-report-2.pdf,最后访问日期:2020年3月20日。

货币发行权,并加强相关监管。①

二、加密数字货币的法律性质:监管与司法的两难

众所周知,基于服务社会公共利益的考量,行政和司法两种权力都应当尊重对方的权力管辖领域。② 只有在一方权力产生空隙或有套利之嫌的时候,另一方权力才可能适当介入和干预,达到全方位服务于社会的目的。一般而言,金融产品的主要监管职能应由依法专门赋权的相关行政监管部门来行使,司法作为纠纷解决的救济,是事后的当事人之间权利义务及相关责任承担的裁量。尽管通过个案裁判,司法机关通过明确金融交易主体之间的权责分界,能够发挥某种程度上的监管功能,但毋庸置疑的是,对于强监管的金融领域,司法之于行政监管,其合理定位应是嗣后性、间接性和救济性的。司法的嗣后性还体现在法官面对专业领域风险决策能力上的挑战。③ 在加密数字货币的问题上,或者更一般的金融产品创新问题上,金融行政监管出于法律空白、监管约束以及金融深化的容忍等因素,其直接监管本身就存在较大的不确定性和监管空白,一旦纠纷出现,手段司法机关则从嗣后救济变成了跨前审查,容易导致金融司法陷入两难。

(一)加密数字货币的法律界定欠缺

截至目前,各国金融监管机构还没有对加密数字货币作出清晰的界定。以欧盟金融监管法为例,很难找到加密数字货币的概念及其性质的准确界定。如欧盟《支付服务指令修正案》(Revised Payment Services Directive, PSD2)④将“支付交易”定义为“一种由支付者或被支付者及其代表人发起并各自担负一定义务

---

① 《中国人民银行法》(2003 年)第 2 条、第 4 条、第 18 条,《人民币管理条例》(2018 年)第 2 条、第 5 条等的规定。参见刘少军:《法定数字货币的法理与权义分配研究》,载《中国政法大学学报》2018 年第 3 期。

② 参见彭涛:《司法权与行政权的冲突处理规则》,载《法律科学(西北政法大学学报)》2016 年第 6 期。

③ 有学者认为,由于司法判决必须以确定事实和法律为起点,加之法官缺乏认知、防范和应对风险所需的专业训练,通常法院在面对不确定时,作出决策的能力要比监管机构差得多。参见刘刚编译:《风险规制:德国的理论与实践》,法律出版社 2012 年版,“总序”第 3 页。

④ PSD2 是一套欧盟和欧洲经济区有关支付服务的法律法规。在线支付已经存在一段时间了,该法案于 2015 年获得通过,在线支付的最重要相关内容自 2019 年 9 月 14 日起生效。

的转让或提取资金的行为",[①]支付交易似乎易于理解,但它的定义解释还依赖于"现金""资金""金钱"的概念界定。加密数字货币能否直接归于"现金"或"金钱"之列并不确定,其中最接近的概念莫过于"资金"。然而,PSD2 中的资金是指"银行票据和铸币,指令 2009/110/EC 第 2 条第(2)款定义的银行数字货币或电子货币"。[②] 那么,虚拟货币属于银行票据、铸币还是银行数字货币,抑或电子货币呢? 细究之,似乎又近于"电子货币"的概念。进一步考察欧盟《电子货币指令》则发现,该法将"电子货币"定义为"电子化或者电磁性地储存货币价值,代表发行人为了支付交易的目的发起接受支付的请求……该债权由某个非电子货币发行人的自然人或法人所接受"。[③] 比特币并不能代表上述任何请求,将比特币归类为电子货币也实属不妥。根据现行欧盟关于确保支付结算最终结果的指令,如《支付结算最终结果指令》第 164 条规定,要求支付结算系统对指令和交易的进入时刻作出明确定义并不可撤销,也很难得出适用于加密数字货币支付的结论。[④] 随着加密数字货币市场规模越来越大,围绕加密数字货币市场开发出的产品和服务也越来越复杂,如果没有明确的法律界定,则很难将技术变革所带来的金融创新纳入传统金融监管的法网中,对于一个基础性的跨境支付手段而言,法律上的空白甚至可能产生系统性影响。

(二)加密数字货币的监管分歧与司法裁判冲突

由于加密数字货币的法律界定不清,监管主体的差异也带来监管政策和实践的分歧。如在美国,证监会(Securities and Exchange Commission,SEC)将发行加密数字货币视为一种投资,[⑤]而商品与期货交易委员会(Commodity Futures Trading Commission,CFTC)则将其视为一种商品。[⑥] 对此,美国多家法院都认

---

① DIRECTIVE (EU)2015/2366 Art. 4.

② DIRECTIVE (EU)2015/2366 Art. 4(25).

③ DIRECTIVE 2009/110/EC Art. 2.

④ See DIRECTIVE 98/26/EC Art. 1& Art. 2.

⑤ 美国证券交易委员会在其一些裁决中依赖经典的豪威(Howey)测试,认为加密数字货币发行是证券,如 DAO 货币发行。See SEC v. W. J. Howey & Co., 328 U. S. 293, 298 – 99(1946).

⑥ CFTC Orders Bitcoin Options Trading Platform Operator and its CEO to Cease Illegally Offering Bitcoin Options and to Cease Operating a Facility for Trading or Processing of Swaps without Registering, Commodity Futures Trading Commission, Release Number 7231 – 15, https://www.cftc.gov/PressRoom/PressReleases/pr7231 – 15,最后访问日期:2020 年 3 月 20 日。

为,比特币是合法的货币,可以算作投资合同。[①] SEC 对特伦顿·萨维尔斯(Trendon Shavers)实施的以比特币计价的“庞氏骗局”采取强制执行行动,不仅责令萨维尔斯放弃4040 万美元,还要其支付因违反证券交易法案而产生的15 万美元民事罚款。[②] 法院在萨维尔斯案中认定,“比特币有一定的价值,可以作为一种支付方式,也可以作为一种交换方式。因此,比特币在本案中的投资可以满足美国最高法院著名的豪威案(Howey)标准”。[③] 在美国诉乌布利希案(U. S. v. Ulbricht)中,法院裁定“反洗钱法范围广泛,足以包括在金融交易中使用比特币”。[④] 也有美国法院在案件中确认了比特币作为货币的功能,指出比特币“是一种货币,被用作交换媒介和支付手段”。[⑤] 尽管在司法实践中存在证券性质和货币性质的不同定性,但这些判决的共同点在于,法院不会允许技术定义取代他们的常识理解,[⑥]换句话说,当事人想用合法形式掩盖非法目的的做法,在法官这里并不管用。

针对加密数字货币交易,税务纠纷案件的审理更加揭示了法院的困境。同样以美国税收法院的裁判为例,尽管法律上并没有对加密数字货币予以明确界定,但涌入法院的案件逼着法院必须表态。背后的原因也不难理解:其一,如果不对数字货币交易征税,就会导致税收不公平,市场主体会更趋向于用虚拟货币交易,不法分子使用私人数字货币来掩盖其真实交易意图,企业和个人使用私人数字货币以达到偷税漏税的目的。其二,数字货币的技术特点之一就是能够记录交易行为全过程,这也为征税提供了技术手段。[⑦] 美国国税局可以通过公共分

---

① SEC v. Trendon T. Shavers & Bitcoin Sav. & Tr., No. 4:13 - CV - 416, 2014 U. S. Dist. LEXIS 194382, at 17(E. D. Tex. Aug. 26, 2014).

② SEC v. Shavers, No. 4:13 - CV - 416, 2014 WL 4652121, at 13 (E. D. Tex. Sept. 18, 2014).

③ SEC v. W. J. Howey & Co., 328 U. S. 293, 298 - 99(1946).

④ United States of America v. Ross William Ulbricht, 31 F. Supp. 3d 540, 570(S. D. N. Y. 2014).

⑤ United States v. Murgio, 15 - cr - 769(AJN)(S. D. N. Y. Jan. 12, 2017).

⑥ See Max I. Raskin, *Realm of the Coin: Bitcoin and Civil Procedure*, 20 Fordham J. Corp. & Fin. L. 969(2015).

⑦ See Sami Ahmed, *Cryptocurrency & Robots: How to Tax and Pay Tax on Them*, 69 S. C. L. Rev. 697(2018).

类账查明逃税者,并将公共地址与个人相匹配,从而发现逃税者。① 其三,越来越多的平台采用加密数字货币支付,②各国政府都期待在不将交易转移到国外的情况下对加密数字货币交易适当征税。其四,税务机关的征税行为必须以给交易行为定性为前提,即采用"税收实质优于形式主义"的判断原则对加密数字货币定性,以符合税收法定主义。以加密数字货币的ICO为例,ICO是否应被视为纯收入?ICO作为一种替代传统风险投资筹集资金的办法,在法律上是另眼相看还是一视同仁?当ICO的一方或多方持有部分加密数字货币,却阻止基金出售所有其他加密数字货币时,是否应按市值计价?加密数字货币价格波动时,税法应如何予以计价?③ 凡此种种,都需要首先厘清加密数字货币的属性。

(三)加密数字货币的税法定性:财产、货币或其他

从各国司法实践的比较视角来看,当前加密数字货币的争议主要还是在税收领域。目前,共有29个国家和地区对加密数字货币征税作出规定。阿根廷等国对出售加密数字货币所得利润征税,波兰等国对加密数字货币交易中产生的利润征税,意大利等国仅对企业参与加密数字货币交易所得利润征税,德国和芬兰则对加密数字货币兑换法币这一行为征税。有学者认为,加密数字货币具有何种性质与其是否适用税法没有必然联系,即使加密数字货币性质不明,税法也可能得以适用。④ 笔者认为,恰恰相反,除了少数国家和地区笼统地对加密数字货币征税,大部分国家征税时必须明确其性质;即使监管机构对加密数字货币的性质作出笼统而非明确的规定,一旦发生争议,审理税收争议的司法机关也必须对其定性,才能对征税的合法性作出裁判。美国国税局于2014年发布了一项指

---

① See Kelly J. Winstead, The North Carolina State Tax Treatment of Virtual Currency: An Unanswered Question, 21 N. C. Banking Inst. 501.

② 像Target、Expedia、Victoria Secret、Dell和Zappos这样的普通零售商是现在接受比特币付款的许多公司之一。See Ellen Vessels, Who Actually Accepts Bitcoin as a Form of Payment, The American Genius, https://theamericangenius. com/finance/bitcoin, 最后访问日期:2020年3月20日。

③ See Wolf Richter, 3 *Charts Show the Crazy Gains of Cryptocurrencies*, Business Insider, http://www. businessinsider. com/bitcoin-price-compared-to-other-cryptocurrencies, 最后访问日期:2020年3月20日。

④ 参见漆彤、卓峻帆:《加密货币的法律属性与监管框架——以比较研究为视角》,载《财经法学》2019年第4期。

导意见,提出加密数字货币应被视为一种财产。[①] 加拿大将加密数字货币视为商品,征收所得税,这意味着尽管加密数字货币被用作交易媒介,在这些国家也不视之为实际货币。以色列也发布了类似的规则,将加密数字货币视为资产。[②] 新加坡最初将加密数字货币交易视为易货交易,增值会产生税收负担,但对以交换方式取得的虚拟商品不征税。[③] 因此,有学者认为加密数字货币更接近于财产而不是货币,它是一种试图为点到点交易创造全新金融架构的加密资产。[④] 从税收的角度来看,如果将加密数字货币视为财产,对纳税人是不利的,必须辅之以一定的税收优惠措施加以激励。2020 年 1 月刚生效的新加坡《数字支付通证》法规,新加坡国税局为了将数字支付货币作为电子商务的一种形式加以鼓励,改变了原来的做法,对使用数字支付通证的豁免增值税。[⑤]

如果将加密数字货币视作一种财产,课以财产税,那么用户在每次以加密数字货币进行交易时都必须对实现盈亏的税收后果计税。对于日常使用加密数字货币的用户来说,这一合规要求变得不堪重负。如果某人在一家快餐店买了一个汉堡包,将被要求宣布在拥有该加密数字货币的同时,计算其内在价值变动的收益或损失,加密数字货币在一天之内价格可能大幅波动,使这项任务变得异常复杂。考虑到不同时间购买加密数字货币的价格基数不同,目前将其作为财产处理还会产生意想不到的税收筹划行为。例如,如果一个人持

---

① For federal tax purposes, virtual currency is treated as property. General tax principles applicable to property transactions apply to transactions using virtual currency. See IRS Notice 2014 – 21, Internal Revenue Service, https://www.irs.gov/pub/irs-drop/n – 14 – 21.pdf. 2019 年 7 月,美国国税局还专门在公开信中指出,建议虚拟货币的拥有者缴税或申请补充退税。See IRS Has Begun Sending Letters to Virtual Currency Owners Advising Them to Pay Back Taxes, File Amended Returns; Part of Agency's Larger Efforts, Internal Revenue Service, https://www.irs.gov/newsroom/irs-has-begunsending-letters-to-virtual-currency-owners-advising-them-to-pay-back-taxes-file-amended-returnspart-of-agencys-larger-efforts, 最后访问日期:2020 年 3 月 20 日。

② See Israel Tax Authority, Taxation of Activity by Means of Virtual Payment, Israel Tax Authority Circular No. 05/2018, https://perma.cc/SJ48 – L77X, 最后访问日期:2020 年 3 月 20 日。

③ See Jon Southurst, *Singapore Government: This is How We Intend to Tax Bitcoin*, Coindesk (Jan. 9, 2014), https://www.coindesk.com/singapore-government-how-we-intend-tax-bitcoin.

④ 参见周永林:《加密货币的本质与未来》,载《中国金融》2018 年第 17 期。

⑤ See *GST Guide on Attribution of Input Tax* (Sixth Edition), Inland Revenue Authority of Singapore, https://www.iras.gov.sg/irashome/uploadedFiles/IRASHome/e-Tax _ Guides/eTax%20Guide%20on%20 GST%20Guide%20on%20Attribution%20of%20Input%20Tax%206th%20Edition.pdf, 最后访问日期:2020 年 3 月 20 日。

有一些1美元的比特币和其他5000美元的比特币,那么在当前价格是4000美元时,他可以通过出售特定基数的代币来操纵一定数量的损失或收益,以达到逃税的目的。①

那么,如果将加密数字货币定性为货币属性呢?货币是一种独特的商品,是“作为交换媒介的流通”。② 比特币和其他加密数字货币似乎符合这一定义,因为它们被广泛接受为一种交换媒介,并在流通。世界上大多数主要货币都是法定货币,法定货币没有任何稳定的商品作为后盾,只是因为其他各方接受而具有价值。在这一点上,比特币和其他加密数字货币也与法定货币类似,同样没有内在价值。美国法院曾审查了比特币是否为“货币”这一问题。在美国诉法耶法案(U. S. v. Faiella)中,法院梳理了“货币”的定义,并认定比特币确实构成货币,因为比特币被用作交易媒介并广泛流通,因此属于《反洗钱法》第1960条的管辖范围。③

加密数字货币界定为货币而非财产,还会产生促进金融创新和公平竞争的经济效果。首先,若是交易的工具,就不需要在每笔交易中确认收益或损失,可在少缴税的同时,减少金融监管的成本,无形之中增加加密数字货币的开发价值。其次,定性为货币,有利于推动加密数字货币的使用和普及。最后,加密数字货币作为一种新型跨境支付手段,在某种程度上能够削弱已有强势国际货币的主导地位,进而约束特定国家滥用其对全球金融的控制力,防止其国内货币政策和金融政策的外溢效应。

除此之外,也有不少国家跳出财产和货币的二分法,根据加密数字货币的具体使用和交易情形,分别予以归类。在斯洛文尼亚税法实践中,加密数字货币既非货币也非财产,向个人支付的所得税(向个人支付的款项将被征税),不存在因其价值增加而应缴纳的资本利得税。④ 德国采取类似的方法,不将其归类为货

---

① See Zachary B. Johnson, *I got 988 Problems but Bitcoin Ain't One: The Current Problems Presented by the Internal Revenue Service's Guidance on Virtual Currency*, 47 U. Mem. L. Rev. 633 (2016).

② Definition of Currency, Merriam-webster, https://www.merriam-webster.com/dictionary/currency, 最后访问日期:2020年3月20日。

③ United States of America v. Robert M. Faiella, 39 F. Supp. 3d 544, 545 (S. D. N. Y. 2014).

④ Nermin Hajdarbegovic, *Slovenia Clarifies Position on Cryptocurrency Tax*, Coindesk (Dec. 24, 2013), http://www.coindesk.com/slovenia-clarifies-position-cryptocurrency-tax/.

币,而归类为金融工具。[①] 瑞士对加密数字货币采取了有利于持有者的立场。政府认为加密数字货币"既不是货物也不是服务"。换句话说,加密数字货币被视为既不会产生增值税也不会产生与汇率有关手续费的"货币"。[②] 不仅如此,加密数字货币在具体的使用场景中也会产生争议,很难界定是"财产"还是"货币"。随着ICO数量的激增,许多加密数字货币仅具有特定功能,如用来实现某些项目的利润分配份额。Solar DAO公司就是一个例证。作为一家在世界各地建造光伏太阳能发电厂,其所有利润都分配给通证的所有者,[③]这些基于项目的通证和代币看起来更像财产,而不是真正的货币。当然,也有不少加密数字货币确实主要是为了成为传统主权货币的替代品,脸书最近推出超主权天秤币(Libra)即私人加密数字货币的最新进展。[④]

回到金融监管的视角,加密数字货币的跨境性和匿名性交易往往牵涉洗钱、集资欺诈等不法金融交易行为,在这个意义上,金融监管的政策考量有别于税法政策考量。金融交易的安全性、金融市场的系统性风险防范、金融消费者合法权益的保护,都要求金融监管政策中将加密数字货币更多地视为一种货币,从而纳入已有的金融法网,实现有效监管。

三、加密数字货币的监管思路反思:直接监管抑或间接监管?

加密数字货币作为金融科技发展的代表,其迅速发展对传统的金融监管提出了深刻挑战。囿于立法程序的审慎和冗长,对于金融科技的立法回应目前仍处于非常初步的议题讨论阶段,各国金融监管部门通常尝试监管手段的创新,通过监管政策的调整来实现"旧瓶装新酒"的监管效果。因此,金融监管部门的监管理念和政策对加密数字货币影响尤为重大。一般而言,能够适用于加密数字

---

① See Emily Spaven, *Germany's Government and Media are Bolstering Bitcoin Popularity*, Coindesk (Sept. 27, 2013), http://www.coindesk.com/germanys-government-media-bolstering-bitcoin-popularity/.

② See Benscha, *Good News: No VAT on Bitcoin in Switzerland*, Payment 21, https://payment21.com/blog/good-news-no-vat-bitcoin-switzerland,最后访问日期:2020年3月20日。

③ See Solar DAO, ICOHoo, https://icohoo.com/solar-dao/,最后访问日期:2020年3月20日。

④ 参见许多奇:《Libra:超级平台私权力的本质与监管》,载《探索与争鸣》2019年第11期。

货币的相关法律主要包括金融法(含证券法)、反洗钱法、消费者保护法律等。对此,各国已有的金融监管立法经过过去数十年的金融全球化发展,在内容和形式上趋同性比较明显。反观不同法域的金融监管部门,对待加密数字货币的态度迥异。有的采取审慎的、保守的做法,如我国就禁止ICO融资以及任何涉及"法定货币与代币、虚拟货币"相互之间的"兑换业务"、"买卖"以及"定价和信息中介服务",①而英国、美国、澳大利亚和瑞士等国出于鼓励和促进金融创新的目的,采取的做法相对积极、开放和便利。②

如前所述,尽管目前加密数字货币的金融监管与相关纠纷的司法裁判都处在同样的不确定性中,但就司法权作为判断权这一本质而言,③相较于金融监管部门,法院在知识结构的改进和信息更新方面不具有天然的优势,④其通过个案裁判的定分止争来实现某种监管功能的美好愿望将很难具有现实性。因此,对于加密数字货币,将日常监管权力留给监管机关,是必然的最优选择。

从监管实施的手段和方式来看,又可以分为直接监管和间接监管⑤两种模式。对加密数字货币的直接监管可以采取多种形式,既包括对代码或协议(基于设计的规则)、开发者、特定区块链的设计特征、节点等的规范,还有对操作者、钱包提供者、采矿者和使用者的调控,或制定出台白皮书管理规则和标准。而对交易场所的监管,网络货币兑换法定货币的,托管人(包括电子钱包托管人)和商户

---

① 参见2017年9月4日中国人民银行等7部门发布的《关于防范代币发行融资风险的公告》,其中指出"代币发行融资是指融资主体通过代币的违规发售、流通,向投资者筹集比特币、以太币等所谓'虚拟货币',本质上是一种未经批准非法公开融资的行为,涉嫌非法发售代币票券、非法发行证券以及非法集资、金融诈骗、传销等违法犯罪活动",要求"任何所谓的代币融资交易平台不得从事法定货币与代币、'虚拟货币'相互之间的兑换业务,不得买卖或作为中央对手方买卖代币或'虚拟货币',不得为代币或'虚拟货币'提供定价、信息中介等服务"。

② See Bart Custers & Lara Overvater, *Regulating Initial Coin Offerings and Cryptocurrencies: A Comparison of Different Approaches in Nine Jurisdictions Worldwide*, 10 European Journal of Law and Technology(2019).

③ 参见孙笑侠:《司法权的本质是判断权——司法权与行政权的十大区别》,载《法学》1998年第8期。

④ 参见陈若英:《超脱或应对——法院与市场规制部门的竞争》,载《北大法律评论》第14卷第1辑,北京大学出版社2013年版,第51页。

⑤ 直接(或"实体")监管,是指侧重于行业本身监管的监管措施,如加密数字货币的监管就直接针对其展开监管。而间接监管则绕开直接受监管主体,从其对手方等其他主体或者风险管道迂回展开。See Giorgio Tosetti Dardanelli, *Direct or Indirect Regulation of Hedge Funds: A European Dilemma*, 2 European Journal of Risk Regulation 463(2011).

受理设施等其他服务提供商的监管则属于间接监管的范畴。

(一)直接监管失灵

直接监管中最严厉的是对加密数字货币实施"一揽子"禁止,以及禁止个人、交易所、金融机构和支付机构处理或买卖加密数字货币。① 但毫无疑问,这种"一刀切"式的禁止性直接监管具有明显的弊端。首先,没有任何政府能够有效地禁止比特币等众多分散的加密数字货币。据统计,在131个国家和地区中,只有13个国家和地区完全禁止加密数字货币,约占10%,其中7个国家和地区位于中东和北非,占中东和北非国家和地区总数的50%。此外,有25个国家和地区对于加密数字货币的使用进行了不同程度的限制,限制力度最大的措施是禁止金融机构和/或支付机构提供与加密数字货币相关的业务。② 限制加密数字货币发展主要是出于防范风险的考虑,如洗钱和恐怖金融风险、价格泡沫风险、损害金融体系稳定风险等。然而,由于比特币点对点的互联网本质,禁止或严格监管比特币并无法有效约束比特币的交易,只不过是将其推到监管权力的地域边界之外罢了。其次,只要存在监管宽松的法域,禁止或限制性的直接监管就将因为监管套利而失效。事实上,世界上大多数国家并不完全禁止加密数字货币,③加上各国监管框架的易变性,④如果缺乏相协调的国际立法,具有跨地域性的加密数字货币实际上无法被特定一国金融监管部门有效监管。

直接监管并不能把好市场准入的关口。有学者通过对有关国家和地区适用于加密数字货币的法律进行梳理,发现在46个已有法律监管框架的国家和地区中,仅有7个国家和地区对加密数字货币进行了专门立法,绝大多数国家和地区(约占85%)将加密数字货币纳入原有法律的监管下,其中使用最多的是税法和

---

① See Global Legal Research Directorate Staff of the Law Library of Congress, *Regulation of Cryptocurrency in Selected Jurisdictions*, The Law Library of Congress(June,2018), https://www.loc.gov/law/help/cryptocurrency/regulation-of-cryptocurrency.pdf.

② 参见漆彤、卓峻帆:《加密货币的法律属性与监管框架——以比较研究为视角》,载《财经法学》2019年第4期。

③ See Hossein Nabilou & André Prüm, *Central Banks and Regulation of Cryptocurrencies*, University of Luxembourg Library, https://orbilu.uni.lu/bitstream/10993/40128/1/Central%20banks%20and%20regulation%20of%20cryptocurrencies.pdf,最后访问日期:2020年3月20日。

④ 参见漆彤、卓峻帆:《加密货币的法律属性与监管框架——以比较研究为视角》,载《财经法学》2019年第4期。

反洗钱法。[1] 然而,原有的以传统的直接监管为主的监管方式是否适合用于加密数字货币呢?实际上,直接监管加密数字货币的有效性取决于对加密数字货币底层技术的适应性,即监管手段需要技术上契合加密数字货币及其底层区块链的具体特征。例如,对基于开放(非受限)区块链的加密数字货币,其监管与基于封闭(受限)区块链的加密数字货币的监管便有所不同;监管中心化的加密数字货币,与监管去中心化的比特币等加密数字货币亦有差异。随着加密资产大量涌现,特定加密数字货币的技术壁垒和不同,使直接监管方法往往力有不逮。

不仅如此,直接监管也难以应对加密数字货币所涉及的多种主体。在加密数字货币领域,主体繁多,包括开发商、发行商、采矿商、加工服务商、用户、数字钱包提供商、交易所及其他交易平台,如分散式交易所(Decentralized Exchange,DEX)、商户受理设施等,以及众多交易者。在有限监管资源的约束条件下,监管机构很难对于网络上所有的主体和节点进行直接监管。加上加密数字货币的网络效应,谁监管、监管谁、如何监管等问题会一直困扰直接监管者。在某种程度上,正因为缺乏全球合作和集中治理机制,以地理边界为权力范围的监管者也很难提出有效监管网络加密数字货币的直接监管方法。

(二)间接监管的机会

福波斯·阿塔纳苏(Phoebus Athanassiou)教授是在讨论次贷危机后对冲基金的监管问题时提出"间接监管"的学者。在论述中,"间接监管"的定义是,金融监管机构不是直接针对对冲基金,而是向对冲基金的债权人和交易对手(主要是但不限于一级交易商和二级交易商)采取的监管措施。间接监管以市场调节为导向,侧重于金融机构运用于与交易对手之间业务往来的风险管理。[2] 间接监管作为一种针对复杂金融产品的有效监管策略,并不局限于对冲基金,[3]在这一点上,加密数字货币的多样性、技术性、匿名性以及跨国性,诉诸间接监管的措施

---

① 参见漆彤、卓峻帆:《加密货币的法律属性与监管框架——以比较研究为视角》,载《财经法学》2019年第4期。

② Phoebus Athanassiou, *Hedge Fund Regulation in the European Union: Current Trend and Future Prospects*, Wolters Kluwer, 2009, p. 226.

③ 福波斯·阿塔纳苏曾指出,"对冲基金"是一个误导性的便利术语,不仅因为对冲并非大多数对冲基金的目的,而且因为在欧洲以外,对冲基金从法律技术角度看并非"基金",而是有限合伙或有限责任公司,基金投资者是有限合伙人或有限责任公司成员。

不失为一种更为妥当的选择。

其一,间接监管能使传统金融机构发挥“看门人”的作用。加密数字货币本质上体现了一种虚拟空间和真实世界之间的关系,银行和加密数字货币本身就有着千丝万缕的联系。首先,加密数字货币往往是银行业务的某种替代。例如,传统银行的第一线业务,特别是国际资金转移的对应银行模式,似乎更有可能受到加密数字货币的挑战。其次,为了应对加密数字货币的支付竞争,银行在提供支付服务时,也会倾向于开展加密数字货币业务。最后,金融机构参与加密数字货币活动的渠道较多。金融机构通过新出现的商业机会,实现与比特币等加密数字货币有关业务的进一步发展,包括直接发行相关加密数字货币、充当做市商、向加密数字货币质押品出借资金、参与加密数字货币衍生工具交易结算、向加密数字货币业务出借资金、承销 ICO,等等。[①] 比特币等 ICO 往往采用双层结构,在第二层比特币发展中,银行可以采取多种形式涉足加密数字货币。银行将在比特币区块链的附加层面上运作,且比特币基准层本身将成为净结算比特币上一级金融交易产生的金融义务的高度安全的基准层或结算层。银行和支付服务机构还可以发展成为闪电网络内支持支付渠道的钱包提供商、资金保管商、节点运营商等。因此,对于银行这样的金融机构采取间接监管措施,使其发挥“看门人”的作用,将会起到事半功倍的效果。

其二,间接监管可使有限的监管资源聚焦于交易节点。加密数字货币的发行离不了计算机程序设计者,保存离不开电子钱包,交易离不开全球开设的各类加密数字货币交易所,因此,程序设计者、电子钱包和交易所成为加密数字货币存在和发展的重要节点。间接监管可以绕过各种未获准入牌照而无法定性的区块链技术发行的通证,通过定位到电子钱包提供者或者交易所[②]等(准)金融机构可提供代币账户或代币托管钱包,设立代币自营交易席位或最终发行代币基

---

① See European Banking Authority, *Report with Advice for the European Commission on Crypto-Assets*, EBA 9 Jan. 2019, https://eba. europa. eu/sites/default/documents/files/documents/10180/2545547/67493daa - 85a8 - 4429 - aa91 - e9a5ed880684/EBA% 20Report% 20on% 20crypto% 20assets. pdf.

② See Jason Albert, *What's Next for Blockchain: Technology, Economics and Regulation*, Microsoft: EU Policy Blog, https://blogs. microsoft. com/eupolicy/2016/06/20/whats-next-for-blockchain-technologyeconomics-and-regulation/.

金,包括交易所交易基金(Exchange Traded Fund,ETF)或代币衍生产品,①从而实现更为有效的监管。加密数字货币可以通过各种创新架构存在,对于节点的定位尤显重要。如瑞士法律允许采用基金会模式,基金会可以发行通证或代币,以换取资金,然后将资金投资于用来开发加密数字货币的平台和技术。② 在这种情况下,通过间接监管相对中心化的基金会来实现管理和运作,会比直接监管更加精准有效。

其三,间接监管意味着在传统直接监管和网络空间之间实现隔离抑或搭建桥梁。通常,支付体系是一国的金融基础设施,受到金融监管部门的严格管控,但是再严密的法律体系都无法轻易延续到使用加密数字货币进行支付的虚拟网络空间上。③ 以欧洲央行为代表的各国金融监管者,正在探寻在综合评估[资产质量评估(Asset Quality Review,AQR)和压力测试]框架内合理运用监管权力,建立更严格的信贷机构"虚拟货币"敞口评估框架,监管机构甚至也可考虑实施结构监管。④ 如对银行加密数字货币自营业务设置交易与银行其他业务相隔离,或对加密数字货币相关业务设置附加条件,避免政府通过隐性或显性补贴对银行加密数字货币自营业务进行交叉补贴等。⑤ 与此同时,欧盟PDS2强制性地要求银行必须与获得牌照的第三方支付机构共享数据,从而无可避免地在传统金融机构和金融科技机构之间建立了某种通道。虽然立法尚未能直接监管与加密数字货币有关的行为,但切断桥梁还是建立联系的开关掌握在监管机构手中,在某种程度上实现了间接监管的职能。

其四,间接监管更有助于防范系统风险,保障金融稳定。加密数字货币资产价格的相关性研究可能表明,加密数字货币市场上存在羊群效应。当然,存在羊

---

① See Nathaniel Popper, *Goldman Sachs to Open a Bitcoin Trading Operation*, The New York Times, https://www.nytimes.com/2018/05/02/technology/bitcoin-goldman-sachs.html.

② Rhodri Davies, I See... Oh!: ICOs, Crypto Tokens, Swiss Foundations and Philanthropy, Charities Aid Foundation, https://www.cafonline.org/about-us/blog-home/giving-thought/the-future-ofdoing-good/i-see-oh-crypto-token-sales-swiss-foundations-and-philanthropy,最后访问日期:2020年3月20日。

③ See Asress Adimi Gikay, *Regulating Decentralized Cryptocurrencies under Payment Services Law: Lessons from European Union Law*, 9 Case W. Res. J. L. Tech. & Internet 1(2018).

④ For payment institutions, such structural regulation would be imposed using the powers granted under Directive (EU)2015/2366 Art. 11(5).

⑤ See Hossein Nabilou, *Bank Proprietary Trading and Investment in Private Funds: Is the Volcker Rule a Panacea or Yet Another Maginot Line*, 32 Banking and Finance Law Review 297(2017).

群行为，行业的小规模也并不意味着这样的价格变动会导致系统风险。事实上，此前对加密数字货币市场采取的被动监管方式也可以归因于其规模相对于传统金融市场微不足道。加密数字货币市场市值在峰值时达到约 8000 亿美元。与 2017 年 3 月欧元区货币金融机构总资产约 34 万亿欧元相比，这一数字相形见绌。① 可见，即使是整个加密数字货币市场的崩溃也不太可能引起任何金融稳定方面的担忧，只有在加密数字货币和传统金融机构发生千丝万缕关联时才会导致系统性风险。银行和支付系统很可能最终扰乱金融稳定，金融监管机构对信贷机构的审慎监管权力恰巧有缓释此类风险的重要工具。因此，考虑到这些发展的可能性以及央行权限的限制，如果系统性风险源于加密数字货币市场，最有效的方式就是央行能够对加密数字货币市场进行间接干预而非直接监管。

四、结　　语

加密数字货币作为一种全球性的金融科技创新，正在日新月异地发展。自 2019 年 6 月 18 日脸书公开宣布“天秤币”计划后，发行私人超主权货币的设想引起各国中央银行的高度关注，人们纷纷着手或加快了对数字货币的研究。世界经济论坛（World Economic Forum）甚至成立了一个联盟，致力于设计数字货币全球治理框架。② 在目前缺乏全球统一监管规范的情况下，加密数字货币仍有赖于各国的域内金融监管。考虑到专门立法的滞后，加密数字货币的法律性质会因监管主体和具体交易场景的不同而难以判断。同时，尽管不少加密数字货币的纠纷进入司法程序，但在监管措施和监管政策存在不一致和不确定性时，司法机关的纠纷解决功能也面临困境。尤其是加密数字货币往往还涉及洗钱、非法集资、逃税和恐怖活动等违法行为，金融监管部门应该积极应对，通过针对传统金融机构以及其他相关服务提供者的间接监管来实现加密数字货币领域的规范。

---

① See European Central Bank, *Report on Financial Structures*, ECB, https://www.ecb.europa.eu/pub/pdf/other/reportonfinancialstructures201710.en.pdf，最后访问日期：2020 年 3 月 20 日。

② See Adrian Zmudzinski, *Major Central Banks to Discuss Digital Currencies Amid IMF Conference*, Cointelegraph, https://cointelegraph.com/news/major-central-banks-to-discuss-digital-currenciesamid-imf-conference，最后访问日期：2020 年 3 月 20 日。

资本市场公益诉讼制度理论与实践研究

林晓镍[*]　单素华[**]　黄佩蕾[***]

资本市场侵权纠纷属于因单一事件引发的群体性纠纷，具有一方当事人人数众多、诉讼标的为同一种类等特征，对纠纷解决的时效性、诉讼成本的可承受性都有较高要求。如何妥善、有序、高效和公正地处理好资本市场群体性纠纷，切实维护好中小投资者合法权益，对维护资本市场健康稳定发展意义重大。

一、资本市场公益诉讼制度的必要性

近年来，证券群体性纠纷频发，引发了关于是否应在资本市场领域引入公益诉讼制度的思考。

首先，普通民事诉讼及我国《民事诉讼法》第53条、第54条规定的代表人诉讼完全建立在"登记加入制"的基础上，即使在起诉时人数不确定的，也需要通过诉讼公告和权利登记制度来固定原告的范围，未登记的权利人只能另行提起诉讼。这一诉讼制度在程序设计上缺乏明确的社会功能定位，仅仅关注投资者私益的保护，而没有关注到对社会的保护以及证券民事赔偿制度对于整个证券市场稳定发展的推动作用。实践中，大量的投资者由于通知不到位或自身出于维权成本的考虑，并未参与到维权诉讼中，这样就会导致进入诉讼的赔偿总额与违

* 法学博士，上海金融法院党组成员、副院长。
** 法律硕士，上海金融法院综合审判一庭庭长。
*** 法学硕士，上海金融法院综合审判一庭法官助理。

法者的违法收益之间出现较大落差,难以起到威慑违法行为、恢复正常市场秩序的作用。

其次,由于股票、期货等市场交易由交易所系统自动撮合成交,涉及的投资者众多、分布的区域十分广泛,而相互之间的联系并不紧密,要通知所有符合条件的投资者参加诉讼并统一推选代表人,在客观上存在困难。从现有诉讼制度的运行情况来看,诉讼成本高、占用司法资源多、纠纷解决效率低等问题普遍存在。退一步而言,即使投资者能够就代表人的推选达成一致意见,或者法院通过示范判决机制等引导投资者通过调解解决纠纷,也仅仅起到提升诉讼效率的作用。就各投资者分散提起的诉讼本身而言,只能实现对个体利益的救济,至多是叠加后的个体利益,无法实现对不特定众多市场主体集合利益乃至公共利益的救济。反之,从被告的角度来看,其违法违规成本明显存在“轻两头,重中间”的现象,即强调行政监管而刑事和民事责任的制约相对缺位。但即使是行政责任的承担,随着侵权案件的专业性、复杂性增加,行政机关的人力、执法水平有限,监管也不可避免地会有所遗漏。因此,在资本市场引入公益诉讼制度,以弥补私益诉讼的缺陷、补强民事赔偿责任,逐步形成市场参与各方依法履职尽责及投资者合法权益得到充分保护的市场环境,有其现实意义。

二、公益诉讼与群体诉讼的区别

从当前法律规定来看,2012 年修改后的《民事诉讼法》第 55 条对民事公益诉讼作了原则性的规定,但仅限于环境保护和消费者保护纠纷。2019 年 1 月 28 日,中央深改委审议通过了《关于在上海证券交易所设立科创板并试点注册制的实施意见》,标志着我国证券市场正式开始设立科创板并试点注册制工作。该实施意见指出,要推动完善相关法律制度和司法解释,探索完善与注册制相适应的证券民事诉讼法律制度。相应地,最高人民法院出台的《关于为设立科创板并试点注册制改革提供司法保障的若干意见》进一步提出,要“研究探索建立证券民事、行政公益诉讼制度”。2019 年新修订的《证券法》中,新增关于投资者保护机构可以作为代表人参加诉讼的规定,并实行与普通代表人诉讼相区别的“申明退出制”。在这一全新的诉讼制度中,原告提起的诉讼请求所保护的法益明显超过了个别私益的范围,为民事公益诉讼制度在证券市场的探索迈出了很大的一步。

但是,公益诉讼与传统民事诉讼在诉讼目的、诉讼主体及程序等方面均有较大不同,具体程序上如何体现公益诉讼的制度优势、如何与私益诉讼相衔接,还有待进一步研究和细化。

比较来看,公益诉讼与群体诉讼均为涉及一方人数众多的诉讼制度,但功能有较大区别。其中,群体诉讼是指专门为解决群体性纠纷而设置的,由特定主体代表多数当事人实施全部或者部分诉讼行为,诉讼结果能够直接影响多数当事人的诉讼程序制度,我国的代表人诉讼即在此列。从本质上而言,群体诉讼涉及的利益本身有具体的可分的归属主体,仅仅是传统"一对一"私益诉讼在诉讼主体上的复数叠加,仍以私益的保护为主要目标。但公益诉讼系为专门保护社会公共利益提起的诉讼,以公共利益受到损害为前提,以维护健康有序的社会秩序为目的,两者在程序构造上存在较大区别。第一,对当事人适格的要求不同。提起公益诉讼的原告不要求与案件有直接利害关系,起诉的主体非常广泛,不局限于具体权益受到侵害的个体。反之,群体诉讼则是以维护群体成员的私益为主要目的,成员均是与案件有直接利害关系的主体。第二,两者在诉讼形式上和群体成员的确定性上也不同。公益诉讼尽管同样涉及多数人的利益,但通常范围比一般群体诉讼要广得多,以至于被代表人的范围是概括性的。在诉讼形式上,公益诉讼往往以单独诉讼的方式出现,即由团体或个人带动整个诉讼进程。但群体诉讼主要是"加入制"的,被代表人的范围通常是明确的,且需要通过"代表制"进行诉讼合并以便审理。第三,两者在诉讼目标侧重上不同,公益诉讼的目标主要是制止违法行为,而群体诉讼则主要适用于侵权人需要受害人予以赔偿的案件,其目标不只是要制止违法侵害,群体成员还需要得到赔偿。

从上述角度来分析,如果说民事诉讼法中的普通代表人诉讼仍然属于群体诉讼范畴,那么2019年修订《证券法》所规定的"退出制"集体诉讼则更偏向于公益诉讼。从诉讼主体来看,投资者保护机构若在特定时间段内没有进行股票交易,则其本身并非因侵权行为受到侵害的投资者。而根据《证券法》的规定,虽然投资者保护机构成为诉讼代表人是以获得50名以上投资者的明示授权为前提,但对于未明示退出的投资者而言,投资者保护机构无须再逐一取得授权就成为其当然的诉讼代表人,显然是对传统诉讼资格的重大突破。此外,在群体成员的确定上,《证券法》规定投资者保护机构可"为经证券登记结算机构确认的权利人依照前款规定向人民法院登记,但投资者明确表示不愿意参加该诉讼的除外",

即参照集团诉讼的模式，在诉讼公告时即概括性地划定群体成员范围，并采“明示退出、默示加入”的原则，与以“加入制”为基础的普通代表人诉讼明显不同。在实现投资者权益救济的基础上，弥补了私益诉讼对违法行为威慑力不足的缺陷。综上，根据《证券法》的规定，集体诉讼虽仍是在《民事诉讼法》代表人诉讼的框架下，但仅在投资者保护机构作为代表人的情况下，可采“退出制”的方式，与普通代表人诉讼存在明显区分，应当作为一种独立的诉讼类型。但需要强调的是，公益诉讼与群体诉讼在适用范围应有所区分，群体诉讼制度适用于所有涉及人数众多的群体性纠纷，而公益诉讼是补充性的，当且仅当公共利益受到损害时才有适用余地。

就资本市场的公共利益而言，至少包含两方面内容，一方面是众多不特定市场主体合法权益的抽象化集合，另一方面则是正常的市场秩序和公平、公正、公开的市场环境。从实践观察，仅凭数量有限的投资者基于私益提起的维权诉讼难以实现对上述公共利益的维护。

三、《证券法》集体诉讼的立法思路及域外比较

从证券民事公益诉讼的立法思路来看，我国 2019 年《证券法》第 95 条第 3 款规定“投资者保护机构受五十名以上投资者委托，可以作为代表人参加诉讼，并为经证券登记结算机构确认的权利人依照前款规定向人民法院登记，但投资者明确表示不愿意参加该诉讼的除外”。细究之，该制度与普通代表人诉讼存在两点较大的不同：一是投资者保护机构具有独立的诉讼地位，即全体投资者的诉讼代表人；二是在权利登记时采“退出制”，即未明确表示不愿意参加诉讼即视为参加诉讼，但以属于适格投资者范围并经证券登记结算机构确认为前提。与域外立法例相比较，该立法思路在一定程度上借鉴了证券团体诉讼和集团诉讼的经验，并结合我国司法实践的需要综合了两者的优势，形成了具有我国特色的证券集体诉讼制度。

（一）团体诉讼

所谓团体诉讼，是指赋予某些团体诉讼主体资格和团体诉权，使其可以代表团体成员提起、参加诉讼，独立享有和承担诉讼上的权利义务，并可以独立作出

实体处分的制度。[1] 投资者可以将“诉讼实施权”授予保护机构,由该机构为投资者提起团体诉讼,该团体诉讼判决效力仅及于授权的投资者,胜诉收益也在该部分投资者之间分配。此外,团体诉讼在诉讼程序的启动上也较为简单,将分散的群体诉讼转变为由团体统一提起的单独诉讼,避免了一般群体性纠纷中可能存在的利益冲突和各种“代表制”问题,便于法院以传统“两造诉讼”的方式进行审理。

与我国《民事诉讼法》所规定的普通代表人诉讼不同,团体诉讼中的团体本身不具有直接利害关系,也不是从当事人中产生,其成为适格当事人的基础是实体法的明确规定。而在普通代表人诉讼中,代表人的适格基础是当事人身份(实体法上的请求权)和代理人(明示授权)身份的结合。因此,团体诉讼的关键在于诉讼资格的扩张。我国《证券法》规定“投资者保护机构受五十名以上投资者委托,可以作为代表人参加诉讼”,在投资者保护机构本身非适格原告的基础上,显然是对《民事诉讼法》关于在原告中产生代表人的重大突破,即通过实体法的规定直接赋予投资者保护机构以独立的诉讼地位。类似地,我国《民事诉讼法》第55条规定的环境保护与消费者权益保护公益诉讼中,也同样是在诉讼资格上进行了扩张,赋予消费者协会等法律规定的机关和有关组织以原告资格。这一制度设计,使被授权的社会团体肩负起了某种特殊的社会使命,有了准政府组织的意蕴,公益色彩明显,从实践需要来看有其重大的现实意义。我国证监会于2013年批准成立中证中小投资者服务中心有限责任公司(以下简称投服中心),其作为法定的投资者保护机构,职责范围包括“持有上市公司股票……通过诉讼等方式对上市公司违法违规等损害投资者利益行为进行约束,行使股东权利等”。但是,囿于我国《民事诉讼法》规定原告起诉条件“与本案有直接利害关系”,投服中心等只能通过支持起诉、委派律师等制度实现类似公益诉讼制度所能发挥的功能,或者通过“持股行权”等手段使其自身符合“直接利害关系人”要求从而提起诉讼。由此导致的结果是,许多潜在的证券民事公益案件因当事人资格的障碍而不能通过司法途径予以解决。并且,由于投服中心不具有独立的诉讼地位,在实际参加诉讼过程中严重依赖个别投资者的维权意愿,且授权投资者数量不多,其能发挥的功能非常有限。

---

① 参见章武生:《论群体诉讼的表现形式》,载《中外法学》2007年第4期。

与诉讼资格的扩张相对应的问题是，如果团体本身与案件不具有直接利害关系，它能在这个诉讼中提起何种请求权就值得进一步研究。从域外实践观察，团体诉讼最初多以不作为之诉为限，即有权利能力的团体可以向法院请求命令他人中止或撤回其行为，目的在于惩戒不法行为或预防不法行为的发生。但是，对于那些违法者从侵权行为中获取巨额利益的情况，仅仅提起不作为之诉显然难以实现威慑违法行为、恢复市场秩序的目的。随着团体诉讼的不断发展，带有补偿性甚至惩罚性的损害赔偿之诉也以各种形式出现在团体诉讼中，公益与私益的融合达到了新的高度。其中，比较有代表性的是前文所述的投资者保护机构代投资者提起的赔偿诉讼和德国竞争法中的不法利益收缴之诉。后者是指，就故意从事不正当竞争行为并且基于大量购买者的负担而获益的行为人，团体可以行使请求权，要求行为人将该收益上交联邦财政。对于这一诉讼类型，立法者的考虑是，虽然团体可以积极地征集投资者授权并代其提起一个集合性的诉讼，但在小额分散型损害的情况下，这也无法摆脱“理性的不利益”的规律制约——当收集分散的个别请求权花费过高，而团体又必须与每一个投资者达成授权协议并确定债权的数额，胜诉赔偿的数额可能入不敷出。[①] 更何况，仅仅依靠不作为之诉和数量有限的损害赔偿之诉，难以有效防止已经被禁止不法行为的侵权人再犯，也不能对其他主体形成威慑。因此，德国在团体诉讼的请求权类型发展上走出了一条独特的路径，其团体的损害赔偿请求权并非基于个人请求权的让渡，而是将侵权法上损害赔偿侵权请求权和不当得利返还请求权结合起来，形成了以给付和制裁为一体的诉求体系。

从我国现行法律规定来看，前述不法利益收缴之诉所体现的“民事罚款”制度在我国民事实体法中并无依据，且有与行政责任重复惩罚之嫌，尚无适用空间。但上述德国在竞争法中的立法思路点出了团体损害赔偿之诉的困境，即以债权让与的方式实现由相关团体代替个别投资者整体性地行使众多损害赔偿请求权的可行性，是值得进一步思考的。事实上，该诉讼并无法一次性地解决相关纠纷，因涉及多数不特定的投资者，无从一一通知，若大量投资者未能参与到团体诉讼中，该诉讼制度的功能将大打折扣。并且，该诉讼模式在定位上也与“登

---

① 参见唐晋伟：《德国竞争法中的团体收缴利润诉讼制度研究》，法律出版社 2012 年版，第 54 页。

记加入制”的普通代表人诉讼相重合,无非是将诉讼过程中代表人推选的协商成本转移至诉前的投资者征集过程中,对群体诉讼的整体效率并无太大的提升。因此,在赋予投资者保护机构独立诉讼地位的基础上,再探索一种概括性的“退出制”授权方案,实有必要。

(二)集团诉讼

集团诉讼之所以称为“集团”,关键之处即在于将人数不确定但各个人所具有同一事实或法律关系的当事人拟制为一个“集团”,使集团能起到类似法人实体一样的结果,集团中的一人或数人提起诉讼视为代表整个群体提起,判决效力扩及群体中的每个个体。具体在集团成员的确定上,采“默示加入,申明退出”机制,即在法院公告期内没有明确申请排除于集团之外的人都视为参加诉讼,诉讼结果无论胜败均对其发生效力。该退出制的设计,使群体性纠纷更容易进入诉讼,大大增加了对被告的威慑性。

但是,集团诉讼在实际运行中也存在诸多诟病,如集团诉讼本身增加了诉讼的复杂性与处理难度,诉讼效率不高;胜诉酬金制等因素诱使律师恶意驱动与操纵诉讼,导致了滥诉和恶意诉讼;①庭外和解的公正性缺乏严格监督,集团成员利益无法得到保障;等等。其中,有两点是不可被忽视的,一是律师与投资者之间的利益冲突。实践中,真正与诉讼的提起和成功进行利益攸关的不是原告,而是他的律师。由于胜诉酬金制的存在,首席律师能够通过代理集团诉讼获得巨大利益,同时承担最大风险。当然,这种经济激励既有正面也有负面作用。一方面,可使律师有足够动力提起诉讼而投资者也免于对诉讼支出的顾虑,从而架构出以律师的利润动机为驱动核心的诉讼模型,这是集团诉讼有效运转的关键。但另一方面,当被告有很强的动机与原告达成和解——以某个价格“买下案件”时,不乏有些律师仅仅是为了获得和解而提起诉讼,且这笔钱的大部分流向了律师,和解的公正与平等性难免被质疑。二是“申明退出”也并不代表集团诉讼的全部,“默示加入”虽然可以使相关受害人具备集团成员的资格,但赔偿仍需要有明示的权利申请表示,并提供证据。也就是说,集团成员要想得到赔偿,也还需进行一次带有加入制特点的索赔程序。而在集团成员成千上万的情况下,美国

① 参见汤维建:《美国民事司法制度与民事诉讼程序》,中国法制出版社2001年版,第391页。

集团诉讼索赔率仅在20%左右。① 因此,尽管"退出制"集团诉讼在诉讼启动上更具简单性,其虚拟的集团具有更大的威慑性,但从投资者权益的保护程度来看,其威慑功能远大于补偿功能。

(三)我国司法实践的需要

从我国司法实践的需要来看,证券市场的民事公益诉讼至少应当着重追求以下功能:第一,提高投资者的维权效率和法院的纠纷解决效率,减轻当事人和法院诉累;第二,改变投资者单独起诉的传统救济方式在实现投资者集体救济上的无力,为尽可能多的投资者提供救济途径和维权便利;第三,弥补一般私益救济和行政监管上的功能失灵,提高上市公司违法违规成本,维护资本市场健康稳定发展。

首先,从直接利害关系人之外引入投资者保护机构作为当然的诉讼代表人,可以免去普通代表人诉讼中在当事人中推选代表并一一取得授权的问题,诉讼效率明显提升。其次,在团体诉讼的制度框架上引入集团诉讼核心的"默示加入,明示退出"制度,允许投资者保护机构为经证券登记结算机构确认的权利人向法院登记,投资者明确表示不愿意参加该诉讼的除外,使集结规模庞大的原告集团成为可能,可以对违法行为产生极大的威慑作用。并且,相比集团诉讼由律师主导的模式,投资者保护机构更多地肩负起了征集投资者、代为诉讼并分配赔偿金的职责,集团诉讼中普遍存在委托代理矛盾,在该诉讼制度中并不存在。综上,从化解证券群体性纠纷的实际需求和实现投资者权益与社会公益的充分保护,以及促进法律的赔偿、救济功能与威慑功能的有效实现等角度而言,引入和构建"退出制"的团体诉讼制度是重要的可供选择的机制。

四、现行法律框架下的制度空间

从我国已有的公益诉讼立法框架来看,消费民事公益诉讼制度关于公共利益的界定、诉讼主体资格的取得及公益诉讼与私益诉讼衔接也为资本市场民事

---

① See Gail Hillebrand, Daniel Torrence, *Claims Procedures in Large Consumer Class Actions and Equitable Distribution of Benefits*, 28 Santa Clara L. Rev. 747(1988).

公益诉讼的探索留下了制度空间。

(一)公共利益的界定

对比来看,资本市场的投资者与消费领域的消费者面临相同的问题。消费者与经营者之间,投资者与上市公司之间,在诉讼能力和信息、资金、专业知识等方面都不具有可比性。当产品质量出现问题时,受害面相当大,不仅关系受害的消费者个人,还关系重大社会利益。同理,资本市场当出现虚假陈述、内幕交易等侵权行为时,受到侵害的投资者数量众多,也关系资本市场的交易秩序。因此,这类权益诉讼不再完全等同于传统的"一对一"民事诉讼,具有了现代群体诉讼的特点。申言之,虽然总的诉讼规模和金额很大,但是单个受害者所受到的损害不一定很高,单个维权成本可能高于维权收益。反之,违法者一方却可以从容地委托律师与受害者逐一展开拉锯式的持久战。在这种状况下,受害者往往放弃通过司法维权。这些加在一起就是一个非常可观的数据,可能从而使违法者从中获取巨额收益。即使是受害者有意愿按传统的诉讼制度提起诉讼,逐一进行审理也是不现实的,是对司法资源的极大浪费。① 另外,从我国《消费者权益保护法》的立法目的来看,是为了保护作为弱者的消费者的合法权益。从原则上讲,只要提供商品或者服务一方从事的是市场经营活动,购买商品或者接受服务的一方是为了个人或者家庭终极消费的需要,而不是为了从事生产经营或者职业活动的需要,就应当适用我国《消费者权益保护法》。资本市场上的证券交易实际上也是一种市场交易活动,作为个人接受金融服务、购买金融产品主要是为了个人或者家庭财产的保值、增值需要,故应属于金融消费的范畴。因此,消费民事公益诉讼对公共利益的界定,基本可以套用到当前资本市场的需求上,即侵害众多投资者合法权益的行为,可以纳入我国《民事诉讼法》第55条"侵害众多消费者合法权益等损害社会公共利益的行为"这一范围,法律规定的机关和有关组织可以提起民事公益诉讼。

(二)诉讼资格的取得

根据传统民事诉讼理论,诉讼当事人系民事权益被侵犯或者发生争议的利

---

① 参见杜万华主编:《最高人民法院消费民事公益诉讼司法解释理解与适用》,人民法院出版社2016年版,第94~95页。

害关系人,即诉讼当事人应当具有诉的利益。诉的利益是连接民事实体法和民事程序法的纽带,只有自己合法利益受到侵害的人,才具备起诉的资格,才能成为诉讼当事人,即"直接利害关系"规则。我国《民事诉讼法》第119条第1项规定,原告必须是与本案有直接利害关系公民、法人和其他组织。但在公益诉讼中,原告资格可以突破该"直接利害关系"规则。具体地,我国《民事诉讼法》第55条规定"法律规定的机关和有关组织"可以提起民事公益诉讼,即在程序法层面赋予不具有直接利害关系的法律规定的机关和社会组织以提起公益诉讼的权利。该条与实体法的《消费者权益保护法》第47条相结合,将公益诉讼的原告范围指向中国消费者协会以及在省、自治区、直辖市设立的消费者协会,解决了消费者组织作为适格原告的根据。比较来看,我国《证券法》并没有直接赋予投资者保护机构作为适格原告提起诉讼的资格,而仅允许其通过50名以上投资者的授权成为诉讼代表人,代表投资者诉请损害赔偿。笔者认为,这一区分是与请求权类型的架构相适应的。根据《最高人民法院关于审理消费民事公益诉讼案件适用法律若干问题的解释》第13条规定,消费民事公益诉讼可以提起的请求权仅限于停止侵害、排除妨碍、消除危险,即纯粹不作为之诉。理论上,对于维护社会公共利益的不作为之诉而言,可以通过直接赋予团体实体请求权的方式,进而使团体获得诉权,解决原告适格问题。因为对抽象的不作为请求权而言,其并不以具体损害为前提,故由法律直接赋予团体以诉权,并无法理上的障碍。且该模式下公益诉讼与私益诉讼可以并存,且两者的关系较为清晰,界限易于处理。因此,若仅在证券民事公益诉讼中设计不作为请求权,则可完全参照消费民事公益诉讼的框架。但是,一旦涉及损害赔偿请求权,则涉及投资者个人的损害赔偿请求权与团体的请求权及诉权之间如何协调的问题。当投资者保护机构诉请的利益直接归属于投资者个人的情况下,由其作为代表人而非原告本身是更适合的。

(三)公益诉讼与私益诉讼的衔接

如前所述,目前我国的消费民事公益诉讼尚未规定针对消费者的损害赔偿之诉,故要实现对个体消费者的损害赔偿,必须通过消费者单独提起私益诉讼。因此,公益诉讼与私益诉讼的衔接,也是公益诉讼制度设计中的重要一环。根据司法解释的相关规定,实现这一衔接的主要有两个方面,一是审理顺序的先后,二是公益诉讼判决效力的扩张。申言之,在私益诉讼中受到损害的消费者自愿前提下,法院可以先中止私益诉讼案件的审理,等待公益诉讼的裁判结果。此外,公益诉讼生效裁判认定的事实对于关联私益诉讼的原告和被告均具有免予举证的预决效力。公益诉讼判决中就诉讼标的以及主要争议焦点的判决理由对私益诉讼产生单向拘束力,即关于经营者是否存在不法行为这一主要争点的判断对消费者有利的,可以扩张适用于关联私益诉讼。比较我国《证券法》的规定来看,投资者保护机构作为代表人参加诉讼后,若有投资者申明退出的,也可能存在集体诉讼与个别私益诉讼并存的情况,且两者在事实认定、法律适用方面存在共通之处,消费民事公益诉讼中既判力单向扩张的思路值得借鉴。

比较而言,资本市场的民事公益诉讼制度的构建虽可以套用消费民事公益诉讼制度,但完全参照其纯粹不作为之诉的架构,对资本市场的现实需要而言意义不大。这是因为,相比消费领域侵权行为的可持续性而言,侵权人在资本市场上可以在极短时间内即牟取巨额利益,要通过民事诉讼的形式再请求侵权人停止侵害是难以想象的。并且,相对于生活消费领域中,受害人数量众多但个别损害在数额上微不足道而言,资本市场上侵权行为发生之后,单个投资者的损失就可能高达数百万元。因此,若公益诉讼仅能提起一个不作为之诉,而遭受损害的投资者只能通过另行单独提起损害赔偿之诉才能获得救济,将会导致司法资源的浪费。再者,不作为之诉不涉及对侵权人的金钱赔偿,而侵权人违法收益高于其通过个别私益诉讼所承担的违法成本,难免侵权人在高额利益的诱惑下再实施违法行为,不作为之诉原本想要实现的预防与监督功能其实也难以实现。因此,在私益与公益高度融合的背景下,允许公益诉讼的请求权从不作为之诉扩张至损害赔偿之诉是有必要的,但必须就投资者个人的实体权利及诉讼权利保障作出特别规定。

五、资本市场公益诉讼制度的具体构建

在具体的立法体例上,建议参照消费民事公益诉讼制度的相关规定,采诉讼法与部门实体法相结合方式。此外,结合我国《证券法》第95条及《民事诉讼法》关于代表人诉讼的相关规定,以证券虚假陈述责任纠纷案件为例,可梳理证券市场的“退出制”民事公益诉讼制度如下,资本市场其他领域的公益诉讼可以参照适用。

(一)授权及基础审查

首先,投资者保护机构在诉前应取得50名以上投资者书面授权,授权的投资者在形式上与案件有直接利害关系即可,不论其是否在实体上符合索赔条件。其次,法院在发出公告前,应当对被诉证券侵权行为的性质、诉请的基础侵权事实等进行审查,以确定符合权利登记的投资者条件。申言之,根据我国《民事诉讼法》第54条第1款的规定,在人数不确定的代表人诉讼中,人民法院应当发出公告,说明案件情况和诉讼请求,通知权利人在一定期间内向法院登记。也就是说,法院在发出的公告中,需要确定相关权利人即应当参加诉讼的投资者范围,而这与投资者的交易方向及虚假陈述的实施日、揭露日等案件基本事实的认定密切相关。并且,从"退出制"的落实来看,退出的前提是明确默示加入的范围,如果不能事前确定虚假陈述实施日和揭露日,则能够获得赔偿的投资者范围就不能确定,那么可退出的范围也就无法确定。但在立案阶段就要对被告的行为是否构成虚假陈述,投资者的交易方向与诱多、诱空的虚假陈述是否一致,以及虚假陈述的实施日、揭露日或者更正日等案件基本事实进行审查,实质属于对与虚假陈述行为与投资者交易行为之间交易因果关系认定。据此引发的疑问是,法院如何进行审查?笔者认为,在投资者保护机构已取得代表人资格的情况下,可以由其代表原告与被告之间进行一个确认之诉,以确定代表人诉讼的权利登记范围。法院据此可以在一个两造诉讼的框架内进行审查,具体审查方式包括阅卷、调查和询问当事人等,必要时可组织双方当事人听证。最后,法院可以出具裁定,如明确权利人范围为在实施日至揭露日期间买入某上市公司股票且于揭露日后始卖出或迄今仍持有而受有损害的投资者。交易记录不符合该范围的投资者,可另行单独提起诉讼。

(二)公告及退出制

为保障"退出制"下投资者的诉讼权利,法院应当采取足以让与案件有关的当事人知悉的方式进行公告。除了法院公告栏、官方网站、新媒体平台、人民法院报公告等方式外,还可借助证券登记结算机构、证券交易所、投资者保护机构、上市公司等信息平台进行公告。公告内容应包括被诉证券侵权行为所涉基础事实、被告情况、符合权利登记范围的适格投资者条件及退出渠道、期限等,并明确说明在期限内不向法院申明退出的法律效果。公告费用可由当事人一方预付，法院根据诉讼结果决定最终承担方式。根据法院出具的裁定书，投资者保护机构可从证券登记结算机构查询属于权利登记范围的投资者清单，并据此向法院申请登记。就上述清单内的投资者，若其在指定期限内向法院作出退出声明，则法院不再将其登记，该投资者可另行主张权利。指定期限届满后，除申明退出的投资者以外，法院将清单上的其余投资者登记为代表人诉讼的原告，并视为已默示授权投资者保护机构作为代表人。在诉讼请求的确定上，因投资者保护机构系为全体投资者的诉讼代表人，故应当合并计算各个投资者的请求金额，作为案件的诉讼请求总额。

(三)处分权的限制

根据我国《民事诉讼法》的相关规定，代表人诉讼制度在本质上仅是共同诉讼与诉讼代理人的结合。即投资者保护机构经过授权而作为代表人进行诉讼时，只是形式上的正当当事人，而投资者才是实体权利义务关系的主体，故为了防止公益诉讼损害实体权利人的利益，有必要为投资者保护机构的处分权作适当限制。其中，应当加强法院在诉讼中的依职权审查和监督，就投资者保护机构的放弃诉讼请求、和解、调解或撤诉等行为，法院可以结合案件的具体情况，审查判断这些行为是否违背社会公益、是否违反我国《民事诉讼法》和《证券法》相关法律规定，从而认定其行为的效力。此外，也应当尊重实体权利主体的意思自治，在达成调解、和解方案时征询全体原告的意见并允许第二次申明退出。因此，若部分原告不同意调解协议的，调解协议效力不及于退出的原告，法院可依具体情况单独作出判决。

(四)判决及上诉

代表人诉讼的判决可以分批也可以一次作出，判决书首部可以仅列诉讼代表人和代理人，判决主文对赔偿总额作出判决，并将每个原告的姓名及应获得赔偿金额等列表附于民事判决后。一审判决作出后，为诉讼整体利益考虑，建议由投资者保护机构代表原告决定是否提起上诉，原告个人不宜再分别行使上诉权。否则，因上诉的内容不同，可能导致二审案件的投资者一方互相产生利益冲突，不利于纠纷的整体解决。此外，也可以考虑在投资者保护机构统一行使上诉权的情况下,允许原告向法院申明放弃上诉权利,一审判决即对其产生效力。判决生效后,投资者保护机构可以作为申请执行人统一申请执行并接受执行款项,再由投资者保护机构通过证券交易结算系统向胜诉原告进行二次分配。

(五)其他配套程序

该诉讼制度还应在前置程序的取消、诉讼代理人人数限制的放宽、诉讼费用的缓交等方面做配套设计。申言之,投资者保护机构从取证渠道、资金背景、维权经验来看都较中小投资者更有优势,并不存在举证成本上的障碍,取消前置程序也不会导致滥诉。并且,公益诉讼本身的功能之一即弥补行政监管的不足,若再因为前置程序的限制而妨碍诉讼的及时提起,显然会导致该功能落空。而且,考虑到原告人数较多,而投资者保护机构又是唯一的代表人,不应再限制其仅可委托 2 名诉讼代理人,可以适当放宽至 10 人以内的律师团队。同时,因“退出制”下的代表人诉讼中诉讼总金额可能相当高昂,建议根据诉讼标的设置诉讼费用的最高限额,超过部分缓交诉讼费用,待判决结果确定后再确定承担比例,以降低诉讼的门槛。

合理期待原则及其本土化实践问题研究

沙 洵*

一、合理期待原则的理论与价值基础

(一)合理期待原则的理论溯源

就合理期待原则(The Doctrine of Reasonable Expectations)的理论基础而言,保险法上合理期待原则的概念并非美国哈佛大学法学院罗伯特·基顿教授(Robert E. Keeton)首创,19世纪末的英国法院就已经发现了被保险人的合理期待问题。1896年,英国法官达林勋爵(Stornmon Darling)在审理桑斯特信托诉大众事故保险公司案(Sangster's Trustee v. General Accident Assurance Corp Ltd.)①时,就曾经表达过合理期待的观点。他认为,保险合同应当按照被保险人的合理期待作出解释,②但限于当时的历史条件,达林勋爵的观点未引起足够关注。

芝加哥大学的卡尔·卢埃林(Karl Llewellyn)教授早在1925年就以保险法作为例证阐述了这样的观点:"在格式合同条款已经对传统的合同法构成巨大挑战的情况下,法院应当以处于弱势一方当事人对合同的期待的方式来解读格式合同"。③ 他进一步指出,只要被保险人认为自己应该得到保险赔付,保险人就应

* 法学博士,上海市高级人民法院金融审判庭副庭长。

① Sangster's Trustee v. General Accident Assurance Corp Ltd., 1896 24R 56,57.

② 参见樊启荣:《美国保险法上"合理期待原则"评析》,载《法商研究》2004年第3期。

③ See Robert H. Jerry. II, *Insurance, Contract, and the Doctrine of Reasonable Expectations*, 5 Conn. Ins. L.J. 22, 42 - 50(1988).

当给予其这样的保障，保险人不应过度主张保险合同中免责条款。[①] 凯斯勒教授在其 1943 年发表的《附合契约——关于契约自由的若干思考》一文中也提到，法院在审理保险合同案件时，应当考虑到，地位较弱的投保人在面对保险企业的营销活动时，会产生何种合理的期待，而处于强势地位的保险人，又是通过怎样的方式让这种合理的期待无法实现的，而应给予这种合理期待何种程度的保障则应根据案件具体情况来确定。[②] 上述论述构成了合理期待原则最早的基础理论渊源。

从合同法基础理论领域对当事人合理期待理论的初步探究可知，美国保险法上的合理期待原则事实上是对普通合同法领域的传承和演化，但由于保险合同太过特殊，被保险人在保险合同上的信息弱势总是导致他们的期待利益在无形中被削弱，因此保险法上的合理期待原则就试图让被保险人不受他们所不了解的保险合同格式条款的约束，这就是普通合同的合理期待与保险合同的合理期待之间的差异。

（二）合理期待原则的定义及构成

1. 合理期待原则的定义

1970 年，基顿教授在《哈佛法学评论》期刊上发表了《与保单条款发生分歧的保险法权利》一文，与合理期待原则有关的论述集中在该文的前两部分——"禁止不当得利"与"满足合理期待"。基顿教授在论文的引言部分首次提出了合理期待原则的概念。他在文中对美国法院在涉及保单条款解释案件的裁判结论的不可捉摸、离经叛道的特性作了阐述："外部观察者对法院在涉及保险公司歧义保单条款解释的案件判决上最普遍的感受是充满矛盾的、有启发性的、完全不能令人满意的法言法语：'这是一件保险案件'"。然而他也指出，人们还是可以从这些判决中找到一些引人注目的新动向。由于法院在大量的保险案件中的裁判理由与公认的疑义利益解释、弃权、禁反言规则等传统理论不符，从而使"满足合理期待"已经成为承认与保险单条款发生分歧的权利的普遍原则，其中，尤

---

① See Karl Llewellyn, *The effect of legal Institutions Upon Economics*, 15 Am. Econ. Rev. 665, 673(1925).

② See Friedrich Kessler, *Contracts of Adhesion—Some Thoughts about Freedom of Contracts*, 43 Columbia Law Review 629(1943).

其是有两个宽泛的原则采用比例非常高,在这两个原则之下,保险人的不当得利应被禁止,被保险人的合理期待应该得到满足。尽管通过对保险条款的研究后可以发现,他们的利益期待其实并未被保险合同条款所保障。①

根据基顿教授的上述论述,可以给合理期待原则作出以下定义,即"尽管保险合同条款已经明确约定,保险人对被保险人、受益人对于保险合同的期待利益不承担保险责任,哪怕保险人对此已有提示,被保险人、受益人的合理期待利益仍应得到保障"。

2. 合理期待原则的具体内容

(1)禁止保险人不当得利

正如基顿教授所指出的那样,禁止保险人不当得利是一项被普遍认同的基本原则。之所以该原则被认为是合理期待原则的正当性理由之一,是基于以下几项理由:一是诚实信用原则的基本要求,即保险合同双方均应以公平公正作为订立和履行保险合同的主观要件,不得滥用权利侵犯对方合法权益,并从其违反诚实信用原则的行为中获取不正当利益;二是保险格式合同的专业性与复杂性所决定,保险合同的专业性与复杂性造成了缔约双方在合同信息上的巨大落差,使保险人轻而易举地在保险合同中设置不合理、不公平条款,减轻或免除自身义务,获取额外利益;三是保险格式合同的可阅读性较差,美国法院对于合理期待原则的正当性理由中一个比较重要的判断要素是投保人与被保险人是否阅读保险单,存在一个普遍认同的观点是,投保人在投保时根本不会阅读保险单,因此法院对保险人阅读保险单文字的要求有所降低,合理期待原则就是建立在这一基础之上。

(2)被保险人对保险合同享有合理期待

被保险人的合理期待来自英美法的"保护当事人的信赖利益"的法律传统,是为合理期待原则的第二项内容。根据信赖利益理论,缔约人已经为订立合同付出了一定代价,其在心理上已经将未来可获得利益看作自己拥有的某些财产性权利,一旦合同目的无法实现,对缔约方来说都是一种利益损失,因此需要保护。被保险人产生合理利益期待的原因在于以下三个方面:一是保险合同条款产生的合理心理预期,投保人、被保险人通过阅读保险单对保险合同的履行结果

---

① See Robert E. Keeton, *Insurance Law Rights at Variance with Policy Provisions*, 83 Harvard Law Review 961(1970).

产生的合理期待，甚至投保人、被保险人可能只阅读了保险条款的承保风险或者保险金给付部分的条款，就对获得赔付产生了期待；二是源自保险人、保险代理人的推介行为，保险人与保险代理人在吸引更多的投保人的利益驱使下，在向投保人推介保险产品时，可能存在故意夸大保障范围等不实陈述，被保险人据此相信其将获得这些保障；三是法官的授予，克拉克教授认为，“有时候，被保险人的合理期望是法官授予的，那么，与其说是被保险人的期望，还不如说是法官的期望”，[①]法院在审理保险案件中往往对被保险人利益给予倾斜性保护，原因是法院认为被保险人总是处于弱势一方，另外，法院也从实质公平的角度出发，对保险合同的利益归属作了平衡。

二、合理期待原则的域外司法实践

在基顿教授将合理期待原则进行系统化梳理和归纳之前，美国已经有部分法院或多或少地在司法判例中对被保险人的合理期待进行了保护，并采用了“合理期待”一词。[②] 合理期待原则提出以来，美国部分州法院积极接纳了该原则，并将其付诸司法实践，也形成了相应的裁判规则，但美国各州法院对是否适用该原则的态度尚不统一。

根据罗杰·亨德森（Roger C. Henderson）教授1990年的统计，[③]美国有16家州最高法院在判决的说理部分阐述并适用了基顿教授定义的合理期待原则。宾夕法尼亚州是20世纪70年代最早采用合理期待原则的州，也是最早在判决中清楚适用该原则的法院之一。例如，宾夕法尼亚州最高法院在一起案件中确立了合理期待原则的适用标准：“如果有证据证明保险人在缔约过程中，以其言行使被保险人产生了合理期待，那么法院就应当保护这种合理期待，反之则不

① ［英］Malcolm A. Clarke：《保险合同法》，何美欢、吴志攀等译，北京大学出版社2002年版，第356页。

② See Robert H. Jerry. II, *Insurance, Contract, and the Doctrine of Reasonable Expectations*, 5 Conn. Ins. L. J. 22,30(1988).

③ See Roger C. Henderson, *The Doctrine of Reasonable Expectations in Insurance Law after Two Decades*, Ohio State Law Journal, 51(1990).

然”。[①] 该案中,原告系被保险人的妻子,被保险人向被告投保生命险,并预付了首期保险费,保险人向被保险人出具了一份附条件的保险收据。但在保险合同正式订立之前,被保险人死亡,被告拒绝理赔。法院认为,保险人应对被保险人并未因保险人的行为而产生合理期待承担举证责任,本案中附条件的收据等证据能够证明保险人并无意承保,法院据此二审判决驳回原告的上诉。

夏威夷州最高法院将合理期待原则视作保险合同的解释方法。特拉华州最高法院明确承认其曾采用合理期待原则,但必须满足以下三个条件:一是保单条款存在歧义;二是保单隐含了一个“陷阱”;三是保单条款用了小字体。艾奥瓦州将美国《第二次合同法重述》第 211 条第 3 款的规定与合理期待原则相结合,将理性外行人的理解标准作为适用标准,认为如果连理性外行人都能够清楚地理解保险条款的含义,被保险人就不能以自己如果知道免责条款就不会购买该保险为由要求保险人承担责任。[②] 加利福尼亚州最高法院认为,对于支付了保险费的普通投保人来说,其有理由相信该保险费的支付将为其带来保险的保障,而无论保险人是否同意承保。[③]

应当指出的是,并非所有的美国法院都接纳合理期待原则。例如,佛罗里达州最高法院认为:“我们拒绝适用合理期待原则。如果保单条款存在歧义,无须适用合理期待原则,因为在佛罗里达州,保单歧义条款将作出对保险人不利的解释。将清晰明确的保单条款适用合理期待原则,将导致合同重写。”犹他州最高法院的法官也在一起案件中对合理期待原则进行了讨论,并认为,适用合理期待原则在破坏契约自由方面要比现有运用衡平法作为个案审判基础的做法承担大得多的风险。[④]

从上可知,基顿教授提出的合理期待原则理论仅仅为美国法院提供了较为宽泛的原则性意见,美国法院的自由裁量空间较大是合理期待原则在美国得以

---

① Collister v. Nationwide life Ins. Co. , 479 Pa. 579, 388 A. 2d 1346 (1978), 439 U. S. 1089 (1978).

② 参见卢明威、李图仁:《保险法合理期待原则研究》,中国政法大学出版社 2014 年版,第 64 ~ 70 页。

③ Smith v. Westland Life Insurance Co. , 15 Cal. 3d 111, 539 P. 2d 433, 123 Cal. Rptr. 649 (1975).

④ See David J. Seno, *The Doctrine of Reasonable Expectations in Insurance Law: What to Expect in Wisconsin*, Marquette Law Review, Spring 2002.

“生根发芽”并逐渐兴起的原因。但正因为自由裁量权的存在,各法院乃至法官在合理期待原则上的适用标准并不统一,而这也正是美国的立法与司法体制所产生的必然结果。如今,合理期待原则目前仍在美国的保险法司法实践中发挥作用。正如亨德森教授在其论文最后所指出的:“在过去的20年里,合理期待原则已演变成一种平衡被保险人与保险人之间利益的原则,尽管在许多方面它已经成熟了,但其不会、也不应该停止继续成长。”①

三、对合理期待原则的反思

尽管理论界对合理期待原则在维护被保险人利益方面展现出的“不遗余力”态度极为认同,但由于其“抛弃”保险合同条文的强力规制方式也招致了不少非议。客观而言,合理期待原则在消除保险合同当事人地位不平等性方面能够起到积极作用,但世上并无绝对完美的制度,对这一新兴规则能否在保险纠纷中普遍采用,仍应持理性态度。笔者认为,合理期待原则存在以下四个方面的不足:

(一)对当事人意思自治的干涉

当事人意思自治是合同法的基本原则,在意思自治下达成的合意,只要不违反法律的强制性效力性规定,对当事人均有约束力,也就是当事人之间的“法律”。虽然采用格式合同已经成为保险合同的常态化选择,在很大程度上限制了投保人与被保险人的自由意志,但其权利义务仍应由合同条款本身来确定。合理期待原则的出现打破了传统的意思自治原则,排除了合同条款对当事人的约束,将合同利益归属借由被保险人的期待利益来决定,在司法权的介入下,合同履行的结果并不朝着当事人本来缔约的方向行进,忽略了当事人的真意,甚至存在以法院的意志代替当事人意志的倾向。因此,合理期待原则与其说是被保险人的期待,倒不如说是法院的期待。②

---

① See Roger C. Henderson, *The Doctrine of Reasonable Expectations in Insurance Law after Two Decades*, 51 Ohio State Law Journal, 1990.

② Kenneth S. Abraham, *Freedom of Contract and Choice of Law in Insurance*, 93 Harvard Law Review, 1981.

(二)对合同稳定性的不利影响

格式合同的重复使用性是保险行业经营规模扩张的重要基础,合同的履行结果往往已经在合同中有所预设,即使产生了保险合同所未预料的情形,法院也可通过解释合同的方法,尽量将其纳入合同条款的规制,因此,无论是保险合同履行结果还是法院对保险合同实施的救济结果,保险合同当事人对此至少是存在一定程度的心理预期的。长久以来,法院在保险案件的审理中基本形成了较为成熟和相对统一的裁判规则,而相对确定的裁判规则与裁判结论对稳定当事人的诉讼预期也有相当重要的作用,即使稍有偏差,亦不会产生完全的颠覆性结论。合理期待原则的运用在很大程度上影响了当事人的合同履行与诉讼预期,使原本就"多变"的保险诉讼结果变得更具变化性,对合同当事人行为的引导作用也会降低。

(三)容易招致滥用

从司法实践角度审视,法院衡量案件是否具备合理期待原则的适用条件,最为基础的判断标准就是投保人对合同履行结果是否具备"合理期待"。满足这一先决条件后,法院将综合保险条款是否发生歧义、保险合同的专业化程度、投保人是否已经阅读保险合同条款,以及保险人是否作出明确的提示等要件加以判断。合理期待原则给予被保险人的倾斜性保护与相对较低的证明标准,容易给投保人、被保险人形成这样一种心理暗示,其只要在法庭上宣称对于保险合同具有合理期待,并且没有阅读过保险条款,法庭也会支持赔付请求。长此以往,就会造成投保人不再关注保险条款中的承保范围、免除责任条款等核心内容的惰性,对保险人来说理赔风险进一步加大。

(四)对保险行业产生负面影响

保险行业是社会风险分散机制的基石,健康良性发展的保险行业对于提升社会风险分散能力具有重要意义,而保费收入与保险金支出维持均衡则是实现保险业高质量发展的基本前提。合理期待原则的大量适用无疑增加了保险人的赔付支出,原先基于保险精算而形成的保险费收入与支出将被打破。对于保险人来说,为了其本身利益不受损失,对于理赔风险增加的险种,可以选择提高保险费率或者停止该项保险业务，无论是哪一种选择，对于存在保险需求的投保人来说，都是不利的。如果法院对合理期待原则的适用标准采用宽松态度，长期来说不利于保险赔付资金池的累积，对保险市场是一种损害，而这种损害最终会被转嫁至被保险人。有学者认为，合理期待原则会导致法院热衷于发现被保险人的内心期待，为了给予被保险人倾向性保护，预先创造被保险人的内心期待，之后又以满足被保险人的内心期待为由对被保险人进行保护，对保险人来说太过不公，从而使合理期待原则丧失了适用的基础。

从上述质疑的观点可以看出，尽管合理期待原则得到了许多学理与司法实践观点上的支持，但是合理期待原则给予被保险人充分救济是建立在由保险人承担不利益的基础之上的，确实是一把"双刃剑"，如何合理利用该原则对双方实施公平保护，仍需要在实践中不断探索和完善。

四、我国司法实践对合理期待原则的尝试

(一) 司法裁判对合理期待原则的类型化分析

我国法院在保险案件的司法实践中，已开展了对该原则的前沿探索。笔者以"最高人民法院裁判文书网"为检索平台，以"合理期待原则"为全文搜索关键字，设定案由为"保险纠纷"、文书类型为"判决书"、关键字部位为"理由"进行搜索，得到16份生效民事判决书。在该16份文书中，2012年1份、2014年3份、2015年3份、2016年4份、2017年4份、2018年1份。在裁判结论上，除了1份判决法院未支持被保险人提出的保护其合理期待外，其余15份判决结果均支持了原告的诉讼请求。以法院采用合理期待原则的适用标准为区分，具体可以分为下几类：

1. 以符合缔约目的作为适用理由对合同进行解释

此类判决共计5份，①法院在阐述适用合理期待规则时，均以当事人缔约目的作为对被保险人期待是否应予满足的衡量标准。其中，较为典型的是上诉人

① 分别为：浙江省瑞安市人民法院（2012）温瑞商初字第2993号、重庆市第四中级人民法院（2014）渝四中法民终字00499号、江苏省南通市中级人民法院（2015）通中商终字第0173号、新疆维吾尔自治区高级人民法院（2016）新民再176号、广东省深圳市中级人民法院（2016）粤03民终2596号民事判决。

薛某与被上诉人某保险公司如皋支公司财产保险合同纠纷案。

1996 年 8 月,薛某为其名下房屋向某保险公司如皋支公司投保“长效还本家庭财产定额保险单”4 份,每份保险金额为 1 万元。赔偿处理条款约定:“保险财产遭受保险责任范围内的损失时,房屋及其室内装修和设备损失的,保险人按实际损失赔偿,但保险金额低于上述财产实际价值的,应按保险金额与实际价值的比例计算;室内财产损失,保险人按实际损失赔偿。以上赔款最高以保险单上分项列明的保险金为限。”2011 年 7 月,被保险房屋因大暴雨导致墙面、阳台、吊顶等财物损坏,经评估财产损失 2 万元。2011 年 11 月 10 日保险公司向薛某理赔 2980 元。后因发生理赔争议,薛某遂诉至法院。

二审法院认为,保险合同所用术语非普通人所能理解,这在客观上对投保人不利,当保险人对保险合同的专业理解与投保人对保险合同的合理期待存在差距时,应遵循“满足投保人的合理期待”原则,从有利于投保人利益保护的方式来处理。本案中,被保险财产发生损坏时,薛某认为造成的损失为 43,782 元,其却以 4 万元为满额减去已获得的 2980 元理赔款,余款 37,020 元诉至法院,可知薛某认为被保险财产发生损失时,可以向某保险公司如皋公司要求获得不超过 4 万元的理赔款。由此可见,薛某在购买涉案保险合同时,其对合同标题“定额保险”的通常理解是指被保险财产发生损失时,可以以每份保险单上的数额 1 万元为限,不超过 4 份保险单总额即可,这种期待较为合理也符合定额保险的内涵,其合理期待应当得到法院的保护。依照上述理由,二审法院判决以实际损失 2 万元作为赔偿限额,减去某保险公司已经赔付的部分计算得出最终赔付金额。

该案中,法院认为,被保险人的缔约时目的就是其产生合理期待的原因,应按照缔约目的对合同进行解释,以保障被保险人利益。此外,二审法院也借鉴了基顿教授关于保险条款复杂性作为适用合理期待原则理由的观点,作为支持被保险人诉请的补强理由。

2. 作为排除适用免除保险人责任条款的理由

此类判决有 2 份,[①]法院通过运用合理期待原则,排除了免责条款的适用。例如,在原告某建筑公司与被告某保险公司意外伤害保险合同纠纷一案中,原告

---

① 参见贵州省遵义市中级人民法院(2017)黔 03 民终 4566 号、江苏省泗阳县人民法院(2018)苏 1323 民初 979 号民事判决。

向被告投保“建筑工程团体人身意外伤害保险”，其中投保单第七部分其他约定中第2条载明“不按施工规章制度操作发生事故的，高空作业人员（或爆破人员）无上岗资格证发生事故的，我司不承担责任”。保险期间，原告方工作人员吴某因违章操作，被高处坠落的砖头砸中导致死亡，原告向被告申请理赔遭拒，遂致纠纷。

法院认为，根据《保险法》的立法原意，如果投保人、被保险人对保险合同的保障存在客观上合理的期待时，无论保险合同条款是否明确地将其所期待的保障排除在外，都应当保护该种合理期待。在建筑意外伤害中，绝大部分意外伤害都是因为违反施工规章制度而造成的，只要严格遵守交通安全制度和施工规章制度，发生建筑意外伤害的可能性较小。将“违反施工制度”作为免责条款，绝大部分建筑意外伤害都将被排除在保险责任之外，建筑意外保险也将基本丧失意义。对违章操作予以赔偿，是投保人或被保险人正常合理的期待。因此，根据保险法的合理期待原则，即使保险合同已经清楚地排除了违章操作造成的损失赔付，但只要这种赔付是一个理性人的合理期待，对该种合理期待仍应保护。法院适用了原《合同法》第40条否定了该免责条款的效力，判决被告向原告理赔。

对该案进行分析可知，法院的本意是“违章”作为免责情形极大地减少了被保险人获得赔付的可能性，排除了被保险人应享有的合法权利，使其合理期待无法实现。暂且不论法院在保险案件中适用原《合同法》的合理性，法院事实上是将合理期待原则作为否定免责条款效力的补强理由。

3. 将合理期待原则作为支持原告诉请的唯一理由

此类判决共计2份。[①] 法院在裁判理由中认为被保险人对其获得赔付具有合理期待，并且将合理期待原则作为唯一的裁判理由，支持了被保险人的诉讼请求。

在上诉人某保险公司连云港中心支公司与被上诉人王某人寿保险合同纠纷一案中，法院认为，合理期待原则应当优先于其他救济手段采用。2011年，王某向被告保险公司投保了人寿险及重疾附加险，2015年，医院诊断王某患左侧椎动脉夹层动脉瘤、脑梗死、高血压，并对王某行“椎动脉夹层动脉瘤支架辅助介入栓

---

① 参见江苏省连云港市中级人民法院（2016）苏07民终2050号、江苏省盐城市中级人民法院（2016）苏09民终1999号民事判决。

塞术”,向其出具重大治疗与检查批准书。王某要求保险公司提前支付 4 万元保险金,保险公司以王某所患病症不符合重疾定义为由拒赔,遂涉讼。法院查明,王某的病症不在其投保险种保障范围内。法院认为,如果基于对涉案保险条款的文义解释,左侧椎动脉夹层动脉瘤不符合涉案保险合同约定的 32 种重疾中的任一情形,不在涉案保险合同的承保范围内。但基于合理期待原则,投保人王某有正当理由对其患有左侧椎动脉夹层动脉瘤时可获得保险理赔怀有合理期待,本案符合适用合理期待原则的情形,且无优先适用其他救济手段的余地,遂支持了王某的诉讼请求。

(二)法院的审判指导意见对合理期待原则的吸收

除了在个案裁判中个别适用合理期待原则外,也有地方高级人民法院出台的法律适用指导意见中部分采纳了合理期待原则的观点。浙江省高级人民法院 2009 年《关于审理财产保险合同纠纷案件若干问题的指导意见》第 30 条第 1 款规定,对保险人提供的保险合同格式条款存在争议时,应从投保人的合理期待、合同目的、交易习惯认定条款的真实意思。上述指导意见事实上是将合理期待原则作为保险合同的解释方法加以运用。诚然,合理期待原则的适用条件确实包括当事人对格式条款的争议,但其目的并不是探知当事人的真实意思,而是通过排除免除和限制保险人责任条款的适用,使合同向有利于被保险人的方向倾斜,实现保护被保险人期待利益的目的。因此,将合理期待原则定位成一种合同解释方法,显然无法发挥其在合同规制上的强力作用,因为“探知合同本意”后的所得解释结论,或许未必对被保险人有利。

从我国司法实践现状分析,部分法院在适用合理期待原则上的观念确实具有超前意识,但若将合理期待原则作为裁判的单独或者主要依据,将陷入无法可依的境地,因此法院在适用该原则时并不将其作为单独或者主要理由,大多倾向于运用该原则对传统保险合同规制方法进行补强,以增强法院裁判观点的说服力。上述案件的裁判理由也在一定程度上显示出,法院确实在《保险法》的现有规则方法之外找到了一条对被保险人利益加以倾斜性保护的路径,但其适用条件却与基顿教授所主张的在其他合同规制手段都无法达到保护目的的前提条件存在较大的差异。目前,我国法院单独适用合理期待原则进行裁判的案件数量较少的现状也能反映出,法院虽然在积极寻求保险案件裁判规则的突破,但对于合理期待原则的适用还是相对谨慎和克制的，尽管部分判决的裁判说理部分引用了合理期待原则的表述，但最终裁判的依据并未突破《保险法》的现行规定。

五、我国司法实践引入合理期待原则的可行性分析

近年来，我国法学界与司法实务界对合理期待原则开展了诸多讨论，在肯定其对于保险人利益维护的巨大作用的基础上，提出了我国保险法应借鉴合理期待原则的相关建议，如樊启荣教授认为："美国法院通过合理期待原则所引领的优先保护保险消费者权益的法理精髓，对于完善我国保险立法将有所裨益。"①也有学者认为，我国保险业虽起步较晚，但发展迅速，在司法实践中引进合理期待原则有其必要性，也具备可行性。从平衡保险消费者在保险交易中的弱势地位目的出发，在对该原则作出必要限制的前提下，应当适时引入。② 还有观点认为，法院可以不必借助立法，直接以解释论的方法在司法实践中作为裁判分析方法加以运用，以实现保险合同的实质正义的建议。③ 本文认为，上述观点虽有其合理的一面，但就司法实践而言仍应持审慎态度。理由如下：

（一）合理期待原则尚未纳入保险立法

作为一项20世纪70年代方才创设的全新理念，合理期待原则在美国的实践离不开该国立法与司法体制为其提供的土壤，普通法系国家的裁判理念和思维方式具有很大的灵活性。从美国州法院对合理期待原则的适用态度来看，其也曾历经观点上的差异。我国立法、司法的基本制度与美国截然不同，法院判决的依据只能是法律、行政法规和司法解释。尽管目前学界对将合理期待原则纳入《保险法》的呼声一直较高，但在《保险法》的屡次修订中，均未将其纳入，可见我国立法机关对是否将合理期待原则纳入立法的态度也是较为谨慎的。有观点认为，尽管《保险法》并未采纳合理期待原则，但可以通过先由司法解释推动法院在审判实践中采用，进而推动立法。本文认为，合理期待原则所确立的裁判规则并

---

① 樊启荣：《美国保险法上"合理期待原则"评析》，载《法商研究》2004年第3期。

② 参见李书聪：《保险法中合理期待原则之辩与思》，载《重庆交通大学学报（社会科学版）》2012年第3期。

③ 参见何骧：《保险法合理期待原则研究》，西南政法大学2015年博士学位论文，第152页。

不是基于现有规则上的传承与发扬,而是在适用位阶上居于传统规则之后,但在规制效果上又强于传统规则的全新规则,是对现有司法规制方式的重大突破。如此重大的规则变化绝非司法解释所能解决,仍应依靠立法层面的推动。

(二)司法实践对合理期待原则的制度需求尚不迫切

实质公平是现代法律所追求的目标,在追求实质公平的价值取向下,合同条款不再当然具有等同于法律的效力,法院可以跨越合同的约定,按照实质公平的准则裁判案件。合理期待原则的最大价值在于推动保险合同的实质公平,实现保险合同当事人之间的利益平衡。我们《保险法》通过历次修订与完善,已采用了合同订入规则、不公平条款规制、信息披露、合同解释等一系列的规制方法。在对保险合同条款理解产生争议的情况下,只需要运用《保险法》所规定的解释方法,就可以得出合乎公平原则的结论,无须运用合理期待原则追求进一步的实质公平。诚然,法院在运用《保险法》的现有规制方法时,可能会因为法律适用标准不统一或者对于合同条款理解上的差异,导致同案不同判的现象,但这些不足完全可以通过司法解释和公布指导性案例的方法加以不断完善和解决,而无须另设一条与传统规则完全不同的规制方法,进而导致法律适用出现无序状态。

(三)合理期待原则不利于规范自由裁量权

合理期待原则的规制方法具有较强的主观判断因素,被保险人对保险合同的合理判断能否成立,均由法官结合保险条款、缔约过程、投保人、被保险人的认知能力等因素综合判断,而且其规制的效果是建立在直接否定合同条款的适用性基础之上,以法官的主观判断来代替合同条款的客观意思,对法官的综合思维能力提出了很高的要求。我国法院并不承担"造法"职能,裁判权均要在法律规定的范围内行使,不能满足合理期待原则对法官自由裁量权扩张的要求。此外,合理期待原则与《保险法》现有的合同规制方法的关系尚未厘清,缺乏相应的理论依据,如贸然要求法官司法裁判中直接运用,势必导致自由裁量权行使上的混乱,由此带来的后果是,法官可能将合理期待原则作为第一顺位的合同规制方法优先适用,甚至不对保险合同进行解释,也怠于探求当事人缔约真意,仅凭对保险公司的个人好恶作出裁判,给司法权威和公信力都带来损害。江朝国教授对此亦持谨慎态度,他认为,"是否得因此完全舍弃一般私法契约的解释方法,外国法例亦未有定见。是故该原则本身仍存在争议,如贸然引进,恐生诸多不便,在未顾及对价平衡与保险契约目的下所认定之'合理期待'只怕又是一个充满争议空间的判决"。[①]

综上,笔者认为,就我国目前的保险立法与司法实践现状而言,似无必要在现有规则之外创设一套在其发源国家都不具备普遍适用性的合同规制方法。如立法者确实认为有借鉴合理期待原则的必要,则该原则应建立在穷尽现有合同规制方法都不足以调整合同权利义务的前提之上。因此,在《保险法》中设置清晰的合理期待原则适用规则,对于准确适用法律,促进裁判结果的相对统一来说具有十分重要的意义。

① 江朝国:《保险法逐条释义》(第2卷·保险契约),台北,元照出版公司2013年版,第301页。

涉外金融审判疑难法律问题研究
——以中美跨境期货交易案件为重点①

华东政法大学国际法学院课题组

我国的期货市场诞生于20世纪90年代初期。进入21世纪之后，我国期货业对外开放步伐加快。2001年5月24日，中国证券监督管理委员会、国家经济贸易委员会、对外贸易经济合作部等发布《国有企业境外期货套期保值业务管理办法》，允许国有企业从事部分境外期货业务。2005年，证监会发布《关于香港、澳门服务提供者参股期货经纪公司有关问题的通知》（证监期货字〔2005〕138号），允许符合条件港澳投资者在内地设立或收购期货经纪公司，持股比例不超过49%。2014年，为落实第四轮中美战略与经济对话成果，证监会发布《期货公司监督管理办法》（证监会令110号），将开放范围扩大至与证监会签订监管合作备忘录的国家和地区。2017年，中美两国元首北京会晤后，《外商投资期货公司管理办法》正式颁布，期货业外资股比放宽至51%，2020年1月1日起不限制投资比例。2018年原油期货、铁矿石期货、PTA（精对苯二甲酸，Pure Terephthalic Acid）期货作为境内特定品种对外直接开放，2019年上市了20号胶期货对外开放。目前，我国期货市场共有78个期货期权品种，直接对外开放的品种已有5个。QFII（合格境外投资者，Qualified Foreign Institutional Investor）/RQFII（人民币合格境外投资者，RMB Qualified Foreign Institutional Investor）可以参与我国的股指期货交易。

---

① 本课题由华东政法大学国际法学院党委书记、副院长、博士研究生导师杜涛教授主持；课题组成员有袁发强、李晶、霍洪涛、司文、张虎。本课题节选自上海金融法院2020年度课题优秀奖“涉外金融审判疑难法律问题研究”。

目前,我国商品期货成交量已经连续10年居世界第一,是全球第二大期货期权交易市场。对外开放的市场规模发展迅速,参与者结构更趋于合理。随着期货市场开放程度不断扩大,跨境期货市场从最早的少量涉外业务的尝试,发展到以原油期货等特定品种的全方位制度型开放。市场竞争,在相当程度上是规则竞争、制度竞争。规则的权威、公开、透明、规范,具有公信力、权威性和稳定性,有利于明确和稳定市场预期,吸引全球投资者参与。一个境内外市场人士均乐于参与的市场,其全球价格影响力和规则话语权就自然形成。

2020年6月1日第十三届全国人民代表大会常务委员会第58次委员长会议修改的《全国人大常委会2020年度立法工作计划》明确将期货法列为2020年度将要初次审议的法律案,标志着期货法立法进入快车道。期货法立法需要在顶层设计上,提供适应期货市场国际化的基础性制度。

同时,建设高水平的对外开放的期货市场离不开具有域外效力的期货法的制度保障。这就要求将参与对外开放中的境外主体及其行为纳入调整范围,要求期货法具有一定的域外效力。与此同时,境内主体走出去,对我国的海外合法利益如何保护,也是期货立法应当回答的问题。

近期发生的"原油宝事件"①暴露出跨境期货交易存在的巨大风险,再次提醒我国必须加强期货法及其配套立法的完善,加快跨境期货交易行政监管和跨境民事和刑事诉讼相关制度的构建,尤其是对我国期货法域外适用的规则体系进行系统研究。

自2008年全球金融危机爆发以来,美国联邦最高法院在一系列跨国诉讼案件中积极适用了反域外适用的推定,以限制联邦法规的域外适用范围。然而,在同一时期,联邦检察官以违反美国制裁法反腐败法和反洗钱法等为由实施的活动,包括基准操纵、逃税和逃避制裁以及洗钱,发动了前所未有的刑事追责浪潮。这些案件导致了一些有史以来最大的刑事罚款,并迫使很多跨国公司实施了成本高昂的合规改革。本文认为,从理论的角度来看,这两种趋势正在发生冲突。本文拟从期货法领域最新美国典型案例入手,分析美国法院和检察机关在期货法域外适用问题上两种针锋相对模式的法理和政策背景。

---

① "原油宝",是中国银行于2018年1月开办"原油宝"产品,为境内个人客户提供挂钩境外原油期货的交易服务。其中,美国原油品种挂钩芝加哥商品交易所(Chicago Mercantile Exchange Holding Inc.,CME)的德州轻质原油(West Texas Intermediate,WTI)期货首行合约。

一、美国期货法域外适用问题的最新发展

(一)涉外民事诉讼案件

1. 传统的行为与效果原则

在美国,衍生工具是双方之间的合同,其价值源于资产的基础价格和业绩。衍生产品的价值来自资产、指数、利率、商品或货币的表现。衍生品交易自古以来就存在,可以分为四大类:远期合约(forwards)、期货合约(futures)、期权(options)和掉期合约(swaps)。衍生市场在西方已有几百年历史。20 世纪 30 年代初,美国就颁布了《商品交易法》(Commodity Exchange Act,CEA),以管制小麦、玉米和土豆等商品以及其他农业期货合约。随着时间的推移,衍生产品市场已经迅速扩大,该法还监管主要金融工具,包括信贷、货币和利率互换。[①] 到 21 世纪初期,衍生工具被华尔街广泛采用。衍生品通常被认为是一种有益的金融创新,它更有效地分配金融风险,使金融系统更稳定、更有弹性、更能抵御冲击。然而,2008 年金融危机的爆发使美国政府和行业专家意识到衍生品市场的风险和危害有多么可怕。[②] 为了修补市场漏洞和解决现代历史上最大的金融崩溃,国会颁布了 2010 年《多德 - 弗兰克华尔街改革和消费者保护法》(以下简称《多德 - 弗兰克法》),“通过改善金融体系的问责制和透明度来促进美国的金融稳定”。《多德 - 弗兰克法》第七编——被称为 2010 年《华尔街透明度和问责法案》,对衍生品和市场参与者实行全面和深远的监管制度,并授权商品期货交易委员会(Commodity Futures Trading Commission, CFTC)和证券交易委员会(Securities and Exchange Commission,SEC)参与新的规则制定。在巴克 · 弗兰克与克恩斯 · 多德的领导下,金融交易委员会的任务是实现四个目标:“(1)通过中央对手方或清算所清算标准化掉期;(2)在透明、受监管的平台上交易掉期;(3)监督掉期交易商和主要掉期参与者;(4)报告掉期市场数据,以促进更大的

---

① 关于美国期货市场发展历史参见美国商品期货交易委员会官网,http://www.cftc.gov/About/HistoryoftheCFTC/history_precftc。

② The Fin. Crisis Inquiry Comm'n, *The Financial Crisis Inquiry Report: Final Report of the National Commission on the Causes of the Financial and Economic Crisis in the United States* 43 (2011), http://fcic-static.law.stanford.edu/cdn_media/fcic-reports/fcic_final_report_full.pdf.

透明度和加强监管监督。”为了实现这些目标,《多德－弗兰克法》第722条明确授予CFTC对掉期交易的管辖权并制定了新的《商品交易法》第2(i)条,其中规定,《多德－弗兰克法》“不适用于美国境外的活动,除非这些活动与美国境内的活动或对美国商业的影响有直接和重大的联系”。①

《商品交易法》有几项不同条款涉及管辖权并规定了谁有权提出诉讼。《商品交易法》第2条赋予CFTC专属管辖权,但并不“取代或限制美国法院的管辖权”。《商品交易法》第22条规定了“私人诉讼权利”:“任何违反本法规定的人或故意协同、教唆、建议、诱使或促使他人实施违反本法规定行为的人,应对本款第(A)项至第(D)项提及的一项或多项交易导致的实际损害及该违法行为对任何其他下列人造成的实际损害承担责任……”该条还规定:“美国联邦地区法院对于根据本条提起的诉讼应享有排他管辖权。”

考虑到场外衍生品市场的规模,CFTC不可能对所有交易进行识别、监管和监管,因此赋予私人起诉权至关重要。尽管《商品交易法》为代理机构和个人都提供了针对被告及其经纪人的诉讼权利,但法院如何确定对索赔本身是否有适当的管辖权,特别是当所指控的欺诈发生在美国境外,或者受害方不是美国公民的时候?对这一问题,《商品交易法》并没有明确规定,需要考虑法院的判例。

数十年来,美国法院采用了针对事实的“行为”和“效果”检验标准(Conducts and Effects Test)来评估《商品交易法》的域外效力。例如,在皮美诺斯诉哈顿公司案(Psimenos v. E. F. Hutton & Co.)中,第二巡回法院认为,南区拥有审理希腊公民和居民针对美国经纪人提起《商品交易法》索赔诉讼的事项管辖权,即使交易是通过被告的雅典办事处执行的。② 法官认为,行为测试并不以国内投资者或市场是否受到影响为重点,而是以美国境内的行为与实施所谓欺诈计划有关的效果为核心,其理论依据是国会不想“让美国被用作一个基地来生产欺诈性证券产品用于出口,哪怕这些产品只是被兜售给外国人”。同样,在塔马里诉巴赫公司案(Tamari v. Bache & Co.)中,第七巡回法院认为,地区法院正确地应用了行为和效果标准以确定它对美国交易所交易引起的诉讼具有事项管辖权,尽管当事人是外国居民,他们之间的联系也发生在外国。③

① 7 U.S.C.A § 2(i)(1)－(2).

② 722 F.2d 1041 (2d Cir. 1983).

③ 730 F.2d 1103 (7th Cir. 1984).

然而,2010年,即《多德－弗兰克法》颁布前一个月,美国联邦最高法院裁定莫里森诉澳大利亚国民银行案(以下简称为莫里森案)并宣布了一项新的管辖标准,以确定《1934年证券交易法》第10b条的域外效力。① 最高法院斯卡利亚大法官对传统的“行为”和“效果”标准进行了批判,引入了一项新的“交易标准”(transaction test)。②

2. 莫里森案对期货交易的适用美国证券法域外管辖权

在洛吉诺夫斯卡娅诉巴特拉琴科案(Loginovskaya v. Batratchenko)中,美国第二巡回上诉法院认为,根据《商品交易法》提出的私人欺诈索赔只有当所称欺诈性商品交易在美国境内发生时才能成立。③ 该案中,托尔集团(Thor)是设在纽约的国际金融服务机构,管理商品期货和房地产投资项目。几个托尔公司实体作为商品池运营商或商品交易投资者在商品市场注册参与。被告奥列格·巴特拉琴科(Oleg Batratchenko)是居住在莫斯科的美国公民,他是托尔集团的首席执行官,而原告露德米拉·洛吉诺夫斯卡娅(Ludmila Loginovskaya)是居住在俄罗斯的俄罗斯公民,2006年受巴特拉琴科的游说投资了托尔集团的项目。洛吉诺夫斯卡娅在2006年和2007年与托尔集团签订了两份投资合同,并将这些合同项下资金共计72万美元转入托尔在纽约的银行账户。2010年,巴特拉琴科致函洛吉诺夫斯卡娅,谎称由于美国的新规定,投资者不能在不提供烦琐文件的情况下从投资账户中提取资金。洛吉诺夫斯卡娅后来了解到,托尔集团利用投资的客户资金向亚特兰特公司提供了4000万美元的不安全贷款,亚特兰特公司是一家资本不足的房地产投资公司。④ 最终,因贷款违约,巴特拉琴科无法收回洛吉诺夫斯卡娅所投的资金。洛吉诺夫斯卡娅根据《商品交易法》第25条和第4o条提起诉讼。第25条规定原告有根据该法提起诉讼的私人诉因,而第4o条是《商品交易法》中的几个反欺诈条款之一。纽约南区地区法院将莫里森案的结论扩展到《商品交易法》下的诉讼要求,驳回了洛吉诺夫斯卡娅的诉请,认为《商品交易

---

① See in re Nat'l Austl. Bank Secs. Litig., No. 03－6537, 2006 WL 3844465, at 8 (S. D. N. Y. Oct. 25, 2006); Morrison v. Nat'l Austl. Bank, 547 F. 3d 167 (2d Cir. 2008); Morrison v. National Australia Bank, 130 S. Ct. 2010, 2869.

② 关于该案参见杜涛:《美国证券法域外管辖权:终结还是复活?——评美国联邦最高法院Morrison案及〈多德—弗兰克法〉第929P(b)条》,载《国际经济法学刊》2012年第4期。

③ 764 F. 3d 266 (2d Cir. 2014).

④ Loginovskaya II, 764 F. 3d at 268.

法》的反欺诈条款不能适用于美国境外。[①] 上诉审理中，第二巡回法庭同意纽约南区法院的裁决。上诉法院指出，“整个《商品交易法》，特别是第4o和第22条，没有规定域外效力”，因此应适用莫里森案的无域外效力的推定。法院解释说，“《商品交易法》为在美国做生意的世界任何地方的人创造了一种私人诉权，但并未向在其他地方从事经营的人开放我们的法院”。[②] 但是法院只分析了第22条便戛然而止，没有继续分析原告根据第4o条所提出的请求。

在不同意见书中，洛希尔法官不同意多数意见，他指出，原告的诉讼请求充分满足了第4o条的属地要求。他认为，原告洛吉诺夫斯卡娅在投资时居住在美国纽约的主街道，而不是在俄罗斯的苏尔古特；被告的计划项目很大一部分发生在美国，牵涉美国《商品交易法》所规制的行为人，并且其所做许诺是将原告的钱投资于美国的商品市场，该行为违反了第4o条；多数意见将反对域外适用推定和莫里森案中的交易标准适用于《商品交易法》第22条，对被告提供了额外的、毫无根据的保护。多数意见误解了美国的商品法，也误解了反域外适用推定。[③] 洛希尔法官还认为，将莫里森案结论适用于《商品交易法》第4o条也违反了《商品交易法》的立法意图，即“保护所有市场参与者免受欺诈或其他误导性销售行为的损害以及避免对消费者财产的滥用，并维护美国商品市场的诚信运作”。[④]

在洛吉诺夫斯卡娅案意见书公布几天后，CFTC便致函第二巡回法院，要求其更正“关于《商品交易法》的某些错误陈述”。CFTC强调指出：法院在多数意见第二节中错误地认为《商品交易法》对其域外适用“保持沉默”。[⑤] CFTC认为，法院似乎是按照2010年7月之前的情形来解释《商品交易法》。然而，国会已经于2010年7月颁布了《多德－弗兰克法》并对《商品交易法》进行了修改，其中规定《商品交易法》适用于与美国商业有充分联系的掉期交易活动。鉴于《商品交易法》第22条所规定的私人诉权条款经《多德－弗兰克法》修订后也适用于掉期

---

① Loginovskaya v. Batratchenko (Loginovskaya I), 936 F. Supp. 2d 357, 363 (S. D. N. Y. 2013).

② Ibid., at 273.

③ Loginovskaya II, 764 F. 3d at 276 (Lohier, J., dissenting).

④ Ibid., at 280.

⑤ Letter on behalf of the U. S. Commodity Futures Trading Comm'n, requesting a change to be made to the Opinion Filed at 1, Loginovskaya v. Batratchenko, 764 F. 3d 266 (2d Cir. 2014) (No. 13–01624) 2014 BL 245952.

交易,它也属于第2(i)条适用范围。因此,法院认为《商品交易法》没有规定其域外适用的说法是不正确的。CFTC据此要求法院修改其意见书并澄清其所适用的《商品交易法》的文本时间问题。CFTC还指出,鉴于第二巡回法院在金融审判领域的权威地位,其对《商品交易法》所作的错误解释会让其他法院效仿从而带来司法混乱。

不过,第二巡回法院并未按照CFTC的意见修改其判决结果。2014年之后,纽约南区法院在一系列类似案件中继续沿用了洛吉诺夫斯卡娅案的意见,并以此来解释《商品交易法》的域外适用范围。①

苏利文诉巴克莱银行案是一起涉嫌操纵伦敦银行间拆借利率的民事诉讼纠纷。② 原告主张被告违反了《商品交易法》第4条,该条规定:以下情形应属重罪,可单处或并处不高于100万美元的罚款或10年以下监禁,并承担控诉费用:"任何人操纵或试图操纵州际商业中的任何商品市场价格,在任何注册实体或按其规则进行远期交割的任何商品的价格,或任何掉期价格;对任何该等商品囤积或试图囤积;在知情的情况下自行或促使他人通过邮件或电报、电话、无线通信或其他通信手段开展的州际商业,传播错误的或具有误导性的或明知不准确的农作物报告,或市场信息或状况,而该等报告、信息或状况影响或易于影响州际商业中的任何商品市场价格;或者在知情的情况下违反第4条、第4b条、第4c条第(a)款至第(e)款、第4h条、第4o(1)条或第19条的规定……"原告认为,本案所涉的是以欧洲银行间欧元同业拆借利率(Euribor)为标的的期货合约,被告故意以牟利为目的对每天的欧元拆借利率作出虚假报告从而改变欧元拆借利率,违反了《商品交易法》的规定。

法院认为,根据莫里森案的裁决,国会的立法如果没有明文规定,只能适用于美国境内。《商品交易法》也适用莫里森案的原则,因此,如果国会没有明确的意图将《商品交易法》适用于境外,则应推定其只适用于境内。法院指出,就本案而言,原告必须证明相关交易发生在美国境内。根据洛吉诺夫斯卡娅案,原告必

---

① See, e. g., MBC Fin. Servs. v. Boston Merch. Fin, LLC, 15 - cv - 00275 (DAB), 2016 U. S. Dist. LEXIS 140195, at 29 (S. D. N. Y. Oct. 4, 2016); In re North Sea Brent Crude Oil Futures Litig., 13 - md - 02475 (ALC), 2017 U. S. Dist. LEXIS 88246, at 26 - 28 (S. D. N. Y. June 8, 2017).

② Sullivan v. Barclays PLC, 2017 U. S. Dist. (S. D. N. Y. 2017).

须具体证明权利的转让或者不可改变的义务发生在美国境内。本案所涉的交易发生在伦敦国际金融期货期权交易所(London International Financial Futures and Options Exchange,LIFFE),该交易所是一个全球衍生品交易平台,全球投资者都可以通过该平台从事衍生品合约交易。原告是通过 LIFFE 连接终端在美国境内从事电子交易,因此原告认为构成《商品交易法》下的"境内交易"。但是法院认为,根据绝对积极分子案(Absolute Activist)的判例规则,当事人的位置不是决定境内交易的关键因素。原告未能证明交易的其他因素发生在美国境内,包括合约的订立地、指令做出地、权利转让地和金钱结算地等。法院尤其指出,《商品交易法》对于其域外适用问题区分私法诉讼和公法诉讼。鉴于本案原告未能证明所涉 LIFFE 欧元期货合约属于《商品交易法》下的"境内交易",故此驳回了原告诉讼请求。

在另一起众多投资者起诉 12 家国际银行涉嫌操纵外汇利率的集团诉讼案中,[①]法院以同样理由驳回了原告的主张。法院重申,就私人诉讼而言,《商品交易法》不适用于美国境内的人在境外交易所从事的期货交易。原告在美国境内通过电子交易平台或终端设备接入境外交易场所从事的交易不属于美国境内的交易。

3. 对"交易标准"的认定

在"崔明赫诉高塔研究资本案"(Myun-UK Choi v. Tower Research Capital LLC)中,[②]原告是一批期货合约交易的韩国籍受害者,被告高塔研究资本有限公司位于纽约,是专门从事高频期货交易的公司。该案所涉的韩国 KOSPI200(Korean Stock Price Index 200)指数从 2007 年起在芝加哥商品交易所 Globex 电子交易平台的夜市进行期货交易(首尔时间 17 时到次日 6 时),该平台位于伊利诺伊州奥罗拉市。交易指令通过韩国证券期货交易所(Korea Exchange, KRX)发出,随后通过芝加哥 Globex 平台找到交易对手方,该笔交易在次日韩国交易所开市后被清算和结清。原告于 2012 年期间通过 Globex 平台从事 KOSPI200 指数期货交易。被告及其首席执行官(Chief Executive Officer, CEO)被控采用了被称为"spoofing"的虚假交易手段操纵期货商品价格,误导

---

① In re Foreign Exch. Benchmark Rates Antitrust Litig., 2016 U. S. Dist. LEXIS 44219, Trade Reg. Rep. (CCH) P 79558 (S. D. N. Y., Mar. 31, 2016).

② 890 F. 3d 60 (2d Cir. 2018).

其他投资者。[①] 2014年,韩国金融监管委员会发现了被告的欺诈行为并对其提起刑事指控。原告等5名受害者于2014年12月在美国纽约南区地区法院提起诉讼,认为被告的行为违反了《商品交易法》第6条、第9条和第22条等法律。被告则认为本案不应适用美国法律,因为美国最高法院在莫里森案中已经明确采纳了“反域外适用推定”,而本案被诉行为发生在韩国而非美国境内。被告认为,本案所有对KOSPI200指数的期货交易都发生在韩国KRX交易所,被告只是利用位于芝加哥的Globex平台的计算机设备完成夜市交易。被告认为,根据莫里森案的标准,应当考虑的是交易市场所在地,而不是技术设施所在地。

纽约南区法院认为,要满足莫里森案确立的“交易标准”,需要从两个方面进行考虑:一是交易发生在美国境内;二是在美国境内上市交易。首先,要想证明交易发生在美国境内,必须有证据表明合同的缔结、购买指令的做出、权利的转移或者金钱的交付发生在美国境内。本案中,期货合约的所有指令都要首先通过韩国KRX交易所交易系统发出,而且该指令并非立即在芝加哥Globex平台生效,而是要等到第二天韩国KRX交易所正常营业时才生效。其次,需要证明所交易的期货是在美国境内上市。原告仅仅举证认为芝加哥商品交易所是美国境内的交易所,但是本案所涉期货指数是在芝加哥交易所的Globex平台进行交易的,该平台与芝加哥交易所本身并不是一回事,它是一个独立的交易平台,包括芝加哥商品交易所在内的全世界很多交易所都在使用该平台进行交易。因此,不能直接将Globex平台认定为《商品交易法》所规定的国内交易所。鉴于本案未能满足莫里森案所确立的关于交易标准的两点考虑,纽约南区法院驳回了原告的主张,认为美国《商品交易法》不能适用于本案所涉的境外行为。[②]

第二巡回法院没有赞同纽约南区法院的观点,认为《商品交易法》的目的就是保护没有经验的个人投资者免受误导和欺骗。根据第二巡回法院在洛吉诺夫斯卡娅案中的先例,莫里森案所确立的“交易标准”也适用于《商品交易法》。根据该案,只要“不可变更的责任”发生在美国或者权利在美国境内转移,就属于美国国内交易。如果当事人双方彼此作出了承诺或者达成了合意,就构成“不可变

---

① See Meric Sar, *DODD-FRANK and the Spoofing Prohibition in Commondities Markets*, 22 Fordham J. Corp. & Fin. L. 383 (2017).

② See Myun-Uk Choi v. Tower Research Capital LLC, 165 F. Supp. 3d 42, 47 (S. D. N. Y. 2016).

更的责任”。

第二巡回法院重点指出，对于《商品交易法》而言，不需要考虑莫里森案中所考虑的“国内交易所”(domestic exchange)这一因素，因为《商品交易法》的相关条文中并未采用与《1934 年证券交易法》第 10b 条类似的用语，即“在国内交易所上市的证券交易”。因此，本案只需要分析交易本身是否发生在美国境内。双方争议的焦点是期货合约完成到底是在韩国交易所还是美国的 Globex 交易平台。原告认为，应当以原告的交易指令到达 Globex 平台并匹配(match)成功时为准；而被告则认为，应当以该笔交易在第二天韩国交易所开市后结算(clearing)成功时为准。第二巡回法院最终接受了原告的观点，认为当事人双方的责任发生在伊利诺伊州的 Globex 交易平台，因此，原告依据《商品交易法》提出的请求不能以该法没有域外效力而被驳回。

(二) 涉外公法案件

1.《多德 - 弗兰克法》加强了 CFTC 的域外管辖权

如上所述，自莫里森案以来，联邦最高法院严格坚持“反域外适用推定”(presumption against extraterritoriality)，在一系列跨国民事诉讼案件中积极限缩联邦法的域外适用。[①] 这一推定已被写入了最新版的《美国对外关系法重述(第四次)》。[②] 正如美国联邦最高法院所说，采取这一推定“最明显的目的是……避免当美国法律适用于发生在外国的行为时可能产生的国际分歧”，该推定“有助于确保司法机关在适用那些带有外交政策后果的美国法律时，在政治机关没有明确说明其目标的情况下，避免作出错误解释”。[③]

然而需要注意的是，在期货法的域外效力问题上，美国法院严格区分私法诉讼和公法诉讼。在私人诉讼领域，美国法院越来越趋于保守克制，严格坚持法无明文规定就不能域外适用的原则。但在行政机关执法方面，《商品交易法》赋予了行政部门巨大的域外管辖权。

《多德 - 弗兰克法》第 722 条明确赋予了美国 CFTC 对掉期交易的管辖权，

---

① 参见杜涛：《美国联邦法院司法管辖权的收缩及其启示》，载《国际法研究》2015 年第 2 期。

② See Restatement (Fourth.) of the Foreign Relations Law of the United States § 404 reporters'n. 1 (Am. Law Inst. 2018).

③ See, e. g., RJR Nabisco, 136 S. Ct. at 2100; Kiobel, 569 U. S. at 115 - 116.

并且以行为标准和效果标准赋予美国CFTC根据《商品交易法》行使域外管辖权。[①] 美国《商品交易法》以与美国具有"直接和重大关联或影响"作为该法域外适用的连接点,使得互联网上无国界的、无形的金融交易行为变成了物理上的有形行为。

《多德-弗兰克法》对"掉期"界定宽泛,涵盖了绝大多数场外衍生品合约。根据CFTC于2012年7月发布的《关于〈商品交易法〉中部分掉期规定域外适用的规则(草案)》,[②]CFTC主要从三个层面对境外机构实施监管:首先,与美国实体进行掉期交易的外国机构一旦达到最低限制标准,须在CFTC注册;其次,注册后须接受CFTC机构层面的审慎监管,包括资本金、首席合规官、风险管理、数据记录及报告等;最后,接受CFTC交易行为层面的政府监管,主要包括指定的中央对手方集中结算、交易执行机构、非集中结算的保证金要求等。只有在非常严格的条件下境外机构才能够获得豁免,即替代合规和豁免令。[③]

美国除了在期货市场相关法律中直接规定适用于境外,还在其他法律中进行了配套规定。比如,互换交易中提到的海外合并财务报表子公司(Foreign Consolidated Subsidiaries,FCS),通过会计准则,把财务计算中与美国母公司合并计算的海外子公司关联作为"美国人"。[④] 又如,《萨班斯法案》对美国《1933年证券法》《1934年证券交易法》作了不少修订,在会计职业监管、公司治理、证券市场监管等方面作出了许多新的规定。该法案要求公司高管保证其财务报表准确无误。[⑤] 而这一法案的推行,使《海外反腐败法》(Foreign Corrupt Practices Act,FCPA)借力施行。

2. 相关案例

在期货交易中经常涉及操纵LIBOR等基准利率的违法犯罪事件。LIBOR

---

① See Commodity Exchange Act, 7 U. S. C. § 2(i)(1) - (2) (2012).

② See Cross-Border Application of Certain Swaps Provisions of the Commodity Exchange Act, 17 C. F. R. Chapter I (proposed July 12, 2012), https://www. cftc. gov/sites/default/files/idc/groups/public/@ lrfederalregister/documents/file/2012 - 16496a. pdf (last visited July 10, 2020).

③ See David Felsenthal & Lily Chu, *Regulation of Cross-Border Swaps*, 3 Harv. Bus. L. Rev. Online 142, 144 (2013).

④ See Michael Greenberger, *Too Big to Fail U. S. Banks' Regulatory Alchemy: Converting an Obscure Agency Footnote into an "At Will" Nullification of Dodd-Frank's Regulation of the Multi-Trillion Dollar Financial Swaps Market*, 14 J. Bus. & Tech. L. 197, 351 - 352 (2019).

⑤ See Sarbanes-Oxley Act, Pub. L. No. 107 - 204, § 302, 116 Stat. 745, (2002).

全称是伦敦同业拆借利率（London Inter-Bank Offered Rate），是在伦敦银行内部交易市场上的商业银行对存于非美国银行的美元进行交易时所涉及的利率。LIBOR 对很多衍生品价格有着巨大影响，因此一些国际大型银行内部或者外部的不法分子试图通过共同操纵 LIBOR 利率来谋取巨额非法利益。2010 年，居住在伦敦贫民窟的期货交易员萨劳（Sarao）就采用这种手段操纵纽约股指期货价格，引发了美国股市在 2010 年发生的闪电崩盘事件。①

近年来，美国和欧洲很多国家金融监管部门采取严厉措施打击这种操纵行为，其中，CFTC 对多家外国银行的指控涉及美国法律的域外适用，并引发了争议。

在 CFTC 诉愿景金融合伙人有限公司案②中，被告愿景金融（Vision Financial）来自佛罗里达州，通过 3 家外国平台招募个人投资二元期权。三家平台分别位于以色列、塞浦路斯和英国。愿景金融并没有将募集的资金进行投资，相反，其主要董事用这些资金支付个人开支。原告 CFTC 指控被告违反了《商品交易法》第 6c 条，该条规定："任何时候，如果 CFTC 认为，任何注册实体或其他人已经从事、正在从事或即将从事任何构成违反本法任何规定或依据本法颁发的任何规则、规章或命令的行为或做法，或正在对任何远期交割商品或掉期交易施加限制，则 CFTC 可在相应的联邦地区法院或在受政府管辖的任何准州或其他地方的相关联邦法院提起诉讼，禁止该行为或做法，或强制其遵守本法或依据本法颁发的任何规则、规章或命令，并且该法院应当对该等诉讼具有管辖权，可受理该等诉讼。"被告提出两项抗辩，其中一项抗辩是：CFTC 无权起诉被告，"因为[期权]是外国投资者购买并在外国交易平台上进行交易的"。

法院审理后认为，美国法院确实将莫里森案的结论适用于《商品交易法》的案件，但是这些案件都属于私人诉讼案件（private right of action）。而愿景金融案则涉及的是 CFTC 提起的公法诉讼案件。莫里森案的结论适用于前者，但并不

---

① U. S. Dep't of Justice, *Futures Trader Pleads Guilty to Illegally Manipulating the Futures Market in Connection with* 2010 "*Flash Crash*" (Nov. 9, 2016), https://www.justice.gov/opa/pr/futures-trader-pleads-guilty-illegally-manipulating-futures-market-connection-2010-flash; Jeffry M. Henderson, *Significant Developments in Spoofing Cases*: *Coscia*, 3Red, and Sarao, Greenberg Traurig (Aug. 10, 2016), https://www.gtlaw.com/en/insights/2016/8/significant-developments-in-spoofing-cases-coscia-3red-and-sarao.

② United States Commodity Futures Exch. Comm'n v. Vision Fin. Partners, LLC, 190 F. Supp. 3d 1126 (S. D. Fla. 2016).

适用于后者,因为《商品交易法》第13a－1条已经明确授权CFTC可以起诉"任何注册实体或其他人已经从事、正在从事或即将从事任何构成违反本法任何规定或依据本法颁发的任何规则、规章或命令的行为或做法"。尤其是《商品交易法》第4条第(b)款第(2)项明确规定:"对于在或将在美国、美国准州或属地以外的交易场所、交易所或市场达成的远期交易而言……如果位于美国、美国准州或属地内的任何人从事该等交易合约的要约或销售,则商品期货交易委员会可以制定相关规则和规章,以禁止欺诈行为……"根据上述规定,法院认为,由于被告位于美国佛罗里达州并实施了被控行为,因此属于《商品交易法》的适用范围。

该案并非个案。近年来,美国行政部门(尤其是联邦检察官)利用这种域外管辖权针对外国银行在美国境外实施的活动掀起了一场前所未有的刑事追责浪潮。这些案件涉及基准利率操纵、逃税和逃避制裁以及洗钱等,并导致了一些有史以来最大规模的刑事罚款,迫使很多跨国公司实施了成本高昂的合规改革。2009年,瑞士银行因协助美国客户逃税被美国起诉,最终支付罚款7.8亿美元;①2012年英国巴克莱银行因涉嫌操纵伦敦银行间同业拆借利率而被罚款3.6亿美元,2015年又因操纵汇率被罚款19亿美元。2012年12月,英国汇丰银行因帮助客户规避经济制裁和洗钱而被罚款19亿美元。② 仅在2012～2014年,美国执法机构向全世界金融机构收缴罚款1386亿美元,其中很大一部分是外国银行。③

美国检察官针对外国银行提起的这些指控,无论是明确的还是默示的,都依赖于具有域外效力的美国行政和刑事法规,如邮件欺诈、电汇欺诈和共谋等法规。以巴克莱银行为例,该案参与操纵伦敦银行同业拆借利率的巴克莱交易员和提交人的总部设在美国境外,他们的共同同谋和提交材料的官员也位于美国境外。提交的文件并没有指控巴克莱的交易对手位于美国,尽管有些交易对手可能在美国。从交易角度看,欺诈与美国之间的主要联系是欺诈行为针对的是广泛用于美国交易的基准利率。

---

① 参见宋兴义:《瑞银集团税案:瑞士银行百年保密制度的致命打击?》,载《中国税务》2009年第10期。

② 参见刘闵浙:《汇丰银行被处以巨额反洗钱罚款案的教训及启示》,载《金融会计》2018年第2期。

③ 新近案例参见美国司法部网,https://www.justice.gov/opa/pr/two-former-rabobank-traders-sentenced-prison-manipulating-us-dollar-and-japanese-yen-libor,最后访问日期:2020年8月1日。

二、我国期货法域外适用的立法和实践

（一）相关法律规定

我国目前还没有专门性期货立法，效力等级最高的是国务院制定的《期货交易管理条例》（2017年修订）。但是，《期货交易管理条例》缺少涉外期货交易和涉外监管方面的详细规则，只能依靠一系列部门规章和交易所规则来进行规范，效力层级较低。

根据《期货交易管理条例》的授权，中国证券监督管理委员会（以下简称证监会）制定了《境外交易者和境外经纪机构从事境内特定品种期货交易管理暂行办法》和《期货公司监督管理办法》（2019年），对境外交易者、境外经纪机构从事我国境内特定品种期货交易及其相关业务活动，以及境内期货公司经营境外期货交易和外资在我国境内设立期货公司作出了较为详细的规定。比如，《境外交易者和境外经纪机构从事境内特定品种期货交易管理暂行办法》第5条对境外交易者的条件作出了规定，《期货公司监督管理办法》第11条、第13条则对境外股东投资境内期货公司作出了条件限制。

关于套期保值的规定见于《期货交易管理条例》和《国有企业境外期货套期保值业务管理办法》（2001年），前者第41条规定，国有以及国有控股企业进行境内外期货交易"应当遵循套期保值的原则"；后者第9条规定"获得境外期货业务许可证的企业（以下简称持证企业）在境外期货市场只能从事套期保值交易，不得进行投机交易"。

此外，国务院国有资产监督管理委员会制定的《中央企业境外国有资产监督管理暂行办法》（2011年）第14条也规定，中央企业从事境外期货、期权、远期、掉期等金融衍生业务应当严守套期保值原则，禁止投机行为。

国家外汇管理局发布的《国家外汇管理局关于国有企业境外期货套期保值业务外汇管理有关问题的通知》（2013年）、《国家外汇管理局关于境外交易者和境外经纪机构从事境内特定品种期货交易外汇管理有关问题的通知》（2015年）以及《国际收支统计申报办法》（2013年修订）对期货交易中的外汇交易作出了限制性规定。

期货交易所提供国际平台、期货公司或者交易者参与跨境期货业务都会带

来双重管辖的问题。对比境外的期货法律制度,在对外开放的同时,期货法层面应当建立更为详细的跨境监管机制。《期货交易管理条例》的调整范围局限于境内市场,在期货交易的流程中没有考虑境外机构的参与和监管安排。仅仅规定中国证监会的跨境监管协作机制,难以适应不断扩大的期货市场国际化要求。此外,相关期货监管的规定分散于各个机构部门发布的规定中,进而也出现多头监管的局面,在复杂的涉外期货交易中,这不利于高效的监管,也不利于期货市场的有序运行。

(二)相关涉外案例

1. 期货合同纠纷案例

"栢银公司与兆恒公司期货点价交易合同纠纷上诉案"涉及涉外期货合同纠纷中我国强制性法规的域外效力。[①] 该案中,原被告双方签订了两份相向期货点价交易合同,交易完成后,栢银公司向兆恒公司支付了合同价款,兆恒公司又将合同交易的电解铜提单返还给了栢银公司,但未在约定的点价期限内进行点价,栢银公司要求按伦敦金属期货交易所价格进行结算,兆恒公司则要求按合同原定的点价日结算。双方为此发生纠纷。一审法院审理后认为,本案名义上为货物买卖合同,但实际上为境外期货点价交易,目的在于利用期货价格的波动对赌套利,属于变相的期货交易。栢银公司没有经过合法注册,无权代理期货交易,兆恒公司也没有从事境外期货交易的资格。故双方的合同违反中华人民共和国法律,侵害了我国境外期货交易核准制度及外汇监管制度,属无效合同。

栢银公司上诉称,本案属于涉外合同,根据原《民法通则》第145条第1款和第3款可以适用国际惯例,应当适用伦敦金属交易所的交易规则,而不应适用中国法律。双方公司应当按照合同中认可的关于国际贸易的法律和国际惯例享有权利并承担相应的义务。这不仅是国际贸易的通行做法,也是中国法律所认可的。

二审法院认为,本案应适用中华人民共和国法律。根据我国2007年《期货交易管理条例》第2条"任何单位和个人从事期货交易,包括商品和金融期货合约、期权合约交易及其相关活动,应当遵守本条例",《中华人民共和国涉外民事

① 参见(2011)新民三终字第31号。

法律关系法律适用法》第 4 条“中华人民共和国法律对涉外民事关系有强制性规定的,直接适用该强制性规定”及《最高人民法院关于审理涉外民事或商事合同纠纷案件法律适用若干问题的规定》第 6 条“当事人规避中华人民共和国法律、行政法规的强制性规定的行为,不发生适用外国法律的效力,该合同争议应当适用中华人民共和国法律”之规定,本案交易主体资格属于我国法律、法规强制适用及调整的范畴,栢银公司因不具备在中国境内从事期货经纪,尤其是代理国内企业在境外期货经纪或交易的主体资格,其与兆恒公司签署的本案诉争合同违反我国法律、行政法规的强制性规定,该合同应属无效,故应维持一审判决。①

笔者认为,本案的判决结果值得商榷。中国证券监督管理委员会、国家经济贸易委员会、对外贸易经济合作部、国家工商行政管理总局、国家外汇管理局发布的《国有企业境外期货套期保值业务管理办法》规定:“未取得境外期货业务许可证的企业,不得从事境外期货业务。”但是该规定是部门规章性质,在效力层级上不应当高于由全国人大常委会通过的民事法律。该规定属于行政管理性强制性规定,而不属于效力性强制性规定,不能以此为由否定涉外合同的效力。

最高人民法院在《关于 ED&F 曼氏(香港)有限公司申请承认和执行伦敦糖业协会仲裁裁决案的复函》中对这一问题也作了解释:“双方当事人因履行期货交易合同产生的纠纷,在性质上属于因契约性商事法律关系产生的纠纷,依照我国法律规定可以约定提请仲裁。依照我国有关法律法规的规定,境内企业未经批准不得擅自从事境外期货交易。中国糖业酒类集团公司未经批准擅自从事境外期货交易的行为,依照中国法律无疑应认定为无效。但违反我国法律的强制性规定不能完全等同于违反我国的公共政策。因此,本案亦不存在 1958 年《承认与执行外国仲裁裁决公约》第五条第二款规定的不可仲裁及承认与执行该判决将违反我国公共政策的情形。”②一方面,最高人民法院认为,中国糖业酒类集团公司未经批准擅自从事境外期货交易的行为,依照中国法律无疑应认定为无效;另一方面,又承认了境外仲裁机构认定该合同有效的仲裁裁决。这表明,我国司法机关对强行性规定的认定仍存在困惑。

最高人民法院《全国法院民商事审判工作会议纪要》第 30 条规定:“人民法

① 参见(2011)新民三终字第 31 号。

② 参见(2003)民四他字第 3 号。

院在审理合同纠纷案件时,要依据《民法总则》第153条第1款和合同法司法解释(二)第14条的规定慎重判断'强制性规定'的性质,特别是要在考量强制性规定所保护的法益类型、违法行为的法律后果以及交易安全保护等因素的基础上认定其性质,并在裁判文书中充分说明理由。下列强制性规定,应当认定为'效力性强制性规定':……交易场所违法的,如在批准的交易场所之外进行期货交易。关于经营范围、交易时间、交易数量等行政管理性质的强制性规定,一般应当认定为'管理性强制性规定'。"①该纪要将"在批准的交易场所之外进行期货交易"认定为效力性强制性规定。这一规定只适用于我国境内的期货交易,而不属于《涉外民事关系法律适用法》第4条意义上的"对涉外民事关系有强制性规定的"法律。

2. 涉外期货侵权纠纷案例

在"马某某与智付电子支付有限公司侵权责任纠纷案"②中,原告马某某于2017年8月在"盈豊金融"网上交易平台开户,此后马某某在激活交易账号后在"盈豊金融"提供的交易系统中操作,交易对象包括多笔期货合约、期权合约、贵金属、原油、成品油、国际货币订单,交易资金和手续费等均由"盈豊金融"交易系统通过被告智付公司的支付服务进行划扣。后因账户发生亏损,原告指控被告智付公司通过虚假宣传和诱骗欺诈,从原告处取得了原告的身份证和银行卡信息,并诱导原告进行开户和出入金操作。原告指称,在交易操作过程中,"盈豊金融"工作人员欺骗原告使其无法正常登录交易软件和交易,欺骗原告追加投资、错误操作,导致原告发生重大亏损。原告认为,我国对期货交易实行审批制度,期货交易应当在依法设立的期货交易所进行。设立期货交易场所或者以任何形式组织期货交易应经国务院或者国务院监督管理机构批准。"盈豊金融"未经批准组织原告在内的投资者交易明显违反了行政法规的强制性规定,原告在"盈豊金融"上的交易依法均应认定无效。被告违反《非金融机构支付服务管理办法》,通过虚假操作、虚构交易、控制操纵交易系统等方式欺骗原告投资并造成原告亏损,实施非法期货交易的违法犯罪活动,应当对原告的亏损承担连带赔偿责任。

---

① 参见法〔2019〕254号。

② 参见(2018)京0113民初3363号。

被告辩称,自己持有中国人民银行核发的《支付业务许可证》,依法开展支付业务,与发起资金转移的基础交易相互独立,互不干涉。原告将其在境外进行贵金属、外汇投机交易的亏损原因转嫁到资金结算机构,试图回避自身责任。本案中“盈丰金融”注册于新西兰,提供的是“国际期货”的“经纪”业务,其交易行为发生于境外,我国的法律法规不能适用于判断交易行为的效力。

法院认可了被告的主张,但同时指出,智付公司未严格审查商户资质等问题,有关部门可以按照相关规定予以处理。马某某如认为在交易中受到欺骗,智付公司亦有涉及,亦应待有关机关查证属实后,再行解决。综上,马某某依现有证据要求智付公司按照侵权承担责任,法院不予支持。

本案中,法院并没有像在上述“栢银公司与兆恒公司期货点价交易合同纠纷上诉案”中那样将《期货交易管理条例》中的强制性规定进行域外适用。

3. 涉外刑事案例

“高某操纵证券、期货市场罪案”①是一起引起广泛关注的典型涉外期货犯罪案件。被告单位张家港保税区伊世顿国际贸易有限公司以国内贸易公司名义注册成立,由俄罗斯人乔治·扎亚和安某实际控制,表面上从事有色金属原材料及产品、矿产品等业务。两名实际控制人均为俄罗斯籍。案件被调查后,两名外籍人员以及伊世顿的总经理高某当时已潜逃至中国香港特别行政区。伊世顿董事长兼法定代表人扎亚和另一名控制人安某都是俄罗斯人,曾在境外金融机构长期任职,有丰富的高频交易经验。本案另一名主犯梁某某也曾就职于多家境外金融机构。伊世顿公司通过基金期货账户进行股指期货合约交易,将装有高频程序化交易软件非法接入交易所系统直接进场交易,并利用其速度优势,滥用高频程序化交易,采取各种违规交易方式非法获利近 4 亿元人民币。经中国证券监督管理委员会依法认定,上述行为构成期货市场操纵行为。几名被告最终均受到刑事制裁。

本案虽然行为发生地在我国境内,不属于我国法律的域外适用,但随着我国期货市场的进一步开放,一些境内外不法分子利用各种手段操纵境外市场进行欺诈交易的行为必将层出不穷,我国刑法的域外适用必然会越来越经常化。

---

① 参见(2016)沪 01 刑初 78 号。

三、总结与建议

我国目前的期货法规主要是一系列行政法规的集合,主要供行政执法机关采用。我国期货民事诉讼主要通过最高人民法院的司法解释被纳入普通民事诉讼体系之内,[①]这就产生以下几方面情况:

第一,法院的管辖权问题与法律的域外效力问题应当区分。法院的管辖权问题应当严格按照《民事诉讼法》的规定处理。具体而言,2003 年《最高人民法院关于审理期货纠纷案件若干问题的规定》第 4 条规定:人民法院应当依据《民事诉讼法》第 24 条、第 25 条和第 29 条的规定确定期货纠纷案件的管辖。根据这一规定,我国法院审理涉外期货民事诉讼时,应该首先遵守《民事诉讼法》第四编"涉外民事诉讼程序的特别规定"。在管辖权方面,应依照该法第 24 章(管辖)第 265 条予以确定。[②] 但由于第 265 条中规定的"侵权行为地"对于"马某某与智付电子支付有限公司侵权责任纠纷案"这样的案件而言很难具体适用,因此最高人民法院应当在今后的民事诉讼法司法解释中作出一项特别规定,即证券、期货交易民事诉讼案件中,由"受到影响的市场所在地法院"管辖。

第二,在民事诉讼领域,我国民事诉讼法中的法院管辖权一般仅指"地域管辖权",地域管辖权也称属地管辖权。如前文所述,一国立法可能会域外适用,但一国司法机关不存在域外管辖的可能,因为一国不可能在他国行使司法主权。[③]即使外国当事人之间针对发生于境外的纠纷在本国起诉,本国法院行使的也不是域外管辖权,而仍然是属地管辖权,因为该当事人位于本国境内。

第三,在期货监管领域,应当扩大我国期货法的调整范围,不应局限于我国境内的期货交易。现行《期货交易管理条例》第 4 条规定:"期货交易应当在依照

---

① 《最高人民法院关于审理期货纠纷案件若干问题的规定》(法释〔2003〕10 号)。

② 《民事诉讼法》第 265 条规定:"因合同纠纷或者其他财产权益纠纷,对在中华人民共和国领域内没有住所的被告提起的诉讼,如果合同在中华人民共和国领域内签订或者履行,或者诉讼标的物在中华人民共和国领域内,或者被告在中华人民共和国领域内有可供扣押的财产,或者被告在中华人民共和国领域内设有代表机构,可以由合同签订地、合同履行地、诉讼标的物所在地、可供扣押财产所在地、侵权行为地或者代表机构住所地人民法院管辖。"

③ 历史上,一些殖民国家曾在被殖民地或租借地建立法院,从而拥有所谓的"治外法权"或"领事裁判权"。这种做法是违反现代国际法的,因此已经被废除。

本条例第六条第一款规定设立的期货交易所、国务院批准的或者国务院期货监督管理机构批准的其他期货交易场所进行。禁止在前款规定的期货交易场所之外进行期货交易。”这一规定将在我国境外交易场所进行的期货交易排除在我国法律管辖范围之外,不利于我国行政机关的跨境执法。

当然,现行法律这样规定主要还是考虑到我国的域外执法能力存在不足。等效监管,是根据监管和执行的质量,在结果相似情况下,通过非歧视方式,各监管机构相互认可对方的监管,尊重母国监管,形成替代合规。2020 年 3 月 3 日,CFTC 通过期监会规则补充了外国期货与期权交易的相关内容,外国公司向美国境内客户销售外国期货和期权产品,需确保所售的产品受到与美国境内指定合约市场上市交易的产品同等的监管。此外,在《期监会规则》第 30 部分第 30. 10 条项下新增了第(c)段,具体规定了 CFTC 取消关于境外注册豁免的情形和基本程序。[①] 欧盟委员会于 2015 年启动监管等效性评估。截至 2019 年 11 月,欧盟认可了来自美国、日本等 15 个国家(地区)的 35 家 CCP 提供清算服务。[②]

欧美的等效监管制度改革给我国的跨境金融监管提出了挑战。我国现行《期货交易管理条例》规定中国证监会“可以和其他国家或者地区的期货监督管理机构建立监督管理合作机制,实施跨境监督管理”,为期货跨境监管合作提供了法律依据。截至 2019 年 12 月,中国证监会已相继同 64 个国家和地区的证券期货监管机构签署了 79 份监管合作谅解备忘录,[③]于 2007 年 5 月成为国际证监会组织《磋商、合作及信息交换多边谅解备忘录》签署方。

新加坡在建设国际金融中心过程中为了达到与美国监管等效的效果,在参照美国立法基础上结合其自身国情,规定了详细的域外适用制度,包括法的域外效力、对境外交易所和结算所的认可、对外国监管机构的协助(专章规定)等内容。新加坡《证券和期货法》第 339 条,采用了行为加效果原则,一是在某人的交易活动一部分在新加坡进行,另一部分在新加坡以外的国家或地区进行的情况下,倘若该交易活动全部在新加坡进行将会违反该法规定的话,那么该人的行为

---

① See 17 C. F. R. § 30. 10, https://www.ecfr.gov/cgi-bin/text-idx? SID = f85e857862a8b7c5083784f90cb4c5e1&mc = true&node = pt17. 1. 30&rgn = div5#_top.

② 参见欧盟 ESMA 官网,经认可的第三国 CCP,载 https://www.esma.europa.eu/sites/default/files/library/third-country_ccps_recognised_under_emir.pdf,最后访问日期:2020 年 7 月 14 日。

③ 参见中国证监会与境外证券(期货)监管机构签署的备忘录一览表,载 http://www.csrc.gov.cn/pub/newsite/gjb/jghz/201912/t20191225_368346.html。

应被认为如同全部在新加坡进行且违反了该法的规定;二是如果某人在新加坡以外的国家或地区进行的交易活动在新加坡国内造成了重大且能够合理预见的影响;三是如果该交易活动在新加坡进行,将会违反该法的第二部分有关市场及其他部分的规定,那么该人的行为应被视为违反《证券和期货法》。①

新加坡还颁布了《〈证券和期货法〉第339条(域外效力)的适用指引》,对何为"重大""合理预见"适用进行了定性和举例分析。②

综上,在建设高水平对外开放格局下的期货市场法治建设,一是需要期货法夯实期货交易的法律基础,为对外开放提供坚实的保障;二是需要期货法建立境外许可和豁免制度,为域外适用提供路径,并为实施等效监管原则提供具体内容;三是要增强期货法的域外适用;四是建立与其他具有强制力的法律法规之间的配套,为反制境外不当长臂管辖提供法律武器,切实维护我国金融秩序和保护我国海外合法利益,保障国家经济安全。

---

① See Securities and Futures Act (Revised Edition 2006), Ch. 289, §339.

② See Guidelines on the Application of Section 339 (Extra-Territoriality) of the Securities and Futures Act [SFA 15 - G01], https://www.mas.gov.sg/regulation/guidelines/guidelines-on-the-application-of-section-339-extraterritoriality-of-the-securities-and-futures-act-sfa-15g01 (last visited July 12, 2020).

他山之石

ISDA 主协议法院管辖条款简述

余　璐*

ISDA,即国际掉期交易协会(International Swaps and Derivatives Association),是国际金融衍生品市场最具代表性和权威性的全球非营利性组织。自 1985 年成立以来,ISDA 始终致力于提升全球衍生品市场的效率和安全性,目前有来自 76 个国家和地区的逾 950 个机构会员。为满足市场参与者关于订立国际场外金融衍生产品统一交易标准、秩序与协议的迫切需要,ISDA 制定并发展完善了一系列标准协议文本及其附属文件,称为 ISDA 协议。ISDA 协议文件包括主协议(Master Agreement)、附件(Schedule)、信用支持附件(CSA)、交易确认书(Transaction Confirmations)及各类产品定义。

ISDA 主协议具有特殊的三项制度基础,即单一协议、瑕疵资产与终止净额结算,三项制度相辅相成,有效维系国际金融衍生产品市场的平稳发展,签署 ISDA 主协议已基本成为国际金融衍生产品交易的行业惯例。截至目前,主协议有 1987 年、1992 年和 2002 年三个版本,1987 年版本主协议已逐渐退出历史舞台,1992 年版本的 ISDA 主协议和 2002 年版本的 ISDA 主协议在实践中广为适用,极大地降低了国际场外金融衍生产品的交易风险。

一、管辖条款的基本内容

1992 年 ISDA 主协议和 2002 年 ISDA 主协议都在其第十三部分规定了管辖

---

* 法学硕士,上海金融法院综合办公室法官助理。

条款。1992 年 ISDA 主协议规定:“如果当事人选择适用英国法,则其争议应提交英国法院管辖;如果当事人选择适用纽约州法,则其争议应提交纽约州法院及位于纽约市曼哈顿区的联邦地区法院非排他性管辖。”同时,在此条款中,主协议还规定了:“本协议的任何规定均不妨碍任何一方在任何其他司法管辖区提起诉讼”。2002 年 ISDA 主协议对 1992 年 ISDA 主协议作了细化补充,针对当事人选择适用英国法的情形作了两种区分:当诉讼涉及的法院是公约法院时,英国法院对主协议项下的诉讼享有排他性管辖权;在其他情况下,英国法院享有非排他性管辖权。需要补充的是,根据 2002 年 ISDA 主协议第十四部分规定:公约法院是指在诉讼中适用《布鲁塞尔公约》和《卢加诺公约》第 17 条的法院。主协议之所以对英国法的情形作如此区分,是因为《布鲁塞尔公约》和《卢加诺公约》第 17 条均规定:“如果当事人一方或双方为缔约国居民,且双方约定双方之间的争议由缔约国的法院管辖,则该缔约国法院对该争议具有排他性管辖权。”除此之外,考虑到英国脱欧导致英国法院判决无法直接被其他欧盟成员国承认及执行,2018 年 7 月 3 日,ISDA 发布 2002 年 ISDA 主协议的法国法和爱尔兰法版本,从而改变了长期以来 ISDA 主协议只适用英国法与纽约州法的局面。当 ISDA 主协议当事人选择适用法国法或爱尔兰法时,其争议则提交至法国法院或爱尔兰法院管辖。目前,法国法和爱尔兰法版本 2002 年 ISDA 主协议在实践中的适用情况及影响力仍有待观察。

二、管辖条款的排他性与非排他性

2002 年 ISDA 主协议管辖条款的规定较为明确,除去受到公约影响的情形外,该管辖条款是非排他性的。相较之下,1992 年 ISDA 主协议管辖条款并未明确指出英国法院的管辖权是否具备排他性。根据 1992 年 ISDA 主协议管辖条款的示范文本之规定:“本协议的任何规定均不妨碍任何一方在任何其他司法管辖区提起诉讼。”该管辖条款并不具备排他性,除非主协议当事方根据合意对示范文本作出修改并明确规定英国法院对争议享有排他性的司法管辖权。司法实践中,针对 1992 年 ISDA 主协议管辖条款是否具有排他性存在一些争议。英国法院的许多判决提及了这一问题,在银行间国际信托公司诉艾迪森公司案(Bankers Trust International Plc. v. RCS Editiori SpA)的判决书中,法庭认为 1992 年主协议管辖条款规定的关于英国法院的管辖权具有排他性。另有野村证券诉锡耶纳银行案和萨尔科基金诉雷曼兄弟金融公司和无烟煤投资(开曼)有限公司案[Nomura v. Banca Monte deiPaschi di Siena SpA 和 FondazioneEnasarco v. (1) Lehman BrothersFinance AG and (2) Anthracite Rated Investments(Cayman) Limited]等案件判决均认为,当1992年ISDA主协议当事人受到公约约束时,英国法院的管辖权具有排他性。欧洲其他国家的判决基本与此观点保持一致。2014年,当德国公司根据其与瑞士公司签订的1992年ISDA主协议在苏黎世高等法院提起诉讼时,苏黎世高等法院驳回了德国公司的起诉,并认为在公约影响下,英国法院享有对案件争议的排他性管辖权,其上诉法院瑞士联邦法院支持了此决定。根据司法实践结果,1992年ISDA主协议管辖条款与2002年主协议管辖条款的排他性质基本一致,当诉讼涉及的法院是公约法院时,英国法院具有排他性的管辖权。

值得注意的是,2018年2月27日,ISDA发布了《2018年ISDA法院选择及管辖法律指南》,提供了新的排他性和非排他性管辖权条款范本及适用法律范本,可以选择性替代1992年或2002年ISDA主协议的标准条款。该指南提供了两种形式的管辖权条款示范文本,分别为直接的排他性管辖权条款和替代的直接的非排他性管辖条款。

排他性管辖可以避免同一案件在不同司法管辖区进行平行诉讼或多重诉讼并由此产生判决不一致的结果,但很可能导致外国判决难以承认或执行的问题。非排他性管辖则为当事方保留了在许多可能的司法管辖区提起诉讼的能力,如在对方资产所在地提起诉讼以便执行,但这容易导致平行诉讼的发生。实践中,在ISDA主协议中选择排他性管辖或非排他性管辖是一种商业选择,在很大程度上受到当事方相对议价地位、资产所在地、执行外国法院判决的难度及相关国家或地区的金融监管等多方面因素的影响。

三、管辖条款对第三方的效力

ISDA主协议管辖条款示范文本未提及对第三方效力的相关表述,依据合同相对性原则,当事方之间签订的协议不能擅自为无关第三方设定义务,同时协议当事方也不得依据协议向无关第三人提出请求或提起诉讼。对于ISDA主协议管辖条款是否能够对与主协议一方当事方存在关联的第三方或与主协议项下的交易存在关联的第三方产生效力的问题,在 2009 年的摩根士丹利与海升果汁 ISDA 主协议管辖权诉讼争议中,当事方就这一问题进行了激烈的辩论,案件最终以和解方式结束。在英国法院的诉讼中,法官认为摩根士丹利国际公司与海升果汁签订的 ISDA 主协议管辖权条款只能约束当事方,对同样隶属于摩根士丹利集团的摩根士丹利亚洲公司不产生效力,不论海升果汁与摩根士丹利亚洲公司之间的纠纷是否与 ISDA 主协议项下的交易存在关联。

随着国际金融市场的发展,场外衍生产品市场交易日趋活跃。基于承认与执行外国判决的现实困境,ISDA 先后推出了《2013 年 ISDA 仲裁指南》与《2018 年 ISDA 仲裁指南》,为国际场外金融衍生产品市场的交易对手提供了仲裁条款的示范文本。

英国法院认定“实际授权”之标准

潘 祎*

哈萨克斯坦共和国诉 Stati Parties 案(The Republic of Kazakhstan v. Stati Parties)是英国高等法院蒂尔(Teare)法官在 2020 年 4 月审结的一起跨国诉讼,是英国法院首次以在线庭审的方式审理的案件。该案原告是哈萨克斯坦共和国及哈萨克斯坦共和国国家银行(以下简称国家银行),被告为纽约梅隆银行伦敦分行(The Bank of NewYork Mellon,以下简称梅隆伦敦分行)及 Anatolie Stati、GabrielStati、Ascom Group SA、Terra RafTrans Trading Ltd.(以下简称 Stati Parties)。本文旨在对该案案情、双方当事人主张及法官裁判观点予以介绍,以期完整介绍蒂尔法官认定“实际授权”(actual authority)这一代理关系成立的核心要件的标准。

一、案情回顾

该案的背景是 Stati Parties 在比利时法院申请强制执行一项针对哈萨克斯坦共和国的瑞典仲裁裁决。比利时法院于 2017 年 10 月作出针对梅隆伦敦分行根据其与国家银行间《全球托管协议》所持有的现金的扣押令,其是根据《比利时司法法典》第 1445 条发出的针对次债务人的。《比利时司法法典》第 1445 条规定,任何债权人均可以根据原件或其他文契,通过执达官在第三方的手中保护性地扣押次债务人欠其债务人的任何款项。其中,国家银行是哈萨克斯坦共和国的

---

* 法学硕士,上海金融法院立案庭法官助理。

中央银行,根据《哈萨克斯坦国家银行法》的规定,其具有独立法人资格。2001年6月,哈萨克斯坦共和国与国家银行签订《信托管理协议》,将哈萨克斯坦共和国国家基金交由国家银行进行“信托管理”,即国家银行可拥有、使用和处置国家基金。而后,国家银行与梅隆伦敦分行签订《全球托管协议》,将这笔国家基金交由梅隆伦敦分行进行管理,被比利时法院出具的扣押令所扣押的现金就是这笔国家基金的一部分。

对于比利时法院的该项扣押令,哈萨克斯坦共和国与国家银行提出异议,认为第三方扣押令针对的是债务人的债务人,即次债务人。而《全球托管协议》的当事人是梅隆伦敦分行与国家银行,即梅隆伦敦分行并非哈萨克斯坦共和国的债务人,Stati Parties不能申请强制执行梅隆伦敦分行所持有的现金。由此,双方对于《全球托管协议》下梅隆伦敦分行的债权人是国家银行还是哈萨克斯坦共和国产生争议。比利时法院认为,《全球托管协议》约定适用英国法。因此,比利时法院将该争议移交给英国法院。

诉讼中,Stati Parties辩称,国家银行是作为哈萨克斯坦共和国的代理人与梅隆伦敦分行签订的《全球托管协议》,因而《全球托管协议》的当事人是哈萨克斯坦共和国与梅隆伦敦分行,其作为哈萨克斯坦共和国的债权人可申请执行哈萨克斯坦共和国对梅隆伦敦分行的债权。Stati Parties主张代理关系成立的几点理由是:(1)哈萨克斯坦共和国授予了国家银行签订《全球托管协议》的权限;(2)哈萨克斯坦共和国在签订《全球托管协议》这一事项上对国家银行存在影响力和控制力;(3)哈萨克斯坦共和国是通过佣金和费用报销的方式支付国家银行服务费用;(4)国家银行是为哈萨克斯坦共和国的利益进行信托管理,其对哈萨克斯坦共和国负有信义义务。

蒂尔法官首先梳理了本案中各方当事人已无争议的法律关系。其一,《全球托管协议》下双方当事人是债权债务关系,而非信托法律关系。这一点已在由英国法院审理的关联案件裁判中确定。其二,《全球托管协议》明确国家银行是与梅隆伦敦分行签约的“客户”(the Client),协议中并未写明哈萨克斯坦共和国是实际上的“客户”或者国家银行代表哈萨克斯坦共和国行事,因而显名代理关系不成立。接下来,蒂尔法官分析了哈萨克斯坦共和国与国家银行间是否成立隐名代理关系,即哈萨克斯坦共和国是不是未披露的委托人。

而若隐名代理关系成立,即代理人以被代理人名义签订合同,使所产生的法律效果直接归属于本人,则需一个不可或缺的要件——本人的“实际授权”。因而,本案的争议焦点为国家银行是否拥有哈萨克斯坦共和国的实际授权。

二、“实际授权”要件的内涵

英国法院判例认为隐名代理关系建立在:“(1)代理人要在未披露的委托人实际授权范围内签订合同;(2)在签订相关合同时,代理人是代表委托人的意志订立合同;(3)合同或有关情况中没有任何事项表明代理人是真正的委托人(本人),并且排除与未披露的委托人订立合同。”其中,最为核心的要件即第一个要件——实际授权要件。

具言之,要使代理人所为法律行为的效果归属于未披露的委托人,委托人须授予代理人对外实施法律行为从而使法律效果归属于自己的权限。具体在本案中,哈萨克斯坦共和国与国家银行间代理关系的成立,必须经由哈萨克斯坦共和国授予国家银行权限以使国家银行对外签订的《全球托管协议》所产生的法律效果由哈萨克斯坦共和国作为委托人承担,而不是授予国家银行管理国家基金的权限。即要区分委托人是赋予代理人以财产所有权人的名义行使代理权的权限,还是代理人以被代理人名义行使代理权使法律效果归属于被代理人的权限。这种区分也揭示了船东授予光船承租人修理船的权限,但不受光船承租人与第三人签订的修理合同的约束。

进一步,代理人是否被赋予实际授权可经由行为予以推断,但仅有双方在代理关系成立后相一致的行为是不够的。换言之,如果委托人和代理人采取的行为与他们不存在代理关系的行为是一样的,那么代理关系就不能被推断为成立。因而,要使国家银行作为哈萨克斯坦共和国的代理人签订《全球托管协议》这一观点成立,不可或缺的证据是哈萨克斯坦共和国作出了让国家银行代表其行事的授权以使合同在哈萨克斯坦共和国与梅隆伦敦分行之间成立,并且国家银行也同意根据哈萨克斯坦共和国的授权行事。

对于如何筛选可予推断实际授权内容的行为,布里格斯(Briggs)法官和夏宝伦(Hamblen)法官曾在一则裁判中引用了阿索普(Allsop)法官的观点,即并非每个为某一方或其利益而执行任务的独立合同当事人都将成为代理人,代理是一种合意下产生的关系,通常带有信义的性质,在这种关系下,A 代表 P(并代表 P

的利益)行事,则P必须具有担任委托人所需的对代理人A的必要控制,这种控制力体现于身份的密切性。

三、"实际授权"的具体分析

在分析"实际授权"的要件及内涵后,则需对承载其的载体具体分析。英国法判例允许未披露的委托人对合同提起诉讼或被起诉,但受制于"明确或隐含地将其限于合同显名当事人的书面合同条款"。具体在本案中,国家银行是否具有代表哈萨克斯坦共和国行事并使法律关系归属于哈萨克斯坦共和国的权限,则需审查哈萨克斯坦共和国与国家银行之间的合同,即《信托管理协议》,其适用法是哈萨克斯坦共和国法。但评判共和国是否在《信托管理协议》中授予国家银行实际授权这一事项应由管辖代理人与第三人所订立合同的法律,即英国法予以判断。

在审查国家银行与哈萨克斯坦共和国之间的《信托管理协议》来判断国家银行是否取得实际授权之前,蒂尔法官须首先解决另一个事项:Stati Parties 指出《哈萨克斯坦共和国国家银行法》(以下简称《国家银行法》)第26条的规定暗示了哈萨克斯坦共和国与国家银行之间的代理关系,该条规定"根据哈萨克斯坦国家银行与哈萨克斯坦共和国政府之间达成的协议,哈萨克斯坦国家银行担任哈萨克斯坦共和国政府的代理人"。但蒂尔法官认为,国家银行是一个相对于共和国的独立机构,其是否充当代理人须结合双方之间的协议予以判断,不得因其是哈萨克斯坦共和国的国有企业就直接认定国家银行是共和国的代理人。

之后,蒂尔法官具体分析了《信托管理协议》下国家银行是否取得了"实际授权"。第一,《信托管理协议》第1.1条明确指出,国家银行将"为哈萨克斯坦共和国的利益"对国家基金进行信托管理,而第7.1条则具有相同的效力,其中规定"本协议的受益人"为哈萨克斯坦共和国。但是,这样的约定虽然可能与代理关系一致,但其本身并不能建立代理关系,因为国家银行在以本人的身份签订诸如《全球托管协议》之类的合同的同时,也可以为哈萨克斯坦共和国的利益行事。

第二,依据《信托管理协议》第2.1条规定,国家银行被授权拥有、使用和处置国家基金,协议中并没有任何授权国家银行代表哈萨克斯坦共和国签订《全球托管协议》以使哈萨克斯坦共和国受该合同约束的条款。此外,国家银行是"独立”进行国家基金投资的,这意味着国家银行与哈萨克斯坦共和国并不具有身份的紧密性。

第三,《信托管理协议》第2.2.1条和第2.2.2条约定,国家银行有义务“根据共和国规范性法律文件”对国家基金进行信托管理,并将国家基金外部管理人或托管人信息告知哈萨克斯坦共和国;第2.2.5条约定,国家银行必须按照哈萨克斯坦共和国的指示从国家基金中转移资金;第3.1.2条约定,哈萨克斯坦共和国有权作出规范国家基金与国家银行合作的决策。这几条可能与双方成立代理关系后的行为相一致,但并不能够用以证明双方的唯一关系仅是代理关系,即并不意味着哈萨克斯坦共和国必须成为《全球托管协议》的当事人。

第四,《信托管理协议》第2.3条约定,国家银行“对于超出权限或者违反权限限制、以银行自己的名义进行的交易,应自己承担责任”。对于这一条,蒂尔法官的解读是该条款作为一个整体处理了国家银行的两种损失赔偿责任:一是由于“不适当履行义务”而造成的损失;二是国家银行的行为“超出了权限”,即未经哈萨克斯坦共和国许可而造成的损失。从整体上看,该条款涉及国家银行的损失赔偿责任,这一点与国家银行被授权以委托人的身份对外签订合同管理国家基金是一致的。

通过整体解读哈萨克斯坦共和国与国家银行之间的《信托管理协议》,蒂尔法官认为,通过《信托管理协议》国家银行被授予了通过签订《全球托管协议》等行为管理国家基金的权限,也因此在没有得到哈萨克斯坦共和国允许的情况下,其并不能处理国家基金。但是,这与哈萨克斯坦共和国授予国家银行权限以使其作为委托人受《全球托管协议》约束是不同的。换言之,这并不等同于哈萨克斯坦共和国同意国家银行代表共和国行事,以影响其与梅隆伦敦分行等第三人的法律关系。因此,从《信托管理协议》中并不能推断出国家银行获得了共和国的“实际授权”。

四、代理关系的唯一性

蒂尔法官进一步指出,回顾Stati Parties提出的四点理由,单独考虑下均为支持代理关系成立的有利事实,但当从整体上并根据这些事实所处的语境来考虑时,这些事实在国家银行成为《全球托管协议》的当事人并且国家银行没有取得使共和国受《全球托管协议》约束的实际授权时也可以成立,并不足以证明国家银行与哈萨克斯坦共和国之间实质性地成立了代理关系的唯一性。

Stati Parties 提出的第一点理由在前文已分析,第二点理由是哈萨克斯坦共和国能越过国家银行控制《全球托管协议》的执行。尽管如前文所述,《信托管理协议》有多条体现哈萨克斯坦共和国对国家银行使用国家基金的控制,但这种控制并非仅有代理关系才可以实现。是否取得实际授权需要身份密切度要件,而蒂尔法官并没有从这种"控制"中得出身份密切度要件。同样地,第三个理由付款方式与第四个理由信义义务的存在也不能证明代理关系的唯一性。

蒂尔法官认为,必须从整体上看待证据:虽然国家银行是哈萨克斯坦共和国的中央银行,并且根据《哈萨克斯坦共和国国家银行法》第21~26条与《哈萨克斯坦共和国民法典》第883(1)条规定,其可以作为国家机构或者哈萨克斯坦共和国的代理人进行交易,使哈萨克斯坦共和国受交易约束。但是,在法律上国家银行具有独立的法人人格,独立承担法律责任,其是否与哈萨克斯坦共和国就《全球托管协议》下的安排达成一致,并且拥有哈萨克斯坦共和国授予的"实际授权"以使哈萨克斯坦共和国受《全球托管协议》约束,则取决于两者间《信托管理协议》的条款。尽管《信托管理协议》体现了哈萨克斯坦共和国对国家银行行为的控制,并且约定了哈萨克斯坦共和国须向国家银行支付代理费用,以及国家银行应承担信义义务并为共和国的利益管理国家基金,但整体解读《信托管理协议》各条款,以上几点在国家银行作为当事人与梅隆伦敦分行签订《全球托管协议》并不冲突,哈萨克斯坦共和国的真实意思表示是国家银行自己与相对人进行商业交易,其并无授予国家银行与相对人签订合同而使自己受合同约束权限的意思。

据此,英国法院认为国家银行与哈萨克斯坦共和国之间并不成立代理关系,并据此确认《全球托管协议》的缔约方为梅隆伦敦分行与国家银行,而非哈萨克斯坦共和国。

美国基金管理人信义义务简述

黄佩蕾*

基金本质上仅是一种投资安排。从法律组织形式来分类，基金管理人可分为公司制、合伙制和契约制。因此，管理人与客户之间的权利义务关系因其具体法律组织形式的不同而分别受到各国公司法、合伙企业法、信托法及合同法等法律的规制。但是，无论采取哪种法律组织形式，投资人均是将财产交托给管理人并且赋予其开放性的管理权力来获取收益。该本质特点奠定了信义义务(fiduciary duty)的监管基础。

一、美国基金法律监管体系

美国与投资基金相关的法律规范主要集中在《1933 年证券法》、《1934 年证券交易法》、《1940 年投资公司法》、《1940 年投资顾问法》、2010 年《多德 - 弗兰克华尔街改革和消费者保护法》等法律之中，目前已经形成了包括联邦与州的金融证券监管法、SEC 规则、各州的商事组织法和法院判例等在内的规范体系。其中，对投资人和管理人之间权利义务的认定，在《1940 年投资顾问法》中有反欺诈条款作为原则性和概括性的约束，在 1974 年《雇员退休收入保障法》(Employee Retirement Income Security Act, ERISA)、1995 年《统一审慎投资人法》(Uniform Prudent Investor Act, UPIA)及 2003 年《统一信托法》中分别对注意义务和忠实义务作了规定，但较为分散。

---

* 法学硕士，上海金融法院综合审判一庭法官助理。

从立法背景来看,《1933年证券法》和《1934年证券交易法》构建的以信息披露为核心的监管体系不足以对投资公司发行证券行为进行有效监管,故有必要在联邦层面制定新的法律。从保护投资者利益的角度出发,针对投资管理行业内在的利益冲突症结,在信息披露制度体系上,为构建以信义义务为核心的监管体系,《1940年投资公司法》和《1940年投资顾问法》应运而生。

美国投资公司类似于我国基金产品概念。其中,《1940年投资公司法》的主要规制对象是公募基金,私募基金则通常利用《1940年投资公司法》中的豁免条款设立。因为,对于面向"合格投资者"的私募基金而言,高净值个人与机构投资者有足够的资源和能力自行评判投资风险,不需要监管机构利用公共资源提供监管保护。但是,在规制基金管理人的层面,无论是公募基金还是私募基金,任何按照《1940年投资顾问法》登记的基金管理人,都需要适用相同的法律标准,遵循美国证监会同样的监管要求。

此外,州法律在规范投资基金的构成和性质等诸多方面也发挥着监管作用。例如,开放式共同基金的董事会,不仅要遵循《1940年投资公司法》的要求,而且要遵循他所设立公司相应的州的组织法要求。这取决于它是公司制、合伙制、有限合伙制还是信托制。其中,公募的共同基金采取了马里兰公司、麻省信托或特拉华信托这种组织方式,而私募基金大多采取有限合伙制或有限公司制。

二、基金管理人信义义务的内容

基金管理人作为投资顾问,对其客户负有信义义务。从法律渊源来看,该信义义务既来自普通法,也来自联邦制定法。其中,联邦制定法主要是《1940年投资顾问法》第206条,这条规定类似于《1934年证券交易法》第10b条的一般性反欺诈条款,禁止投资顾问从事任何欺诈、欺骗或操纵性的行为。在美国证券交易委员会诉资本利得研究中心案(SEC v. Capital Gains Research Bureau, Inc.)中,作为被告的投资顾问在自己账户建仓后不久,推荐其客户买入进行长期投资,在股价上扬后,投资顾问迅速卖出股票而获利。美国联邦最高法院认为,这种行为构成《1940年投资顾问法》第206条中的欺诈行为。法官在裁判书中解释,第206条隐含着国会对"投资顾问关系微妙的信义性质"的承认。这一意见也为后续判决所承认。1979年,美国联邦最高法院在路易斯诉泛美金融顾问公司案

(Transamerica MortgageAdvisors, Inc. v. Lewis)中认为:“正如我们此前认知,第206条设定了规制投资顾问行为的联邦信义标准……”“的确,《1940年投资顾问法》的立法历史毫无疑问地表明国会意在施加可执行的信义义务”。据此,投资顾问作为客户的受托人,承担着以客户的最大利益为出发点行事的根本义务。该项义务的关键是要求投资顾问全面公平地披露所有重要事实,并且应尽其最大努力识别、减轻或消除任何重大利益冲突。

但是,长期以来,关于信义义务具体标准和监管要求主要通过判例的形式体现,相对比较零散。2019年6月,美国证监会发布了《证监会关于投资顾问行为标准的解释》(NO. IA - 5248)。该解释对信义义务的相关含义和行为标准进行了综合梳理与解读。投资顾问的信义义务基于其与客户之间的信义关系,无论客户是个人投资者还是机构投资者,服务内容是单一财务规划还是投资组合,信义关系都始终存在,不同的仅仅是信义义务的适用范围。根据美国证监会的解释,信义义务要求投资顾问在任何时候都服务于客户的最佳利益。信义义务包括注意义务(duty of care)与忠实义务(duty of loyalty)。

注意义务的核心是审慎控制风险,包括但不限于以下三个方面。其一,提供符合客户最佳利益投资建议的义务;其二,在投资顾问有责任选择经纪交易商执行客户交易的情况下,争取客户交易最佳执行的义务;其三,提供建议并监督相关关系进程的义务。其中,提供投资建议的义务要求投资顾问必须对客户目标有合理的理解,包括为客户进行投资画像和了解客户投资指令等。基于这种合理理解,投资顾问才能够提供符合客户最佳利益的投资建议。

在全权委托管理账户的情况下,投资顾问有责任选择经纪交易商执行客户交易时,注意义务还包括寻求最佳执行的义务。投资顾问必须设法为每一个客户争取交易的执行,使客户在每笔交易中的总成本或收益在当时情况下是最有利的。

此外,注意义务还包括以符合客户最大利益的频率来提供建议和实施监督。这种监督义务的范围将依据顾问的期限与性质来确定,基于持续关系或一次性财务规划而有所不同。一般来说,投资顾问的监督职责延伸到它向客户提供的所有个性化建议,例如,在持续的关系中,评估客户的账户或项目类型是否依然符合客户的最佳利益。

忠实义务则要求投资顾问不得将自己的利益凌驾于客户利益之上。为履行忠实义务,投资顾问必须全面、公正地向客户披露与顾问关系有关的所有重大事实。此外,投资顾问必须消除,或者至少通过充分、公平的披露,揭示所有可能导致其有意无意提供不公正建议的利益冲突。为了使披露充分和公平,建议应足够具体,使客户能够了解重大事实或利益冲突,并作出知情决定。因此,忠实义务的核心在于如何解决利益冲突问题。履行忠实义务的主要手段是信息披露,从而通过"披露+同意"的构造为投资顾问的利益冲突交易提供授权。披露应当充分、真实且全面,否则管理人还可能构成证券欺诈。

技术与法院的未来

——澳大利亚联邦法院首席大法官詹姆斯·阿索普(James Allsop)演讲节选

陈志宏* 徐 玮** 译

编者按

本文节选自澳大利亚联邦法院首席大法官詹姆斯·阿索普(James Allsop)在澳大利亚昆士兰大学贝恩法学院"技术与法律职业未来专题讲座系列"的一次演讲。首先,该演讲探讨了法院在运用技术方面的作用;其次,介绍了澳大利亚联邦法院已经取得的成就、未来的一些规划及在这一过程中吸取的教训;最后,讨论了技术运用应解决的三个核心问题,以及可能出现或已经出现的一些挑战。

科技已融入我们的日常生活。作为核心公共机构,法院要在法律实践中担负起责任,将技术与法律职业相结合,以快速和经济的方式解决问题,促进争议公平解决,彰显人文关怀。

一、法院的作用

法院是由人组成的公共机构,其目的是行使一种特殊的、保护性的政府公共权力,即司法权。这种权力就是法律面前人人平等、公正,各方当事人有权适当表达和回应对其提出的诉请与指控,以及尽可能正确地确定事实和法律。这些

* 中国司法大数据研究院法律研究员。

** 法学硕士,上海金融法院立案庭副庭长。

不是可量化的特性,它们不能简化为统计和度量。正如澳大利亚首席大法官Susan Kiefel在2019年年初举行的美国律师协会全国会议上发表的主旨演讲中所指出的那样,评估复杂证据,在过去和现在的案件中进行甄别和推理,从而产生互不相同的结果,这就是人的能力。

在技术变革背景下,人的因素对法院治理意义很大。其中,一个特别值得注意的是,我们必须提防那些将法院缩小为单纯的服务机构或场所的言论。英国首席大法官的IT顾问理查德·萨斯金(Richard Susskind)在他2013年出版的《法律人的明天会怎样》①一书中提出了一个问题:"法院是一个服务机构还是一个场所?"我认为,法院不仅仅是一个服务机构,也不仅仅是一个场所。从根本上来说,它是司法权的体现,是法治的守护者。

二、法院运用技术取得的成果及相关挑战

我将围绕三个主题对世界各地法院采用的技术展开探讨:跟上数字时代的步伐;方便使用;公众信任和信心。这三点不应被视为相互排斥的,它们都是相互关联的。重要的是,我认为这些成果是法院成功设计和实施技术的关键。法院在研究如何整合新技术时,应当努力争取实现这些成果。

我认为,要取得这三项成功,将面临三个关键挑战:一是技术的实际实施;二是确保技术不会成为司法的障碍;三是当对某些技术存在不信任时,要保持公众对法院的信任和信心。

(一)技术实施的实际障碍

对于技术和法院的未来,没有"一刀切"的方法。许多因素会影响不同技术的实施。

技术实施与法院类型相关。从澳大利亚不同法院对技术的运用来看,对于联邦法院这种自我管理的法院来说,由于法院对预算的分配有更大的控制权,故以更快、更灵活的方式实施更广泛的技术变革,可能会更容易些。

技术实施与案件类型相关,即案件是民事还是刑事,简单还是复杂。如果遇

① Richard Susskind, *Tomorrow's Lawyers, an Introduction to Your Future*, Oxford, 2013.

到卷宗非常繁杂的情况,电子审判就很值得运用。但是,在一些简单案件中采用电子审判则并非最优选择。在涉及人身安全的家事案件中,可以通过远程出庭来确保当事人的安全。然而,在必须根据提交给证人的问题的答复来确定其可信度的商事案件中,通过视频链接出庭可能就无法充分证明该证人证言的可信度。在一个当事人希望向法官提交纸质文件的案件中,视频链接的应用可能不足以满足当事人的司法需求。因此,尽管在法庭上使用技术具有巨大潜力,但必须承认法院在面临不同性质的案件时,对于技术的需求也不同。这并不是说,全面数字化的工作应该受到批评。但是,法院需要平衡,以让各诉讼参与方都感到舒适的方式来进行。

技术实施与诉讼参与方的意愿相关。面对数字文档,此前有人担心其安全性及文件被黑客攻击的风险,这种不信任会造成精神上的僵局。只有克服这种僵局,法官、律师、诉讼当事人才会将所有涉密、敏感和涉及个人隐私的文件交给云数据库。而如今,数字文档越来越可靠,并且操作简便。因此,诉讼各参与方都愿意在法庭上运用技术,这种行为改变可能源于对技术的信任。

技术实施与可用的数据相关。众所周知,为了使人工智能提供足够准确的信息和指导,它需要被输入足够多的信息,从而建立足够大的数据库。

技术实施与合同相关。当法院签订技术服务合同或为运行的应用程序创建代码时,需要意识到,不能使法院的工作安排拘泥于合同的局限性,也不能因此而导致技术在实施中行不通。

技术实施与知识产权相关。从合同的重要性所引出的问题是:应用程序中的数据、评估和预测、代码等是否拥有知识产权,以及谁拥有这样的知识产权?用户能否获得针对自动化决策和逻辑的解释?

对实现数字化的呼声可能存在期望值过高的情况。例如,在庭前和法庭程序的所有阶段完全在线的法庭。在某些情况下,采用在线方法确实有好处,如在紧急案件和例行案件中管理或指导庭审。然而,技术的运用也有两个方面的限制。

第一个限制:法院在建立技术的总体结构时存在困难。如果法院及其部门都试图这样做,则有可能过于雄心勃勃。一方面,技术的变革非常快;另一方面,技术可能很快就过时了。不要低估将过于雄心勃勃的计划与多变的司法系统相结合所花费的金额。法庭更像是生活的反映,生活带来的混乱和变化使法庭上没有固定的、机械的、可定义的环境。因此,设计不适应变化的技术结构是有风险的。只有采取渐进式的增长方式,技术整合计划才更有可能获得成功。这种办法也更有可能满足通过法院寻求赔偿的个人需要。

第二个限制:需要保留和尊重法院的人文关怀。正如前文所述,法院作为服务机构或场所的提法是有局限性的。法院是一个人类的机构:既不能简化为场所,也不能简化为服务机构。

(二)诉诸司法(不是障碍)

如果回到理查德·萨斯金在1998年的著作《法律的未来》①中,有必要提醒的是,律师、法官的职责是什么?法院和其他机构必须牢记他们的真正作用,而不仅仅是记住时髦的新技术。在诉诸司法方面,这一点尤其重要,它是法院在技术变革背景下面临的第二大挑战。

技术在法庭上使用,在许多方面增加了当事人把纠纷诉诸司法的机会。此外,文件、法规和判例法可在网上免费查阅,其影响显而易见。澳大利亚法律信息研究所就是一个很好的案例,它是由悉尼科技大学和新南威尔士大学的法学院共同运作的机构,目的是通过获取法律信息来改善诉诸司法的机会。该研究所的网站每天有超过60万次的点击量。虽然技术能大幅度提升公众获取信息的机会,但在某些情况下,技术也可能成为司法的障碍。代表残疾客户群体的律师表示担心,他们的客户可能没有阅读电子文件所需的设备,或者难以使用这些设备。事实上,由于缺乏信心和知识,许多澳大利亚人无法上网。即使是那些没有残疾的人,仅仅依靠手机也不够,他们需要一台电脑或iPad,即使是在看起来很简单的事情上。例如,联邦法院通常要花上半天的时间来审理移民上诉案,而法庭记录就长达数百页。在手机屏幕上浏览这些信息不是一种愉快或轻松的体验。

有人建议,通过向无力负担的人提供设备,向无法使用设备的人提供培训,从而使法院实现完全数字化。但是,在现阶段这将是非常昂贵的,而且是不现实的。2016~2017年,14%的澳大利亚家庭无法在家上网。澳大利亚土著家庭网络普及率远低于全国平均水平,且随着地理位置的偏远而进一步降低。此外,年

① Richard Susskind, The Future of Law, Clarendon Press, 1988.

龄也起到了一定的阻碍作用：虽然澳大利亚互联网用户占全国人口总数的87%，但65岁以上的人中只有55%是互联网用户。因此，在社会进入完全数字化的阶段之前，保持传统的法院审理方式是很重要的。

（三）公众信任和信心

最后，在所有关于技术和法院未来的讨论和行动中，需要保持并加强公众对法院作为一个机构的信任。

如果当事人通过法院更容易获得法律材料，则有助于确保司法决策的透明度和问责制的实现，而且可以通过司法公开提供的信息来进一步加强这一点。例如，美国联邦法院公开其保留的判决清单。这种信息的公开在一个值得信赖的公共机构的运作中是十分必要的，法院应不断努力维护公共信任。

然而，虽然技术可以让一些事情变得更容易接近，但大数据和人工智能的使用也会使一些过程变得不那么透明和不那么容易被理解。不仅对公众，对律师本身也是如此。一个潜在问题的例子就是案件审理中的偏见。

当人工智能根据数据集得出结论时，需要使用某些人工神经推理线路。在过去的判决中，可能存在无意识的偏见或过时的价值观。因此，在处理当前判决时，将其导入人工智能的推理中可能会引起不适。现在，虽然人工智能在一定程度上能识别和对抗这种偏见，但仍然需要进一步的研究。

法院和法庭的判决必须是灵活的，能够通过自我反思并不断积累经验。如果人工智能被用来在小的或简单的案件上作出判决，则仍需要有人对这些判决进行司法审查。否则，判例法的发展将会停滞。此外，还存在一个问题，机器人法官是否可以被赋予司法权？

典 型 案 例

基于"多因子量化模型"精准核定证券虚陈述投资者损失

——许某某等与普天邮通科技股份有限公司证券虚假陈述责任纠纷案[①]

张文婷[*]　阮申正[**]

【裁判要旨】

揭露日的意义在于阻却交易因果关系,只要首次公开向市场释放的信息足以对理性投资者起到重新判断相关证券价值、注意投资风险的警示作用即可,对于揭露的具体行为并不要求达到全面、完整、准确的程度。在上市公司举证证明投资者的部分或全部损失是由与虚假陈述无关的其他因素造成的前提下,对于确定这些风险因素分别对原告损失的影响比例问题,可借助专业机构或人员以科学方法量化确定。

【案号】

一审:上海金融法院(2019)沪74民初1399号

二审:上海市高级人民法院(2019)沪民终294号

---

① 本案入选上海法院2020年度"四个一百"精品案例、上海金融法院2020年度十大典型案例。

* 法学硕士,上海金融法院综合审判二庭法官。

** 法学硕士,上海金融法院综合审判三庭法官助理。

【案情】

原告为许某某等4名投资者,被告为上海普天邮通科技股份有限公司(以下简称普天公司)。普天公司系上海证券交易所的A股、B股上市公司。2015年3月21日,普天公司发布2014年年度报告,公布了公司的基本情况、会计数据和财务指标、股本及股东情况等事项。

2015年9月29日及2016年1月11日,国务院办公厅、财政部等5部委分别发布涉电动车充电基础设施建设的指导意见及通知。在此期间,新能源汽车及充电桩概念相关的市场热度上升。2015年9月上旬起,普天公司A股股价从15元左右开始上涨,2015年10月上旬涨至32元左右,2015年11月中旬达到61.72元的高点后维持50元左右的高位,2016年起震荡下行,截至2017年1月19日前,恢复到30~35元的水平。

2017年1月19日,普天公司发布公告称,公司于2017年1月17日收到中国证券监督管理委员会(以下简称中国证监会)《调查通知书》,中国证监会因普天公司涉嫌违反证券期货相关法律法规,根据《证券法》的有关规定,决定对其立案调查。公司将全面配合中国证监会的调查工作,严格履行信息披露义务,并请广大投资者理性投资,注意投资风险。当日,普天公司A股股价跌幅达10.01%,B股股价跌幅为7.46%,10日内,普天公司A股股价累计跌幅达13.89%,B股股价累计跌幅为16.39%。

2017年1月26日至4月15日,普天公司连续3次发布退市风险警示公告。2017年3月28日,普天公司股票前冠以"ST"。2017年4月22日,普天公司再次发布退市风险警示公告,提示投资者,若公司2017年度经审计的净利润继续为负值,公司股票可能被暂停上市。2017年4月25日,普天公司股票前冠以"*ST"。

2018年1月10日,普天公司发布公告称,公司于2018年1月9日收到中国证券监督管理委员会上海监管局(以下简称上海证监局)《行政处罚事先告知书》,上海证监局查明:2014年9月至11月,普天公司为弥补2014年度利润缺口、完成利润指标,进行了3笔虚假三方贸易,并将上述虚假信息载入其2014年年度报告中,共计虚增营业收入4261.75万元,虚增利润总额998.4万元,占2014

年度合并财务报表利润总额的73.68%,拟对普天公司作出行政处罚。

2018年3月15日,上海证监局根据《行政处罚事先告知书》认定的违法事实正式作出沪〔2018〕4号《行政处罚决定书》,对普天公司责令改正、给予警告,并处以40万元罚款。

2018年1月31日至2018年4月27日,普天公司多次发布股票暂停上市风险提示公告。2018年5月2日起,普天公司股票停牌。

许某某等4名投资者根据《行政处罚决定书》认定的相关事实起诉普天公司,要求其赔偿因信息披露违规行为所造成的损失。

【审判】

一审初步审理阶段,上海金融法院围绕被告的行为是否构成虚假陈述、虚假陈述的实施日、揭露日等基本事实进行了审查,认定普天公司信息披露违法的行为构成虚假陈述,确定以2015年3月21日为虚假陈述行为实施日,2017年1月19日为揭露日,并依据《最高人民法院关于审理证券市场因虚假陈述引发的民事赔偿案件的若干规定》(以下简称《若干规定》)第33条确认了A股基准日为2017年3月21日,基准价为31.59元,B股基准日为2018年3月5日,基准价为0.792美元。

在此基础上,诉讼围绕原告的损失是否由虚假陈述行为所致及如何确定相应赔偿金额等争议焦点继续展开。上海金融法院认为,《若干规定》采用“推定信赖”原则,在虚假陈述对市场产生影响的时间段内,投资者无须举证其因虚假陈述信息而作出投资决定,亦不要求将信赖作为投资决定的唯一动机,在没有相反证据的情况下,应认定投资者的损失与虚假陈述行为之间存在因果关系,但除了虚假陈述的影响外,上市公司的股票价格还受到大盘走势、行业板块及公司规模、价值、盈利等风格因素的持续影响。此外,普天公司提交的该公司股价波动情况、关于充电桩的研究报告及媒体报道等证据亦可以证明,该公司股价亦受充电桩概念热度影响,上述风险因素所致损失与虚假陈述并无关联,应予扣除。

因损失金额的核定及扣除涉及金融、财会领域的专业知识,经释明,各方当事人一致同意由法院委托某高校金融研究院对本案投资损失予以核定。损失核定人员通过构建量化计算模型,使用收益率曲线同步对比法计算出原告的涉案投资差额损失,并就上述损失核定的结论出具了《证券投资者损失核定意见书》(以下简称《损失核定意见书》),出庭接受质询。经充分听取各方意见,上海金融法院最终对《损失核定意见书》予以采纳,并据此认定各原告的投资差额损失及相应佣金、印花税和利息损失。

上海金融法院于2020年4月17日判决:普天公司向原告许某某支付赔偿款7571.17元;向原告厉某某支付赔偿款9406.06元;向原告胡某支付赔偿款10,301.83元;向原告王某某支付赔偿款54,727.19元。

判决后,普天公司不服提起上诉,认为其虚假陈述行为与损害结果之间不存在因果关系,一审认定的损失金额过高。上海市高级人民法院二审认为,《若干规定》对虚假陈述行为与损害结果之间推定存在因果关系,普天公司未提出相反证据予以否认,对其意见不予采纳;证券领域具有高度专业性,一审由专业、中立的第三方出具《损失意见核定书》程序正当,且《损失意见核定书》采用了目前最为科学、经济、高效的方式核定损失,已达到高度盖然性的标准,符合实体正义。遂判决:驳回上诉,维持原判。

【评析】

一、损失认定的法律适用逻辑

证券虚假陈述是一种侵权行为,[①]侵权责任的构成要件包括:侵权行为、损害后果、侵权行为与损害后果间的因果关系、行为人过错。对于上市公司实施的虚假陈述行为而言,《若干规定》第6条、[②]第21条分别解决了侵权责任的行为要件及过错要件问题,故案件的核心在于损害后果及因果关系的认定上。[③] 投资者的损失主要体现在证券价格的变动上,但证券价格的变动受到多种因素的影响,且

① 参见人民法院出版社编:《司法解释理解与适用全集》(金融卷3),人民法院出版社2019年版,第1632页。

② 2015年《最高人民法院关于当前商事审判工作中的若干具体问题》指出,因虚假陈述、内幕交易和市场操纵行为引发的民事赔偿案件,立案受理时不再以监管部门的行政处罚和生效的刑事判决认定为前置条件。但实践中,投资者一般仍基于上述行政、司法认定提起诉讼。

③ 在部分案件中,重大性被作为一个独立的争议焦点。笔者认为,从重大性的两个考察层面而言,即是否足以影响投资者决策,是否足以导致股价波动,其本质上也属于因果关系范畴。

上述影响具有客观性、同步性、群体性及不可分散性,[①]故损失的认定须以因果关系的建立为前提。

(一)因果关系的初步推定

在虚假陈述案件中,因果关系的建立包含着两个层面上的含义:一是交易上的因果关系,若原告的投资决策并没有受到虚假陈述行为的实质性影响,则不能向虚假陈述行为人主张赔偿;二是损失上的因果关系,若原告遭受的实际损失不是虚假陈述行为导致的,则虚假陈述行为人不承担赔偿责任。在一般侵权案件中,原告应承担因果关系的证明责任,但证券交易的模式不同于传统的“面对面”交易,投资者与虚假陈述行为人可能并非交易对手方,投资者的损失也不必然表现为虚假陈述行为人的获益,故现实中投资者难以通过客观证据证明上述因果关系。从保护投资者权益的角度出发,美国司法实践基于“欺诈市场理论”,推定交易因果关系的存在,从而减轻了投资者的证明责任。该理论认为,在一个有效的资本市场,所有的信息将及时地反映在交易价格上,投资者即使对于虚假陈述的内容毫不知情,在交易时也因对市场价格的信赖而构成对虚假陈述行为的间接信赖。[②] 但对于证券流通阶段的损失,主流观点认为,原告仍须承担损失因果关系的证明责任。[③]

《若干规定》亦采取了推定因果关系存在的做法,但其并未区分交易因果关系和损失因果关系,实质上是采取了对交易因果关系和损失因果关系的双重推定。根据《若干规定》第 18 条规定,投资人具有以下情形的,人民法院应当认定虚假陈述与损害结果之间存在因果关系:(1)投资人所投资的是与虚假陈述直接关联的证券;(2)投资人在虚假陈述实施日及以后,至揭露日或者更正日之前买入该证券;(3)投资人在虚假陈述揭露日或者更正日及以后,因卖出该证券发生亏损,或者因持续持有该证券而产生亏损。[④] 实施日即行为人作出虚假陈述或发

---

① 参见缪因知:《精算抑或斟酌:证券虚假陈述赔偿责任中的系统风险因素适用》,载《东南大学学报(哲学社会科学版)》2020 年第 5 期。

② 参见罗斌:《程序法视野下的“欺诈市场理论”研究——以证券集团诉讼的确认为中心》,载《政法论坛》2009 年第 4 期。

③ 参见龙非:《美国证券欺诈案件中“损失因果关系”的证明责任》,载郭锋主编:《证券法律评论》2020 年卷,中国法制出版社 2020 年版,第 382 ~ 402 页。

④ 亏损的定义参见《若干规定》第 31 条、第 32 条。

生虚假陈述之日;揭露日(更正日)即虚假陈述因他人揭露或行为人自行更正而为市场所知悉之日;基准日则是虚假陈述行为被揭示后,其对市场扭曲的效应被市场消化平复之日。对于实施日至揭露日(更正日)期间买入案涉股票的投资者,推定为具有交易因果关系;而虚假陈述被揭露后至其影响消除之日期间,投资者在案涉股票上发生的损失,被推定为因虚假陈述导致。

实践中,实施日的确定相对争议较小,对于积极的虚假陈述行为,信息披露义务人作出明确、肯定但与事实不符的陈述之日即为实施日;对于消极的虚假陈述行为,以法定披露期限的最后一个期日作为实施日。本案中,《行政处罚决定书》认定普天公司于2015年3月21日发布的2014年年度报告记载了虚假信息,各方对此均无异议,故应以该日作为虚假陈述实施日。揭露日的确定则相对复杂,根据《若干规定》第20条规定,揭露日的认定需要具有首次性、公开性、权威性,但是对揭露的内容及其程度未作要求,由此引发争议。普天公司主张以立案调查通知书公告日为揭露日;原告则认为,2017年1月19日的立案调查通知书公告尚未就虚假陈述行为进行明确、具体的揭露,主张以2018年1月10日,即《行政处罚事先告知书》公告日,为揭露日。笔者认为,根据"欺诈市场理论",投资者对虚假陈述信息的信赖是一种间接信赖而非直接信赖,故揭露日也应侧重风险的揭示。在相关信息不够具体明确时,只要其能够起到充分警示作用,使投资者注意到投资风险,便足以打破投资者对当前市场价格的信赖。《全国法院民商事审判工作会议纪要》(以下简称《会议纪要》)亦指出,虚假陈述的揭露和更正,不要求达到全面、完整、准确的程度,只要交易市场对监管部门立案调查、权威媒体刊载的揭露文章等信息存在明显的反应即可认定。[①] 本案中,从主观判断的角度而言,我国证券监管的强度较高,一般只有在掌握较为确实充分的证据的前提下监管机构才会启动立案调查,故立案调查公告本身已属具有较强警示性的信息;从客观判断的角度而言,立案调查通知一经公告,市场即产生了剧烈的反应,交易价格大幅下跌,证明该信息确实影响了投资者的交易决定;从价值判断的角度而言,如以《行政处罚事先告知书》公告日作为揭露日,则会导致在立案调查通知书公告日至《行政处罚事先告知书》公告日期间内已充分获取警示信号却仍买入股票的投资者仍有权主张赔偿,不利于鼓励投资者作出理性判断。故

① 参见《会议纪要》第84条。

法院最终以2017年1月19日为揭露日，并根据《若干规定》第33条认定了对应的A股、B股基准日及基准价，初步确定了投资者索赔的损失范围。

（二）因果关系的排除与证明

因果关系的存在是一种推定，可以通过相反的证据予以推翻。根据《若干规定》第19条规定，被告举证证明原告具有以下情形的，人民法院应当认定虚假陈述与损害结果之间不存在因果关系：(1)在虚假陈述揭露日或者更正日之前已经卖出证券；(2)在虚假陈述揭露日或者更正日及以后进行的投资；①(3)明知虚假陈述存在而进行的投资；(4)损失或者部分损失是由证券市场系统风险等其他因素所导致；(5)属于恶意投资、操纵证券价格的。其中，第(2)项、第(3)项、第(5)项可归为对交易因果关系的抗辩；第(1)项、第(4)项可归为对损失因果关系的抗辩。

本案中，普天公司提出，部分原告并非在实施日后立即买入案涉股票，而是在2015年下半年充电桩概念热炒时买入，另有部分原告在揭露日后仍大量买入案涉股票，应认定其投资行为不具有交易因果关系。笔者认为，对交易因果关系的否定将导致赔偿责任的全部免除，故相应的证明标准需要达到较高的程度，否则将架空虚假陈述赔偿司法制度，使投资者权益无法得到有效保障。一方面，投资者在虚假陈述被揭露前的投资行为可能存在各种动机，而前述动机与投资者对虚假陈述的信赖并不矛盾；另一方面，投资者在虚假陈述被揭露后的交易动机未必与此前的交易动机一致。故法院认定，普天公司尚未达到充分否定交易因果关系的证明程度，对其主张不予采纳。

普天公司另提出，除了虚假陈述外，投资者的损失还受到证券市场系统风险及公司经营状况的恶化、充电桩概念的涨落、公司股票前冠以“ST”等其他因素的影响。原告则认为，《若干规定》第19条第4项中的“等”字应属列举煞尾，免责因素应限于证券市场系统风险，且该风险“不仅要有客观真实的风险诱因，而且要看相关指数是否出现了大幅度的波动，必要时可以监管部门出具的结论为参考依据”。笔者认为，对损失因果关系的反证不宜过于苛刻。一是对责任减

① 事实上，《若干规定》第19条第1项、第2项的规定属于对第18条第2项、第3项的当然解释，一般无须被告举证。

轻、免除事由的定义不应太过狭隘。因果关系的目的在于“确保我们能对那些介入并改变事物发展进程使其朝坏的方向发展的人苛以侵权之责”,[①]限制被告的抗辩与侵权责任的法理基础相悖;从投资行为自担风险的角度而言,证券价格的形成客观上受到多种因素的影响,难以穷尽列举,要求虚假陈述行为人承担那些市场固有的风险,违背损失填补原则,[②]使投资者获得不当得利。二是对证明的标准不宜要求过高。从政策平衡角度而言,推定的政策事实上使一种可能性的,而非盖然性的因果关系足以引起责任,对此应当保持警惕。[③] 过于偏向投资者的司法政策将导致滥诉,不但无助于实现优化公司治理的制度目标,而且将使诉讼实质上沦为上市公司股东之间的财富再分配,并有损债权人利益。[④] 从司法现状而言,当前国内民事主体诉讼能力普遍较弱,也不掌握相关的专业信息和资源,往往只能提出概括的抗辩及初步的证据。若因被告不能对这些符合常识或具有盖然性的免责因素在数量上予以直接证明,就在实体上对其作出不利认定,无益于公平正义的实现。本案中,法院认为,如果有证据证明投资者损失的形成存在其他致损因素,这些因素对股价的波动具有相当的影响程度,并且与虚假陈述行为无关,则应当认定该些因素导致的损失不属于虚假陈述行为人的赔偿范围。

二、损失认定的金融计算方法

法律的逻辑主要在于明确权利保护的理念和范围,最终需要落实到具体的数字。由于证券损失的计算涉及诸多金融、统计学方面的专业知识,无法为一般常识所包容,这就造成审理的困难。对此,最高人民法院在《关于进一步加强金融审判工作的若干意见》指出,要依法充分运用专家证人、专家陪审员制度,扩充证券案件审理的知识容量和审理深度,提高证券案件审判的专业性和公信力。

---

① [美]路易斯·罗斯、乔尔·赛里格曼:《美国证券监管法基础》,张路等译,法律出版社2008年版,第667页。

② 笔者认为,对于证券虚假陈述责任而言,惩罚性功能应主要体现在行政责任而非民事责任上。2019年修订的《证券法》大幅提高了行政处罚的力度正体现了这种立法理念的转变。

③ 参见[美]H. L. A. 哈特、托尼·奥诺尔:《法律中的因果关系》,张绍谦等译,中国政法大学出版社2005年版,第19页。

④ 参见黄永庆:《证券民事救济案中赔偿额计算的不同规则及其政策原因》,载《金融法苑》2001年第8期。

本案中，法院通过向当事人进行释明，在充分征得各方同意的前提下，通过委托专业机构构建损失量化计算模型，客观、精确、高效地对投资者损失金额予以核定。上述做法不仅符合当下我国法院偏向职权主义的定位，也与一些发达国家的做法一致。①

(一)损失核定方案的原理

损失核定方案应符合立法本意。本案中，在损失核定时采用了“收益率曲线同步对比法”核算投资差额，该方法的基本原理是：通过对比投资者实际投资的损益比例(名义损益比例)与排除虚假陈述因素的模拟损益比例，得出投资者受虚假陈述而产生的差额损失。其中，模拟损益比例是通过对影响股价的各因素予以定量分析，计算出除虚假陈述外的各因素所形成的案涉证券模拟收益率曲线，并根据投资者实际投资时间、数量进行模拟投资形成的损益比例。“收益率曲线同步对比法”的计算公式为：投资差额损失金额 = 名义买入成本 ×(名义损益比例 - 模拟损益比例)。其中，(名义或模拟)损益比例 =(买入成本 - 回收成本)÷买入成本 ×100%；买入成本 = 买入均价 × 实施日至揭露日期间的净买入股数；回收成本 = 揭露日后每笔卖出股数 ×(实际或模拟)卖出股票价格 + 基准日仍持有股数 × 基准价。上述公式符合《若干规定》第 30 ~32 条关于“投资差额损失”的规定及第 19 条无关损失扣除的规定。

“收益率曲线同步对比法”与方正科技公司虚假陈述责任纠纷案②中适用的“同步指数对比法”在原理上存在共通之处，即通过将投资者每笔交易与同期的参照标准进行直接对比，精确地将交易期间内市场风险的动态变化予以固定，解决了传统损失核定方案缺乏时间维度考量所带来的误差。“收益率曲线同步对比法”与“同步指数对比法”的不同之处在于，“同步指数对比法”中的参照标准为“3 + X”的平均指数，即综合指数、一级行业指数、三级行业指数三个必选指数和一个可选概念指数的均值，而“收益率曲线同步对比法”中的参照标准是根据量化计算得到的除虚假陈述外的各因素所形成的案涉证券模拟收益率。与方正案相比，本案中普天公司的股价走势除了受到大盘、行业因素的影响，还明显受

---

① 参见梁爽：《日本证券虚假陈述责任法律适用对我国的启示》，载《法学》2011 年第 1 期。

② 上海金融法院民事判决书，(2018)沪 74 民初 330 号；上海市高级人民法院民事判决书，(2019)沪民终 263 号。

到了其他市场风险因素的影响。故在本案中,“收益率曲线同步对比法”的参照标准更为直观,也更符合投资者自担市场风险,虚假陈述行为人仅对其行为造成的损失负责的司法理念。

(二)损失核定的步骤

首先,样本数据的取得。对于投资者的交易数据,法院依职权从中国证券登记结算有限责任公司调取投资者特定时间范围内①的交易记录,以确保样本数据的真实、准确、完整。在此基础上,核定人员进一步筛选了有效数据:(1)投资者在实施日前的持股不纳入损失计算,若投资者在实施日后有卖出交易,则从卖出股票中先予扣除该部分持股;(2)若投资者在实施日至揭露日期间出现过清仓,则最后一次清仓前的交易均不纳入损失计算,否则自实施日后的首笔买入至揭露日前的交易均参与损失计算;(3)投资者在揭露日后买入的股票不纳入损失计算,若投资者在揭露日至基准日期间有卖出交易,则卖出股票按实施日前的持股数量、实施日至揭露日期间净买入股票数量的顺序予以抵扣。实施日至揭露日期间净买入股票对应的卖出交易和持有至基准日的股票均参与损失计算。② 即在买入成本和回收成本的统计、计算上进一步排除不具备交易因果关系、损失因果关系的交易标的和交易区间。对于用于模拟收益率分析的大盘、板块、行业及个股等大数据样本,则是从专业、权威的金融数据和分析工具服务商处取得。

其次,计算方法的选定。《若干规定》第31条、第32条仅概括地涉及“买入均价”“卖出均价”的概念,而未对其计算方法予以具体说明,在投资者仅具有单个交易方向的理想状态时并无争议,但对于投资者在买入期间内存在相反方向的交易时,不同的计算方法将导致买入均价产生较大差异。在证券虚假陈述纠纷的各类案例中,法院采用了实际成本法、先进先出法、移动加权平均法等计算方法。实际成本法是指实施日至揭露日期间股票存在多笔买卖时,投资者买入股票的总成本扣除卖出股票的回收金额后,除以买入与卖出股数的差额;先进先出法是指实施日至揭露日期间股票存在多笔买卖时,假设先买入的股票最先卖出,卖出成本根据最先买入的成本确定,据此计算买入均价;移动加权平均法是

① 一般略大于实施日至基准日的范围。

② 参见本案《损失核定意见书》。

指实施日至揭露日期间股票存在多笔买卖时，当投资者每次买入股票后，以新买入的成本加上库存成本后，除以新买入数量与库存数量之和，计算出新的买入均价，每次卖出时，只减少对应的持仓数量，不改变股票均价。实际成本法简单快捷，缺陷在于其结论受投资者卖出价格的影响较大，而根据虚假陈述责任原理，投资者在揭露日前的卖出价格与其损失无关；先进先出法符合虚假陈述责任原理且便于计算，但从实践来看，采用该方法将导致买入均价趋向于接近揭露日的价格，对部分投资者的权利保护不利；移动加权平均法具有计算准确、整体反映股票交易状况、综合体现提前回收成本和除权影响的优点，[①]能够有效避免因投资者操作水平和股价走势引发的买入均价畸高或畸低的情况，其缺点在于计算过程较为烦琐，但当前通过计算机技术等辅助手段，已经能够高效地实现相应运算，故该方法得到了较为广泛的运用。本案损失核定方案即采用移动加权平均法进行计算。

最后，市场风险的量化。损失核定方案根据案件实际情况，对 A 股、B 股的市场风险分别采用了多因子模型法和关联法进行量化。多因子模型是关于资产定价分析的模型，在各类量化投资模型中，多因子模型历经长时间的研究和发展，实证结果较为客观公正，整体表现稳定，在学术理论和投资实务中有着广泛的运用。[②] 其认为，股票的均衡收益[③]可以由多个系统性风险因素来解释，主要包括国家因素、行业因素、风格因素及其他无法被前述因素所解释的部分。其中，国家因素代表整个 A 股涨跌带来的日收益率；行业因素代表特定行业涨跌带来的日收益率；风格因素代表影响股价的个性化因素，主要包括规模因素、价值因素、盈利因素等 9 大常见因素，[④]此外，根据个案情况的不同，对于一些影响上市公司股价的长期性风险因素，如 ST 状态、热门概念炒作等，也可以纳入风格因

---

① 参见张捷：《证券市场虚假陈述案件投资差额损失计算方法的最优选择》，载《人民司法》2008 年第 22 期。

② 参见上海交通大学上海高级金融学院、中国金融研究院课题组（课题主持人李峰、严弘）：上海金融法院 2020 年度课题“证券虚假陈述案件的损失计算模型构建”。

③ 即个股超额收益率 + 无风险利率（取一年期存款利率）。

④ 参见本案《损失核定意见书》，具体包括：规模因素（大、小市值的收益差）、价值因素（估值高低的收益差）、beta 因素（对市场风险反应程度大小的收益差）、盈利因素（公司不同盈利水平的收益差）、杠杆因素（高杠杆和低杠杆公司的收益差）、成长因素（销售或盈利成长快慢公司的收益差）、动量因素（股票收益历史表现好坏的收益差）、波动率因素（股票交易波动大小的收益差）和流动性因素（股票换手率大小的收益差）。

素进行以考量;无法解释的因素则被推定为因虚假陈述而引发的日收益率。本案中,根据查明事实,普天公司的股价除了受到国家、行业及常见风格因素的影响外,还受到充电桩和ST概念的影响,故在常见风格因素的基础上添加了充电桩因素和ST因素,分别基于充电桩板块成分股数据和ST成分股数据进行构建;普天公司提出的股票暂停上市等经营因素由于已经在盈利因素和长期股价变动中得以体现,不应重复计算,故未纳入考量。各系统性风险因素所带来的日收益率乘以相应的暴露值[①]后相加之和即股票日收益率。通过使用整个A股市场的个股日收益率对国家因子暴露矩阵、行业因子暴露矩阵、风格因子暴露矩阵进行线性回归,可以得到国家、行业及常见风格因素带来的日收益率,进而计算得出除虚假陈述因素外的案涉股票模拟日收益率。[②] 对于那些只在一定期间内影响上市公司股价的重大事件,由于其属于短期性风险因素,故不适合纳入多因子模型,应通过其他方式另行确定其影响。实践中,一般通过事件分析法予以认定。事件分析法中,先要确定重大事件[③]影响的事件窗口,[④]再计算事件窗口期内公司的股票收益率,然后计算窗口期目标事件外的股票收益率,最后验证该重大事件对收益率的影响是否显著。通过叠加使用多因子模型法和事件分析法,可以较为充分地评估多数情况下虚假陈述带来的影响。[⑤] 本案中,因不存在需要单独考虑的重大事件,[⑥]故未使用事件分析法,与本案同时期审理的上海中毅达股份有限公司虚假陈述案[⑦]中,由于股票受到重大重组事件影响,损失核定人员同时使用了两种方法核定投资者损失。

对于B股市场而言,由于市场规模较小、股票数量有限(100只左右),而多

---

① 可以理解为受影响程度。根据本案《损失核定意见书》,所有A股股票的国家因素暴露值均为1;不同行业股票中,属于特定行业的,其暴露值取1,不属于的取0;风格因素的暴露值基于公司最近的财务数据和交易数据计算得到,会随着时间推移不断更新。

② 参见本案《损失核定意见书》。

③ 重大事件还需满足以下筛选标准:(1)该事件与虚假陈述事件无因果关系;(2)该事件为确定的事件,而非尚未发生的事件;(3)该事件在数据库中有明确的定义。

④ 一般一个完整的事件窗口包括估计窗口、事件窗口和事后窗口。

⑤ 参见上海交通大学上海高级金融学院、中国金融研究院课题组(课题主持人李峰、严弘):上海金融法院2020年度课题“证券虚假陈述案件的损失计算模型构建”。

⑥ 本案中,损失核定人员认为,普天公司经营不善导致的暂停上市风险已包含在ST因素的长期影响中,叠加使用事件法将导致损失重复扣除。

⑦ 上海金融法院民事判决书,(2018)沪74民初615号;上海市高级人民法院民事判决书,(2020)沪民终302号。

因子模型法需要大量的样本数据以保障精确性,故该方法难以直接适用。对此,相应的替代方案有两种:一是关联法,即根据同一公司A股、B股股价表现上的关联性量化B股模拟日收益率。以交易日前3个月作为时间窗口,并用此期间B股实际日收益率对A股模拟日收益率进行线性回归,计算得到A股、B股间的变动系数,进而以该变动系数乘以交易日A股模拟日收益率,得出交易日B股模拟日收益率。二是自选投资组合法,通过在B股市场选取一批在行业因素、风格因素等方面与被告类似的公司,通过这些公司的平均收益率估算出被告的B股模拟收益率。在同一家公司A股、B股走势较为接近时,可以优先选择关联法,否则适用自选投资组合法。本案中选取了关联法计算普天公司的B股模拟收益率。通过将虚假陈述日前一日A股、B股的实际收盘价格分别作为初始价格,代入并累计运算可以得到案涉股票每天的A股、B股模拟价格,将投资者的实际交易时间、数量代入,可以确定模拟损益比例,进而通过“收益率曲线同步对比法”计算出投资者实际受虚假陈述而产生的差额损失。

三、损失核定意见的采信

损失核定意见的最终采信,除了需要符合实体正义,即具有科学性、严谨性和客观性,还需要符合程序正义。程序正义的核心要求是保障当事人的程序参与权、辩论权。作为裁判根据的案件信息应形成于审判程序,并充分贯彻直接言词原则,在此基础上才能形成科学公正的事实认定。证券虚假陈述损失核定涉及专业性极强的知识,如果不以通俗的语言表述,并提前让当事人知悉相关证据的基本情况,双方难以在庭审时对它们进行充分、有效的质证。本案中,某高校金融研究院根据法院的要求,就其损失核定的依据及方法、数据样本分析、计算逻辑和步骤及核定结论等出具了《损失核定意见书》,法院在收到《损失核定意见书》后及时提供给双方当事人,并给予充足的质证准备期间;诉讼中,各方当事人围绕《损失核定意见书》充分发表了意见,损失核定人员围绕当事人对损失核定方法的确定、损失核定因素的取舍等相关问题和质疑一一进行了论证和回应。最终,法院认为,《损失意见核定书》中的核定方法实现了对各类影响股价因素的量化计算,克服了无法将虚假陈述因素与其他因素有效分离的弊端,相对科学、准确,符合立法本意与司法实践需求,予以采纳,并据此认定各原告的投资差额损失及相应佣金、印花税和利息损失。

四、结　　语

虚假陈述责任的构建始终围绕因果关系的核心而展开。作为一项司法政策,虚假陈述案件中因果关系的认定本身存在一定的模糊性,其在当事人最终权利和责任的落实上也缺乏直观性,由此可能导致对判决结果的质疑与批评。本案中,法院公平、合理地界定了虚假陈述行为与损失间因果关系的范围及证明标准,同时,通过法律适用逻辑与金融计算方法的结合,使因果关系更为科学、精确地反映在当事人的权利、义务上,而不再是一种虚幻的法学概念,增加了判决的客观性和说服力,不失为一次具有积极意义的探索。

涉"维好协议"中国香港特别行政区法院判决在内地申请认可和执行的认定标准

——时和全球投资基金 SPC—时和价值投资基金申请认可和执行香港特别行政区法院民事判决案①

崔　婕*　刘凌钒**

【裁判要旨】

中国香港特别行政区高等法院原讼法庭就涉"维好协议"(Keepwell Deed)案件作出缺席判决,被申请人未在合理期限内就该缺席判决在香港特别行政区法院寻求救济的,符合《最高人民法院关于内地与香港特别行政区法院相互认可和执行当事人协议管辖的民商事案件判决的安排》(以下简称《安排》)所称的香港特别行政区法院之具有执行力的终审判决。无论缺席判决还是对席判决,"维好协议"在境内法律效力的实体法问题,不属于本案审查的范围。《安排》第9条第2款关于拒绝认可和执行当事人协议管辖的民商事案件判决之"社会公共利益"条件应作严格解释,不能以内地法律关于"维好协议"性质及效力的实体判断作为认可和执行该香港特别行政区判决是否违反内地社会公共利益的认定标准,而只应考量认可和执行相关判决的结果是否有悖于本案审理之时的公共利益。

---

① 本案入选上海法院2020年度涉外金融纠纷典型案例、上海金融法院2020年度十大典型案例。

* 法学博士,上海金融法院综合审判二庭副庭长。

** 法学硕士,上海金融法院综合审判三庭法官助理。

【案号】

上海金融法院(2019)沪 74 认港 1 号

【案情】

2018 年 8 月 24 日,香港特别行政区高等法院原讼法庭就原告时和全球投资基金 SPC—时和价值投资基金(Right Time Global Investment SPC-Right Time Value Investment Fund SP,以下简称时和基金)诉被告上海华信国际集团有限公司(以下简称华信集团)一案,作出 HCA 1712/2018 号民事判决:“鉴于本案被告无意为自己辩护,本案原告放弃起诉状第(2)项的损害赔偿诉请,本院特此判决,被告向原告支付 29,910,000 欧元(或支付时等值港币金额),加上按年利率 8%自传票签发之日(2018 年 7 月 24 日)起至实际支付日止的利息和 11,045 港元的特定费用。”

2019 年 3 月 20 日,香港特别行政区高等法院的司法常务官邝卓红依据《内地判决(交互强制执行)条例》(第 597 章)第 21 条第(3)款及《高等法院规则》第 71B 号命令第 2 条规则发出证明书:特此证明原告时和基金于 2018 年 8 月 24 日就有关一项债项申索向原讼法庭取得判被告华信集团败诉的判决。该判决能够在香港特别行政区强制执行。还证明:(1)本案的诉状为于 2018 年 7 月 24 日发出的传唤令。(2)原告向被告申索欠款合计 29,910,000 欧元,或违反日期为 2017 年 10 月 23 日的“维好协议”的损害赔偿,及该欠款的利息和讼费。(3)根据“维好协议”第 14.2 条规定,被告委任上海华信集团(香港)有限公司[Shanghai Huaxin Group (Hongkong) Limited](代理人),其注册办公处为香港特别行政区湾仔港湾道一号会展广场办公大楼 23 楼 2302~2304 室,为被告于香港特别行政区的代理人收取法律程序文件。(4)原告的代表律师,君合律师事务所,于 2018 年 7 月 24 日在代理人的注册办事处送达该传唤令的盖印副本给代理人。根据香港特别行政区法例第 622 章《公司条例》第 827 条及第 4A 章《高等法院规则》第 10 号命令第 3 条规则的规定,原告已于 2018 年 7 月 24 日妥为送达该传唤令的盖印副本给被告。(5)被告没有根据香港特别行政区法例第 4A 章《高等法院规则》第12号命令第5(a)条规则的规定，于2018年8月6日或者以前于香港特别行政区高等法院存档一份传唤令送达认收书。(6)该判决之金额为29,910,000欧元(或缴款时等值的港币金额)，连同其衍生的利息(利息自2018年7月24日起至判决日期，以年利率8%计算，其后则按高等法院判决利率计算至欠款全数支付为止)，以及定额讼费11,045港元。(7)原告代表律师在借以提出有关申请的宗教式誓章中，所述明在申请当日尚未就该判决清偿的款额为30,519,672.33欧元及11,045港元。(8)该判决于2018年8月24日起生效。(9)该判决不受搁置执行所规限。原告没有在香港特别行政区采取进一步行动执行该判决。(10)没有一方对本法院的司法管辖权提出反对。(11)该判决的上诉期限已经届满，而被告一直没有针对该判决提出上诉或提交任何上诉通知书。

另查明，华信集团于2017年10月23日出具“维好协议”，其中首部载明“受益人：目前及随后被登记为债券持有人的主体。鉴于：(ⅰ)哲源公司(发行人)已批准按照债券条款和条件发行债券……(ⅳ)发行人是一家在英属维京群岛设立的有限责任公司，是华信集团的间接全资子公司；(ⅴ)华信集团希望通过签署本协议协助发行人履行债券中的义务；(ⅵ)本协议是一项单方契约，以债券持有人为受益人。”第2条载明：“并非担保。本协议及本协议所含规定及公司依据本协议采取的行动，不得视为依据任何辖区法律偿还或履行发行人任何种类债务或责任的证明，或者公司担保或公司具有法律约束力的义务。”第4条载明：“维持合并净值及流动性。华信集团向债券持有人承诺，其将促使：(a)发行人随时保持至少1美元的合并净值；(b)发行人获取足够的流动性，以确保发行人及时按照债券中载明的条件及契约书中所列规定支付相关费用；(c)发行人保持偿债能力，按照注册地法律或相关会计准则持续经营。如果(A)华信集团在任何时候认定发行人的流动性不足以履行债券中载明的到期付款义务，或者(B)华信集团被告知或意识到(或者，与华信集团处于同等地位的有理性人员应当知道的)发行人将要(或者合理判断下很可能)无法履行债券中载明的付款义务，华信集团将在相关付款义务到期之前通过下列方式提供充足的资金，使得发行人在债券到期时能够全面履行付款义务：(a)对发行人已发行股本进行注资；(b)通过向发行人发放贷款或其他方式安排资金；(c)利用中国境内现金或处分中国境外其他资产或在中国境外作出合理安排，将现金、资产、资产对价或收益转让给发行人;(d)其他可行的办法。”第8条载明:“违约赔偿金。如果华信集团未能履行本协议规定的义务,应当向债券持有人支付等同于公司全面履行相关义务时应付金额的违约赔偿金。债券持有人有权提出索赔。”第12条载明:“通知。任何信息应当采用信函或传真方式送达下列公司地址:上海华信国际集团有限公司,地址:中国上海黄浦区南京西路399号明天广场27楼……”第14条载明:“适用法律和司法管辖。14.1 适用法律。本协议以及因本协议产生的或者与本协议相关的任何非合同义务应适用英国法律并依据其加以解释。14.2 香港特别行政区法院对解决本协议产生的任何争议拥有专属管辖权。因此,因本协议产生的或与本协议相关的任何法律诉讼可向香港特别行政区法院提出。公司在此不可撤销地委任上海华信集团(香港)有限公司(注册地址现位于香港特别行政区湾仔区港湾道1号会展广场办公大楼23层2302~2304室)作为其接受香港特别行政区高等法院程序文件送达的授权代理人。送达程序应当在送达代理人后视为完成。如果因为某种原因该代理人不再担任接受送达代理人,公司应当立即在香港特别行政区委任新的送达代理人,并在上述代理人不再担任送达代理人后的30日内,向债券持有人提交新代理人确认接受委任文件的副本。本协议不得影响按照法律规定的其他方式送达程序文件的权利。”

【审判】

本案系申请认可和执行香港特别行政区法院民商事判决案件,申请人时和基金与被申请人华信集团之间约定就“维好协议”项下的纠纷由香港特别行政区法院专属管辖,该纠纷属于《安排》规定的民商事案件,本案应根据《安排》进行审查。根据《安排》第4条的规定,被申请人华信集团的住所地在上海金融法院辖区内,上海金融法院对本案享有管辖权。

根据《安排》第1条、第2条、第6条之规定,内地人民法院认可和执行的香港特别行政区法院的民商事判决必须是“具有执行力的终审判决”。本案中,申请人时和基金向上海金融法院提交了香港特别行政区高等法院出具的证明书,证明案件编号HCA 1712/2018的判决系原讼法庭在被申请人华信集团缺席的情况下作出的须支付款项的具有执行力的判决,已于2018年8月24日起生效,能够在香港特别行政区强制执行,予以确认。

上海金融法院对申请人时和基金申请认可和执行涉案香港特别行政区判决立案后,已向被申请人华信集团送达了申请人时和基金的申请书,被申请人华信集团至迟此时即应知晓涉案缺席判决的存在,审查期间华信集团向上海金融法院提出不予认可和执行的答辩意见并参与庭审,在此合理期间内也未就涉案缺席判决在香港特别行政区法院寻求任何司法救济。因此,上海金融法院认为,HCA 1712/2018 号民商事判决作为缺席判决,符合《安排》中所称的香港特别行政区法院之具有执行力的终审判决。

根据《安排》第 9 条第 1 款的规定,无论是缺席判决还是对席判决,认可和执行香港特别行政区生效判决的审查标准限于程序事项,案涉“维好协议”在境内法律效力的实体法问题,不属于本案审查的范围。针对被申请人华信集团提出的不予认可和执行的理由,具体分析认定如下:

1. 关于管辖协议是否属于无效。

本案被申请人华信集团向申请人时和基金出具的“维好协议”第 14 条明确载明,“香港特别行政区高等法院对解决本协议产生的任何争议拥有专属管辖权。因本协议产生的或与本协议相关的任何法律诉讼可向香港特别行政区高等法院提出”。被申请人华信集团主张,本案双方当事人住所地、争议的实际联系地均不在香港特别行政区,双方约定香港特别行政区法院管辖应属无效。根据《安排》第 9 条第 1 款第 1 项的规定,管辖协议是否属于无效应当根据当事人协议选择的原审法院地的法律予以认定。本案中,双方当事人对于管辖协议的约定,意思表示真实,而香港特别行政区的法律并未要求当事人必须选择与案件有实际联系的法院管辖。因此,当事人选择的法院与案件没有实际联系并不影响管辖协议的效力,涉案管辖协议有效。被申请人华信集团的此抗辩主张,不能成立。

2. 关于被申请人华信集团是否经合法传唤以及香港特别行政区高等法院判决是否系申请人时和基金以欺诈方式取得。

《安排》第 9 条第 1 款第 4 项明确规定,是否经合法传唤及是否获得答辩机会的审查依据是原审法院地法。本案中,香港特别行政区高等法院开具的证明书中对时和基金向华信集团送达诉状等的过程及合法性予以了证明。审理中,申请人时和基金也查明和出示了香港特别行政区《高等法院规则》《公司条例》关于送达的详细规定、香港特别行政区高等法院审理期间时和基金律师向法院提交的宣誓书等,并解释了香港特别行政区高等法院的合法送达过程。

根据香港特别行政区法例第4A章《高等法院规则》第10号命令第3条"依据合约而送达令状"规则第(1)款规定,凡(a)合约中有1项条款,表明原讼法庭具有司法管辖权聆讯并裁定就某合约进行的任何诉讼,或即使没有该项条款,原讼法庭仍具有司法管辖权聆讯并裁定任何该等诉讼,以及(b)合约订立,在就该合约而进行的任何诉讼开展时,借以开展该宗诉讼的法律程序文件,可按合约所指明的方式或按合约所指明的地点(无论是在本司法管辖权范围之内还是之外)送达被告人,或送达合约所指明的代表被告人的其他人,则如就该合约进行的诉讼是在法院开展及借以开展该宗诉讼的令状是按合约的条款而送达,除第(2)款另有规定外,该令状须当作已妥为送达被告人。该条第(2)款是关于依照合约的条款在本司法管辖权范围外送达的规定。香港特别行政区法例第622章《公司条例》第827条规定,向公司送达的文件可借以下方式送达:将该文件留在该公司的注册办事处,或以邮递方式,将该文件送交该公司的注册办事处。

本案中,华信集团于"维好协议"中委任上海华信集团(香港)有限公司为华信集团于香港特别行政区的代理人收取法律程序文件,时和基金的律师于2018年7月24日在代理人的注册办事处送达传唤令的盖印副本给代理人。根据香港特别行政区法例的上述规定,香港特别行政区高等法院审理期间时和基金的诉状已合法送达华信集团。华信集团主张已委任送达代理人的情况下仍应当向华信集团于上海的注册地址送达,以及时和基金向华信集团的代理人送达必须经过签收,缺乏支持其抗辩的法律依据。华信集团还主张,其委任的送达代理人因进入清盘程序故不具备代理人身份。然而,根据"维好协议"第14条的约定,如该代理人不再担任接受送达代理人,华信集团公司应当立即在香港特别行政区委任新的送达代理人并向时和基金提交新代理人确认接受委任文件的副本。本案并无证据显示华信集团委任新的接受送达代理人,华信集团的此抗辩亦缺乏依据。

因此,华信集团关于其未获合法传唤的理由,不能成立;华信集团主张时和基金未向其注册地送达诉状等,构成故意隐瞒送达地址和恶意选择送达地址的欺骗行为,进而得出判决是以欺诈方式取得的结论,亦不能成立。

3. 关于执行涉案香港特别行政区高等法院判决是否违反内地社会公共利益。

《安排》是"一国两制"方针下内地与香港特别行政区之间区际司法协助的

重要框架,体现了减少重复诉讼、节约当事人诉讼成本、促进两地经济发展的司法互信。因此,《安排》第9条第2款关于拒绝认可和执行当事人协议管辖的民商事案件判决之“社会公共利益”条件应作严格解释,通常仅包括认可和执行香港特别行政区判决的结果直接违反内地公共利益之情形。

首先,涉案“维好协议”系平等主体之间民事法律关系,香港特别行政区高等法院就“维好协议”所涉纠纷作出的裁判效力限于双方当事人之间,对其效力的认可和执行并不会涉及内地全体社会成员或者社会不特定多数人的利益。

其次,香港特别行政区高等法院依据其缺席审判制度对本案作出的判决,是香港特别行政区高等法院审判权的合法行使,也是当事人协议选择香港特别行政区法院管辖的合理预期。该缺席判决的作出,经过了向被申请人华信集团委任送达代理人的合法送达和传唤,符合原审法院地法,原审缺席判决并未剥夺缺席当事人出庭答辩的诉讼权利,并未违反正当程序保障。因此,认可和执行缺席判决本身亦不构成内地公共利益的违反。

最后,被申请人华信集团认为涉案香港特别行政区判决违反内地担保法及外汇管理的相关规定,亦于法无据。本案中,当事人在“维好协议”中所约定的准据法并非中国内地法律,故不能以内地法律关于“维好协议”性质及效力的实体判断作为认可和执行该香港特别行政区判决是否违反内地社会公共利益的认定标准,而只应考量认可和执行相关判决的结果是否有悖于本案审理之时的公共利益。外汇管理制度事关一国国际收支平衡,但与经济发展水平密切相关,我国相关外汇管理规定也经历了不断变化的过程,在本案审理中,华信集团并未证明认可和执行本案所涉香港特别行政区判决之结果对当前我国公共利益之违反。因此,在本案中认可和执行涉案香港特别行政区判决的结果,并不存在导致违反内地法律基本原则、危害公共安全、违反善良风俗等危及内地社会公共利益的情形。对华信集团的此抗辩主张,亦不予采纳。

综上,上海金融法院于2020年10月30日作出(2019)沪74民港1号裁决:认可和执行香港特别行政区高等法院原讼法庭HCA 1712/2018号民事判决书。

【评析】

本案系全国首例涉境内公司针对境外关联公司发债出具“维好协议”之香港

特别行政区法院生效判决在内地法院申请承认和执行的案件,因涉及“维好协议”对境内公司的执行问题,受到离岸债券市场的较大关注。上海金融法院根据《安排》之规定,对涉案香港特别行政区原讼法庭的判决进行审查,就相关问题的认定对同类案件具有一定参考价值。

一、关于香港特别行政区法院判决的原告与本案申请执行的主体

本案所涉债券及相关“维好协议”,涉及的主体属于多个司法管辖区,较为复杂。具体而言,哲源公司系华信集团设立于英属维尔京群岛的间接全资子公司,时和基金购买哲源公司在国际市场上发行的欧元债券,为提供增信,华信集团向时和基金出具“维好协议”。

由于债券无法按期偿还,债券持有人即本案申请人作为原告向香港特别行政区法院提起诉讼,并获得判决。本案的申请人时和基金SPC—时和基金SP,该主体是某个基金下设的份额,并非中国法项下常见的诉讼主体,对于该主体的诉讼主体资格亦产生了争议。笔者认为,一个诉讼主体是否合法,应根据其设立地的法律予以判断。根据《开曼群岛公司法》(Cayman Islands Companies Law)之规定,SPC(Segregated Portfolio Company)系注册为独立投资组合公司的豁免公司,其拥有根据其公司章程中所规定的限制开展从事任何目标或目的的完全能力。SPC系独立的法律主体,其可以设立任意数量的独立投资组合(Segregated Portfolio,SP),但SP本身并不具有独立法律主体地位,且SP之间的资产及债务在法律上与SPC的资产及债务,以及任何其他SP的资产及债务相互分离,此为开曼群岛公司法之隔离原则。

为达到SPC风险隔离之效果,SPC在代表某一SP行事或签署文件时,应明确其系以该SP的名义行事或签署文件。SP的概念在其他国家或地区,如美国特拉华州、百慕大群岛等也存在,并且被越来越多的国家和地区接受。

从我国香港特别行政区及英国等国的司法实践看,对于涉及SPC下设SP的商事纠纷,在诉讼主体列明时会具名是SPC下设的哪个SP,以“SPC,SP”或“SPC for SP”等形式出现。本案中,香港特别行政区法院在诉讼中认可了这一诉讼主体,因此,在申请人向上海金融法院申请认可与执行这一判决时,上海金融法院

亦应认可开曼群岛公司法中独立投资组合公司与其下设独立投资组合的申请人地位。

二、未在合理期限内就缺席判决寻求救济的，符合《安排》所称具有执行力的终审判决

区别于普通法系国家，我国任何实体判决的作出原则上都必须经过庭审程序，即使被告自诉讼伊始从未出现，法院亦会根据原告举证进行实体审理后方判决其诉请是否支持。与此相对，普通法系诉讼程序的审前程序与庭审程序严格区分，法院可以在审前程序中，因被告未在规定的期间内积极应诉，即直接根据原告的申请作出判决被告败诉的缺席判决（Default Judgment，普通法系多译为“不应诉判决”）。

本案系针对缺席判决申请认可与执行，华信集团提出，尽管双方在交易中约定了送达地址，但因其地址变更原因，其未知晓诉讼的发生。由于送达上的瑕疵，故上海金融法院不应认可与执行这一缺席判决。笔者认为，本案系一国之内不同法域之间开展的区际司法协助，不同于国际司法协助。前者目的在于实现两地民商事案件判决的异地“流通”，后者则要坚持尊重国际礼让、维护当事人合法权益与保障内国法律秩序并重的原则。也正是基于此，《安排》中明确规定，是否经合法传唤及是否获得答辩机会的审查依据是原审法院地法，而且未作任何保留或例外性规定。故本案无须考虑是否低于我国法律规定的合法传唤的最低标准，是否与我国民事诉讼送达程序的基本原则相冲突等问题，应当根据法院地法对缺席一方是否经合法传唤或者是否获得法律规定的答辩进行审查。本案香港特别行政区高等法院原讼法庭对华信集团的传唤程序及在华信集团不答辩的情况下予以缺席判决，符合香港特别行政区《高等法院规则》的规定，华信集团未在合理期限内对缺席判决提出异议，属于香港特别行政区法院之具有执行力的终审判决予以明确。

三、关于执行涉案判决是否违反内地社会公共利益

华信集团主张，虽然涉案“维好协议”约定该协议并非担保，但该项义务的内

容和本质符合担保责任的构成要件,时和基金在香港特别行政区高等法院提起诉讼,并获得直接支持其诉请的缺席判决,再要求内地法院认可与执行的行为,实质上是为了规避担保法及内地金融监管体系,直接违反内地法律规定,执行涉案判决违反内地社会公共利益。对此,需要结合我国外汇管理规定的变化、社会公共利益的内涵等综合分析。

(一)我国外汇管理规范的变迁

我国对于外债以及外汇的管理经历了一个严格到宽松的过程。2000年《最高人民法院关于适用〈中华人民共和国担保法〉若干问题的解释》第6条规定:"有下列情形之一的,对外担保合同无效:(一)未经国家有关主管部门批准或者登记对外担保的……"因此,如果没有经过监管部门批准或者登记而提供的对外担保在我国担保法下担保合同无效。该司法解释将审批登记与合同效力挂钩。

但此后随着改革开放程度的深入,外债管理有所变化。国家外汇管理局于2014年制定了《跨境担保外汇管理规定》及其操作指引(汇发〔2014〕29号文)(以下简称29号文),根据其规定,内保外贷和外保内贷实行登记管理,而其他形式的跨境担保,当事人可自行签订担保合同,无须登记或备案。对于跨境担保合同效力的问题,根据29号文第29条的规定,核准、登记、备案均不再作为跨境担保合同的生效要件,即未按规定核准、登记、备案的跨境担保的合同也是有效的。该文件最重要的影响是规定了事后监管的管理手段,取消了所有的事前审批,以登记为主要的管理手段。同时,除了内保外贷和外保内贷之外的其他跨境担保都不需要再进行外汇登记。2017年1月26日,国家外汇管理局又发布《关于进一步推进外汇管理改革完善真实合规性审核的通知》(汇发〔2017〕3号),规定债务人可通过向境内进行放贷、股权投资等方式将担保项下资金直接或间接调回境内使用。该文发布之后,以"内保外贷"形式提供增信的,其项下资金回流限制有所放松。但《跨境担保外汇管理规定》中的若干限制仍然存在,如不得通过证券投资的方式将"内保外贷"项下的资金回流境内;"内保外贷"项下担保责任为境外债务人债券发行项下还款义务时,境外债务人应由境内机构直接或间接持股,境外债权发行收入应用于与境内机构存在股权关联的境外投资项目。

外汇管理制度事关一国国际收支平衡,与经济发展水平密切相关,从管理政策的变化可见监管部门更趋开放的心态。因此,根据现行外汇管理规定,以"维好协议"形式提供增信,并非直接与合同效力挂钩,最多是资金用途、主体关系存在一定的监管要求。

(二)社会公共利益的界定

社会公共利益、公共政策或公共秩序,是区际或国际判决认可与执行中的一项重要制度。《安排》第9条第2款规定:"内地人民法院认为在内地执行香港特别行政区法院判决违反内地社会公共利益,或者香港特别行政区法院认为在香港特别行政区执行内地人民法院判决违反香港特别行政区公共政策的,不予认可和执行。"所谓社会公共利益,法理上通常是指属于社会全体成员的利益。公共利益范畴的核心内容就是其公共性,其基本内涵是指在特定社会历史条件下,从私人利益中抽象出来能够满足共同体全体或大多数社会成员的公共需要,经由公共程序并以政府为主导所实现的公共价值。

各国法律对于社会公共利益、公共政策或公共秩序的界定各不相同。法国法律规定,公共政策系指本国的社会安全。瑞典仲裁法规定,承认或执行外国仲裁裁决不得违反瑞典法律的基本准则。美国第二巡回法院在帕森及怀特、摩尔海外公司诉通用造纸公司一案中指出,尽管法院对违反公共秩序的外国裁决可以不予执行,但公共秩序不得仅根据本国政策或本国的政治利益来判断,只有在承认执行该裁决会违反本国最基本的道德和正义观念时,才能拒绝承认和执行。由此可见,尽管各国对公共秩序的内涵表述各不相同,但普遍认为公共秩序系指与某一国根本利益密切相关的基本法律准则。

我国法律和司法解释尚未对社会公共利益、公共政策或公共秩序的适用标准作出规定或解释。我国《民事诉讼法》第282条规定:"人民法院对申请或者请求承认和执行的外国法院作出的发生法律效力的判决、裁定,依照中华人民共和国缔结或者参加的国际条约,或者按照互惠原则进行审查后,认为不违反中华人民共和国法律的基本原则或者国家主权、安全、社会公共利益的,裁定承认其效力,需要执行的,发出执行令,依照本法的有关规定执行。违反中华人民共和国法律的基本原则或者国家主权、安全、社会公共利益的,不予承认和执行。"最高人民法院在针对涉外民商事仲裁裁决的承认与执行的复函中对公共政策作出如下认定,关于公共政策问题,应仅限于承认仲裁裁决的结果将违反我国的基本法律制度、损害我国根本社会利益情形;只有在承认和执行外国商事仲裁裁决将导致违反我国基本法律原则、侵犯我国国家主权、危害国家及社会公共安全、违反善良风俗等危及我国根本社会公共利益的情形。

需要特别强调的是,我国法律的一般性强制规定不应作为公共政策适用的事由。本案涉及我国的外汇管理政策,因此被申请人以此提出了抗辩。根据前文分析,外汇管理政策不再影响合同效力,但笔者认为,即便外汇管理政策做出了强制性规定,也不表明我国法律中所有的强制性规定均属于适用公共政策的范围。如果强制性规定代表着整个社会基本价值观和基本法律原则,才应认定为公共政策并加以审查。对此,《最高人民法院关于ED&F曼氏(香港)有限公司申请承认和执行伦敦糖业协会仲裁裁决案的复函》(《最高人民法院〔2003〕民四他字第3号复函》)中指出,违反有关外债批准及登记的法律规定的行为,并不违反我国的公共政策。在另一起《最高人民法院关于不予承认与执行瑞典斯德哥尔摩商会仲裁院仲裁裁决案的请示复函》(《最高人民法院〔2001〕民四他字第12号复函》)中指出,违反相关法律规定,未经批准擅自从事境外期货交易的行为,不属于违反我国的公共政策的情形。对于一些备案方面的规定,《最高人民法院关于申请人天瑞酒店投资有限公司与被申请人杭州易居酒店管理有限公司申请承认仲裁裁决案的复函》(《最高人民法院〔2010〕民四他字第18号复函》)中指出,违反外资准入的备案制度的行为并不违反我国公共政策。

综合以上因素,《安排》第9条第2款关于拒绝认可和执行当事人协议管辖的民商事案件判决之"社会公共利益"条件应作严格解释,通常仅包括认可和执行外国或者港澳台地区法院裁决的结果直接违反内地公共利益之情形。具体来讲,如果认可和执行外国或者港澳台地区法院裁决,违反我国宪法基本原则、损害我国主权和安全、违反我国缔约或参加的国际条约所承担的义务或违反国际上公认的国际法原则、违反我国基本法律的基本原则、违反我国刑法规定的,才可以认定属于社会公共利益或公共政策范围。涉案"维好协议"系平等主体之间民事法律关系,香港特别行政区高等法院就"维好协议"所涉纠纷作出的裁判效力限于双方当事人之间,对其效力的认可和执行并不会涉及内地全体社会成员或者社会不特定多数人的利益。

(三)结论

由于本案系认可与执行香港特别行政区法院判决案,根据《安排》第9条第 1 款规定，无论是缺席判决还是对席判决，其审查标准限于程序事项，案涉"维好协议"在境内法律效力的实体法问题，不属于本案审查的范围。而且本案中，当事人在"维好协议"中所约定的准据法并非中国内地法律，故不能以内地法律关于"维好协议"性质及效力的实体判断作为认可和执行该香港特别行政区判决是否违反内地社会公共利益的认定标准，而只应考量认可和执行相关判决的结果是否有悖于本案审理之时的公共利益。本案审理中，华信集团并未证明认可和执行涉案香港特别行政区判决的结果，存在违反内地法律基本原则、危害公共安全、违反善良风俗等危及内地社会公共利益的情形，华信集团认为涉案香港特别行政区判决违反内地担保法及外汇管理的相关规定，亦于法无据。因此，认可和执行本案所涉香港特别行政区判决之结果难谓对当前我国社会公共利益之违反。

本案裁决之后，除了国际财经媒体纷纷报道之外，也受到国际法律界的关注。霍金路伟（Hogan Lovells）国际律师事务所撰写了案例分析《维持良好（keepwell）和繁荣——上海法院确认香港判决，确认美国债券持有人的主张》提道："上海金融法院的判决将对所有涉及维好协议的债券市场交易产生重大影响，不过需要注意的是，每个案件都要看自身的事实和维好协议中的措辞，因此不能一概而论，要具体情况具体分析。"该分析称："该判决为那些投资于数十亿美元跨境债券市场的投资者带来了期待已久的指引。"本案例分析目前已收录于 Lexology 数据库。英国一线知名律师事务所 Linklater（年利达）发布此案的案例分析，标题为《中国法院认可了与维好协议有关的香港法院缺席判决》，强调中国内地法院这一裁判结果意义重大。因为中国企业离岸债券发行中常常被用作增信的"维好协议"，存在众所周知的风险。违反"维好协议"通常不会引起直接债务索赔，而只会引起违约损害赔偿的索赔。此外，"维好协议"的有效性此前从未在中国法院接受过检验，中国法院将如何处理根据"维好协议"提出的索赔，一直存在不确定性。美国艾金·岗波律师事务所（Akin Gump Strauss Hauer & Feld LLP）也发布了案例分析《中国维好协议支持债券的持有人离法律确定性更近了一步?》，强调上海金融法院的判决值得仔细研究——这一进展表示中国法院在认可"维好协议"效力方面迈开重要一步。本文认为，上海金融法院的裁判是一个值得欢迎的进展。"维好协议"架构下的中国企业离岸债券持有人，拥有了更多的谈判筹码。

通道类信托业务中受托人外部责任的司法认定

——上诉人吴某与上诉人华澳国际信托有限公司财产损害赔偿纠纷案①

朱颖琦*

【裁判要旨】

在被动管理型信托业务中，信托公司虽主要依据信托合同约定履行相应义务，但其在以自身名义独立从事信托管理事务时，仍应尽到合理注意义务。信托公司作为专业的金融机构，在明知委托资金系属私募募集资金的情况下，更应当审慎回应委托人提出的明显不合理的要求。尽管犯罪分子的集资诈骗行为是投资者损失的根本和主要原因，但信托公司在开展单一资金信托业务中明知信托资金源于社会募集，未对犯罪分子借用其金融机构背景进行资金募集的行为采取必要防控措施，也未对社会投资者作相应警示；信托存续期间内，信托公司曾出具内容明显虚假，足以误导案外人的《项目风险排查报告》，客观上促成了犯罪分子的集资诈骗行为，对投资者被骗受损负有一定责任，故信托公司应当根据其过错程度，承担相应的侵权损害赔偿责任。

---

① 本案入选2020年全国法院十大商事案例、上海法院2020年度"四个一百"精品案例、2020年度上海市高级人民法院参考性案例（107号）。

* 法学硕士，上海金融法院综合审判一庭副庭长。

【案号】

一审:上海市浦东新区人民法院(2018)沪0115民初80151号

二审:上海金融法院(2020)沪74民终29号

【案情】

2013年6月,上海寅浔投资管理中心(有限合伙)(以下简称上海寅浔)与华澳信托公司签订《单一资金信托合同》(以下简称《信托合同》),约定上海寅浔指定将信托资金由受托人华澳信托公司管理,用于向浙江联众建设有限公司(以下简称浙江联众公司)发放贷款。信托资金金额为2.8亿元。2013年6月至8月,上海寅浔以"浙江联众杭州保障房投资基金项目"为名向社会公众募集资金,吴某认购100万元,约定项目期限为24个月,每半年分配投资收益,项目结束返还本金。后华澳信托公司与浙江联众公司签订《流动资金贷款合同》发放贷款。基金到期后,上海寅浔未向吴某返还本金。经查,吴某的投资款100万元被上海寅浔执行事务合伙人委派代表陈某某等人用于归还案外人辽阳红美置业有限公司(以下简称辽阳红美公司)股东的对外债务。

2018年6月29日,被告人陈某某、王某等被判决犯集资诈骗罪。刑事判决认定:陈某某系浙江联众公司实际控制人,并通过王某成立并控制上海寅浔等7家有限合伙企业。2013年年初,陈某某、王某等人伪造虚假财务报告与保障房项目资料,合谋确定信托融资方案。陈某某等人与华澳信托公司在2013年6月签订了《信托合同》以及相关《贷款合同》《保证合同》,约定上海寅浔作为委托人,将资金交付受托人华澳信托公司,华澳信托公司再作为贷款人将资金贷款给借款人浙江联众公司,辽阳红美公司作为保证人为浙江联众公司提供连带责任保证担保。2013年6~8月,王某使用上海寅浔等有限合伙企业的名义,以年化利率9.5%~12.5%的高额利息为诱,向社会不特定公众销售"浙江联众杭州保障房投资基金项目",非法集资2.8亿余元。该款项通过华澳信托公司再贷款给浙江联众公司。浙江联众公司收到后,主要用于归还辽阳红美公司股东的对外债务。至案发,公众投资人尚有2.3亿余元经济损失未挽回。

吴某等投资者向人民法院起诉要求华澳信托公司承担侵权赔偿责任。双方围绕通道类业务中信托公司的义务与责任展开辩论:

华澳信托公司认为,通道业务属于被动管理型信托,信托公司系依照委托人指令发放贷款,不对项目作实质性尽职调查,无义务对信托资金进行监管,更不保证全部收回信托贷款或刚性兑付。投资者损失系因犯罪分子集资诈骗,并将吸收的存款肆意挥霍造成的,与信托公司无关,故不应承担任何责任。

投资者则认为,信托公司对信托资金的监管负有全面责任。投资者系基于对华澳信托公司的信赖而进行投资,华澳信托公司对此明知。华澳信托公司在信托存续期间曾出具内容虚假的中期报告误导投资者,没有对信托项目进行有效监管,导致损失,华澳信托公司应全额承担赔偿责任。

法院经审理认为,吴某与华澳信托公司之间并无投资、信托等直接的合同关系,犯罪分子陈某某等人的集资诈骗行为是吴某等投资者损失的根本和主要原因。华澳信托公司在信托合同项下仅有事务管理性义务,不承担投资风险。但华澳信托公司展业中明知信托资金源于社会募集,未对犯罪分子借用其金融机构背景进行资金募集的行为采取必要防控措施,也未对社会投资者作相应警示;信托存续期间内,华澳信托公司曾出具内容明显虚假、足以误导案外人的《项目风险排查报告》,客观上促成了犯罪分子的集资诈骗行为,对吴某等投资被骗受损负有一定责任。华澳信托公司开展信托业务中的过错行为在一定程度上造成了投资者吴某损失,而吴某同时系相关刑事判决的被害人,其民事权利可先通过刑事追赃、退赔方式得以保障,故判决:华澳信托公司应就投资者刑事追赃程序追索不成的损失在其投资本金损失20%的范围内承担补充赔偿责任。

【评析】

通道类信托业务是我国金融实践的产物。从2008年起,基于融资需求和金融机构业务发展的需要,银信、证信、基信合作等各类通道业务迅速崛起,业务量不断加大,几乎占据了中国信托业的半壁江山。[①] 通道类信托并不是一个法律概念,一般是指资金端和项目端两头由商业银行或指定的第三方主导,信托公司出借其金融牌照,在信托项目中只起到通道作用的融资活动。从业务模式上讲,它似乎偏离了信托业"受人之托,代人理财"的主业,其权利义务设置也与传统信托法的原理有悖,故监管部门对其合法合规性一直抱以谨慎态度。实践中,随着通道类信托业务的高速增长,后又受经济增速放缓及下行的影响,部分通道业务出现无法兑付的情况,有的还因资金被犯罪分子利用挥霍而最终引发群体性纠纷,信托公司作为通道业务的受托人面临外部投资者的民事追责,其所应承担的责任边界也成为当前形势下令人关注的法律问题。

本案中,投资者矛头直指提供通道服务的信托公司,而信托公司、信托行业则联名高呼其从未也不应在通道类业务中实质承担风险与责任。审理中,各方对于通道类业务法律性质、受托人权责义务等展开激烈争论,案件引发信托行业及金融法律界的高度关注。正值此时,最高人民法院在2019年11月发布《全国法院民商事审判工作会议纪要》,对信托通道类业务的法律关系及权责认定标准作了梳理与总结。2020年6月,上海金融法院对上述案件作出二审判决,成为上海市首例判决信托公司在通道类业务中对外部投资者承担相应赔偿责任的案件,对于合理界定通道类信托中各方责任,配合金融监管政策规范与约束信托公司展业行为具有积极作用和典型意义。本案首先引发的问题是,信托公司在通道类业务中究竟应当承担何种义务,是否需要承担我国《信托法》项下受托人对信托财产的全面管理义务?这一问题涉及对通道类信托业务法律性质的分析。

一、通道类信托业务的法律性质辨析

对通道类信托业务法律性质的理论纷争由来已久,实践中对通道业务能否被认定为信托法意义上的信托种类,也存在争议。

第一种观点认为,通道类信托业务中委托人与受托人之间不再是信托关系,而应属于委托关系或其他民事法律关系。通道类信托业务中受托人完全是按照

---

① 截至2018年6月中旬,根据中国信托业协会发布的业务数据报告显示,整个信托行业信托资产为256,130.60亿元,其中事务管理类信托占信托业务的59.12%,融资类占比为17.28%,投资类占比为23.6%。资料来源:中国信托业协会,http://www.xtxh.net/xtxh/,2018/7/24。

委托人的指令进行操作,受托人的管理权、处分权受到极大的限制,同时受托人不承担实质性的管理义务。因此,通道业务更像是委托贷款,不再具有信托属性。

第二种观点认为,通道类信托业务仍属信托关系,应当严格按照我国《信托法》确定受托人的义务。根据民法学者的界定,受托人义务是《信托法》施加给受托人为实现委托人意愿和受益人利益而实施一定行为的法律拘束。① 信托关系设立后,信托公司应当确保信托财产独立性,信托公司对于信托财产所投项目的尽职调查、信托产品的推广和销售、信托存续期间的事务管理、信托到期后的清算和收益分配等负有全面管理的责任。受托人的谨慎管理义务是不能被约定排除的。

此种观点在诉讼经常被引用,在东阁服务有限公司等诉安信信托股份有限公司营业信托纠纷案②中,一方认为,安信信托公司将信托资金交给新陵公司用于公路建设,属于信托资金的投资运用。安信信托公司作为受托人应当承担谨慎义务,即对新陵公路项目应当有审查义务,受托人的管理行为给信托资金造成了损失,这种情况下认定受托人没有过错,违背《信托法》的基本原理。③ 本文所举案例中亦存在此种观点,审理中,部分投资者的代理人提出,即便是通道业务,信托公司对于接受委托人指令发放企业流动资金贷款应当仍有监管义务,应全面监控流动资金贷款的各项用途、金额并最终对该信托财产进行清算核查,而并非仅是对贷款一放了之。

第三种观点认为,通道类信托业务属于事务管理类信托,仍是信托关系的一种,受托人的义务由信托文件及委托人指令决定,并不必然负有全面义务。该种观点认为,受托人核心义务仅是基于信托基本原理而产生的指引受托人义务履行的基本原则,具有高度的抽象性,不能直接运用于具体信托实践。④ 通道类信

---

① 参见刘继虎、王巍:《受托人义务的若干基本理论研究》,载《武汉大学学报(哲学社会科学版)》2006年第4期。

② 详见上海市第二中级人民法院民事判决书,(2010)沪二中民六(商)终字第231号。2004年11月,太原光大银行以其实际控制的公司名义委托安信信托公司给新陵公司发放信托资金8000万元用于公路建设项目。但实际信托资金用于公路建设仅为5350万元,剩余资金被挪用。

③ 参见何宝玉:《信托法案例评析》,中国法制出版社2015年版,第221页。

④ 参见李彧:《论通道类信托对受托人亲自管理义务的免除——基于客观目的解释的分析》,载陈金钊、谢晖主编:《法律方法》第20卷,山东人民出版社2016年版,第329页。

托业务中,受托人的事务性管理主要表现在按委托人指令,提供相应的管理服务。

笔者认为,辨析通道类业务的法律关系性质,应当从其实际特征出发。总体而言,通道类业务的核心特征可以概括为三个方面:一是委托人自主决定信托设立、信托财产运用对象、信托财产管理运用处分方式等事宜;二是委托人自行承担信托风险;三是受托人仅提供必要的事务协助或者服务,不承担信托财产管理职责。[①] 由此,从通道类业务的上述特征来看,以上第二种观点是不可取的。在通道类业务中,受托人不承担信托财产的管理职责是其典型特点,也系委托人与受托人自愿合意的内容,在信托文件中一般均有体现。法律并未强制要求受托人对信托事项采取某种特定的管理义务。换句话说,受托人承担的管理职责之大小轻重,可由当事人根据信托事务的内容来确定。此外,笔者亦不同意把通道类信托业务的法律性质归于委托关系。我国《信托法》第 2 条规定,信托是委托人基于对受托人的信任,将其财产权委托给受托人,由受托人按委托人的意愿以自己的名义,为受益人的利益或者特定目的,进行管理或者处分的行为。从通道类业务各方签订的法律文件内容来看,各方约定的权利义务并不与信托之定义相悖,且从信托财产独立性以及受托人以自己的名义按委托人的意愿对特定财产进行管理和处理的特征上看,通道类信托业务也符合上述特征。因此,一味要将当事人签订的信托合同认定为委托合同,确实并无合理理由。

笔者认同通道类信托业务属于事务管理型信托的观点,根据中国信托业协会对于事务管理类信托的定义,事务管理类信托是指委托人交付资金或财产给信托公司,指令信托公司为完成信托目的,从事事务性管理的信托业务。就通道类信托来说,信托公司并非承担代人理财、实现财务增值的积极信托职责,而是处理如贷款、收款等事务性业务。事务管理类信托的核心在于利用信托灵活的交易结构安排及信托财产独立性带来的风险隔离和破产隔离等制度优势,为不同的委托人提供符合其需求的、个性化的事务管理服务。在世界各国,家族信托、遗嘱信托、不动产信托、股权代持信托、收益权信托等种种类型的信托业务,均带有事务管理型信托的特征。值得一提的是,我国 2020 年新颁布的《民法典》

① 参见最高人民法院民事审判第二庭编著:《〈全国法院民商事审判工作会议纪要〉理解与适用》,人民法院出版社 2019 年版,第 488 页。

已经明确规定自然人可以依法设立遗嘱信托,在原有《信托法》的基础上进一步丰富了家族财富传承管理的法律方式。而遗嘱信托,一般包括执行遗嘱和管理遗产两大类业务,其中大量涉及清理遗产、收取债权、清偿债务、税款及其他支付、遗赠物分配、遗产分割等事务性的内容,管理内容必然取决于委托人的指令和信托文件的约定,非法律所强制规定,也绝非委托关系能简单涵盖。由此,否认事务管理型信托的信托法种类,不符合理论与社会实践的发展需要。

另外,监管层面对部分通道类信托业务的监管甚至禁止,不影响对其法律性质的界定。2018 年《中国人民银行、中国银行保险监督管理委员会、中国证券监督管理委员会、国家外汇管理局关于规范金融机构资产管理业务的指导意见》(银发〔2018〕106 号)(以下简称《资管新规》)禁止金融机构为其他金融机构的资产管理产品提供规避投资范围、杠杆约束等监管要求的通道服务。当然《资管新规》规定了截至 2020 年的过渡期,目前还有延长趋势。与之相适应,最高人民法院在《全国法院民商事审判工作会议纪要》中对通道类业务也作出相向而行的表态,该纪要第 93 条规定,对通道类业务,应当按照《资管新规》第 29 条明确的"新老划断"原则,将过渡期设置为截至 2020 年年底,确保平稳过渡。尽管如此,监管部门对通道类信托业务合法合规性的质疑立足点在于此类业务存在规避监管政策、掩盖风险之嫌,而并非对它的信托法律构造进行否认。在司法实践中,承认通道类信托业务的信托属性,明确其类型范围,更有利于理顺各方当事人的法律关系,合理界定委托人与受托方的责任,也有助于对经营该类业务的信托公司提出规范性要求与约束。最高人民法院在《全国法院民商事审判工作会议纪要》中亦明确"委托人与受托人之间的权利义务关系,应当依据信托文件的约定加以确定"。这实际上否认了要求受托人承担传统信托理论中受托人义务的观点。同时,该纪要对通道业务的定义,不乏"仅提供必要的事务协助或者服务""不承担主动管理职责"等措辞,也体现了采用事务管理类信托的观点。笔者认为,最高人民法院在通道类业务中受托人权责划分的问题上采取了较为积极务实的态度。

二、当前背景下信托公司承担外部责任的原因及方式

前文所述,通道类业务中受托人的义务系依据信托法律文件所确定。而通道类业务的法律文件中一般会明确约定受托人按委托人指令行事,不承担实质

性的管理职责,故信托公司在信托合同项下的风险不高。实践中,大部分以信托合同关系为请求权基础的案件,均未判决信托公司承担损失责任。① 本文所指受托人的外部责任,是相对于其内部责任,即受托人在信托法律关系中的责任而言的,主要是指信托财产的出资者(非委托人)因投资受损而向信托公司主张的民事责任。近年来,随着投资风险的增加,通道类业务背后所隐藏的风险也日渐显现出来:部分产品因刚性兑付、层层嵌套引发兑付危机,而此时投资者往往无法判断谁是真正的责任主体;有的通道业务被犯罪分子利用,成为非法集资的温床,在基信合作类通道业务中,私募基金管理人借助信托产品募集资金,又通过通道业务主导资金流向,实际产生非法集资的效果,资金被犯罪分子挥霍后,投资者往往血本无归,转而诉向信托公司,引发群体性纠纷。当风险爆发,各个机构参与竞争通道项目时的激情不再,取而代之的则是责任与义务的纠缠。② 相较于一般市场主体,信托公司因其金融机构身份而成为争相寻求刚兑或追责的对象。实践中,导致信托公司被追责原因主要如下:

第一,资金募集时借用了信托公司的金融机构背景。信托公司虽仅为资金流通提供了通道,不负责资金募集,但实践中,基金、理财计划的管理人往往借用信托公司的金融机构背景进行宣传销售。如本案中,私募基金在募集时对外宣传载明的产品类型为“华澳信托联众单一资金信托贷款有限合伙基金”,基金成立公告的表述是“感谢您投资由杭州中楚实业有限公司担任执行事务合伙人发起设立的‘浙江联众杭州保障房投资基金项目’,本项目对接《华澳信托浙江联众贷款项目单一资金信托计划》”,此类名称和措辞往往使普通投资者产生误解和联想,许多投资者一度认为其系直接认购信托产品。他们认为,华澳信托公司作为国有背景的持牌金融机构,具有相当的专业能力和资金实力,故投资预期回报是有保障的,但他们并未注意到信托公司仅仅为资金流通提供了通道,连最基本的尽职调查义务都没有。

第二,资金募投时依托了信托产品的外形。通道业务多以“单一资金信托”的形式出现,但也不乏“集合资金信托计划”的外在形式,投资者较难区分信托公

① 参见甘孜州农村信用联社股份有限公司诉四川科亨矿业(集团)有限公司合同纠纷案,(2017)最高法民终880号;北川羌族自治县农村信用合作联社、天风证券股份有限公司合同纠纷案,(2018)最高法民终1209号。

② 《基金子公司通道业务迷途:利益分配理不清》,载《上海证券报》2014年9月11日,第7版。

司在其中扮演的角色。例如,中诚信托诚至金开1号集合信托计划一案[1]中,该信托计划共募集30.3亿元人民币,指定工商银行为托管行、代销方,其中30亿元为优先级信托收益权,由工商银行向社会公众发售,涉及投资者共700多人,银行收取4%的发行费,3000万元为一般级信托收益权,由振富集团的实际控制人认购,该信托计划是到期回购类债权融资,信托资金用于振富能源公司的煤炭整合项目,以股权方式将信托资金注入,信托计划持有振富集团49%的股份。上述投资实为高风险的股权投资,本应由合格投资者以私募的方式或由专业理财的信托公司进行风险管理,但真实的情况是,中诚信托公司在其中仅作为通道方,并不实际承担资金的管理和运作,此中风险不言自明。

第三,资金管理时利用了信托公司的背书。通道类业务中信托公司仅根据委托人的指令完成事务性工作,对项目一般不承担尽职调查的义务。但在实践中,有信托公司在项目存续期间配合委托人的需求草率出具证明文件,如《项目中期报告》《项目推介书》,这些文件虽然是形式性的,有的甚至是内部的、不公开的,但事后往往发现它们被用以欺瞒投资者。例如,上述中诚信托在诚至金开1号集合信托计划项目推介书中称"该信托第一还款来源为振富能源拥有的位于山西的神宇煤矿、黄草沟煤矿以及内蒙古杨家渠煤矿的预期收益。按市场估算,振富能源的采矿权价值超过100亿元"。但实际上振富集团用来还款的5家煤矿并没有全部持有采矿产权证。[2] 本案中,华澳信托公司也存在出具虚假证明的情况。

实践中,投资者与信托公司之间的法律关系一般分两种情况:一种是投资者通过购买商业银行理财产品或私募基金份额形成委托资产,由基金管理人或理财产品投资顾问与信托公司之间签订信托合同,此时投资者与信托公司之间不存在直接的合同关系。另一种是投资者购买信托产品份额以形成集合资金信托计划,但与信托公司签署的信托合同中明确约定为通道业务,实际主导项目的另有其他主体,甚至有的信托合同约定主导项目的第三方为委托人的指令发出人,信托公司不负责信托资产的实质管理。此时投资者虽直接与信托公司签署合同,但亦无法通过要求信托公司承担违约责任来实现权利。由此,实践中,实际

---

① 《中诚信托"诚至金开1号"兑付危机思考》,载中国信托网,http://www.xintuoshop.com/news/133.html,最后访问日期:2018年7月24日。

② 同上。

投资者要求信托公司承担责任的方式只能是侵权责任,即要求信托公司承担损害赔偿责任,而认定信托公司是否构成侵权应从一般侵权行为的构成要件进行分析。

三、信托公司在通道业务中所负侵权责任的认定标准

(一)过错及因果关系的判断

从一般侵权行为的构成要件来看,投资者均遭受了经济损失,故损害后果自不待言,应予认定。至于侵权行为,诉讼中原告所主张的信托公司疏于管理、未尽职责甚至弄虚造假等各种事实均属于行为范畴。问题的关键在于过错和因果关系的具体认定,即信托公司是否存在主观过错,信托公司的违规行为可否成为判断过错的考虑因素,行为与投资者损失之间是否具有直接因果关系。本文认为,审判实践中对此应当根据案件事实进行具体分析,并适当结合我国通道类业务发展的现状背景和监管政策。一般而言,以下因素值得考量:

第一,信托公司在开展通道业务时是否审慎经营,合理预见集资风险,采取必要防控措施。信托公司作为持牌金融机构,不仅了解市场行情,还具备专业水准,应审慎开展业务。所谓开设通道与人方便,应警惕维护通道之必要安全。本案中,当时华澳信托公司内部确有审查委托人资金为自有资金的规范要求,但实际展业时经办人员却对此视而不见。委托人上海寅浔为一家有限合伙企业,符合合伙型私募基金的法律特征,华澳信托公司对此资金募集形式必然有充分认识。犯罪分子在募集资金时利用华澳信托公司的金融机构背景进行宣传招揽,华澳信托公司对委托方借用其名号进行销售的事实抱有放任的心态。公安机关的调查显示,华澳信托公司当时参与该单一信托项目的负责人员曾接到投资者的致电征询,但其未作适当解释。华澳信托公司在掌握较多资金与项目信息、知晓自身与项目投资风险关联度的情况下,未对犯罪分子借用其金融机构背景进行资金募集的行为采取必要防控措施,也未对社会投资者作相应警示,客观上促成了犯罪分子的集资诈骗行为,对投资者投资被骗受损负有一定责任。

第二,信托公司在开展通道业务时是否秉持诚信,是否存在弄虚作假之情形。尽管通道业务中,信托公司系根据委托人的指令提供事务管理服务,不对借款人和信托资金运用的项目作实质性尽职调查和审核,但无义务为之不代表可

以随意为之。信托公司仍有义务秉持诚信,对其所出具的任何文件的真实性负责。本案中,信托存续期间,华澳信托公司在不负有尽职调查之合同义务的情况下,应委托人要求向犯罪分子王某等人出具了《项目风险排查报告》,该报告称:流动资金项目的资金用途经运营部确认无异常,用款符合合同约定……浙江联众公司经营状况良好,工程建设进展顺利,财务状况稳定……辽阳红美置业作为本项目担保方运营正常,还款能力也较强,也能较好地保障信托计划本息的安全。从事后查实的结果看,《项目风险排查报告》内容明显虚假。信托公司在被动管理型信托业务中,仍应尽到合理注意义务,特别是在明知委托资金系私募募集资金的情况下,更应当审慎回应委托人提出的明显不合理的要求,而不是在未经调查的情况下出具没有任何事实依据的《项目风险排查报告》。华澳信托公司出具的《项目风险排查报告》虽为内部资料,但最后证明被犯罪分子所利用。投资者从委托人处看到《项目风险排查报告》,有理由相信该投资项目受到了信托公司的监管和核查。因此,华澳信托出具虚假调查报告的行为客观上起到了蒙骗投资者的作用,应对投资者投资被骗受损负有一定责任。

第三,信托公司在开展通道业务时是否依法合规。多年来,监管部门从各自专业出发对通道类业务进行了一系列的规范。这些规范性文件虽多以通知、指引的形式作出,效力层级不高,但金融机构在展业中是否认真遵循监管层面的规范仍是诉讼中判断其过错的重要因素。例如,监管文件中要求受托人对委托资金的来源进行核查,区分自有资金和募集资金;要求受托人对委托人的资质、信用状况、管理能力和风控水平进行尽职调查;还要求受托人完善内部管理机制,加强人员管理。如果事后查明受托人未作充分调查,或调查流于形式,内部管理混乱,那么有可能会认定信托公司未尽到合规审查义务,违反了审慎经营规则。

(二)责任形态、责任序位及责任范围

认定信托公司侵权责任的另一个难点是责任划分问题。一般来说,信托公司的侵权行为并非造成投资者损失的主要原因,主导投资业务一方实施违法经营、侵害投资者利益行为才是主要原因。因此,对信托公司责任的认定需要考虑共同责任的形态,这是法官在裁决民商事案件时遇到的常见问题,其实质是如何确定各责任人的责任性质、责任序位和责任范围。目前,法律规定的基本责任形态有连带责任、按份责任,部分司法解释又规定了“相应责任”和“补充责任”。

补充责任属于相应责任的一种，两者均为司法实践发展的产物，解决了实践中许多难以简单划分责任形态的问题。

笔者认为，通道类业务中信托公司与直接责任主体之间并非连带责任关系，因为双方不存在共同故意的侵权，且信托公司的侵权行为不能单独造成损害结果。同时，他们也不是区分过错大小的按份责任关系，因为各自的侵权行为是分层次的，直接责任主体应负全部责任，不因切割比例而降低其责任。由此，本文认为，尽管没有法律、司法解释的直接依据，但信托公司承担责任的形态应系补充责任，因为其更接近于现有部分司法解释认定补充责任的情形。首先，它可能类似于不同层次的侵权责任划分之情形，如《最高人民法院关于审理人身损害赔偿案件适用法律若干问题的解释》中经营者违反安全保障义务致人损害，对侵权行为人所承担的侵权赔偿责任承担补充赔偿责任的规定。信托公司与直接责任主体亦属于不同层次的侵权行为。其次，它可能类似于合同债务与第三人侵害债权责任划分之情形。例如，《最高人民法院关于会计师事务所为企业出具虚假验资证明应如何承担责任问题的批复》写明，损害当事人合法权益时，应当先由债务人承担债务，不足部分再由会计师事务所在其证明金额范围内承担赔偿责任的规定。通道类业务中，在直接责任主体根据合同约定向投资者承担违约责任的基础上，信托公司承担补充责任。另外，还类似于无效合同各当事人的不同责任。例如，《最高人民法院关于审理存单纠纷案件的若干规定》关于以存单为表现形式的违法借贷，先由用资人承担偿还责任，不能偿还部分再由金融机构承担赔偿责任的规定。本案中，犯罪分子的集资诈骗行为是造成投资者损失的根本和主要原因，华澳信托公司的行为客观上起到了欺骗投资者的效果，投资者可根据生效刑事判决通过追赃程序向犯罪分子追索其全部损失后，在追索不成的情况下，由华澳信托公司承担补充责任。

另外，补充责任还分为全额责任（全部责任）、限额责任（部分责任），应根据相关当事人的法律关系、损失与行为的因果联系以及各责任人的过错大小、主张权利一方自身的过错来确定责任比例。具体到本文开头案例，吴某等投资者并没有直接投资华澳信托公司发行的信托产品，在进行投资时没有甄别清楚其投资标的，没有充分了解自身所投资产品的交易对手和交易风险，过于轻信他人的推荐，片面追求收益而漠视投资风险，自身亦存在一定过错，故应承担相应责任。责任比例的认定属法官自由裁量，法院最终判令华澳信托公司承担20%的补充赔偿责任。

四、结　　语

通道类信托是依托我国特定发展时期经济法律制度土壤自发而成的业务类型。面对该业务衍生的纠纷,司法裁量宜顺应宏观监管政策之大势所趋,本着客观务实的态度,正视当事人之合意。在权责划分上,应明确通道方的事务管理性职责,合理界定其审慎经营的边界,从而积极回应投资者诉求,促成行业健康发展。

ISDA 协议中终止净额结算条款的性质认定

——上诉人张家口联合石油化工有限公司与被上诉人渣打银行(中国)有限公司金融衍生品种交易纠纷案①

孙　倩*　翟　爽**

【裁判要旨】

在掉期交易中,交易双方对具体违约责任触发交易提前终止的合约安排,实质上属于继续性合同的约定解除。国际掉期与衍生品协会(International Swaps and Derivatives Association, ISDA)制定的整套标准化文件为场外衍生品交易提供了适用于国际市场的标准化合约,其确立的净额结算制度等相关规则在国际衍生品交易中被广泛采用,并为交易参与方所熟知。因此,若交易协议中实际采用了 ISDA 主协议的相关规定,则应当认为,交易各参与方对协议中所列违约责任的承担具有一定的预期,可以依据终止净额结算条款计算违约损失。

【案号】

一审:上海市浦东新区人民法院(2019)沪 0115 民初 25676 号

二审:上海金融法院(2020)沪 74 民终 533 号

---

① 本案入选上海法院涉外金融纠纷典型案例。

* 法学硕士,上海金融法院综合审判一庭法官。

** 法律硕士,上海金融法院申诉审查及审判监督庭法官助理。

【案情】

2011年9月15日,渣打银行(中国)有限公司(以下简称渣打银行)与张家口联合石油化工有限公司(以下简称张家口石化公司)签订ISDA2002主协议及其附件。2014年3月7日,双方签订《布伦特原油—买入绩效互换》及对应的《交易确认书》,约定就布伦特原油开展互换交易。同日,渣打银行就布伦特原油价格跌破执行价格的亏损风险等向张家口石化公司进行说明,张家口石化公司最终确认进行系争交易。相关协议签订后,渣打银行与张家口石化公司依约履行了4期互换交易。2014年5月28日、2014年9月17日,渣打银行与张家口石化公司的授权交易员通话,就系争交易向其提示油价下跌风险。张家口石化公司均表示了解且希望按原约定3月的交易条款执行。2014年11月11日,张家口石化公司出具《关于终止布伦特原油—买入绩效互换的函》,要求提前终止协议,否认2014年11月10日后互换交易的效力,并表示不再承担11月10日后的损失。2014年11月27日,渣打银行向张家口石化公司发出《提前终止通知》,指定2014年12月2日为主协议项下所有未完成交易的提前终止日。2014年12月3日,渣打银行向张家口石化公司发出《提前终止金额计算报告》及其附件,要求张家口石化公司支付提前终止款项加上到期应付的利息。

因索赔未果,渣打银行诉至法院,要求张家口石化公司支付互换交易项下欠付的提前终止款项1,328,560.97美元及律师费人民币20万元。上海市浦东新区人民法院作出(2019)沪0115民初25676号民事判决,判令张家口石化公司支付渣打银行互换交易项下欠付的提前终止款1,305,777.97美元及利息;驳回渣打银行其他诉讼请求。张家口石化公司不服,提起上诉。上海金融法院维持一审法院关于支付提前终止款和驳回律师费的判决内容,并基于渣打银行自愿放弃利息诉请而对一审其他判决作出相应变更。

【审判】

法院生效裁判认为,本案的争议焦点主要集中在以下三个方面:第一,涉案交易协议是否成立并有效;第二,上诉人张家口石化公司发函终止协议是否构成违约;第三,终止净额结算条款的性质为何及如何计算。

一、涉案交易协议的效力

上诉人张家口石化公司上诉称,被上诉人渣打银行未尽到适当性义务,未将合适的产品销售给适合的消费者。上海金融法院认为,所谓金融消费者,是指为满足个人或家庭生活消费需要、购买金融机构金融产品或接受金融服务的自然人。卖方机构在向金融消费者推介、销售高风险等级金融产品中必须履行了解客户、了解产品、将适当的产品(或者服务)销售(或者提供)给适合的金融消费者等义务。本案中,张家口石化公司作为经营油类产品的企业,进行涉案衍生品交易,并非出于个人或家庭消费需要,不属于金融消费者的范畴,故对其该项上诉理由,不予支持。

虽然上诉人张家口石化公司不属于金融消费者,但基于金融衍生品交易的复杂性和其自身所隐含的风险,金融机构在与客户缔约时也应评估交易对手的适合度,并向客户充分披露风险。在案证据显示,张家口石化公司从事油类销售业务,基于我国国内油价与国际油价的接轨制度,国际油价波动对国内油类销售业务可能产生影响,故该公司具有与涉案交易直接相关的基础资产。张家口石化公司还签署了《风险确认》,确认其已基于自身判断对是否订立交易以及交易是否合适或适当作了最终决定,渣打银行已充分披露了协议和交易的风险,张家口石化公司已阅读上述风险警告,完全明白可能因交易和协议引起的全部风险,包括但不限于最差情况下其潜在的损失,同时,还确认其具有与本交易直接相关基础资产或基础负债,进行本交易的目的是对冲或避险。故被上诉人渣打银行在缔约过程中已履行了相应的客户审查及风险提示义务。

在涉案产品设计的公平性问题上,衍生品交易是合同当事人对未来的不确定性进行博弈,在金融机构对产品交易结构、蕴含风险进行充分揭示的情况下,当事人应对交易过程中可能产生的收益或亏损有一定的预期,并在此基础上自主作出商业判断。同时,作为风险管理工具,衍生交易下的盈亏与现货交易中的损益之间存在对冲关系,故也不应仅从涉案交易本身的盈亏判断合同的公平性。

综上分析,涉案交易协议系双方当事人真实意思表示,并不违反法律、行政法规的禁止性规定,已经成立并合法有效,当事人均应恪守合同约定。

二、上诉人张家口石化公司发函终止协议是否构成违约

上诉人张家口石化公司主张,其要求终止的2月的交易条款,因其并未生效,该行为并不会导致3月的交易条款的直接终止。上海金融法院认为,有相对人的意思表示的解释,应当按照所使用的词句,结合相关条款、行为的性质和目的、习惯以及诚信原则,确定意思表示的含义。从张家口石化公司《关于终止布伦特原油—买入绩效互换的函》的具体内容看,函中虽将协议签署时间记载为“2月18日”,但同时也明确表示,认同并履行2014年11月10日以前的合约约定,2014年11月10日之后的协议不再生效,故其目的在于终止正在进行的互换交易,否定剩余3期互换约定的效力,而非要终止一份未生效的协议。现双方当事人对实际履行的协议为3月的交易条款并无争议,故张家口石化公司向渣打银行出具此函应理解为要求终止3月的交易条款,构成主协议第5(a)(ii)(2)条项下的违约事件,渣打银行得依据第6(a)条约定享有违约事件发生后提前终止之权利。

三、终止净额结算条款的性质和计算

ISDA主协议第6(e)(v)条约定:“按第6(e)条支付之款项系对亏损之合理预先估计而非违约金。支付该数额之目的系为补偿交易之未能实现及保障未来损失之风险。”在掉期交易中,交易双方对具体违约责任触发交易提前终止的合约安排实质上属于继续性合同的约定解除。违约事件下提前终止应付额包括终止款项和未付款项两部分,其中未付款项的清偿属于对已发生并确定之债务的履行,而提前终止款项即为交易违约方在合同解除后对非违约方应承担的违约责任,也就是赔偿非违约方因交易提前解除而遭受之损失。

我国原《合同法》第113条第1款规定:“当事人一方不履行合同义务或者履行合同义务不符合约定,给对方造成损失的,损失赔偿额应当相当于因违约所造成的损失,包括合同履行后可以获得的利益,但不得超过违反合同一方订立合同时预见到或者应当预见到的因违反合同可能造成的损失。”ISDA主协议的出台为场外衍生品交易提供了适用于国际市场的标准化合约,并作为国际惯例和国

内行业规则在衍生品交易实践中被广泛采用并为交易参与方所熟知。因此,若交易协议中实际采用了 ISDA 主协议的相关规定,则应当认为交易各参与方对协议中所列违约责任的承担具有一定的预期。

根据 ISDA 主协议的规定,在违约事件发生后,非违约方应当以通知的形式,根据协议就所有受到影响的未到期交易指定一个提前终止日。不论有关的违约事件、终止事件是否仍持续,该提前终止日将于指定的日期生效,并以此提前终止日为基准,使相应的未到期交易被提前终止。本案中,渣打银行于 2014 年 11 月 27 日发出提前终止通知,并指定 2014 年 12 月 2 日为提前终止日,符合双方合同约定。

关于提前终止款项的计算方法,根据 ISDA 主协议第 14 条的约定,计算方将以诚实信用原则,并按合理之商业程序确定任何结算款项,以达到合理之商业效益。计算方可参考任何有关信息,包括但不限于第三方提供的有关替换交易之报价、第三方提供的相关市场数据资料等。本案中,渣打银行向行业内数家第三方咨询了有关替代交易的报价,并结合其他市场信息计算了提前终止款项。一审法院以市场报价的平均数作为提前终止款项计算的依据,并不违反双方合同约定,且低于渣打银行计算的金额,实际减轻了债务人的负担,可予维持。

【评析】

20 世纪 70 年代以来,金融衍生品迅猛发展。虽然金融衍生品的设计初衷是降低交易风险,但是用之不当,也会因杠杆效应而使风险成倍增加。本案所涉争议系因 2014 年国际市场原油价格暴跌,客户为止损提前解除金融衍生品合约而引发的违约纠纷。在案件审理中,法院充分遵循场外金融衍生品交易的自身特性和国际惯例,确认了提前终止净额结算条款的性质和效力,对类案裁判具有一定指引作用。

一、金融衍生交易之解构——具有独立价值的合约

(一)金融衍生品的概念及特征

按照各国及专业性国际组织之间达成的普遍共识,金融衍生品本质是一种

金融合约,是由远期、期货、掉期、期权四大基本种类合同单一或组合而成的金融工具,其价值与基础资产的价值密切相关。① 根据交易方式不同,金融衍生品可分为场内交易和场外交易。场内交易是指金融衍生品在集中的、有组织的交易场所中公开交易,其具有统一的、标准化的合同条款以及强制性的风险控制安排。场外交易是指不在固定的交易所内交易,而是由金融机构与客户之间或金融机构之间进行的一对一的私下交易,其合同条款基于交易双方的需求自主拟定。②

以上对金融衍生品的定义中包含了三个重要特征:一是合约性;二是派生性;三是价值独立性。

1. 金融衍生品的合约性

金融衍生品实际上就是约定交易各方权利义务的合同,合约性是其本质属性。本案所涉及的衍生品为掉期合约,是场外金融衍生品交易的一种,指双方私下达成协议,约定在未来的某一时间段内按照约定的价格、数量交换一系列标的物或现金流的合同。③

首先,金融衍生品合约是交易各方意思表示的外部表现。以场外金融衍生品交易为例,交易各方通过协商,对基础标的物种类、交易单位、交割时间、交易结构等内容达成一致的意思表示,并以书面协议的方式共同签署,至此交易各方正式达成合意,应恪守并履行合同的约定。在现实交易中,因场外金融衍生品内容复杂并且具有一定的规律性,ISDA 等行业组织为了节约交易方的协商成本,制定了一系列框架协议,作为国际惯例在场外交易中广泛使用。此时,交易方共同认可并签署的框架协议也可视为意思表示的外部表现。

其次,金融衍生品合约确定各方当事人的权利、义务关系。金融衍生品独立于基础交易之外,其本身是虚拟的存在,正是因为合约中关于各方当事人权利、

---

① 按照国际清算银行巴塞尔委员会和国际证监会组织发布的《衍生产品风险管理准则》的界定"广义上而言,衍生产品是一种金融协议,其价值取决于一种或多种基础资产或指数的价值";我国银保监会发布的《金融机构衍生产品交易业务管理暂行办法》的界定,"衍生产品是一种金融合约,其价值取决于一种或多种基础资产或指数";国际知名金融智库——30 人小组出版的《衍生品:实务与原则》报告中的定义为"衍生交易是一种价值取决于基础资产、参数或指数的合同"。

② 参见刘燕:《存款合同还是金融衍生品交易——汇丰银行"双利存款"案解析》,载《法律科学》2009 年第 3 期。

③ 参见刘燕、楼建波:《金融衍生交易的法律解释——以合同为中心》,载《法学研究》2012 年第 1 期。

义务的实际架构,使虚拟的金融衍生品有了现实意义。所以,为确保合约目的实现,应遵守约定行使权利或履行义务,否则将因违约而承担相应的责任。

2. 金融衍生品的派生性

首先,衍生品交易不以取得基础资产所有权为目标。虽然衍生品价值与基础资产价格或指标的变化息息相关,但并不一定以发生基础资产所有权转移的法律效果为目标,这是衍生品合约派生性特征的体现。以本案涉及的掉期交易为例,掉期合约派生于基础交易,但与基础资产的所有权无关,而仅与基础资产的价格等特征相关。因此,金融衍生品可以转化为不同时空、不同状态下的资产形式,满足金融参与者对其进行交易的目的。

其次,衍生品交易的盈亏与基础资产价格变动密切相关。金融衍生品实际是将风险转移和重新分配的金融工具,合约交易双方盈亏完全相反并且净损益为零,所以有观点认为“衍生品合约意味着当事人之间的对赌”,[①]以本案涉及的掉期交易为例:合约双方本着对于基础资产——原油在未来某时段价格走势完全相反的预估签订合约,在约定的时段内通过比较基础资产的市场价格与合约价格确定获利方。

3. 金融衍生品价值的独立性

金融衍生品之所以能够成为金融市场中最具有活力及影响力的金融产品,与其价值的独立性不可分离。

首先,金融衍生合约本身可以成为交易的标的,而不仅仅是约定当事人之间权利义务关系的载体。在衍生品合约的履行期到来之前,有潜在获利的一方当事人可以将合约转让,并收取对价,这实际上就是一种买卖合同关系,而此时的合同标的就是金融衍生合约本身。金融衍生品合约的价值性使其突破传统民商法中合同仅充当交易媒介的功能定位,成为交易的标的。也正因如此,在处理涉及金融衍生品合约的案件时,不能刻板套用合同法的理论,应结合衍生品合约的特殊性予以综合考量。

其次,金融衍生交易是资本独立参与市场竞争的缩影。因为金融衍生品的价值具有独立性,独立于基础资产的所有权而存在,所以与传统依附于实物交割

① 刘燕、楼建波:《金融衍生交易的法律解释——以合同为中心》,载《法学研究》2012 年第 1 期。

的交易方式不同,金融衍生交易更具有独立性。从历史上看,资本与所有权出现过三次剥离,每一次剥离都会驱使所有权更具流动性,资本更具竞争力。第一次剥离是工人与生产资料的占有及所有权相剥离,即劳动与生产资料的剥离,以便企业主控制生产,资本以公司的形式进行竞争。第二次剥离是所有权与生产的剥离,资本以股份制公司的形式进行竞争。金融衍生品则标志着资本所有权形式的发展进入第三个阶段,它使资本所有权从公司所有权中剥离出来,并且资本独立参与竞争。[①] 如今金融衍生品已深深嵌入资本市场肌理,其出现及盛行促进了资本在全球范围内快速流动,这也正是资本独立参与市场竞争的一个缩影。

(二)衍生品交易结构之特殊性

正如前文所述,以是否具有固定的交易场所为区分标准,衍生品交易分为场内交易和场外交易两种模式。无论是从交易组织形式还是合约类型来看,场内交易都更具标准化特征。与采用经纪商模式[②]进行标准化合约交易的场内交易不同,场外交易多采用双边协商或做市商的交易模式,[③]签订的合约也更具有个性化特征,因此场外交易对参与者的专业性要求更高,通常是大型企业机构、投资基金或金融中介机构,而个人投资者或信用级别较低的机构难以参与其中。

按照是否进行基础资产交割,金融衍生品交易可分为两种结构:一种是基础资产交割型,即直接在远期市场买入未来需要的原材料等,或出售未来生产的产品,并提前锁定可以接收到的价格;另一种是现货交易对冲型,即经营者通过签订与其出售的现货相同或类似但方向相反的衍生合约,由衍生合同结算的盈亏来抵消实际经营中的损失,从而控制自身的经营成本。

本案中的交易结构即为后者,将场外衍生品交易作为现货交易的对冲。具体而言,渣打银行与张家口石化公司签订 ISDA2002 主协议及其附件,并签订《布伦特原油—买入绩效互换》及对应的《交易确认书》,约定 2014 年 8 月 1 日至 2015 年 2 月 28 日(每月为一个计算期间)双方就布伦特原油开展互换交易,每个

① 参见[英]迪克·布莱恩、[澳]迈克尔·拉弗蒂:《金融衍生品——资本、货币与竞争》,韩乾、薛晓明译,北京大学出版社 2020 年版,第 66~70 页。

② 经纪商作为交易所的会员,接受客户关于买卖交易所上市的衍生品合约的委托指令并进行交易。场内市场在某些情况下也引入做市商制度,主要目的是提高合约的流动性。

③ 双边协商是指衍生品合约由双方自由协商确定,做市商模式指做市商会对一些常见衍生品合约进行报价,也回应客户的询价,在价格协商一致的基础上达成交易。

计算期间的名义数量为 2 万桶，总计 14 万桶。双方以每桶布伦特原油 93 美元为执行价格，以单个计算期间内每一定价日商品参考价格为评估价格，在每个计算期间的结算日就浮动金额结算如下：当评估价格等于或高于执行价格，渣打银行向张家口石化公司支付固定金额 2 万美元；当评估价格低于执行价格，张家口石化公司向渣打银行支付金额 =（执行价格 − 评估价格）× 名义数量。

本案原油的市场评估价若高于双方约定的 93 美元/桶执行价，渣打银行仅仅需向张家口石化支付 2 万美元的固定结算款，而一旦原油的市场评估价低于执行价，张家口石化公司需要支付巨额的结算款，单从涉案交易的盈亏来看，收益与风险不成正比，但金融衍生品合同及交易结构的特殊性不容忽视。

在涉案产品设计的公平性问题上，应以商业风险自担原则为判断标准。金融衍生品合同是当事人对未来的不确定性进行博弈，在金融机构对产品交易结构、蕴含风险进行充分揭示的情况下，当事人应对交易过程中可能产生的收益或亏损有一定的预期，并在此基础上自主作出商业判断。本案中，执行价 93 美元/桶系原告自己决定，是其基于相关行业经营经验对原油价格走势作出的预判。同时，作为风险管理工具，衍生交易下的盈亏与现货交易中的损益之间存在对冲关系。本案中，张家口石化公司在实际经营中需要采购原油现货，而原油价格的下跌，可使其在现货市场中获利，从而与涉案衍生合同形成对冲，故也不应仅从涉案交易本身的盈亏判断合同的公平性。

二、终止净额结算性质之剖析——继续性合同的约定解除

为降低市场参与者的协商成本，保护市场参与者的权益，ISDA 主持制定了一系列相关文件，其中 ISDA 主协议及其相关附件在目前国际金融衍生品交易中被广泛采用，其所确立的单一协议、瑕疵资产与净额结算这三大制度作为国际惯例，在维护国际金融衍生品市场稳定运行发面发挥了重要作用。

（一）终止净额结算制度的概念

净额结算又称轧差，是指交易各方对其之间的权利、义务进行合意冲抵。[①]

---

① 参见贾静：《国际金融衍生交易中净额结算的法律性质》，载《国际商务（对外经济贸易大学学报）》2001 年第 6 期。

净额结算分为两部分:“净额”和“结算”。前者指对交易各方之间的头寸进行轧差,得到一个净值;后者指按照得出的净额进行支付。

根据净额结算的效果不同,可以分为支付净额结算、更新净额结算与终止净额结算。其中,支付净额结算和更新净额结算都是合约正常履行情况下所进行的结算,而终止净额结算指在发生违约或终止事件导致主协议项下的所有交易提前终止时,交易双方根据约定方式对交易终止时双方在主协议项下所有被终止交易的互有盈亏头寸进行计算,并对之进行轧差或冲抵,确定一个单向的净支付义务的制度。[①] 简单地讲,就是当衍生合约一方当事人违约时,守约方可以宣布合约提前终止,双方需要将合同项下尚未支付的款项(包括终止款项和未付款项)按一定方法计算至合约终止日,并结算支付。

具体到本案,张家口石化公司与渣打银行签订的ISDA主协议约定,任何一方取消、否认、放弃或拒绝部分或全部主协议、确认书等,构成违约,交易对方可以确定提前终止日并要求其支付终止净额结算的款项及利息。张家口石化公司在履行4期交易之后,向渣打银行发函要求提前终止并解除互换交易,否认之后交易的效力并表示不再履行。渣打银行根据终止净额结算条款确认了提前终止日并要求张家口石化公司依据合同的约定支付提前终止款项及利息。

(二)结算条款的构成及计算方式

如上文所述,根据终止净额结算条款的约定发生违约提前终止应付款项包括终止款项和未付款项两部分,其中未付款项的清偿属于对已发生并确定之债务的履行,而提前终止款项可理解为交易违约方在合同解除后对守约方应承担的违约责任,也就是赔偿守约方因交易提前解除而遭受的损失。根据我国《民法典》第584条的规定,违约损失赔偿范围包括可得利益,但不得超过订立合同时预见到或应当预见到的违约损失。交易中采用了ISDA主协议中终止净额结算的约定,则应当认为交易各参与方对协议中所列违约责任的承担具有一定的预期。可见,该种责任承担方式与我国法律并不相悖。

终止净额结算条款约定的计算方式是1992年版ISDA主协议和2002年版

---

① 参见中国银行间市场交易商协会编:《〈中国银行间市场金融衍生品交易主协议〉释义》,中国金融出版社2008年版,第14页。

ISDA 主协议主要区别之一。案件审理中,应注意区分当事人签订的协议版本分别判断:其中,1992 年版采用损失法(Loss)或市场报价法(Market Quotation)作为计算基础,当事人可自行选择。2002 年版则采用终止款项法(Close-out Amount),指为取得与被终止交易的重大条款相同的经济效果而进行替代交易,由此所产生的损失或成本金额(以正数表示),或由此而得到的收益(以负数表示)。此外,在最终支付上,1992 年版主协议中,当事人可以选择适用“脱身条款”(Walk Away),即在终止净额计算结果是负数的情况下,守约方无须向违约方支付。2002 年版则不存在该条款,无论何方盈亏,均须按净额支付。

2002 年版 ISDA 主协议中终止净额结算分为终止交易、计算和净额结算三个阶段,以前一个阶段作为后一个阶段的基础。其第 14 条规定:计算方将以诚实信用原则,并按照合理商业程序确定结算款项,以达到合理的商业效益。对于如何确定结算款项合理商业程序,主协议规定:(1)适用由第三方提供的相关市场数据或源自内部的数据进行评估时,应采用在日常商业过程中评估与第三方进行类似交易时所使用的模式;(2)根据一笔终止交易或者一组终止交易的类型、复杂性、规模和数量,对该笔终止交易适用不同的评估办法。另外,2002 年版主协议对确定结算款项的时间也有规定:每笔结算款项应在提前终止日确定,或如果以在商业上非合理可行,也可以按提前终止日之后商业上合理之日确定。

(三)终止净额结算制度的性质及价值

当事人对具体违约责任触发交易提前终止的合约安排实质上属于继续性合同的约定解除。与一时性合同不同,继续性合同的内容并不是一次性就可以完成的,甚至在合同订立时并不明确,而是随着时间的延展而逐步确定的。这与金融衍生品合约“当前定约,未来履行”的属性一致,合同的全部条款已经合意妥当,但是合同的履行、标的物的实际交付均在未来的某个时日或时段。因为继续性合同持续时间长,双方当事人对后期的情势可预见程度明显低于一时性合同,同时合同周期越长,不确定风险越大,故对继续性合同的解除限制不应过于严格。继续性合同的解除可以分为约定解除和任意解除,而终止净额结算条款事先已经约定在 ISDA 主协议之中,是对金融衍生品合约的约定解除。

继续性合同的约定解除的属性使终止净额结算制度具有减轻信用风险及防范系统性风险的功能价值。一旦发生违约或终止交易的情形,守约方所承担的损失由原来的总金额降低至结算后的净值。经过终止净额结算,交易双方支付的实际金额大大减少,交易当事人只需要承担净额支付的风险,一方面,节省了交易成本;另一方面,降低了资本流动的风险,从而在一定程度上避免了巨额亏损甚至破产的情况。终止净额结算制度在防范系统风险方面也具有重要意义,场外掉期交易的参与者多为金融机构或大型企业,当一方发生违约甚至破产时,如果没有通过终止净额结算来削减风险敞口,极有可能引起系统性金融灾难。

三、传统民商法理念之突破——终止净额结算条款效力的认可

终止净额结算制度与传统民商法中继续性合同的约定解除法律后果不同。在传统民商法下,合同提前终止意味着仅仅对已经履行的部分进行结算,对尚未到期、尚未履行的部分不再履行。但在终止净额结算条款项下,合同提前终止后应付款项包括终止款项和未付款项两部分,也就是说依然要兑现未来的盈亏,合同提前终止的效果与假定合同在终止日全部履行完毕的效果差别不大。该制度设计的目的在于衍生合约价值性的实现,即不能因为违约方的过错导致守约方失去利用衍生合同套利保值的目的,所以违约方需要补偿守约方本该获得的收益。① 以传统民商法理念为判断依据,则可能否认终止净额结算条款的效力,从而拒绝认可终止净额结算条款的处理方式。故长期以来,关于终止净额结算条款效力的认定亦存在争议。

对终止净额条款的性质的认定持否定观点者认为,该条款名为提前终止而无终止之实,应认定无效。而终止净额条款效力肯定说认为,衍生合约提前终止与实际履行没有本质的区别,都必须兑现合约项下的全部损益,以保障衍生交易发挥预期的套期保值功能。这虽然与传统民商法的合同终止理念不符,但是因为符合衍生交易的基本目的,从理论上说终止净额结算条款的效力应得到认可。②

结合金融衍生品纠纷的特征及审理的基本原则,本案支持终止金额条款效

① 参见刘燕、楼建波:《金融衍生交易的法律解释——以合同为中心》,载《法学研究》2012年第1期。

② 同上。

力肯定说,原因主要有以下三方面:

1. 对合同法预见规则的恪守

在处理金融衍生品纠纷案件时,应以合同条款作为判断权利义务内容、违约责任等的依据。终止净额结算条款出自 ISDA 主协议,在 2002 年版本的 ISDA 主协议第 6 条中涵盖了终止净额结算的各个步骤安排,在第 6(a)条、第 6(b)条提前终止中明确发生了违约事件或终止事件后,违约方向守约方通知上述事件及守约方指定终止日。在第 6(e)(i)(ii)(iii)条和第 6(d)(i)条轧差计算中规定了提前终止款项的计算方式,明确通过协议中约定的方法计算被终止交易的公允价值,从而确定提前终止的款项。可见,在交易双方共同认可且签订的 ISDA 主协议中,终止净额结算条款的各个步骤内容明确,金额计算方式明确披露,与我国原合同法预见规则一致。

2. 对可预见范围内商业风险的自担

因为金融衍生品交易具有杠杆性及射幸性,交易风险巨大,且交易合约多为金融机构提前制订的格式合同,基于金融机构与客户之间信息的不对称性,金融机构在交易的初始缔约阶段和交易的后续履行阶段都应负有信息披露与风险揭示义务。金融衍生品交易是一项商业活动,而交易相对人作为商事主体,也应当承担相应的风险,本着金融交易中"卖者尽责,买着自负"的原则,金融机构负有信息披露与风险揭示义务,交易相对方也有审慎注意义务,对可预见范围内的商业风险应有合理的预期。在金融机构已经对终止净额结算条款进行说明并揭示风险后,不宜以显失公平为由否认终止净额结算条款的效力。

3. 对金融衍生品交易国际惯例的尊重

由于衍生品交易结构复杂、设计精巧,普通交易参与者并不具备制定交易条款的能力,ISDA 主协议为该类交易提供了适用于国际市场的标准化合约,并作为国际惯例在衍生品交易中被广泛使用,为交易参与者熟知。因此,在交易中采用 ISDA 主协议中关于终止净额结算条款的约定,应认定交易参与者对该条款的效力予以充分的认可,并且对违约责任的承担具有一定的预期。终止净额结算条款亦未与我国现行法律法规相违背,并且未涉及监管问题、交易安全及不良社会影响等问题,亦与公序良俗不相违背,应作为国际惯例加以适用,其效力亦应得到认可。

四、小　　结

“当前定约,未来履行”是金融衍生交易不可忽视的特征。究其本质,是具有独立价值的合约,但是因为其产生的初衷并非实现简单的等价交易,而是一种金融风险防控工具,所以对其公平性的考量不应仅仅着眼于交易的盈亏,而是应以商业风险自担原则作为判断标准。与所有合同一样,金融衍生合约的履行也会遭遇违约的风险,而我国在场外衍生品交易方面并没有专门立法规制。ISDA主协议及其相关附件在场外金融衍生品交易中被广泛采用,其所确立的终止净额结算制度作为国际惯例,在规制金融衍生合同违约方面起到重要作用。终止净额结算制度的性质为继续性合同的约定解除,但是与传统民商法上合同解除的法律后果不同,根据终止净额结算制度规定,发生违约提前终止应付款项包括终止款项和未付款项两部分。也就是说,合同提前终止后依然要兑现未来的全部盈亏,由违约方支付给守约方,合同提前终止的效果与假定合同在终止日全部履行完毕的效果相差不大。这种对传统民商法基础性理念的突破,导致终止净额结算条款的效力认定出现争议。但是该条款是被普遍认可的国际惯例,与我国现行法律法规及公序良俗不相违背,双方当事人在对交易将会产生的风险具有一定预期的基础上共同签署ISDA主协议,其中就包括终止净额结算条款。出于对合同法预见规则的恪守、对国际惯例的尊重、对商业风险自担原则的遵守,应肯定终止净额结算条款的效力并根据其约定的规则进行净额结算。

私募基金有限合伙企业之有限合伙人对赌效力的认定原则

——长安财富资产管理有限公司与长城影视文化企业集团有限公司、赵某、陈某其他合同纠纷案①

杨　晖*

【裁判要旨】

我国就合伙法律制度形成了民事与商事的二元立法思路。我国《合伙企业法》规范合伙企业内外部关系，是关于商事合伙的特别规定，我国《民法典》新增合伙合同一章，对民事合伙法律关系作出一般规定。实践中，私募基金成立有限合伙企业，利用对赌以实现投资人的投资收益保障。《民法典》规定合伙协议可以另行约定合伙的利润及收益分配，并未禁止对赌的利益分配模式。对于合伙份额的转让，对内转让通知即可，对外转让则需其他合伙人一致同意。因此在我国现行法律框架下，对有限合伙企业份额受让及差额补足形式的对赌协议效力认定及履行进行司法审判，应重点考量对赌的主体、内容及方式是否符合法律规定及合伙协议约定，侧重对赌约定的实质法律性质判断，注意审查对赌内容是否经过合伙协议的确认，全体合伙人对对赌认可的意思表示可有多种方式。

---

① 本案入选2020年度上海金融法院十大典型案例。

* 法学博士，上海金融法院申诉审查及审判监督庭法官助理。

【案号】

上海金融法院(2019)沪74民初379号

【案情】

原告为长安财富资产管理有限公司(以下简称长安财富公司),被告为长城影视文化企业集团有限公司(以下简称长城影视集团)、赵某及陈某。长安财富公司系某股权投资合伙企业(有限合伙)(以下简称基金)的A类财产委托人及有限合伙人。长城影视集团系基金的B类财产委托人及有限合伙人。赵某系长城影视集团的实际控制人。赵某、陈某系夫妻关系。2016年10月25日,长安财富公司与长城影视集团签订《无条件受让及差额付款合同》,约定由长城影视集团作为无条件受让义务人,承诺在合同约定的情形发生时,无条件受让长安财富公司持有的基金份额。同日,长安财富公司与赵某、陈某还分别各自签订两份《保证合同》,约定赵某、陈某为长城影视集团在《无条件受让及差额付款合同》项下所承担的义务承担连带责任保证。《无条件受让及差额付款合同》第1条第1款约定的受让情况包括:在基金运行期间,若自基金A类份额投资者的首期缴付资金实际到账之日起的30个月内,上市公司(指由长城影视集团实际控制的上市公司)收购标的公司(该公司由基金全资控股)未获得中国证券监督管理委员会(以下简称中国证监会)或其他有权审批机关的批准,或自基金A类份额投资者的首期缴付资金实际到账之日起的30个月内上市公司还未完成收购标的公司,或其他原因导致基金未完成所持有标的公司股权的全部转让。《无条件受让及差额付款合同》签订后,2016年12月29日,长安财富公司首期缴付资金到账。按照《无条件受让及差额付款合同》约定的30个月时间计算,上市公司应当于2019年6月29日以前完成对标的公司的收购。另根据长城影视集团与基金于2016年12月签订的《附条件收购协议》约定,标的公司的收购程序应当在《股权转让协议》(签订日期为2016年12月)签署完成后的24个月内启动(不晚于2018年12月启动)。然而,截至长安财富公司起诉之日,标的公司的收购程序仍未启动,上市公司实际已不可能于2019年6月29日前完成收购标的公司的程序，因而已经实质构成了《无条件受让及差额付款合同》约定的受让情形。

另外，基金合伙协议约定，合伙企业财产份额转让的有效申请，需经代表全部表决权的合伙人一致表决同意。合伙协议另约定，经协商一致，合伙人可以通过签订补充协议的方式修改本协议或对未尽事宜进行补充，补充、修改内容与本协议相冲突的，以补充、修改后的内容为准。合伙协议还约定，本协议附件作为本协议不可分割的组成部分，与本协议具有同等法律效力。同时，合伙协议还约定，若A类资产份额的年化投资收益率低于预期最低投资收益，则按A类财产份额委托人与长城影视集团签订的《无条件受让及差额付款合同》、A类财产份额委托人与长城影视集团的实际控制人赵某及其配偶分别签订的《保证合同》中的具体约定，由相关义务人履行补足义务及担保义务。

故长安财富公司诉请：(1)长城影视集团向长安财富公司支付基金份额受让价款。(2)长城影视集团向长安财富公司赔偿因其违约所导致的损失(以受让价款为基数，按照每日万分之五的标准，自2019年2月2日起计算至实际付款之日止)。(3)赵某、陈某对长城影视集团在诉讼请求1、2项下的债务承担连带责任。(4)长城影视集团、赵某、陈某共同承担本案律师费、案件受理费、财产保全费等在内的所有诉讼费用。

【审判】

一审判决认为，本案争议焦点主要集中在《无条件受让及差额付款合同》的性质及效力问题。

1. 本案争议的法律关系实质为私募基金有限合伙企业的有限合伙人之间因对赌协议触发有限合伙企业份额的对内转让关系。《无条件受让及差额付款合同》的签订主体是长安财富公司与长城影视集团，二者均是涉案基金的有限合伙人。长城影视依该合同约定，在对赌条件触发时，承诺无条件受让长安财富公司持有的该基金的A类财产份额，交易标的是该基金有限合伙企业的合伙财产份额。根据《合伙企业法》第22条的规定，除合伙协议另有约定外，合伙人向合伙人以外的人转让其在合伙企业中的全部或者部分财产份额的，需经其他合伙人一致同意。合伙人之间转让在合伙企业中的全部或者部分财产份额时，应当通知其他合伙人。其第60条规定，有限合伙企业及其合伙人适用本章规定，本章未作规定的,适用本法第二章第一节至第五节关于普通合伙企业及其合伙人的规定。因此,根据《合伙企业法》的上述规定,法律并未禁止合伙人之间的合伙财产份额转让,有限合伙企业的有限合伙人之间可以协议转让合伙财产份额,但应通知其他合伙人。

2.《无条件受让及差额付款合同》约定的对赌内容并未违反《合伙企业法》规定的利润和亏损分配原则。《合伙企业法》第33条第1款规定,合伙企业的利润分配、亏损分担按照合伙协议的约定办理;第2款规定,合伙协议不得约定由部分合伙人承担全部亏损。但其第69条规定,有限合伙企业不得将全部利润分配给部分合伙人;但是合伙协议另有约定的除外。本案所涉《无条件受让及差额付款合同》的签订主体是该有限合伙企业的有限合伙人,并非该有限合伙企业对有限合伙人的利润分配承诺,且合伙协议即已认可《无条件受让及差额付款合同》的对赌内容,就应视为合伙协议的另有约定。同时,长城影视集团并非该私募基金的管理人或者销售方,也并未违反《私募投资基金监督管理暂行办法》第15条私募基金管理人、私募基金销售机构不得向投资者承诺投资本金不受损失或者承诺最低收益的监管规定。因此,《无条件受让及差额付款合同》系有限合伙企业的两个有限合伙人之间就其持有的合伙企业财产份额进行转让的协议,且并未存在原《合同法》第52条规定的无效之情形,应为有效合同。

3.《无条件受让及差额付款合同》应受合伙协议的约束,合伙份额对内转让需满足合伙协议约定的程序条件。基金合伙协议明确该合同作为合伙协议的附件,是合伙协议的组成部分,鉴于合伙协议已经全体合伙人签字生效,即应视为该《无条件受让及差额付款合同》对全体合伙人具有法律效力。长安财富公司虽诉称其是依据《无条件受让及差额付款合同》向长城影视集团主张权利,其实质是有限合伙人之间的合伙财产份额转让,理应遵守合伙协议对合伙人之间份额转让的相关约定,但鉴于合伙协议已确认《无条件受让及差额付款合同》内容,全体合伙人对此已实质形成了一致意思表示,故对本案所涉的基金份额转让不需再另行进行合伙协议约定的表决程序。

故一审判决:被告长城影视集团支付原告长安财富公司基金份额受让价款并赔偿违约损失造成的损失(以基金份额受让价款为基数,按照日利率万分之五,计算自2019年2月2日起至实际支付日止);被告赵某、被告陈某就被告长城影视集团的上述债务承担连带责任保证。

本案审结后,原被告均未上诉,该一审判决现已生效。

【评析】

本案虽在《民法典》颁布之前审结生效,但是判决所体现的审理思路恰与《民法典》合伙合同一章相契合,实质表达了与《民法典》合伙合同一般规定相一致的法律逻辑。

一、对赌的内涵与外延

(一)“对赌”的内涵与类型

“对赌”一般是指投资人和目标公司(股东)合意预设特定的商业目标,并约定如在特定期间内该商业目标未成就,则投资人对目标公司、股东享有利益补偿、股权回购等请求权,以充分保护投资人权益的行为。

在我国,“对赌协议”这一概念主要在三种情形下使用:私募基金在对外投资时的对赌、上市公司重大资产重组中的业绩补偿以及中国企业并购海外标的时或有对价(earn out)的安排。最高人民法院第九次《全国民商事审判工作会议纪要》(以下简称《九民纪要》)中讨论的对赌,主要针对的是私募基金在对外投资时和被投资企业的股东、实际控制人和被投资企业之间发生的法律关系。① 简单来说,根据对赌适用的投资领域及通道方式的不同可以分为公司型对赌与私募型对赌。

(二)公司型对赌的司法审判思路

在公司型对赌中,私募基金是作为投资主体与目标公司形成对赌协议,约定两类对赌实现条件,即附条件的股权回购协议以及业绩补偿协议。通常是投资人在对企业进行股权投资时,约定了投资后被投资企业应当达到的业绩目标,如约定在特定的时间内上市或者发行一定规模的公司债券以实现融资目标,或在

---

① 参见刘燕:《“对赌协议”的裁判路径及政策选择——基于PE/VC与公司对赌场景的分析》,载《法学研究》2020年第2期。

约定期限内企业净利润应当达到的金额,如果前述业绩目标未按时完成,则被投资企业的原股东或实际控制人、被投资企业就承担股权回购或者现金、股权补偿的义务。目前,司法审判已确认了对赌协议在公司融资行为中的效力及履行。

在公司型对赌中,司法审判的逻辑是,该类行为只要不损害目标公司及其债权人的利益,不违反法律、行政法规的强制性规定,人民法院对其效力应予认定。但是考虑到对赌协议实质是公司融资行为的一种方式,通过对赌条件的触发,投资人要求目标公司回购股权、补偿金钱利益,涉及公司资本维持、公司利益维护、股东利益维护及债权人利益维护等问题。因此,对公司型对赌效力进行认定,必须结合公司法相关规定:一是审查签订主体,是投资方与目标公司签订还是与股东签订;二是审查对赌的实现方式,是股权回购还是收益差额补足;三是在对赌条件触发时,对于股权回购或者收益差额补足约定的效力及实现,必须考虑公司法框架下资本维持原则所包含的股东不得抽逃出资、股份回购强制性规定以及利润分配强制性规定的三个方面限制。

二、私募基金有限合伙对赌的效力分析

(一)私募基金有限合伙对赌的结构剖析

从法律结构上看,私募基金可以划分为公司制、契约制及有限合伙制。私募基金有限合伙对赌在结构设计方面与公司型对赌类似,但是两者的区别在于私募基金成立有限合伙企业,对赌行为发生在有限合伙企业内部。即私募基金有限合伙人与有限合伙企业、其他合伙人或者第三方对赌,但不论是哪一种对赌,从本质上看,私募基金都与对赌触发条件及对赌实现途径密切相关。

首先,从内部结构上来看。投资者投资私募基金有限合伙企业,以获取该有限合伙企业的合伙份额为对价,成为有限合伙人。其次,投资者以有限合伙人之身份与该私募基金、其他有限合伙人或者该私募基金有限合伙企业的管理人(普通合伙人)之外的关联方,如该管理人的母公司或其他关联方签订以该有限合伙企业财产份额转让或者以该有限合伙企业财产份额为计算基础的固定收益补偿条件。最后,对赌触发条件以该私募基金有限合伙企业未实现对外投资目标,即被该私募基金投资的主体(如收购某公司股权或者投资的目标公司发行公司债等)未在约定时间内完成对赌条件。

综合来看,私募有限合伙对赌是在私募基金有限合伙企业的框架范围内进行:一是对赌的主体可以是私募基金有限合伙企业的有限合伙人(投资者)、私募基金或者第三方;二是私募有限合伙对赌的触发条件是该私募基金投资的目的是否依约实现;三是对赌协议针对的履行标的是该私募基金有限合伙企业财产份额或者基于该份额的收益补偿。

因此从本质上看,在公司型对赌中,虽然也有私募基金出现,但私募基金是作为投资主体出现,其与目标公司进行对赌或者与目标公司股东对赌。比较而言,在私募基金有限合伙对赌中,实质是私募基金有限合伙企业的有限合伙人与该私募有限合伙企业进行对赌,虽然有些情况下签订对赌协议的并非该私募基金,但是对赌指向的制约条件均是直接关联该私募基金的投资目标,即通过对赌,投资人实现风险投资的预期收益及安全退出。因此,对私募基金有限合伙对赌的司法审判也应参照公司型对赌的司法审判逻辑,对私募基金有限合伙对赌的效力应全面考量我国《民法典》及《合伙企业法》的相关规定。

(二)私募基金有限合伙对赌类型

从对赌内容看,私募基金有限合伙对赌有如下两类情形。

一是合伙财产份额(基金份额)转让。在该类型对赌中,对赌的内容指向为基金份额的转让,包括对内转让及对外转让。例如,私募有限合伙人 A 与有限合伙人 B 约定,在该私募合伙基金投资的目标公司未完成约定的上市、收购其他公司、发行公司债等触发对赌条件时,有限合伙人 B 受让 A 持有的该私募有限合伙企业财产份额(基金份额)。受让价款一般以 A 持有该私募有限合伙企业财产份额加收预期收益。本案实质就为私募有限合伙企业合伙财产份额的内部转让。

二是收益差额补足。在该类型对赌协议中,对赌的内容指向为私募基金有限合伙企业财产份额预期收益的差额补足,一般体现为现金补偿。同时,在该类对赌私募合伙基金中,对投资人(有限合伙人)进行分级,不同级别的投资人(有限合伙人)依照全体合伙人同意的或者合伙协议约定的预期收益率计算该类投资人(有限合伙人)的收益。

(三)私募基金有限合伙对赌效力的审判考量

在我国《民法典》与《合伙企业法》对合伙法律关系进行一般与特殊并行规

定的框架下,对该类纠纷的司法审判应主要审查是否符合法律关于合伙企业财产份额转让及合伙企业利润亏损分配方面的规定。

1. 应符合合伙企业财产份额转让的相关法律规定

首先,要区分是普通合伙或有限合伙的财产份额转让,以及对内转让与对外转让。

根据我国《合伙企业法》规定,在普通合伙企业中,对外转让合伙财产份额,除合伙协议另有约定外,须经其他合伙人一致同意;对内转让,则通知其他合伙人即可。在有限合伙企业中,对外转让则应提前30日通知其他合伙人,但并未限制对内转让份额。我国《民法典》合伙合同一章只对合伙财产份额的对外转让进行规定,第974条要求经其他合伙人一致同意,但是合伙合同可以对此另外进行规定,对于对内转让则没有进行限制。比较而言,从《民法典》的规定看,如果是对内转让则属于法律规制之外,尊重转让双方的意思自治;若对赌协议内容指向合伙财产份额的对外转让,则要审查份额转让的对赌协议是否通过其他合伙人一致同意,或者是否符合合伙协议的另行约定,即司法审判需裁量对赌协议是否符合这两种意思表示形式。

其次,要实质审查合伙人的意思表示内涵及形式。

实践中,可以有以下几种情形:一是合伙协议约定,有限合伙人财产份额转让需要形成合伙企业财产份额转让的有效申请,须经全体合伙人一致表决同意;二是对赌协议作为合伙协议的附件,明确对赌权利人可以依对赌协议约定实现对赌权利;三是在合伙协议中,明确约定有限合伙人(优先级投资人、对赌权利人)可以在约定条件下行使对赌权利,或者按照与对赌协议一致的条件行使有限合伙财产份额转让的权利。

在第一种情况下,若对赌权利人要实现对赌权利,是否需要再经过合伙协议约定的决议程序,经过其他合伙人的一致同意呢。根据我国《民法典》第970条规定,合伙人就合伙事务作出决定的,除合伙合同另有约定外,应当经全体合伙人一致同意。我国《合伙企业法》第19条规定,合伙协议经全体合伙人签名、盖章后生效,合伙人按照合伙协议享有权利,履行义务。修改或者补充合伙协议,应当经全体合伙人一致同意,但是合伙协议另有约定的除外。从上述法律规定,其隐含的逻辑是合伙协议可以约定需要经全体合伙一致同意的事项范围,另外,全体合伙人也可以其他意思表示形式表达对某一事项的意见。结合第二种、第三种情形，如果合伙协议明确对赌权利人可以基于对赌协议约定行使对赌权利，或者将对赌协议作为合伙协议的附件，并且合伙协议明确附件内容视为合伙协议内容，那么应视为全体合伙人对对赌权利人依约行使对赌权利持赞成态度，也是全体合伙人一致意思表示的形式，而不需再进行合伙协议约定的份额转让表决程序。因此，在对该项争议焦点进行司法审查时，需要注意全体合伙人对对赌内容的意思表示方式可以有多种形式，不应固化认为合伙人一致意思表示仅有合伙人会议决议一种形式。

2. 应符合《合伙企业法》的利润亏损分配规定

首先，从对赌协议的差额补偿条款签订主体及形式来分析其效力。我国《合伙企业法》第33条规定了利润亏损分配原则包含以下几个方面：一是按照合伙协议的约定办理；二是合伙协议未约定或者约定不明确的，由合伙人协商决定；三是协商不成的，由合伙人按照实缴出资比例分配、分担；四是无法确定出资比例的，由合伙人平均分配、分担；五是合伙协议不得约定将全部利润分配给部分合伙人或者由部分合伙人承担全部亏损。上述规定针对的是普通合伙，实践中，私募基金一般成立有限合伙企业，根据《合伙企业法》第69条规定，有限合伙企业不得将全部利润分配给部分合伙人；合伙协议可以就此另行约定。按该条规定，有限合伙企业可以通过合伙协议约定将利润优先分配给部分有限合伙人（优先级投资人，对赌权利人）。《民法典》第972条规定合伙的利润分配和亏损分担原则基本与《合伙企业法》一致，一般按照合伙合同的约定办理，没有约定或者约定不明确的，由合伙人协商决定，协商不成的，由合伙人按照实缴出资比例分配、分担，无法确定出资比例的，由合伙人平均分配、分担。但两者也存在区别，即《民法典》的规定明确了合伙利润分配由合伙人自治，并未特别限制合伙人之间的倾向性利润和亏损分配，充分体现了民事合同的契约自由原则。综合上述法律规定，在有限合伙中，合伙企业可以通过合伙协议约定来保障对特定合伙人的利润分配。即对赌协议的签订主体是合伙企业与合伙人，那么根据《民法典》及《合伙企业法》的规定，有限合伙企业可以在法律范围内实现利润的特定分配。如果对赌协议签订主体并未涉及合伙企业，而是合伙人之间或者合伙人与第三方签订，那么并非法律规制范畴。因此，在私募基金有限合伙企业中，通过对赌协议来保证有限合伙人的投资收益，并未违反《民法典》及《合伙企业法》的规定。

另外需要注意的是,若合伙人与合伙企业、管理人及关联方进行对赌,是否违反金融监管关于私募基金不得保底保收益的相关规定。根据中国证监会颁布的《私募投资基金监督管理暂行办法》第 15 条规定,私募基金管理人、私募基金销售机构不得向投资者承诺投资本金不受损失或者承诺最低收益。中国证券投资基金业协会制定的《私募投资基金备案须知》第 13 条规定,管理人及其实际控制人、股东、关联方以及募集机构不得向投资者承诺最低收益、承诺本金不受损失,或限定损失金额和比例。若对赌主体不是私募基金管理人及其实际控制人、股东、关联方,私募基金销售机构以及募集机构,那么就不受上述监管规定的制约;若因对赌而引发份额转让及收益差额补偿,因对赌条件本身存在或然性,其不是一种直接的、肯定的、必然的承诺保本保收益形式,因此,也不宜认定为承诺保本保收益。

其次,要区分差额补足条款是否涉及合伙企业财产分配。

差额补足条款以对赌权利人(有限合伙人、优先级投资人)投资持有的基金份额(合伙企业份额)为基数,按照预期收益率核算差额。根据《民法典》第 969 条规定,合伙人的出资、因合伙事务依法取得的收益和其他财产,属于合伙财产。合伙合同终止前,合伙人不得请求分割合伙财产。那么,在上述法律规定下,对赌权利人是否可以主张其对赌权利,要求对赌义务人支付差额收益,要区分以下两种情况:一是对赌协议在有限合伙人与其他合伙人或者第三方之间签订,那么在私募基金有限合伙企业持续期间,对赌权利人要求义务方支付差额补偿,该金钱债务存在于私募基金有限合伙企业之外,资金并非源于有限合伙企业,更非该有限合伙财产的分配,因此并未违反《合伙企业法》及《民法典》的相关规定。二是若对赌协议的义务方是该私募基金有限合伙企业,或者资金实际源于该有限合伙企业,则对赌权利人行使对赌权利,要求支付投资收益差额,因该资金属于有限合伙企业的收益,其实质是在合伙企业存续期间分配财产,显然有违《合伙企业法》及《民法典》关于合伙存续期间不得分配合伙财产的相关规定。

三、私募基金有限合伙对赌履行的条件研判

在司法实践中,对赌权利人要求对赌义务人履行对赌协议,支付基金份额(合伙财产份额)受让价款及差额补足款,对该类权利诉请的实际履行条件进行

研判,需要关注以下几个方面的问题。

首先,份额转让是否需要进行合伙企业清算。《民法典》对此问题并未直接进行规定。其第 978 条规定,合伙合同终止后,合伙财产在支付因终止而产生的费用以及清偿合伙债务后有剩余的,按照第 972 条规定进行分配。该条规定实际明确了合伙终止时需清算,但在合伙合同存续期间的合伙份额转让是否需要清算,《民法典》并未规定。对内转让是合伙人之间的交易,一般不会影响合伙(企业)的对内事务管理,根据契约自由原则,《合伙企业法》对此也仅以通知有效原则加以规制。实践中,若对赌权利人(有限合伙人、优先级投资人)将其基金份额(合伙财产份额)全部转让,而由第三方(非该私募基金的有限合伙人)受让,尽管份额转让是在合伙人与第三方之间协议约定,但实际发生了该有限合伙人退伙及新有限合伙人入伙。根据《合伙企业法》第 43 条的规定,新合伙人入伙,除合伙协议另有约定外,应当经全体合伙人一致同意,并依法订立书面入伙协议。订立入伙协议时,原合伙人应当向新合伙人如实告知原合伙企业的经营状况和财务状况。因此,对赌权利人全部对外转让其合伙份额,实质为退出合伙,依照《合伙企业法》规定应该进行清算,方能确定其持有的合伙财产份额(基金份额)的实际价值(收益)。但是,这种份额对外转让也是基于对赌协议的权利义务双方的一致意思表示,同意按一定收益标准确定转让合伙财产份额(基金份额)的现值,转让双方之间就此达成合意,且份额转让价格不涉及合伙企业的收益,因此不必再经过合伙企业清算来确定转让的合伙份额(基金份额),清算非必须。

其次,差额补偿是否需要进行合伙企业清算。在一般情形下,对赌协议约定的差额补偿条款中明确了对赌权利人获得差额补偿以其投资私募基金的实际金额为基数,按照预期(最低收益率),以实际投资天数计算应获收益,而并未以其持有的基金份额现值来计算差额。因此,在此类对赌诉请中,不需进行私募基金的清算,可以按照对赌协议的约定直接确定差额数额。若需以基金份额的现值来计算补偿金额,则必须经过基金清算才能确定份额现值,进而确定差额金额。

围绕私募基金有限合伙企业进行的对赌,实质是在合伙企业框架下进行的投融资行为。因此,对该类案件进行审理研判时,应秉承公司型对赌纠纷的审判逻辑,综合考量《民法典》及《合伙企业法》的相关规定,审查合伙协议是否认可对赌合同,从对赌的主体、对赌条件的指向、对赌对合伙企业利润分配的实质影响、合伙企业清算等方面进行综合判断,进而判断对赌的效力及履行条件是否成就。

上市公司对外关联担保的效力认定

——上诉人湖南天润数字娱乐文化传媒股份有限公司与被上诉人恒旺管理咨询(深圳)有限公司等其他合同纠纷案[①]

朱颖琦*

【裁判要旨】

公司为公司股东或者实际控制人提供担保的,必须经股东会或者股东大会决议。司法实践中应根据立法精神和目的,对上述“关联担保”的情形应作适当扩大解释,公司为实际控制人所控制的另一家公司提供担保的,也须经股东大会决议。上市公司作为公众公司,其信息公开程度高,受监管规范严格,同时由于股权分散,控制股东滥用权力导致中小股东利益受损问题更突出,债权人在审查上市公司提供“关联担保”时,应负更高注意义务,未对股东大会决议进行审查的,应认定担保无效。

【案号】

一审:上海市嘉定区人民法院(2019)沪0114民初764号

二审:上海金融法院(2020)沪74民终289号

① 本案入选上海法院2020年度“四个一百”精品案例、上海金融法院2020年度十大典型案例。

* 法学硕士,上海金融法院综合审判二庭副庭长。

【案情】

上诉人(原审被告)为湖南天润数字娱乐文化传媒股份有限公司(以下简称天润公司),被上诉人(原审原告)为恒旺管理咨询(深圳)有限公司(以下简称恒旺公司)。原审被告还有广州南华深科信息技术有限公司(以下简称南华深科公司)、赖某某。

2018年10月29日,恒旺公司与南华深科公司、天润公司、赖某某签订《商业保理合同》,约定南华深科公司以应收账款债权转让方式向恒旺公司申请融资,恒旺公司为南华深科公司提供"有追索权循环额度隐蔽国内保理服务",天润公司与赖某某同意为此提供无限连带保证担保。同日,天润公司、赖某某分别向恒旺公司出具《担保函》,承诺对应收账款转让方履行《商业保理合同》义务承担无限连带担保责任。上述合同签订后,恒旺公司于2018年11月5日、11月6日共计向南华深科公司发放保理融资款5500万元。后因南华深科公司未归还保理融资款,恒旺公司起诉请求判令南华深科公司归还本息5655万元并支付罚息及律师费用损失等,请求判令天润公司和赖某某对前述债务承担连带清偿责任。

天润公司上诉辩称,天润公司为一家A股上市公司,我国《公司法》第16条规定,公司为公司股东或者实际控制人提供担保的,必须经股东会或股东大会决议。赖某某同为天润公司及南华深科公司的实际控制人,天润公司为实际控制人赖某某控制的另一家公司提供担保,系属关联担保,未经股东大会同意,该担保行为为法定代表人越权行为。被上诉人恒旺公司作为专业的金融机构,明知上述事实却不审查股东会决议,也未注意到上市公司未就该担保事宜进行公告,恒旺公司并非善意一方,因此担保无效。

恒旺公司称,天润公司《担保函》由其法定代表人出面签订,公章真实。签约时天润公司曾向恒旺公司提供《董事会决议》,该决议载明公司董事一致同意相关担保事宜,天润公司5名董事会成员签名确认。天润公司与南华深科公司之间不存在关联关系,不属于关联担保。被上诉人恒旺公司在接受担保时审核了《董事会决议》,已尽到相应注意义务,故本案担保合法有效。

【审判】

一审法院认为,根据现有公示的工商信息,天润公司与南华深科公司并不存在关联关系。根据《公司法》第16条及公司章程规定,天润公司对外担保事项经出席董事会会议的2/3以上董事同意即可。恒旺公司以该决议证明其在订立《商业保理合同》时已尽到了审查义务,天润公司应承担担保责任的主张,应予支持。原审判决南华深科公司应向恒旺公司返还融资本息合计5600余万元并支付实现债权的费用损失,天润公司、赖某某对南华深科公司的付款义务承担连带保证责任。天润公司不服,提起上诉。

二审另查明:恒旺公司(甲方)与南华深科公司(乙方)、天润公司(丙方)、赖某某(丙方)签订的《商业保理合同》第五章担保事宜第14条载明:"丙方为乙方提供担保,承担无限连带担保责任:(一)丙方系乙方实际控制人,若乙、丙方情况变化可能影响甲方,丙方应及时通知甲方……"天润公司2017年年度报告显示,天润公司的控股股东为广东恒润华创实业发展有限公司,持股比例18.86%,天润公司的最终控制方是赖某某。

二审认为,据天润公司年度报告显示,天润公司的实际控制人为赖某某,据《商业保理合同》载明,各方均确认,丙方(天润公司及赖某某)为南华深科公司的实际控制人。故案涉担保是天润公司为其实际控制人赖某某所控制的另一家公司提供担保。根据《公司法》第16条的立法目的和精神,应认定本案担保亦属法律规定的"公司为公司股东或实际控制人提供担保,须经公司股东会或股东大会决议"的关联担保之情形。天润公司法定代表人未经公司股东大会决议通过,擅自签署《担保函》,属于公司法定代表人超越权限订立合同的行为。恒旺公司作为《商业保理合同》明知上述控制关系,未对天润公司内部有效决议作审慎审查,不属于善意相对人,案涉《担保函》无效。恒旺公司审查不严对于案涉《担保函》无效存在过错,天润公司内部管理不规范,对于案涉《担保函》无效,亦有重大过错。依照《最高人民法院关于适用〈中华人民共和国担保法〉若干问题的解释》第7条规定,综合考虑双方当事人过错和全案情况,二审改判天润公司应对南华深科公司不能清偿本案债务的1/2向恒旺公司承担赔偿责任。

【评析】

我国《公司法》第16条规定:“公司向其他企业投资或者为他人提供担保,依照公司章程的规定,由董事会或者股东会、股东大会决议……公司为公司股东或者实际控制人提供担保的,必须经股东会或者股东大会决议。”2019年11月最高人民法院发布的《全国法院民商事审判工作会议纪要》对公司对外担保问题的裁判标准与尺度进行了调整和统一。该纪要明确,公司对外担保行为不是法定代表人所能单独决定的事项,而必须以公司意思机关的决议作为授权的基础和来源。同时,根据原《合同法》第50条关于法定代表人越权行为的规定,认为公司对外担保效力认定的落脚点在于审查相对人是否为“善意”。实践中,对《公司法》第16条及上述规则的运用正在不断积累中。

一、公司“关联担保”的解读与认定

我国《公司法》第16条在公司对外担保行为的内部决策机关规定上区分了一般对外担保和关联担保的情形。一般对外担保是指公司向其他企业投资或为他人提供担保,对于一般对外担保,可以由公司章程意定内部决策机关,可以是董事会也可以是股东会。而对于关联担保,即公司为股东或实际控制人提供担保的,必须经股东会或股东大会决议。《公司法》还为关联担保事项的决议专门设置了关联股东回避的规则。上述规定是为防止法定代表人未经授权代表公司对外提供担保给公司造成损失,损害中小股东利益,而公司为股东、实际控制人提供担保的,法律对授权来源的要求更为严格,这主要是为了防止大股东或实际控制人为自身利益操控公司董事会,侵害中小股东的利益。对于关联担保,法律条文仅规定了“为公司股东及实际控制人提供担保”,实践中对关联担保的情形是否可以适当扩张解释?本案中,据天润公司年度报告显示,天润公司的实际控制人为赖某某,据《商业保理合同》载明,各方均确认,丙方(天润公司及赖某某)为南华深科公司的实际控制人。由此可知,赖某某实际控制了天润公司与南华深科公司,故案涉担保是天润公司为其实际控制人赖某某所控制的另一家公司提供担保。二审判决认为,由于公司实际控制人对公司董事会具有相当影响力,

公司为实际控制人提供担保与为实际控制人的另一家公司提供担保之情形,在担保决策及影响力上并无二致。如果该担保仅需董事会决议即可通过,恐无法体现公司决策的集体意志,容易使中小股东利益受损。因此,根据法条的立法目的和精神,应对法律条文作适当扩张解释,认定本案担保亦属法律规定的“公司为公司股东或实际控制人提供担保,须经公司股东会或股东大会决议”的关联担保之情形。由此,天润公司法定代表人未经公司股东大会决议通过,擅自签署《担保函》,属于公司法定代表人超越权限订立合同的行为。

二、对债权人“善意与否”的审查

认定相对人是否尽到了审查义务是审判实践中的难点。在确定相对人审核义务时,应当采用恰当的中间尺度。如果相对人审核义务过重,则公司交易自由将受到限缩;如果相对人审核义务过轻,则会使受保护的公司财产遭受风险。相对人的审查义务标准有实质审查与形式审查之分。实质审查侧重相对人需要对公司章程、公司决议的真实性、合法性、有效性的审查;形式审查是指相对人仅对材料的形式要件进行审查,即审查材料是否齐全,是否符合法定形式。本文认为,相对人的审查义务不应为实质审查,相对人作为公司之外的人,很难全程到场监控公司担保决议的形成过程,也不可能参与公司内部决策。要求相对人对董事会、股东会决议的真实性、有效性进行审查,不仅超出了相对人的固有审查能力,不能为原《合同法》第50条规定的“相对人知道或应当知道其超越权限”的文义所能涵盖,而且不适当地增加了公司担保的交易成本,损及交易效率,容易滋生担保人随意以相对人未尽审查义务而否定担保合同效力的道德风险。同时,相对人应当进行的审查也不完全是形式审查。相对人不仅仅只是收取公司提交的公司章程、股东会或董事会决议等材料,还应对上述系列文件材料进行简单的文义和逻辑审查,即审查相应授权文件或决策文件表面上是否符合法律或公司章程对公司担保的内部决策要求。这意味着相对人接受公司担保时应当具备一般技能和注意。本案中,恒旺公司是《商业保理合同》的签约当事人,《商业保理合同》明确载明,丙方(天润公司及赖某某)为债务人南华深科公司的实际控制人。因此,恒旺公司对债务人及担保人之间的股权或控制关系应属明知,也应当意识到天润公司提供本案担保可能系受其实际控制人赖某某的控制,更应对天润公司的内部有效决议作审慎审查。

天润公司是一家上市公司,相对于关联担保的相对人,上市公司的中小股东克服信息不对称、防范上市公司大股东与法定代表人等高管道德风险的成本更高,从公平的角度看,上市公司对公司股东、实际控制人提供关联担保的,相对人应当负担更高的注意义务。此外,上市公司作为公众公司,其公司章程、重大经营信息等均依法公开,其关联担保等重大经营行为还受证券监管部门诸多规章或规范性文件的约束,相对人可以通过很低的交易成本了解到上市公司法定代表人的权限以及公司股东大会的重大决议事项,恒旺公司作为金融机构,对此更具备专业的审查能力。因此,无论从利益平衡的角度还是从注意义务分配的角度看,上市公司的法定代表人以公司名义对外提供关联担保的,相对人应当审查该担保是否经过股东大会决议。综上,恒旺公司未提供有效的证据证明其对《担保函》经过天润公司股东大会决议进行了审查,未尽到应尽的注意义务,不属于善意相对人。

三、担保无效后的各方责任分担

担保被认定无效后,担保方并非完全不需要承担责任,此时应当根据《最高人民法院关于适用〈中华人民共和国担保法〉若干问题的解释》第7条规定处理。该条规定:“主合同有效而担保合同无效,债权人无过错的,担保人与债务人对主合同债权人的经济损失,承担连带赔偿责任;债权人、担保人有过错的,担保人承担民事责任的部分,不应超过债务人不能清偿部分的二分之一。”本案中,天润公司时任法定代表人麦某某未经股东大会授权,以天润公司名义签署《担保函》,该文件上加盖了天润公司公章并有麦某某签名。而且根据天润公司的公开资料,同时期该公司确发生因大量涉及实际控制人赖某某的违规担保事项,受到行政监管或处罚。上述事实证明,天润公司内部管理不规范,对于案涉《担保函》无效,有重大过错。恒旺公司未提交充分有效的证据证明其在接受《担保函》时对天润公司股东大会决议进行了审查,对于案涉《担保函》无效亦存在过错。由此,综合考虑双方当事人过错和全案情况,判决认定天润公司对南华深科公司不能清偿本案债务的1/2承担赔偿责任。

商事交易裁判应兼顾公平与交易安全,表现在公司对外担保效力认定的问题上,就是公司内部利益与外部交易安全的平衡。在我国当前上市公司高管、实际控制人滥用权力越权对外担保,损害中小股东的利益严重的背景下,法律苛以相对人审慎的审核义务是应有之义。

资管计划作为司法拍卖竞买主体的资格审查

——海通证券股份有限公司申请执行中国华力控股集团有限公司、丁某某质押式证券回购纠纷案①

杨现正* 刘 翔**

【执行要旨】

在本案的执行过程中,法院确定资管计划参与司法拍卖的,可以由其管理人以管理人自身名义代表资管计划参加拍卖,但如果拍卖成交则应将待处置财产过户到资管计划的专用账户中,同时明确了应在拍卖过程中对其资金来源进行审查。这为进一步扩宽司法拍卖中的竞买人范围、探索资管计划参与司法拍卖的规范化提供了经验。

【案号】

原审案件:上海金融法院(2019)沪74民初2103号

执行:上海金融法院(2019)沪74执483号

【案情】

申请执行人为海通证券股份有限公司,被执行人为中国华力控股集团有限

---

① 本案入选上海金融法院2020年度十大典型案例。

* 法律硕士,上海金融法院执行局法官。

** 法律硕士,上海金融法院执行局法官助理。

公司,被执行人为丁某某。

原告海通证券股份有限公司与被告中国华力控股集团有限公司、丁某某质押式证券回购纠纷一案,上海金融法院作出的(2019)沪74民初2103号民事调解书已经发生法律效力,因被告中国华力控股集团有限公司、丁某某均未按期履行义务,原告海通证券股份有限公司向上海金融法院申请强制执行,上海金融法院于2019年10月9日依法立案执行,执行案号(2019)沪74执483号。执行中,上海金融法院对被执行人名下中国华力控股集团有限公司持有的北京京西文化旅游股份有限公司的上市公司股票(证券简称"北京文化",证券代码:000802,证券性质:无限售流通股)共27,236,814股依法启动评估拍卖程序。在司法拍卖程序中,意向竞买人上海海通证券资产管理有限公司向上海金融法院提出申请,其作为管理人拟代表"证券行业支持民企系列之海通证券资管1号FOF单一资产管理计划"(以下简称资管计划)参与本次竞买。

【执行】

上海金融法院经审查认为,虽然资管计划本身不能独立以自身名义参与网络司法拍卖,但是可以由管理人以管理人名义参与竞买,竞买成功后可将处置股票过户到资管计划专用证券账户中。出于对防止管理人滥用其管理地位,损害投资者利益的角度考虑,在拍卖的过程中当严格审查管理人参与竞买的资金来源,管理人负有披露资金来源的义务,确保管理人竞买的资金来源于该资管计划。

经上海金融法院同意,意向竞买人上海海通证券资产管理有限公司在交纳2800万元证金后参与了本次司法拍卖。

【评析】

本案涉及资管计划参与司法拍卖的主体与程序问题,资产管理行业近年来发展迅速,资管计划已成为市场中最为活跃的主体之一。在当下的执行程序中,专业管理人管理的资管计划通过参加司法拍卖取得标的物的方式进行投资的意愿越发强烈,如果资管计划能够参与到拍卖程序中,能更大限度地激发市场活力,提高处置成功率与溢价率,更好地实现当事人胜诉权益。尤其是在证券质押式回购纠纷等金融类案件中,有大量待处置财产为上市公司股票等有价证券,因此实践中关于资管计划能否参与司法拍卖,或者管理人以自身名义参与竞买但实际是利用资管计划资金代表资管计划进行竞买的能否准许等问题也成为执行工作中必须回应的问题。在本案的执行过程中,法院确定了资管计划参与司法拍卖的主体资格、资金来源审查、过户等相关问题的司法审查标准,为探索资管计划参与司法拍卖的规范化提供了经验。

一、关于司法拍卖中资管计划参与竞拍的主体资格问题

(一)资管计划能否以自身名义参与司法拍卖

合议庭经讨论认为,参与拍卖本身属于民事行为,首先应当满足民事行为的有效要件,因此竞买人应当是具有完全民事权利能力和相应民事民事行为能力的公民、法人或其他组织。同时,根据《最高人民法院关于人民法院网络司法拍卖若干问题的规定》第14条第1项规定:“竞买人应当具备完全民事行为能力,法律、行政法规对拍卖标的的买卖条件有规定的,竞买人应当具备规定的资格或者条件。”而资管计划本身不具有独立的法人资格,也不能构成民法和民事诉讼法层面上的非法人组织,因此单从主体资格上来看,资管计划并不能独立以其自身的名义参与司法拍卖。

(二)管理人能否以管理人名义代表资管计划参与司法拍卖

管理人以管理人自身的名义代表资管计划参与竞买是否符合相关规定,应当作进一步的判断。

首先,从主体资格上,本案管理人系依法登记设立的法人,具有民事权利能力和相应的民事行为能力。因此,从民事法律关系的角度来看,除非存在法律明确的禁止性规定,管理人可以以自己的名义参与司法拍卖活动。

其次,从实际操作层面来看,根据中国证监会发布的《证券期货经营机构私募资产管理计划运作管理规定》(以下简称运作规定)第12条的规定,资产管理计划应当按照规定开立资金账户、证券账户、期货账户和其他账户。根据中国证券登记结算有限公司的相关业务规则和指南,依法设立的资管计划可开立专用

的证券账户。因此,如果竞买成功,将证券过户到资管计划证券账户中在操作层面并无障碍。

再次,从制度规范的角度,根据中国人民银行等四部门联合发布的《关于规范金融机构资产管理业务的指导意见》(以下简称资管新规)第2条和第9条规定,资产管理业务中的受托管理者要对受托的投资者财产进行投资和管理,所以管理人对资管计划的财产具有管理处分的法律地位。同时,该规定第8条、第9项明确,管理人具有以管理人名义代表投资者利益行使诉讼权利或者实施其他法律行为的职责。因此,在司法拍卖中,管理人代表资管计划参加竞买的行为当属上述代表投资者利益实施法律行为。根据中国证监会发布的《证券期货经营机构私募资产管理业务管理办法》(以下简称资管办法)第11条第2项和第11项规定,证券期货经营机构作为管理人从事私募资产管理业务的,应当履行"对所管理的不同资产管理计划的受托财产分别管理、分别记账,进行投资"和"以管理人的名义,代表投资者利益行使诉讼权利或者实施其他法律行为"。参与司法拍卖活动,竞买待处置的股票,显然属于管理人代表投资者利用资产计划财产进行投资的活动,这不但符合监管机构的监督管理规范,更是资产管理业务本身的基本业务行为。

最后,从资产管理业务的理论基础和法律关系上来看,当前对资产管理内部法律关系的定性上,虽然目前主要有信托关系和委托关系两种主要观点,但大部分资管计划还是按照信托关系设计成立的。根据我国《信托法》第2条规定,即"委托人基于对受托人的信任,将其财产权委托给受托人,由受托人按委托人的意愿以自己的名义,为受益人的利益或者特定目的,进行管理或者处分的行为"。从资产管理业务本身的交易目的来看,即所谓"受人之托,代客理财",投资人将其财产交付管理人,由管理人进行投资管理并进行分配,显然从交易模式上是符合信托的构造的。另外,根据《资管新规》第2条规定,"资产管理业务是指银行、信托、证券、基金、期货、保险资产管理机构、金融资产投资公司等金融机构接受投资者委托,对受托的投资者财产进行投资和管理的金融服务",形式上也大致符合我国信托法中对信托的定义。根据信托法的一般原理,当信托设立后,委托人即丧失对信托财产的占有和处分权限,由受托管理人进行管理处分。因此,使用信托财产进行竞买是管理人权限范围内的正当行为,应当予以准许。

二、拍卖过程中的司法审查

(一)司法审查的必要性

司法拍卖是人民法院行使执行权的重要环节,在司法拍卖的过程中,法院应维护司法权威,保障当事人的合法权益。管理人代表资管计划参加司法拍卖和普通竞买人竞买存在本质区别,因此法院应当对拍卖中可能涉及的问题进行更为审慎的监督与审查。

本案中,法院主要从竞拍中能否保证资管计划的财产独立性、能否满足风险隔离的要求的角度出发对本次司法拍卖进行审查,以保护资管计划投资人的合法权利,防止管理人利用司法程序损害投资人利益。

(二)资管计划财产独立性的审查

根据《资管新规》第2条、第8条和第15条的规定,"在资产管理业务中委托人自担风险并获得收益",管理人应"对其所管理的不同受托产品分别管理、分别记账进行投资","管理人应当对每只资管产品的资金进行单独管理、单独建账、单独核算,不得开展或者参与具有滚动发行、集合运作、分离定价特征的资金池业务"。根据《资管办法》第6条第2~4款规定,资产管理计划财产独立于证券期货经营机构和托管人的固有财产,并独立于证券期货经营机构管理的和托管人托管的其他财产、证券期货经营机构、托管人不得将资产管理计划归入其固有财产。证券期货经营机构、托管人因资管计划的管理、运用或者其他情形而取得的财产和受益,归入其产管理计划财产。资管计划财产不属于证券期货经营机构、托管人的清算财产。

上述规定基本确定了资管财产的独立性原则,即明确受托财产独立于管理人的固有财产,避免委托人的财产和管理人固有财产的混同、避免不同的资管计划财产相混同。这与信托法律关系中信托财产的独立性相对应。因此竞买中,管理人用于竞买的资金应当源于其代表竞买的资管计划自身的财产。从维护资产管理行业的行业规则、保障投资人合法权益、服务金融大局稳定的要求出发,作为司法机关应当对管理人用于竞买的资金来源进行审查,应当确认资金确来源于特定的资管计划,所以在交纳保证金时就应当要求管理人提供用资证明。

(三)竞买成功后的过户问题

本案中,如果管理人代表资管计划竞拍成功,如何进行过户是上海金融法院在决定是否允许其参与本次司法拍卖考虑的重要因素。如前所述,由于资管计划本身可以开立资管计划专用证券账户,而实际用以竞买的资金也源于资管计划财产,因此在拍卖成功且买受人于规定时间内支付尾款之后,法院应当将成功拍卖的股票过户到资管计划的专用证券账户中,而非管理人名下的证券账户中。这也符合资产管理业务中避免受托财产混同的要求。

同时,上海金融法院进一步认为,在类似的由管理人代表资管计划参与司法拍卖的情况下,如果管理人在参与竞拍前未主动披露其代表资管计划进行竞拍,在拍卖过程中法院查明其资金源于资管计划的,若竞拍成功,法院应当要求其提供资管计划的证券账户,将拍卖成功的股票过户到资管计划名下。

共同保险中出单公司违法对外赔付的赔偿责任

——中国人民财产保险股份有限公司上海市分公司诉中国平安财产保险股份有限公司上海分公司责任保险合同案①

童　蕾*

【裁判要旨】

在共同保险中,出单方根据《共保协议》约定,在执行出具保单、收取保费以及对外赔付等共保体事务时,具有代理其他共保人的权能,应在代理权限范围内谨慎、勤勉地行使代理权。如其违反保险法规定对外赔付,给其他共保人造成损失的,应承担赔偿责任。

【案号】

一审:上海市静安区人民法院(2019)沪0106民初34844号

二审:上海金融法院(2020)沪74民终541号

① 本案例入选上海金融法院2020年度十大典型案例。

* 法学博士,上海金融法院综合审判二庭法官。

【案情】

原告中国人民财产保险股份有限公司上海市分公司(以下简称人保上海分公司)起诉称,2014年2月18日,案外人上海职工休养度假服务公司(以下简称职工度假公司)所属机动车沪BE5950由胡某某驾驶途径合肥高速公路时发生侧翻,造成3名乘客死亡,多人受伤。交警认定,胡某某负事故全部责任。事故车辆在被告中国平安财产保险股份有限公司上海分公司(以下简称平安上海分公司)处投保了承运人责任保险,共同保险人为原告(承保比例50%)、被告(承保比例25%)及案外人中国太平洋财产保险股份有限公司上海市分公司(以下简称太平洋财险上海分公司,承保比例25%)。事故发生后,被告作为保单的出单公司兼保险理赔服务方,向职工度假公司支付3名死者及部分伤者的保险理赔金共计2,974,528元。被告付款后,原告根据承保比例,将50%的赔偿款1,487,264元摊回给了被告。但之后,职工度假公司未将保险赔偿款支付给3名死者家属。上述家属遂于2016年分别将原告、被告及太平洋财险上海分公司诉至法院。根据该批案件的生效判决,原告再次向死者家属支付了保险赔偿款共计681,342.40元,并承担案件受理费16,903.66元。现原告起诉,要求被告赔偿上述重复支付的金额。

被告平安上海分公司辩称,不同意原告诉请。(1)本次特大交通事故造成多人伤亡,至今尚未理赔完毕。原告向被告支付的款项是对全事故理赔的预赔付,无明确指向性。(2)被告虽为出单方,但主要从事窗口协调工作,对于出险案件并无独立的处分权,每个赔案的理赔服务均由各共保人一并完成。原告作为本共保项目的主承保人,理应承担更多的审慎核查责任,但在案件预赔付及后续保险金摊回时,原告均未提出任何异议,应视为其同意被告向职工度假公司直接支付预赔款。(3)原告作为共保方,在根据法院判决向死者家属履行赔付责任后,应当向职工度假公司要求返还已支付的预赔款,而不是向被告要求赔偿。

法院经审理查明,原告、被告及案外人太平洋财险上海分公司签订《共保协议书》,约定:共保险种为上海市道路客运承运人责任保险,原告承保50%,为主承保人;被告和太平洋财险上海分公司各承保25%,为副承保人。对出险时预计损失金额在10万元以上的赔案,由出单公司通知其他两方保险公司,并牵头与其他两方共同负责事故现场的勘查、检验、定损等理赔服务。出单公司于结案后3个工作日内向被保险人支付保险赔款,并将赔付单据抄送案外人上海环亚保险经纪有限公司(以下简称环亚公司),其他两方应在出单公司支付保险赔款并收到赔付凭证和基本索赔单证后3个工作日内按照共保承保比例支付保险赔款给出单公司。此外,上述三方还与环亚公司签订《四方协议》,约定:出单公司自然成为保单所载客运企业的保险理赔服务方,负责该企业的保险理赔、咨询等。

2013年6月,案外人职工度假公司向被告投保道路客运承运人责任保险。条款约定:保险标的为沪BE5950大客车、55座,保险期间自2013年6月15日至2014年6月14日,累计赔偿限额4950万元、附加精神损害赔偿累计限额300万元(每座赔偿限额90万元、精神损害赔偿4万元);共保信息栏记载:"平安保险公司25%、人民保险公司50%、太平洋保险公司25%。"2014年2月18日,沪BE5950大客车在高速公路发生侧翻事故,造成案外人沈某某、张某某、刘某某三人当场死亡及多人受伤。经合肥市公安局交通警察支队认定,驾驶员胡某某负事故全部责任。

事故发生后,被告作为保单的出单公司进行理赔,并出具《承运人责任险赔款计算书》,载明:2014年3月第1次预赔:350,000元。2014年11月第2次预赔:拟预先赔付法院一审判决的赔款合计1,094,528元,分项中,列明包含受害人沈某某940,000元。2015年6月第3次预赔:1.刘某某……合计赔偿940,000元;2.张某某……合计预赔940,000元;本次合计预赔付1,530,000元,等等。原告依照《共保协议书》及上述《承运人责任险赔款计算书》,对上述3次预赔款按比例分摊后,共计向被告支付1,487,264元。

之后,3名死者家属因未收到足额赔款,分别对原告、被告及太平洋财险上海分公司提起责任保险合同诉讼,职工度假公司作为第三人亦参加诉讼。案件经上海市静安区人民法院、上海市第二中级人民法院一审、二审审理查明:平安上海分公司为本起事故向职工度假公司在2014年3月13日预付350,000元、2014年12月1日预付1,094,528元、2015年6月预付153万元。职工度假公司承认收到平安上海分公司上述预付款,但称部分赔款实际已用于处理其他伤者。法院认为:平安上海分公司直接向被保险人职工度假公司支付保险赔偿款时,未审核其是否已向第三者支付保险赔偿金,亦未提供证据证明第三人已足额收到保险赔偿金,故应继续履行保险赔偿责任;3家共保保险公司是共同保险人,应依照

《共保协议书》及保险单约定的比例各自承担份额内的保险赔偿责任。法院据此判决，人保上海分公司按50%的共保比例分别支付保险金444,011.40元，①平安上海分公司与太平洋财险上海分公司各自按25%比例支付赔偿金。原告依判决履行了付款义务，并支付诉讼费16,903.66元。

【裁判结果】

上海市静安区人民法院于2020年1月7日作出(2019)沪0106民初34844号民事判决：驳回原告的诉讼请求。原告不服提起上诉。上海金融法院于2020年7月30日作出(2020)沪74民终541号民事判决：(1)撤销上海市静安区人民法院(2019)沪0106民初34844号民事判决；(2)平安上海分公司赔偿人保上海分公司保险金681,342.40元及截至实际支付之日止，以中国人民银行同期存款基准利率计算的利息(其中444,011.40元自2017年1月10日起算，237,331元自2018年7月14日起算)；(3)平安上海分公司赔偿人保上海分公司案件受理费16,903.66元及截至实际支付之日止，以中国人民银行同期存款基准利率计算的利息(其中11,673.66元自2017年1月10日起计算、5,230元自2018年7月14日起计算)。一审、二审案件受理费均由平安上海分公司负担。

【裁判理由】

法院生效判决认为：本案争议焦点在于，对于重复支付的保险金，原告能否要求被告赔偿。

首先，原告可基于何种法律关系向被告主张赔偿？上诉人与被上诉人之间存在两层法律关系：(1)外部关系。根据道路客运承运人责任保险合同，原告、被告为共同保险人，对外可基于各自承保比例，分别向职工度假公司主张返还预付的第三者保险金。(2)内部关系。根据《共保协议书》及《四方协议》，被告为涉案保单的出单公司，负责向被保险人提供理赔服务，在牵头完成定损后，需先行

① 参见上海市第二中级人民法院民事判决书，(2016)沪02民终8032号；上海市第二中级人民法院民事判决书，(2016)沪02民终1386号；上海市第二中级人民法院民事判决书，(2016)沪02民终1387号。

向被保险人支付全额保险金。原告则为其他共保方,需配合完成定损,并在出单公司完成对外赔付后按共保比例分摊保险金。从上述权利义务配置可见,在对外理赔时,对于被保险人而言,就原告以及案外人太平洋财险上海分公司应承担的相应部分保险金,均由被告作为代理人进行赔付。现原告认为被告在对外赔付时违反保险法规定进行理赔,致其重复支出保险金,故要求赔偿。该请求显然是基于第二层法律关系,意在追究代理人在履行代理职责过程中未尽必要的注意义务,导致被代理人遭受损失的赔偿责任。此系原告自主行使诉权的行为,符合法律规定,可予准许。

其次,原告是否遭受损失,该损失是否已经确定?根据被告出具的《承运人责任险赔款计算书》,第2次、第3次预赔付款中已包含第三者沈某某、刘某某、张某某的赔偿款。原告对于上述款项均已按照承保比例进行了分摊。被告认为原告分摊的预赔款无明确指向性的抗辩意见,不能成立。原告于分摊上述预赔款后,又因法院判决再次向3名第三者家属支付了保险金,并承担了案件受理费。上述支出项目,即为原告的损失,且该损失已经确定发生。至于原告在重复支付赔偿款后,是向职工度假公司要求返还,还是要求被告赔偿,则属损失发生后的救济途径选择问题,不能对已发生的既有损失构成影响。因此,原审法院认为原告应先向职工度假公司要求返还,待损失确定后再向被告主张赔偿的意见,缺乏依据,二审予以纠正。

最后,被告是否应当赔偿上述损失?我国原《民法通则》第66条第2款规定:代理人不履行职责而给被代理人造成损害的,应当承担民事责任。本案中,根据《共保协议书》及《四方协议》的约定,被告作为出单公司,负责向被保险人提供理赔服务。根据诚实信用原则,被告作为其他共保方的代理人,应当谨慎、勤勉、忠实地行使代理权,依法进行理赔。其本应按照《保险法》的规定,审查被保险人职工度假公司是否已就第三者沈某某、刘某某、张某某的保险事故进行赔偿,并确保在其未作赔偿时不予支付保险金。但被告作为专业的保险机构,明知法律的上述规定,却违反了作为代理人应尽的审慎注意义务,将原告应分摊的理赔款径行支付给了职工度假公司,导致原告于此后就相同的保险事故进行了再次赔付,其行为显然违反了《共保协议书》及《四方协议》的约定,应对由此造成的损失承担赔偿责任。被告抗辩称:原告作为共保项目的主承保人,在预赔付和保险金摊回时均未提出异议,故应视为其同意直接向职工度假公司支付保险金。

但根据《共保协议书》及《四方协议》,原告虽为主承保人,但并非出单公司,其职责虽包括与其他共保方共同对事故现场进行勘验、定损等,但并不包括对外支付保险赔款。而被保险人是否已向第三者赔偿损失,正是对外支付保险金时应当审查的内容,应由出单公司即被告完成,原告并不参与也无从知悉,故法院对被告的上述抗辩不予采纳。

关于损失的具体范围,原告根据2016沪02民终8032号、2018沪02民终1386号、2018沪02民终1387号生效判决,共支付保险金681,342.40元及案件受理费16,903.66元。上述赔付的保险金本已包含在原告分摊的预赔款中,如被告依法支付上述预赔款,即可避免相关诉讼案件的发生。因此,相应保险金及案件受理费均属原告的损失。至于原告主张的利息,因其重复支付的保险金及案件受理费确已产生资金占用损失,二审对此予以支持。原告在二审中明确:要求适用中国人民银行同期存款利率计算利息;沈某某案的多付保险金及案件受理费的利息要求从2017年1月10日起算;张某某及刘某某案多付的保险金及案件受理费的利息要求从2018年7月14日起算。以上计息期间及利率尚属合理,二审法院予以确认。

另需指出,由于原告对于其损失既可向职工度假公司要求返还,亦向被告主张赔偿。为防止双重受偿,其在获得一方赔偿后,另一方的支付义务即相应减少。被告在承担损害赔偿责任后,在其赔偿范围内,可代位原告行使对职工度假公司的保险金返还请求权。

【评析】

本案为共同保险中,各共保人之间的损害赔偿纠纷,在司法实践中较为少见。案件涉及共同保险的交易架构、各共保人与被保险人的外部关系、共保联合体内部出单方与跟单方的权利义务关系等问题,上述问题的厘清,对同类案件有较强的借鉴意义。

一、共同保险的含义

共同保险简称“共保”,是保险业发展过程中自发形成的一种保险模式,并未作为专门的法律概念被规定在我国《保险法》中。共保一般出现于某项保险标的价值或金额过大,超出单个保险公司的财力承受范围;或保险金额超过《保险法》强制规定限额的情况,此时,出单保险公司通常会联合多家保险公司共同承保。原保监会《关于大型商业保险和统括保单业务有关问题的通知》(保监发〔2002〕16 号)第 3 条对“共保”这一业务模式进行了界定:“共保是共同保险的简称,是指两个或两个以上的保险公司及其分支机构(不包括同一保险公司的不同分支机构)使用同一保险合同,对同一保险标的、同一保险责任、同一保险期限和同一保险金额进行的保险。参与共保的保险公司称为共保承保人”“共保可以采用成立共保集团或者签订共保协议的方式”。简单地说,共保就是多名保险人与被保险人订立单一保险合同,共同承保某项保险标的。在各种关于共同保险的学理分类中,[①]原保监会规定的为狭义共同保险,不包括不足额保险、免赔率条款等广义的共同保险在内。

正确掌握狭义共同保险的外延,需注意将其与以下几个类似制度相区分。

第一,共同保险不同于“共保条款”。共保条款是保险合同特约条款的一种,是指保险人与被保险人约定,就保险标的的某一部分或按照一定的比例,由投保人自行负担因危险而产生的损失,这种保险又称为“合力保险”,只出现于财产保险合同中,目的在于通过增强投保人或被保险人与保险标的之间“一损俱损”的利害关系,使其更加审慎地保管保险标的,防范保险事故的发生。[②] 通过共保条款,分摊保险责任的是保险人和投保人,这与共同保险中由各承保公司分担保险责任存在显著不同。

第二,共同保险不同于重复保险。重复保险,是指投保人对于同一保险利益、同一保险事故、在同一保险期限内与数个保险人分别订立数个保险合同。[③]在重复保险中,投保人就同一保险利益,向多个保险人积极重复投保,因此并存多份保险合同,但各保险人间事先并无共同的意思联络,如果保险金额之和超过保险标的,则可能构成超额保险。而在共同保险中,投保人与共保人缔结的是单一保险合同,各保险人具有共同承保合意,保险金额亦不会超过保险标的。

第三,共同保险也不同于再保险。根据我国《保险法》第 28 条的规定,保险

---

① 具体分类可参见瞿溶:《试论共同保险》,载《江苏保险》2017 年第 7 期。

② 参见王静:《保险类案裁判规则与法律适用》,人民法院出版社 2013 年版,第 143 页。

③ 参见江朝国:《保险法基础理论》,中国政法大学出版社 2002 年版,第 257 页。

人将其承担的保险业务,以分保形式部分转移给其他保险人的,为再保险。所谓再保险,是相对于原保险而言,是由两个保险人订立,约定对一方已承保的原保险业务进行再分摊的合同,体现的是分出人和接收人的关系。而共同保险合同属于原保险,由投保人和多个保险人订立,体现的仍是投保人与保险人之间的权利义务关系。

根据各保险人间责任承担方式的不同,可将共同保险分为按份式共同保险和连带式共同保险。在按份式共同保险中,各共保人约定各自承保比例,按照该比例收取相应保费,并在出险后分摊赔偿款,彼此不对其他共保人的份额承担清偿责任。连带式共同保险则指,承保同一危险的各个共保人对被保险人的保险赔偿承担连带清偿责任,每个共同保险人均有义务赔偿被保险人的全部损失,但在赔偿后可向其他共保人追偿后者应分摊的份额。其中,按份式共同保险更为常见,本案的共保即为狭义共同保险中的按份式,以下的讨论也仅围绕该类共保展开。

二、按份式共同保险中各共保人的内、外部关系

(一)内部关系

在共同保险中,各共保人根据共保协议的约定,基于同一目的相互结合,形成保险共同体。具体到按份式共同保险,在各共保人内部,根据承保份额的多少,可将其分为主承保人、副承保人(也称首席承保人、其他共保人),主承保人通常由承保份额最大的保险人担任,其与副承保人之间的权利义务关系亦根据共保协议确定。实践中,部分共保协议会对主承保人作出一些特殊的权利义务安排,例如,约定只有主承保人才可作为出单公司向被保险人出具保单、收取保费;主承保人作出的任何决定均对副承保人产生不可撤销的约束力;主承保人得收取出单手续费,并有权支配风险管理基金等。① 但也有部分共保协议并未赋予主承保人过多的特殊权利。如在本案中,共保协议约定:无论是主承保人还是副承保人,都可作为出单方出具保单、收取保费;对于一定额度以下的赔案,出单方有权独立核赔,其他共保方不得提出异议,并应按照通知分摊赔偿金。仅当赔案超

① 参见上海海事法院民事判决书,(2014)沪海法商初字第116号。

过限定额度,且三方对定损产生分歧时,才约定由共保份额占多的一方意见为准。但由于两位副承保人的总计承保份额为50%,与主承保人相同,所以在此情况下,主承保人人保上海分公司也不必然享有决定权。正因如此,本案中,被告平安上海分公司仅以人保上海分公司的主承保人身份,即主张其应承担更重注意义务的抗辩,并无合同依据,法院未予采纳。

需要注意的是,无论出单公司由主承保人还是副承保人担任,其都自然成为对外理赔服务的提供方,这是由于,出单方是与被保险人直接对接的共保人,由其提供理赔服务更为便利,也更具效率。由此,在共保中,出单方实际承担了向被保险人出具保单、收取保费、在一定限额内勘查定损,以及在保险事故发生时支付赔偿款的职责。上述职责的权力来源,即为共保协议的授权。问题在于,该种授权的法律性质为何?本案裁判认为,应认其为代理权的授予。

共同保险为多数人合同,作为保险人的一方存在多个主体。多名保险人以经营共同事业(对某个保险项目进行联合承保)为目的相互结合,在共保体内部形成类似于合伙的法律关系。[①] 在与共同保险合同相关的对外事务处理上,虽然各共保人理论上均得按其份额享有相应的债权(保费收取权),并负担相应的债务(依份额赔付保险金的义务),与合同相对方构成按份之债。但实践中,为所经营业务的便利,并无必要也无可能每项行为均由各共保人分别完成。因此,通过签订共保协议,各共保人约定统一授权出单方代理其行使权利,履行义务。该种授权通过保单后附的共保协议,也为投保人所知。基于上述授权,出单方在执行缔约、定损、赔付等事务时,即具有代理其他共保体成员的权能。此时出单方兼具双重角色:就自己的承保部分,以本人的名义实施法律行为;就其余承保部分,则作为跟单方的代理人实施法律行为,行为的法律效果直接由跟单方承担。这种代理行为通常是有偿的,出单方可根据共保协议的约定向跟单方收取相应的出单费等费用。但也不必然如此,本案的共保协议就未约定出单费。

(二)外部关系

在对外关系上,基于前述的代理权授予,出单方的相关行为效力均及于跟单

① 参见史尚宽:《债法各论》,中国政法大学出版社2000年版,第686页以下,关于合伙意义及性质的论述。

方。因此,出单方向被保险人出具保单后,在被保险人和所有共保人之间形成保险合同关系。原保监会《关于加强财产保险共保业务管理的通知》(保监发〔2006〕31 号)第 1 条即规定:在被保险人同意由多个保险人进行共保的情况下,可由主承保人签发保单,同时附共保协议。换言之,不能因为合同仅加盖了出单方的公章,就简单认定合同只有一个保险人,而应将所有共保人均认定为保险合同的当事人。

同样地,关于保费收取,出单方固然可以基于代理权的授予,以共保人代理人的身份向投保人收取保费。但如投保人拒不支付,则所有共保人均可作为原告起诉,要求投保人按约支付保费。在保险事故理赔的问题上也是如此。当发生保险事故时,虽然一般情况下,各共保人不会按份额分别向被保险人支付赔偿款,而由出单方代表共保体支付全部赔偿款,但这只是跟单方对出单方授予代理权的结果,并不意味着被保险人只有权向出单方主张赔偿款。对于被保险人而言,所有的共保人都是保险合同的相对方,因此,在发生争议时,其有权向全部或部分共保人单独或共同地主张按比例支付保险金。本案中,当保险事故的 3 名死者家属未收到赔偿金时,即起诉了包括平安上海分公司、人保上海分公司、太平洋财险上海分公司在内的所有共保人,并获得了法院的支持。

有观点认为,出单方向被保险人支付全额保险金,性质上是按约定由出单方对于其他共保人保险金支付义务的代为清偿,适用原《合同法》第 65 条。[①] 这种观点的问题在于:首先,出单方并非保险合同之外的第三人,而是共同保险人之一,并不存在被保险人与跟单方之间,关于由出单方代为履行债务的特约。其次,出单方支付赔款并非以自己的名义、以第三方的身份代为清偿,而是以跟单方的名义,按照保险合同的约定按比例支付保险金。最后,出单方于支付赔款后,可向其他跟单方要求摊回,该种摊回请求权依据的是共保协议的约定,而非代为清偿后,代位行使被保险人的保险金请求权。笔者认为,上述观点并不足取。

---

① 俞乾文:《共同保险下理赔款分担的个案分析》,载无讼网,http://victory.itslaw.cn/victory/api/v1/articles/article/225e7bd2 - 0dc2 - 4af7 - 9826 - 909217d827c2,最后访问日期:2021 年 1 月 4 日。原《合同法》第 65 条规定:当事人约定由第三人向债权人履行债务的,第三人不履行债务或者履行债务不符合约定,债务人应当向债权人承担违约责任。

三、出单方未善尽代理职责时的赔偿责任

如前所述,在共保人内部,经由共保协议的约定,出单方作为其他共保方的代理人,对外履行出具保单、收取保费、赔付保险金等职责。相应地,如果出单方未能在履行代理职责的过程中尽到适当的注意义务,即应向被代理人承担赔偿责任。这也正是本案二审判令被告平安上海分公司承担赔偿责任的法律依据。

关于代理人责任,原《民法通则》第66条第2款规定:代理人不履行职责而给被代理人造成损害的,应当承担民事责任。原《民法总则》第164条第1款(现《民法典》第164条第1款)已对《民法通则》的前述规定进行了部分修正,规定:代理人不履行或者不完全履行职责,造成被代理人损害的,应当承担民事责任。从目的解释的角度,应将《民法通则》关于"不履行代理职责"解释为包含"不完全履行代理职责"在内。需要注意的是,《民法通则》第66条规定的并非代理人责任的普适性构成要件,在性质上仅属于引致性规范。[①] 该条的适用范围既包括法定代理,也包括意定代理。"不履行或不完全履行代理职责"的表现形态也多种多样,包括但不限于自己代理、双方代理、越权代理、无权代理、违反基础关系(如委托合同)确定的代理职责等。因此,对于各类情况下赔偿责任的构成要件,需按照各自相关的法律规定加以确定。例如,对于无权代理,若被代理人不予追认,则代理行为无效,代理人应向被代理人承担缔约过失责任;如嗣后被代理人同意或追认,则代理行为有效,就不存在要求代理人承担民事责任的问题。对于违反委托合同约定的代理职责的行为,被代理人可依据违约责任、无因管理等规定,追究代理人的责任。

本案中,被告平安上海分公司之所以取得代理权,系基于其共保体成员的身份,以及《共保协议》这一基础关系约定的共保体事务代理职责,故原告要求被告赔偿损失的请求权基础为:违反《共保协议》的违约赔偿责任。[②] 具体构成要件

---

① 参见王利明主编:《中华人民共和国民法总则详解》,中国法制出版社2017年版,第729页。

② 需要注意的是,本案不能适用原《合同法》第406条"有偿的委托合同,因受托人的过错给委托人造成损失的,委托人可以要求赔偿损失"的规定。原因在于,委托合同中,委托人与受托人之间并不存在共同的目的,受托人仅根据委托,代委托人处理事务。而本案中,被告与其他共保人同属共保体成员,经营同一保险项目,并据此取得共保事务代理权。

如下：

第一，被告存在违反《共保协议》约定代理职责的违约行为。《共保协议》约定：授权出单方即被告进行对外理赔服务。按照诚实信用原则，该条约定应包含以下含义：(1)对外赔付应依法进行。(2)被告在理赔时应尽到代理人的审慎注意义务。

首先，根据《保险法》第65条第3款的规定：责任保险的保险人给第三者造成损害，被保险人未向该第三者赔偿的，保险人不得向被保险人赔偿保险金。该款规定旨在保护第三者的权利，同时防止被保险人不当得利。但被告平安上海分公司违反了《保险法》的上述规定，直接对职工度假公司进行了赔付，故其赔付行为违法。其次，被告作为代理人，依法应为本人利益，在代理权限内，谨慎、勤勉、忠实地行使代理权，其注意义务应达到善良管理人的程度。[①] 被告平安上海分公司系专业的保险机构，在对外赔付时，理应按照《保险法》的上述规定，审慎核查职工度假公司是否已就第三者的保险事故进行赔偿。但其未经核查即将人保上海分公司应付的理赔款径行支付给了职工度假公司，因此亦违反了代理人应尽的注意义务。故被告存在违约行为无疑。

第二，原告因此遭受损害。该要件包括损害和因果关系在内。关于损害，在共保人内部，原告已按照核定的定损结果，依据承保比例，足额将第三者的保险金摊回给了被告。但由于被告的过错对外赔付，导致第三者继承人向法院提起诉讼，原告再次按照法院判决重复支付了保险金共计681，342.40元。该部分保险金以及相应的诉讼费即构成原告的损失，且该损失与被告的不当代理行为之间存在直接的因果关系。

本案一审、二审的分歧主要在于：上述损失是否已经确定。一审法院认为，原告应首先向被保险人职工度假公司要求返还已付的保险金，不足部分才可作为确定的损失向被告主张。这种观点的问题在于：将损失范围与损失救济途径相混淆。从原告的角度看，其所受的损失即为重复支付的保险金及案件受理费，范围已经确定，但就上述损失的救济，同时存在两种请求权：(1)基于承运人责任保险合同，原告可作为共保人之一，请求被保险人职工度假公司返还不当得利。(2)基于共保协议，原告可作为被代理人，请求代理人平安上海分公司赔偿其未

---

① 参见杨立新：《民法总则》，法律出版社2013年版，第512～514页。

尽代理职责造成的损失。该两项请求权构成民法理论上的不真正连带债务,即多名债务人基于不同的发生原因,对于债权人负以同一给付为标的的多个债务,其中一债务完全履行,其他债务即因目的达到而消灭。[①]

本案中,职工度假公司的不当得利返还及被告平安上海分公司的违约损害赔偿虽然基于不同的法律关系,但均以填补原告的损失为目的。任何一方向原告进行给付后,原告的损失即获填补,因此不得再向另一方主张行使请求权。但因两位不真正连带债务人中,职工度假公司为终局责任人,被告仅承担违约责任,故如果职工度假公司对原告进行赔偿,则被告的债务因目的达到而消灭。但如果由被告先行赔偿,则原告对于终局责任人职工度假公司的不当得利返还请求权应移转给被告,由被告代位行使,在其范围内,职工度假公司的债务并不消灭。基于上述理由,二审认为,被告违反了《共保协议》约定,未能适当履行代理职责,应对原告的损失承担赔偿责任,遂作改判。

① 参见史尚宽:《债法总论》,中国政法大学出版社 2000 年版,第 672 页。

期货公司强行平仓权的行使及强行平仓损失的承担

——光大期货有限公司诉鲍某某期货强行平仓纠纷案①

崔　婕*

【裁判要旨】

客户账户公司风险率大于100%而交易所风险率未达100%时,期货公司仅通知客户追加保证金而未采取强行平仓措施,并无不当。期货公司强行平仓权的行使应当以保证金为零为最低界限。客户账户交易所风险率达100%后,期货公司履行通知义务并给予客户自行处置的合理时间后已采取强行平仓措施,但由于市场行情变化导致平仓无法实现,由此产生的穿仓损失应由客户承担。

【案号】

上海金融法院(2020)沪74民初598号

【案情】

原告光大期货有限公司(以下简称光大期货)起诉称,2018年6月21日,被

① 本案例入选上海金融法院2020年度十大典型案例。

* 法学博士,上海金融法院综合审判二庭副庭长。

告鲍某某与光大期货签订《自然人期货经纪合同》。2019 年 9 月 3 日,因鲍某某未能按照上述期货经纪合同的约定及光大期货通知及时追加保证金或自行减仓,光大期货执行强行平仓并成交。经结算,鲍某某账户资金为负值,形成穿仓损失 1,439,790.85 元,光大期货以自有资金垫付了穿仓损失,鲍某某应归还垫付款项。

鲍某某辩称:其账户于 2019 年 8 月 30 日开盘时公司风险率即高于 100%,在通知鲍某某仓位处理而其没有自行处理的情况下,光大期货就应当履行强行平仓的义务。由于光大期货强行平仓不及时导致穿仓损失,该损失应根据双方过错比例进行分担。

法院经审理查明:2018 年 6 月 21 日,双方签订《自然人期货经纪合同》,其中第 42 条约定,风险率的计算方式为:风险率 = 客户持仓保证金 ÷ 客户权益 × 100%;第 44 条约定,在交易收市后,经结算风险率大于 100% 时,光大证券将向鲍某某发出追加保证金通知和强行平仓通知,鲍某某应在通知所要求的时间内追加足额保证金,否则光大期货有权在不通知鲍某某的情况下,对鲍某某期货账户的部分或全部未平仓合约强行平仓,直至其期货账户的可用资金大于等于 0 元,鲍某某应承担由此产生的结果。

鲍某某持有 ni1910 合约 171 手,2019 年 8 月 29 日日终结算时鲍某某账户公司风险率为 104.69%,交易所风险率为 83.75%。当晚鲍某某入金 30 万元,入金后及 2019 年 8 月 30 日日盘开盘时,鲍某某账户公司风险率均仍大于 100%,交易所风险率未达 100%。2019 年 8 月 30 日 14 时 41 分鲍某某账户交易所风险率为 100.21%,光大期货通知鲍某某追加保证金,14 时 56 分左右光大期货与鲍某某就追加保证金进行电话沟通,鲍某某要求观察夜盘行情再做操作,该日日终结算时鲍某某账户公司风险率 134.08%,交易所风险率 111.73%,客户权益为 1,972,736.45 元。该日日盘结束后光大期货又多次向鲍某某发出追加保证金否则光大期货有权强行平仓的通知。2019 年 8 月 30 日 21 时 0 分 20 秒,光大期货对鲍某某账户所持 ni1910 合约 121 手采取强行平仓措施,由于该合约于该日夜盘及 2019 年 9 月 2 日日盘一直处于涨停状态,未能成交。2019 年 9 月 2 日日终结算时鲍某某账户公司风险率 753.78%,交易所风险率 394.84%,客户权益 650,906.45 元。后光大期货与鲍某某电话沟通,鲍某某同意当日夜盘集合竞价时将 ni1910 合约 171 手全部挂单。2019 年 9 月 2 日 20 时 55 分,光大期货对鲍某某账户全部持仓 171 手 ni1910 合约挂单强行平仓,最终以 148,850 元成交。2019 年 9 月 3 日的交易结算单显示,鲍某某账户内可用资金 -1,439,790.85 元,平仓盈亏 -2,089,620 元,客户权益为 -1,439,790.85 元。

审理中,双方确认,双方签订的《期货经纪合约》中约定的风险率是指公司风险率。

【审判】

法院生效裁判认为,由于公司保证金高于交易所保证金,在鲍某某账户公司风险率大于 100% 而交易所风险率低于 100% 时,一般尚不存在透支交易的风险,此时光大期货仅仅通知鲍某某追加保证金而不采取强行平仓措施,并不违反法律的规定及双方间合同的约定。2019 年 8 月 30 日 14 时 41 分鲍某某账户交易所风险率于大于 100%,光大期货及时履行通知义务并给予鲍某某自行处置的合理时间后采取强行平仓措施,但由于市场行情急剧变化导致被告所持合约流动性枯竭,致使平仓无法及时实现,直至 2019 年 9 月 2 日夜盘完成平仓时被告账户出现穿仓。本案穿仓损失系由于客观原因而非光大期货平仓不及时所致,相应的损失应当由鲍某某承担。据此判决:鲍某某偿还光大期货垫款 1,439,790.85 元及其相应的利息。

【评析】

在期货强行平仓纠纷案件中,当事人双方通常系就期货公司强行平仓权行使的条件是否成就产生争议,客户往往会主张期货公司未给予自己追加保证金的合理时间、平仓价格或数量不合理等导致其交易损失。本案的不同之处在于,双方当事人对于强行平仓的条件已经成就不存分歧,争议在于:一是公司风险率大于 100% 而交易所风险率尚未及 100% 时期货公司是否必须执行强行平仓;二是本案诉争损失并非客户权益资金而是穿仓损失,此损失应由何方承担。对此,需要结合期货交易保证金制度的功能、强行平仓的性质、双方在期货交易中的地位以及穿仓损失产生的原因等综合分析。

一、期货交易保证金与风险率

(一)交易所保证金与公司保证金

期货交易中,客户必须按照其所买卖期货合约价值的一定比例缴纳保证金,用于结算和担保合约履行。保证金制度既体现了期货交易的杠杆特点,也是交易所和期货公司对期货市场进行风险管理的核心。交易所针对不同期货品种会制定交易所保证金标准,通常为交易金额的5% ~10%。只有当客户账户内的保证金达到交易所保证金标准,才能参与期货合约的买卖,此为初始保证金。同时,客户在持仓过程中,会因市场行情的变化产生浮动盈亏,因此保证金账户中实际可用来弥补亏损和提供担保的保证金会随时发生增减。若客户账户内的保证金不足而又未追加保证金,期货公司则需要替客户向期货交易所垫付需追加的保证金。为了避免在客户保证金未追加进来时替客户向交易所垫付追加保证金,各期货公司在交易所保证金的基础上往往会制定额外的保证金额度。该标准依据交易所的规定,结合市场风险、品种波动幅度、交易所停板及熔断幅度、客户风险等因素确定,通常会在交易所保证金基础上加收3% ~6%。

(二)期货交易中的两个风险率及其功能

期货交易中,一般通过风险率来计算和判断资金账户的风险,即风险率 = 持仓保证金 ÷ 客户权益 ×100%。与上述两个保证金标准相对应,以交易所保证金标准计算出持仓保证金占用而得出的风险率,称为交易所风险率;以公司保证金标准计算出持仓保证金占用而得出的风险率,称为公司风险率。由于公司保证金高于交易所保证金标准,客户账户公司风险率大于100%时,表示客户账户内的保证金没有达到与期货公司约定的保证金额度。如客户不及时采取追加保证金或减仓等措施、期货合约价格又朝不利于客户方向发展,账户风险率则会继续上升达到交易所风险率100%,此时表示客户账户内的保证金未达到交易所规定的保证金额度,即会导致期货公司需要为客户垫支。

风险率是平衡期货市场效率与风险管理的关键,各期货公司一般根据风险率指标将客户风险划分为不同等级并对应采取不同的风险处置措施。客户账户公司风险率小于100%时,可正常交易及出金;公司风险率大于等于100%后,期货公司会向客户发送追加保证金通知,要求其减仓或追加资金,同时限制其开仓和出金;若账户风险率上升至交易所风险率大于等于100%,期货公司则会在向客户发出强行平仓通知并给予客户预留合理时间自行平仓或追加保证金后,执行强行平仓措施。

二、期货公司强行平仓权利行使的正当性辨析

(一)强行平仓权的赋予

期货公司与客户之间系期货行纪法律关系,期货公司的责任是严格根据客户的指令进行交易操作,并无处分客户财产的权利。法律之所以赋予期货公司强行平仓的权利,是由期货交易的特点决定的。在客户保证金低于交易所规定的保证金而又未能追加或自行减仓的情况下,就会有期货公司用其自有资金为客户垫支交易的发生,在某种意义上客户不及时追加保证金的行为即构成对期货公司的侵权。为了保障期货公司自身资金的安全,法律赋予期货公司在特定情形下强行平仓的权利。可见,强行平仓从本质上看是期货公司所依法享有的一项权利,根本目的在于避免期货透支交易。

强行平仓制度是由他人实施的最严厉的风险控制措施。① 如果条件未成就,期货公司就对他人期货合约实施强行平仓,则属于不当处分他人财产,构成侵权。因此,期货公司强行平仓权的行使必须满足一定的条件,具体包括:(1)客户保证金不足;(2)期货公司已履行通知义务;(3)期货公司给予客户追加保证金的时间合理;(4)期货公司强行平仓的金额应当与客户需要追加保证金额数额相当;(5)期货公司应当本着最大限度减少强行平仓给客户造成的损失的原则,根据风险水平由高到低的顺序平仓。

(二)保证金不足的判定

期货公司执行强行平仓的前提之一是客户账户内的保证金不足,且客户未在规定时间内追加保证金。由于期货交易中存在两个保证金标准,作为强行平

---

① 参见贾纬:《期货交易风险和运行风险及其相关损失的司法认定》,载《人民司法》2014年第14期。

仓前提的客户保证金不足是指何标准？从期货经纪合同约定看,存在两种情形：一种如本案,仅仅约定根据公司保证金标准计算的公司风险率;另一种是明确载明公司风险率和交易所风险率两个风险率,但均赋予期货公司在公司风险率大于等于100%时履行通知义务并预留合理时间后执行强行平仓的权利。而从强行平仓的实践看,期货公司往往会分级采取动态风险控制措施,一般只有在交易所风险率大于100%时才会执行强行平仓。如果公司风险率大于100%后所持合约仍朝不利方向发展,客户就会提出期货公司执行强行平仓过晚扩大了其损失。本案中鲍某某即主张,2019年8月30日日盘开盘时其账户公司风险率仍高于100%,此时光大期货就应当履行强行平仓义务。如此,期货公司强行平仓权的行使是否妥当？

首先,从性质上看,强行平仓系期货公司避免自身资金损失所享有的权利。由于公司保证金高于交易所保证金,在客户账户仅公司风险率大于100%时,尚不存在透支交易。《最高人民法院关于审理期货纠纷案件若干问题的规定》(以下简称《若干规定》)第31条第3款亦明确规定,审查是否构成透支交易是以期货交易所规定的保证金比例为标准。其次,从期货公司、客户在期货交易中的地位看,期货经纪公司并非期货交易的民事主体,期货交易是否及如何进行均是由客户决定的,客户对自己账户及所持合约的风险具有积极管理及注意义务。而且,期货公司所享有的强行平仓的权利,并不排除客户为保护自身财产安全与利益采取平仓措施的权利。本案双方间签订的期货经纪合同中也约定客户有随时关注并妥善处理自己持仓的义务。再者,从期货经纪合同的约定看,一般也仅约定客户账户公司风险率大于100%时原告有权而非必须执行强行平仓。因此,在客户账户公司风险率大于100%而交易所风险率尚未达100%时,期货公司可根据行情、资金安全程度等因素自行决定是否行使强行平仓的权利,不行使并不违反法律规定及双方间合同的约定。

(三)合理时间的判断

强行平仓的行使要求期货公司为客户预留合理时间追加保证金或自行平仓。何为合理时间,需考量期货经纪合同的约定、客户自行处置的可能性、风险程度等于个案中予以判断。首先,期货经纪合同中就客户追加保证金的时间明确约定的,一般从其约定;未约定、约定不明确或期货经纪合同约定期货公司在履行通知义务后可随时对客户持仓进行强行平仓的,期货公司作为权利人仍应给予作为义务人的客户合理履行期限。其次,客户是否具备追加保证金的客观条件,包括需追加的保证金金额、是否具备转账的可能等,均应予以考虑。最后,以结算时间划分,客户账户存在的风险可分为隔夜风险与盘中风险。前者是期货公司在当天结算完毕后依据保证金比例测算客户的期货账户存在的风险,后者即在交易时间内依据保证金比例测算客户的期货账户存在的风险。由于期货交易实行日终结算制度,交易过程中后续市场行情具有不确定性,盘中风险与隔夜风险显然不能等同,两者对期货公司、客户的风险控制要求也不应相同。

三、强行平仓损失的承担

(一)客户权益资金损失的承担

《若干规定》第 36 条第 2 款规定:"客户的交易保证金不足,又未能按期货经纪合同约定的时间追加保证金的,按期货经纪合同的约定处理;约定不明确的,期货公司有权就其未平仓的期货合约强行平仓,强行平仓造成的损失,由客户承担。"同时,《期货交易管理条例》第 34 条第 2 款规定:"客户保证金不足时,应当及时追加保证金或者自行平仓。客户未在期货公司规定的时间内及时追加保证金或者自行平仓的,期货公司应当将该客户的合约强行平仓,强行平仓的有关费用和发生的损失由该客户承担。"根据上述规定,在强行平仓条件成就的情况下期货公司依法行使强行平仓权所造成的期货交易损失,应当由客户自行承担。但是,如果期货公司未按强行平仓的条件擅自强行平仓,则构成对客户的侵权,应承担相应的赔偿责任。

(二)穿仓损失的承担

由于涨跌停板的限制,交易所设计的保证金一般足够应付一天期货合约的变化,即便客户交易所风险度大于 100%,当日也不可能发生穿仓,只要在下一个交易日交易前客户将保证金追加至原始保证金水平或及时减仓,客户的保证金就能维持其头寸。穿仓一般发生在客户保证金不足,期货公司和客户均未执行平仓或市场急剧变化平仓无法实现的情况下,此时损失应由何方承担?对此,本案双方间的合同与现行法律并未予以明确,需要结合期货公司是否已经执行强行平仓、穿仓发生的原因等具体分析。

1. 穿仓损失由期货公司承担的情形

客户交易所保证金不足又不及时追加保证金的透支交易行为,在实质上是一种融资行为,而且这种融资行为系现行法律法规及监管规定所禁止的行为。期货公司虽然仅仅是行纪性质的公司,但对于客户而言又是期货交易的经营者,在某种程度上代行了部分期货交易所的管理职能和期货市场风险控制的职能。而且,期货市场是个风险共担的市场,客户保证金不足时期货公司为客户垫支交易,不仅涉及自身资金安全,还会加大整个期货市场的风险。因此,虽然从法律属性上看强行平仓是期货公司的权利,但该权利的行使并非没有边界。《若干规定》第33条第2款规定,客户保证金不足,期货公司履行了通知义务而客户未及时追加保证金,客户要求保留持仓并经书面协商一致的,对保留持仓期间造成的损失,由客户承担;穿仓造成的损失,由期货公司承担。参照该条规定,期货公司强行平仓权的行使应当以保证金为零为最低界限。如果客户保证金不足,期货公司履行了通知追加保证金的义务而客户未及时追加保证金或减仓,期货公司亦不执行强行平仓,即构成违规允许客户透支交易、变相向客户融资。由此造成穿仓的,损失应当由期货公司与客户分别承担。

2. 穿仓损失由客户承担的情形

穿仓损失的发生还存在另外一种情形,即客户保证金不足,期货公司在履行通知义务后的合理时间已经执行了强行平仓,但由于市场原因未能成交,交易成功后导致穿仓。在此种情形下,期货公司并不存在变相违反强制性规定向客户提供融资、客观上允许客户透支交易的行为,并不存在过错。依据过错与责任相一致的原则,由于客户期货账户的穿仓是由于特殊市场行情导致的,而客户作为期货交易的主体自己并未及时追加保证金或自行平仓,期货公司对于穿仓的发生并无过错,因此穿仓的损失也不应要求期货公司分担,而应由客户自行承担。本案即属于此种情形。2019年8月30日14时41分之前鲍某某账户交易所风险率始终低于100%,14时41分由于所持合约行情剧烈波动鲍某某账户交易所风险率大于100%,光大期货通过短信、电话等方式通知鲍某某追加保证金或减仓,并给予鲍某某时间自行采取处置措施,后于当日夜盘挂单强行平仓。当日14时41分至该日日盘结束前鲍某某所持合约的行情并无急剧变化,光大期货给予鲍某某的履行期限尚属合理,而且由于期货交易实行日终结算,盘中交易价格并非该日日终结算价格，该日日终结算时鲍某某账户客户权益为1,972,736.45元。因此，光大期货于当日夜盘挂单强行平仓，并无不当。光大期货已经采取强行平仓措施，但由于市场行情急剧变化导致鲍某某所持合约流动性枯竭，2019年8月30日夜盘以及2019年9月2日出现涨停，致使平仓无法及时实现，直至2019年9月2日夜盘完成平仓时鲍某某账户出现穿仓。可见，本案穿仓损失系由于客观原因而非光大期货平仓不及时所致，强行平仓产生的穿仓损失应当由鲍某某自行承担。

信用卡收单机构与发卡行之间构成资金清算合同法律关系并据此承担相应合同义务

——上诉人卡友支付服务有限公司与被上诉人交通银行股份有限公司太平洋信用卡中心其他所有权纠纷案①

任静远*

【裁判要旨】

根据中国人民银行(以下简称央行)及中国银联股份有限公司(以下简称中国银联)制定的相关交易规则,在信用卡刷卡交易过程中,收单机构应根据刷卡交易额及中国银联确定的费率标准,向发卡行支付相应的刷卡手续费。发卡行与收单机构之间虽并未签订书面合同,但根据央行及中国银联制定的有关收单机构业务监管规范及信用卡交易规则,根据发卡行及收单机构之间的实际交易事实,结合原《合同法》第10条对合同形式的规定,应认定双方构成信用卡交易中的资金清算法律合同关系。因发卡行不负有对商户类别码(MCC)进行二次审核义务,在收单机构设定及发送错误的商户类别码造成刷卡手续费损失的情况下,应由收单机构对发卡行的刷卡手续费损失承担全部赔偿责任。

【案号】

一审:上海市嘉定区人民法院(2019)沪0114民初11204号

---

① 本案例获评2020年度上海金融法院十大典型案例。

* 法学硕士,上海金融法院综合审判三庭审判团队负责人、法官。

二审：上海金融法院(2020)沪74民终662号

【案情】

上诉人为卡友支付服务有限公司(以下简称卡友公司)，被上诉人为交通银行股份有限公司太平洋信用卡中心(以下简称交行信用卡中心)。

交行信用卡中心系交通银行股份有限公司太平洋信用卡的发卡机构，卡友公司系经批准开展银行卡收单业务的机构。交行信用卡中心及卡友公司均系中国银联的会员单位，均同意接受中国银联制定的各项业务规则约束。

根据中国银联制定的《中国银联信用卡还款业务开办指南》规定，信用卡还款业务是持卡人通过固定电话、互联网等终端从其他指定的借记卡向信用卡进行款项支付的银联卡跨行业务。通过识别联机消费交易报文的F18域商户类别码为9498的交易为信用卡还款交易。信用卡还款交易不区分渠道差别计费，统一执行标准为：借记卡发卡机构收1.5元/笔，信用卡中心付3元/笔，中国银联收0.3元/笔，收单机构收1.2元/笔。

根据中国银联制定的《关于发布银联卡刷卡手续费调整相关实施方案的函》规定，银联卡境内刷卡手续费，发卡行服务费为：借记卡(含预付费卡)费率为交易金额的0.35%(单笔费用封顶13元)，贷记卡(含准贷记卡)费率为交易金额的0.45%。自2016年9月6日起，银联卡境内刷卡手续费调整正式执行。

2018年1月至3月，卡友公司为交行信用卡中心作为发卡行的信用卡提供收单业务，其中有315,610笔、涉及金额为2,119,974,958.42元的业务，商户类别码均为9498，商户名称为北京诺泰龙汽车用品有限公司等主体。中国银联按照卡友公司提供的交易信息，根据商户类别码识别交易类型为信用卡还款业务，并按照信用卡还款业务的手续费收费标准即每笔1.5元进行结算，向交行信用卡中心支付了手续费473,405.50元。

2018年6月，交行信用卡中心在检查业务过程中，发现卡友公司提供的交易信息存在问题，遂向卡友公司发送公函一份。该公函载明：我中心在日常交易监控中发现由贵司发送的部分交易存在非法套用信用卡还款交易商户类别码(MCC 9498)开展信用卡消费交易的情况。自2018年1月至3月，上述交易共计

315,610笔,合计交易金额人民币2,119,974,958.42元。因上述交易实际刷卡消费商户名称与账单显示商户名称不一致,引发大量客户否认交易与投诉;另,因该类交易手续费率远低于消费类交易,造成我中心手续费收入严重受损……故通知贵司如下:(1)立即停止对我中心的侵权行为;(2)于收到本函后30日内赔付我中心发卡行手续费损失人民币9,066,481.81元……

2018年6月,卡友公司工作人员通过电子邮箱向交行信用卡中心发送致歉函一份,载明:对于我们双方工作人员在银联总部面谈时贵方所述,由于我司走9498MCC消费交易导致贵中心交易手续费损失一事,我们深表歉意。在会前我司接到银联通知时,此事已引起我司高度重视,并展开了调查,发现是由于系统漏洞导致了此问题的发生,当时我司就漏洞进行了紧急处理。会后我司进一步对问题进行了排查,确认漏洞修补后已无通过9498MCC发生的消费交易……

【审判】

一审法院认为,卡友公司负有设置正确商户类别码并向交行信用卡中心发送正确交易信息的合同义务。本案中,收单业务中发生的商户交易类别码差错已成客观事实,至于该差错的原因系卡友公司设置错误商户类别码、系统漏洞、管理不当还是由于商户私自更改造成,并不影响交行信用卡中心享有向卡友公司主张赔偿损失的权利。基于双方之间的合同关系,卡友公司未按约提供并识别正确的商户类别码给交行信用卡中心造成损失的,卡友公司即应承担相应的违约责任。在卡友公司为交行信用卡中心发行的信用卡提供收单业务过程中,交易信息均由卡友公司通过中国银联网络系统传输给交行信用卡中心,卡友公司应负有提供真实、准确交易信息的责任。卡友公司主张部分交易可以享受优惠价格手续费率,因并未就此举证,故对卡友公司的上述意见亦不予采信。

综上,一审法院判决:(1)卡友公司赔偿交行信用卡中心损失9,066,481.81元;(2)卡友公司以上述9,066,481.81元为基数,向交行信用卡中心支付自2018年7月7日起至一审判决生效之日止的逾期利息(2019年8月19日前按照中国人民银行同期贷款利率计算,2019年8月20日起按照全国银行间同业拆借中心公布贷款市场报价利率计算)。

卡友公司上诉认为:请求撤销一审判决,改判驳回被上诉人交行信用卡中心原审全部诉讼请求。事实和理由:(1)原审判决对上诉人与被上诉人之间的法律关系认定有误。根据中国人民银行〔2013〕第9号《银行卡收单业务管理办法》第51条规定,特约商户委托收单机构即上诉人为其完成交易资金结算,故应认定为上诉人接受特约商户委托进行资金结算,一审判决对此未予认定。实际交易发生在被上诉人的持卡人和特约商户之间,上诉人作为收单机构,在交易中系特约商户的代理人,仅负责将商户产生的交易数据上报中国银联系统,并非基于中国银联的交易规则与被上诉人构成多边资金清算合同关系。(2)上诉人不应对被上诉人的损失承担赔偿责任。上诉人基于受托人地位,将交易数据上报中国银联系统并由上诉人确认后,所产生的损失应当由上诉人自行承担,上诉人已为特约商户正确设置了商户类别码,交易类型错误系特约商户造成,另被上诉人对明显错误的商户类别码在数月后才发现也具有相应过错,应承担相应的责任。此外,双方当事人至中国银联就纠纷进行解决过程中,中国银联也并未对上诉人进行处罚,说明上诉人并无违规之处。(3)一审判决对上诉人应当承担的赔偿金额认定有误。上诉人经进一步核实认为,本案所涉的315,610笔交易数据中,包含有正确的交易内容,故损失计算金额应当予以相应扣减,一审判决认定的损失金额有误。

二审法院认为:本案争议焦点为以下三项:(1)在不存在明确书面合同的情况下,上诉人与被上诉人之间成立何种法律关系;(2)上诉人是否应对被上诉人的刷卡手续费损失负担赔偿责任以及相应的责任范围;(3)一审判决认定的赔偿金额是否准确。

二审认为:

1. 发卡行与收单机构之间成立基于《银行卡收单业务管理办法》以及中国银联制定的相关业务规则而形成的资金清算合同法律关系,双方相应权利义务均基于此法律关系而产生。理由为:(1)上诉人与被上诉人均认可加入中国银联信用卡交易的相关规则,并受此类规则约束。(2)上诉人向被上诉人实际支付信用卡刷卡手续费的费率标准也系遵照上述中国银联的交易规则而计算。当事人均确认遵循中国银联交易规则,且在除本案争议的交易之外的其他信用卡交易中,各自的收益分配也按照中国银联制定的相关交易规则和模式进行,双方当事人对此并未提出异议。

2. 本案中不涉及过错分担问题,应由收单机构承担发卡行全部刷卡手续费损失。根据《银行卡收单业务管理办法》第25条第1款的规定,收单机构应当根据特约商户受理银行卡交易的真实场景,按照相关银行卡清算机构和发卡银行的业务规则和管理要求,正确选用交易类型,准确标识交易信息并完整发送,确保交易信息的完整性、真实性和可追溯性。而根据本案中已查明的事实,本案中所涉及的商户类别码均为9498,共计315,610笔,总金额为2,119,974,958.42元的业务,商户名称为北京诺泰龙汽车用品有限公司等主体,显然与信用卡还款交易主体存在明显差异。而且,根据上诉人向被上诉人提交的致歉函之中的内容,上诉人也认可因其原因导致特约商户通过商户类别码9498代码进行交易导致被上诉人出现手续费损失的事实。同时,上诉人也并未举证证明,《银行卡收单业务管理办法》或中国银联所制定的相关信用卡交易规则中,设定发卡行对收单机构发送的商户类别码进行二次审核方可进行信用卡付款的义务。综合上述分析,在收单机构负有为特约商户正确设置,并向发卡行正确发送商户类别码的情况下,鉴于上诉人存在错误设置并发送了商户类别码9498代码,未能体现信用卡真实交易场景,且在被上诉人无过错的情况下,应当由上诉人承担被上诉人因商户类别码错误所造成的刷卡手续费损失的全部赔偿责任,并无不当。此外,中国银联仅基于其交易规则对双方争议进行调解,其处理结果并非双方间民事诉讼的前置条件,故该主张亦难以成立。

3. 上诉人主张31万余笔巨量交易中存在正确交易应扣减其赔偿金额理由不成立。一审审理中,本案所涉及的315,610笔交易记录已经交由上诉人阅看,二审中,上诉人直至本案二审庭审事实调查阶段结束,仍未能明确举证证明其观点。此外,本案事实系上诉人为特约商户错误设定了商户类别码为9498的信用卡还款交易代码,而非真实刷卡消费交易场景,故亦不存在本案纠纷发生之时可适用优惠费率,而相应减少上诉人应支付的刷卡手续费的情况,一审判决对此认定无误。综上,上诉人主张一审判决对其应予赔偿的损失认定错误的主张,亦难以成立。

基于上述分析,二审法院判决:驳回上诉,维持原判。

【评析】

信用卡交易的全部流程涉及中国银联、发卡行、收单机构、持卡人以及特约商户等不同的机构和个人主体，同时涉及各类不同的资金和交易信息的流转往来，法律关系较为复杂。其中，收单机构向发卡行支付手续费这一看似平常的交易中，即包含至少3个疑难问题：(1)在无明确书面形式约定的情况下，双方之间成立何种法律关系？(2)发卡行出现手续费损失的情况下，收单机构和发卡行自身的过错应当如何认定，是否存在过错分担？(3)在涉及巨量信用卡交易数据的情况下，如何进行审查及核对？本案的审理对上述3个疑难问题进行了较为详细的回应。

1. 收单机构和发卡行之间成立基于《银行卡收单业务管理办法》以及中国银联制定的相关业务规则而形成的资金清算合同法律关系。

作出这一判断的难点在于，收单机构和发卡行之间不存在书面合同，但事实上存在资金往来，对于二者之间的关系有不同的认识和争议。本案的第一个争议焦点即对此问题进行了分析和评判。分析的逻辑进路在于，通过对央行的监管规范以及中国银联相关交易规则中对于收单机构的功能确定和刷卡手续费支付标准入手，结合双方的实际交易情况，确定二者之间实际应当构成的法律关系。

首先，根据央行制定的《银行卡收单业务管理办法》第2条规定对“收单业务”的界定，银行卡收单业务是指收单机构与特约商户签订银行卡受理协议，在特约商户按约定受理银行卡并与持卡人达成交易后，为特约商户提供交易资金结算服务的行为。《银行卡收单业务管理办法》第25条规定了收单机构应当准确标识和发送商户类别码的法定义务，即收单机构应当根据特约商户受理银行卡交易的真实场景，按照相关银行卡清算机构和发卡银行的业务规则和管理要求，正确选用交易类型，准确标识交易信息并完整发送，确保交易信息的完整性、真实性和可追溯性。该办法第41条规定，收单机构应当加入中国支付清算协会，接受行业协会自律管理。在央行监管规范之外，中国银联制定的《银联卡特约商户类别码使用细则》规定，商户类别码由收单机构为特约商户设置，用于标明银联卡交易环境、所在商户的主营业务范围和行业归属，是判断境内跨行交易收益分配标准的重要依据。因此，收单机构必须为特约商户设置正确的商户类别码。同时，在中国银联所制定的《银联卡特约商户类别码使用细则》《关于发布银联卡刷卡手续费调整相关实施方案的函》等业务规则中，也明确制定了各种不同类型的信用卡交易中所涉及的收费标准。如商户类别码为9498的信用卡还款交易每笔应当向发卡行支付 1.5 元,如进行实际刷卡消费如购物等信用卡交易中,应当向发卡行按照交易总额的 0.45% 支付手续费等,加入中国银联交易系统的各收单机构和各发卡行均需要参照上述费率标准执行并实际支付。

其次,在现实的交易中,双方之间就信用卡刷卡手续费的分配方式和各自的收益,也按照上述中国银联制定的相关交易规则和模式进行。在本案争议之外的巨量交易中,双方当事人并未提出异议。即使在本案争议的 315,610 笔交易中,上诉人也正是按照中国银联制定的费用标准,按照信用卡还款每笔应当支付的手续费标准向发卡行支付手续费。原《合同法》第 10 条第 1 款规定,合同可以有书面、口头和其他形式。综合上述分析,故在本案中,虽然上诉人与被上诉人之间并未直接签订相关合同,但鉴于上诉人与被上诉人均遵循中国银联制定的交易规则,在实际的交易和结算过程中,也实际按照上述规则所确定的权利义务及费率进行结算并支付和收取刷卡手续费,故认定上诉人与被上诉人之间,构成银行卡收单业务中的资金清算合同关系,是符合客观事实和法律解释逻辑的。

2. 关于刷卡手续费损失是否应当由双方依照过错比例分担的问题

刷卡手续费的承担问题涉及收单机构和发卡行各自权利义务的界定。对于收单机构而言,《银行卡收单业务管理办法》第 25 条确定了收单机构应当根据特约商户受理银行卡交易的真实场景,正确选用、准确标识商户类别码并完整发送,确保交易信息的完整性、真实性和可追溯性的义务。而相关的监管规范和交易规则中,并未对发卡行设定对收单机构所发送的商户类别码进行再次识别或者多次识别方能付款的义务。因此,在证明确系错误的商户类别码导致发卡行手续损失的情况下,如果也没有证据证明,特约商户在正确设定商户类别码之后,有自行改变商户类别码导致收单机构错误发送的情形下,由收单机构承担发卡行所损失的手续费的全部赔偿,并无不当。此外,收单机构和发卡行均基于中国银联的规则进行交易,在双方出现争议后,中国银联可以基于交易规则对争议进行调解,其处理结果并非双方间民事诉讼的前置条件,同样不能以中国银联未作出处理作为收单机构一方的免责理由。

3. 关于涉信用卡有关交易中巨量交易数据的核对问题。

在此类案件中,被告一方往往提出,在巨量的信用卡交易中,存在正确的交易记录,与正确的交易记录有关的所谓损失构成应当予以扣除的抗辩主张。一旦提出这一抗辩主张,则涉及如何对交易数据进行核对的问题。鉴于信用卡涉及的交易数量往往非常巨大,也确实有可能存在少量交易数据错误归入的情况,此时如果逐一核对交易数据,显然既不利于审判效率的提升,在客观事实认定上也可能出错。因此,采取符合证据规定的认定方式则尤为重要。本案中合议庭系根据举证规则,来判断卡友公司有关交易数据有误的主张是否可以成立。首先,按照“谁主张,谁举证”的普通证据规则,在不存在举证责任倒置,且交行信用卡中心作为原告已经初步举证的情况下,被告卡友公司在一审中并未能举出相反的证据,证明原告所提交用于计算损失的 31 万余笔交易数据存在错误的情形。此外,在进入二审后,鉴于上诉人已经提出交易数据部分有误的上诉理由,在主审法官要求其整理出有误的具体内容在二审中予以质证,该公司仍然未能予以提交的情况下,则可以形成明确的心证,卡友公司主张的信用卡交易部分数据有误的主张难以成立。

会议综述

“民法典对金融交易担保的影响”长三角金融庭长论坛综述

胡文丰*

为服务保障长三角一体化发展战略，推动长三角区域金融司法裁判统一，长三角金融庭长论坛于2020年12月6日在中国金融期货交易所召开。本次庭长论坛以“民法典对金融交易担保的影响”为主题，来自全国法院系统、金融监管机构、高等院校、律师事务所、市场机构及交易所的100余名嘉宾在现场参与论坛研讨，3800余名观众通过现场直播观看论坛实况。

2020年12月6日下午，由中国商法学研究会主办，中国金融期货交易所、中国商法学研究会金融法专委会承办，上海金融法院、中国审判理论研究会金融审判理论专业委员会协办的第五届中国金融法论坛长三角金融庭长暨期货法论坛在中国金融期货交易所举行。论坛以“民法典对金融交易担保的影响”与“民法典与期货法立法”为主题，中国金融期货交易所副总经理李海超主持大会并致辞，上海金融法院副院长肖凯、上海证监局副局长王登勇分别致辞，上海期货交易所监事长陆文山作主旨演讲。

长三角金融庭长论坛由上海金融法院综合审判一庭庭长单素华主持，上海金融法院综合审判二庭庭长符望、浙江省杭州市中级人民法院民事审判二庭庭长余晟、安徽省合肥市中级人民法院民事审判二庭庭长王丽、江苏省南京市中级人民法院金融借贷审判庭庭长黄伟峰及上海市浦东新区人民法院金融审判庭庭

* 法学硕士，上海金融法院申诉审查及审判监督庭法官助理。

长王鑫分别作论坛主题发言,江苏省无锡市中级人民法院金融审判庭庭长陆晓燕、上海财经大学法学院院长宋晓燕教授、华东政法大学法律学院院长金可可教授参与论坛与谈研讨。上海市高级人民法院金融审判庭庭长竺常赟作论坛总结。

长三角金融庭长论坛结束后,举行了"民法典与期货法立法"为主题的期货法论坛。期货法论坛结束后,上海金融法院副院长肖凯作大会总结致辞。

一、致辞与主旨发言主要内容

中国金融期货交易所副总经理李海超在致辞中指出,2020年是我国期货市场成立30周年,也是金融期货市场成立10周年。10年来,金融期货市场整体运行稳健,产品功能有效发挥,为增强金融服务实体经济能力、促进多层次资本市场健康发展、推动上海国际金融中心建设发挥了重大作用。期货市场是规则导向型市场,制定期货法是期货市场"建制度"的必然要求。中国金融期货交易所一直高度重视期货市场法治建设,尤其是期货立法,期望期货法立法紧紧围绕期货市场功能发挥这条主线,坚持集中统一监管和功能监管的有机结合,完善期货交易和结算等基本制度安排,健全期货市场风险管控体系,切实保护投资者合法权益,并为交易所自律监管履职提供法律保障。

上海金融法院副院长肖凯在致辞中指出,我国民法典在中国特色社会主义法律体系中具有重要地位,民法典实施的水平和效果对于完善金融审判体系、营造良好的金融法治环境、促进经济社会健康发展具有重要意义,同时也对金融专业化审判提出了更高要求。上海金融法院自2018年8月20日成立以来,致力发挥专门金融审判职能,为金融市场创新发展筑牢司法防线;全力推动区域金融司法协作,为长三角经济发展提供法治保障;着力司法保障期货交易秩序,助力推动期货市场的法治化进程。上海金融法院愿意与各界朋友增进了解、加强合作,共创民法典时代的金融法治新图景。

上海证监局副局长王登勇在致辞中提出五点期望:一是坚持将投资者保护作为期货立法的重中之重,在期货法立法进程中确立全面的投资者保护体系。二是确立期货市场服务实体经济的基本原则,谨防陷入"脱实向虚、自我循环、自我膨胀"的误区。三是将国外成熟做法同中国特色相结合。应借鉴国外成熟立法经验防止监管套利,更要立足中国国情,对经过中国期货市场实践证明的一些行之有效的成熟制度安排,在法律层面予以优化和确认。四是在提高对外开放水平的同时加强跨境监管。期货法立法要注重期货市场的开放性以及在促进国内国际双循环中的重要作用,并在其中构建促进我国期货市场国际化的重要框架。五是为期货市场的行业发展预留空间。期货市场日新月异,期货立法要保持一定的前瞻性,为期货市场发展预留空间。

上海期货交易所监事长陆文山在主旨演讲中指出,加快构建新发展格局对期货市场提出了新的更高要求,立法和司法应当立足市场实践发展,积极回应新定位、新使命,为形成实体经济高质量发展新格局,营造良好的生态圈和营商环境。建议立法明确金融服务实体经济的立法目的和指导思想,提升期货市场的战略功能定位,布局多层次期货及衍生品市场建设,完善以市场需求为导向的期货产品上市机制,引入交易参与人和结算参与人的分层分类,完善期货经营机构的业务范围和监管,建立完备的投资者适当性管理制度,明确商品期货交易所仓单登记的法律地位。

二、长三角金融庭长论坛主要内容

(一)主题发言环节

上海金融法院综合审判二庭庭长符望以"保证合同与金融审判实践"为主题,介绍了民法典担保制度的立法改变与金融审判中的保证合同的审查要点。强调《民法典》第686条"推定为一般保证"的立法改变,具有倾向于保护保证人的立法目的。但实务中金融合同中极少约定适用一般保证,多约定承担连带责任保证。与此同时,金融合同中约定的类担保条款,如市场上衍生发展出的回购条款、差额补足、流动性支持函以及海外债务市场常用的"维好协议"(Keepwell Deed)等条款,具有一定的复杂性,不同法官对于条款的法律定性等存在不同认识,亟待确认是否适用于一般保证的相关规则。同时,上述类担保条款还将面临公司内部决议程序认定难题、金融机构的"刚性兑付"条款效力认定问题等。民法典未直接规定各保证人相互之间的追偿权,将给事后保证将带来一系列难题,司法解释需进一步细化规定,否则将会增加金融交易活动中的不确定性。

浙江省杭州市中级人民法院民事审判二庭庭长余晟以"正确适用民法典动

产担保规则,推进金融法治化营商环境建设”为主题展开分享。指出杭州自2019年开展争创营商环境样本城市以来,发现我国目前的法律体系与世界银行评价中国营商环境评估指标的适应问题主要集中在登记系统和动产担保两大方面。民法典在这两个方面都给予了回应:一是删除了各类动产抵押、质押登记部门的规定,在担保部分为统一登记机关扫除了法律障碍、预留了制度空间;二是规定了动产担保受偿顺位规则,为没有固定不动产的企业在不影响经营的情况下向金融机构融资提供了便利。长三角地区作为金融交易活动活跃地区,应高质量实施民法典确定的动产担保规则体系,正确适用民法典动产担保规则,积极推出动产担保统一登记系统以推动登记的统一和规范化;正确理解效力顺位规则,减少担保纠纷数量,从而推进法治化营商环境建设。

安徽省合肥市中级人民法院民事审判二庭庭长王丽以“非典型担保的登记对抗与金融交易担保创新发展”为主题,从所有权保留、融资租赁与有追索权的保理三个方面分别介绍了民法典非典型担保的登记对抗制度,梳理了将来审判实践中可能遇到的一系列法律问题。指出《民法典》第388条扩大了担保合同的范围,采纳美国法功能主义制度做法,首次在立法层面将担保合同定义拓展到“其他具有担保功能的合同”,肯定了过往商事实践中非典型担保合同的效力,反映了优化营商环境之下我国中小企业融资担保的制度需求,颇具开放性的制度设计也为金融交易创新预留了足够的空间,必将提升我国金融交易担保制度的国际竞争力。

江苏省南京市中级人民法院金融借贷审判庭庭长黄伟峰以“民法典对保理合同规范的隐藏体系”为主题,介绍了民法典保理法律规范的显性与隐性体系建设。《民法典》保理合同专章通过9个条文勾勒的显性体系,侧重从保理人地位保障的角度对保理特性问题进行了规范,但也留下了诸多空白,如应收账款债务人利益如何保护、无追索权保理人是否一律不能向债权人主张权利、保理人与应收账款质权人权利冲突如何解决等问题。除了专章部分的显性规定外,民法典还存在规范保理的隐藏体系,实质分布在《民法典》合同编第一分编通则(债权转让一般规则)、合同编第二分编买卖合同(有偿合同)、物权编第四分编担保物权(抵押权)等部分。保理规则需要根据债权转让和有偿合同的相关规则予以解释和补充,涉及保理人与第三人的顺位确定时,则需要考虑保理与担保规则的整体协调。市场主体和裁判者在实践中均应进一步梳理和整合立法中的隐藏体系,进而实现保理规范体系的整体化理解与清晰化展示。

上海市浦东新区人民法院金融审判庭庭长王鑫以"民法典背景下金融交易担保纠纷司法审查"为题,结合当前法院金融交易担保纠纷领域的司法审判动态,提出担保人利益再平衡、担保权利人保护再强化、担保标的公示效力再强调、担保方式多样性开放性再明确、非典型性担保合同完全担保权化倾向 5 点变化趋势。民法典一是通过担保合同对主合同具有从属性,特殊担保人的特别保护,担保人享有特别程序抗辩权等规定,实现了担保人利益再平衡;二是通过明确担保权的认定,确定相对人的善意认定标准,维持担保财产存续期间的价值,提升担保物权的实现效率等方式强化对担保人的保护;三是完善登记制度、交付或通知等规则规范,再次强调担保标的的公示效力;四是通过对担保物予以"负面清单式"规定,对担保合同予以非穷尽规定,再次明确担保方式多样性与开放性;五是民法典中非典型性担保合同呈现完全担保权化的倾向,主要体现在融资租赁合同、保理合同及其他具有担保功能的合同纳入担保合同范畴。

(二)论坛与谈环节

江苏省无锡市中级人民法院金融审判庭庭长陆晓燕对前述嘉宾的发言内容逐一进行回应与互动。认为在金融领域,多数金融合同的主体一方为金融机构,一方为金融消费者,具有显著缔约能力的金融机构可以通过设计格式条款等安排规避部分责任。实践中,应要求金融机构承担更多的义务以落实民法典保护担保人利益的立法倾向。就"实质主义担保观"理论,应着重考察涉类担保措施合同的内部决策程序以及效力判断问题,同时反对《最高人民法院关于适用〈中华人民共和国民法典〉担保部分的解释》(征求意见稿)(以下简称担保部分司法解释)对于"共同担保的内部追偿权落空"的规定,认为其将带来部分保证人规避执行的风险。针对民法典项下新动产担保规则、非典型担保的登记对抗制度、保理规则等内容分别提出了自己的理解。针对主债务人进入破产程序后,债务是否停止计息的问题,认为利息应继续计算,但应作为劣后债权停止支付,倘若保证人不停止计息,则违反保证的从属性理论。

上海财经大学法学院院长宋晓燕教授针对嘉宾的发言内容提出三点感受:一是发言内容是对民法典担保法律规则的详细解读,从实务角度出发,对担保法章节的相关规则进行了深入浅出的详细解读;二是发言内容具有深刻的问题导向,与会嘉宾洞悉市场关注的热点问题,结合具体的审判实践,探讨法律适用问题;三是发言讨论具有一定的启发性,发言所提供的解决思路为后续的司法解释的制定做了准备。指出担保制度作为一种自愿的风险分担机制,本质目的是保证交易的稳定,在此前提下,若民法典及担保部分司法解释的担保制度相关规则语焉不详、留下法律漏洞,则将加大市场交易的不确定性,与担保制度的初衷相违背,故亟须进一步完善相应规则。

华东政法大学法律学院院长金可可教授认为民法典的动产担保制度部分规则,如“超级优先权十天内办理抵押”“正常经营买受人规则从浮动抵押扩展到一切动产抵押”等规定,可能会导致交易成本急剧提高,动产丧失融资能力。对此,不应为迎合世界银行评估报告要求而盲目借鉴英美法系的担保规则,应正确认识其中的不合理之处,并在后续的司法解释的出台过程中予以完善。总结了担保部分司法解释三方面有待商榷的立法倾向:一是功能主义的极端化倾向;二是从属性的僵化认定倾向;三是架空民法典相关规定的倾向。这些立法倾向可能在金融交易实践中引发大量问题,有待实务界与学术界专家学者进一步的研究、讨论。

(三)论坛总结环节

上海市高级人民法院金融审判庭庭长竺常赟作论坛总结,指出各地法院法官在民法典颁布的背景下,立足读法,着眼适法,以问题为导向,致力于解决办案审判实践中遇到的问题,形成民法典理解、学习与实施的良好互动。论坛嘉宾的发言内容可以总结提炼为三点:一是民法典以功能主义为基础的担保法体系重构,总体上有利于金融交易市场的发展,为金融领域的担保制度发展预留了一定空间,应重视担保从属性和补充性功能定位的理解,归位债权人或者担保权人的义务和责任;二是民法典从形式主义的担保体系转化至功能性的担保体系,针对保理、融资租赁等具有担保性的合同,应结合《美国统一商法典》第9条规定,正确理解合同性质,适用相应合同规则;三是法官、学者们在释法的过程中,应基于民法典严格体系化的规定,结合民法典不同编的相关条文,注重体系化的理解。

三、总结致辞

上海金融法院副院长肖凯在大会总结致辞中指出,本次论坛就民法典对金融交易担保的影响和期货立法展开深入研讨,相互学习和借鉴,对于推动民法典实施,完善期货法治,提升长三角区域金融审判水平,具有十分重要的意义。民法典作为我国第一部法典形式的法律,具有框架性、基础性的作用,对于金融市场的影响深远。目前,民法典还存在进一步完善与适应金融市场需求的空间,会上嘉宾们提出很多在金融审判实践中尚无定论的问题,为下一届金融庭长论坛的讨论提出诸多命题,期待通过对民法典后续进行不断修订以及出台相关部分司法解释,更好地保障金融市场的健康、稳定发展。

四、结　　语

第五届中国金融法论坛长三角金融庭长的顺利召开为长三角区域司法实务工作者和法学理论界学者搭建了一个共享、交流和互通的高效平台。与会嘉宾从立法、司法和学术理论等角度深入进行了沟通和交流,纷纷表示通过本次论坛进一步深化了民法典担保领域法律规制的理解。在民法典即将施行之际,本次论坛的成功必将有利推动长三角区域金融司法裁判统一。

图书在版编目(CIP)数据

金融审判前沿. 第2辑 / 赵红主编. -- 北京 : 法律出版社, 2021
ISBN 978-7-5197-5766-3

Ⅰ. ①金… Ⅱ. ①赵… Ⅲ. ①金融法-判例-上海
Ⅳ. ①D927.510.228.05

中国版本图书馆CIP数据核字(2021)第141300号

金融审判前沿(第2辑)
JINRONG SHENPAN QIANYAN (DI-2 JI)

赵 红 主编

策划编辑 沈小英
责任编辑 刘晓萌
装帧设计 李 瞻

出版发行 法律出版社
编辑统筹 法治与经济出版分社
责任校对 王晓萍
责任印制 吕亚莉
经 销 新华书店

开本 710毫米×1000毫米 1/16
印张 26 **字数** 446千
版本 2021年8月第1版
印次 2021年8月第1次印刷
印刷 中煤(北京)印务有限公司

地址:北京市丰台区莲花池西里7号(100073)
网址:www. lawpress. com. cn
投稿邮箱:info@ lawpress. com. cn
举报盗版邮箱:jbwq@ lawpress. com. cn

销售电话:010-83938349
客服电话:010-83938350
咨询电话:010-63939796

书号:ISBN 978-7-5197-5766-3
定价:138.00元

凡购买本社图书,如有印装错误,我社负责退换。电话:010-83938349